UTB 3078

W0308972

Eine Arbeitsgemeinschaft der Verlage

Böhlau Verlag · Köln · Weimar · Wien
Verlag Barbara Budrich · Opladen · Farmington Hills
facultas.wuv · Wien
Wilhelm Fink · München
A. Francke Verlag · Tübingen und Basel
Haupt Verlag · Bern · Stuttgart · Wien
Julius Klinkhardt Verlagsbuchhandlung · Bad Heilbrunn
Lucius & Lucius Verlagsgesellschaft · Stuttgart
Mohr Siebeck · Tübingen
C. F. Müller Verlag · Heidelberg
Orell Füssli Verlag · Zürich
Verlag Recht und Wirtschaft · Frankfurt am Main
Ernst Reinhardt Verlag · München · Basel
Ferdinand Schöningh · Paderborn · München · Wien · Zürich
Eugen Ulmer Verlag · Stuttgart
UVK Verlagsgesellschaft · Konstanz
Vandenhoeck & Ruprecht · Göttingen
vdf Hochschulverlag AG an der ETH Zürich

Rüdiger Lohlker

Islam

Eine Ideengeschichte

facultas.wuv

Rüdiger Lohlker, o. Univ.-Prof., Dr., lehrt Islamwissenschaften am Institut für Orientalistik der Universität Wien und war an den Universitäten Göttingen, Kiel und Gießen tätig.

Bibliografische Information der Deutschen Nationalbibliothek

Die Deutsche Nationalbibliothek verzeichnet diese Publikation in der Deutschen Nationalbibliografie; detaillierte bibliografische Daten sind im Internet unter http://d-nb.de abrufbar.

Einband: Atelier Reichert, Stuttgart
Satz: grafzyx.at, Wien
Druck und Bindung: CPI – Ebner & Spiegel, Ulm
Printed in Germany

ISBN 978-3-8252-3078-4

Inhalt

Einleitung

Darstellungen des Islams, Einführungen, Grundrisse u. Ä., gibt es inzwischen zahllose. Die hier vorgelegte Darstellung versteht sich als fragmentarische Ideengeschichte: Geschichten von Relationen und Brüchen, ein Versuch, die scheinbare Ganzheit fragmentarisch zu denken.

Das Konzept der Ideengeschichte ist zweifellos umstritten. Es ist zu verstehen als eine Geschichte der symbolischen Strukturen, die in muslimischen Gesellschaften und Gemeinschaften einen organisierenden Bedeutungsgehalt liefert, der sich historisch auch immer wieder ändert.

Wir gehen bei unser Darstellung vom grundsätzlich fragmentarischen Charakter der Entwicklung der muslimischen Ideengeschichte(n) aus, den wir nicht mit Bezug auf ein impliziertes Ganzes „des Islams" verstehen, vielmehr als Kritik am Konzept des Ganzen und damit an dem des Fragmentes selber. Wenn wir nämlich keine Ganzheiten anerkennen, wovon wäre dann das Fragment ein Teil? (Chakrabarty 2002: 37f.) Wir denken diese Ideengeschichte als Ensemble von Fragmenten, die mit anderen Fragmenten in Beziehung stehen, ohne dass wir von einem übergeordneten Ganzen ausgehen, da wir sonst einer Heilsgeschichte nahekommen – oder angesichts islamfeindlicher Vorstellungen: Unheilsgeschichte.

Dies bedeutet allerdings keinen Verzicht auf Kohärenz. Warnen müssen wir deshalb vor der *Überbetonung* des fragmentarischen Charakters muslimischer Ideengeschichte, da sonst nur zu leicht sich der Abgrund orientalistischer Vorstellungen des nicht zur Systematik fähigen, irrationalen Muslims auftut und – ironischerweise oft zugleich – die Idee entsteht, „die Muslime" seien in allen Lebensäußerungen dem wie auch immer konstruierten Islam unterworfen: einem System der Willkür, einem Käfig, dem sie unmöglich entrinnen können. Wir können dies als Spiegelbild der Wunschvorstellungen älterer muslimischer Gelehrter oder moderner islamistischer IdeologInnen verstehen.

Jede Beschreibung oder Analyse enthält notwendig „gewisse Reduktionismen, Holismen und Essenzialismen, sonst müsste sie vor der Komplexität der Aufgabe verstummen." (Münster 2007: 37) Festhalten wollen wir damit, dass das Spezifische, die Differenz der von uns betrachteten Gesellschaften und Epochen „sich nicht durch eine Feststellung ubiquitärer Fragmentierung erfassen lässt, sondern nur, indem man sich bei aller Vorsicht auf das Geteilte oder Integrierte einer Kultur/Identität einlässt. Das Ergebnis ist dann wiederum eine Form der Kohärenz, allerdings einer „alternativen Kohärenz" (Ortner 1996: 294). Eine Verweigerung dieser alternativen Kohärenz bedeutet, dass wir jegliche Transformation nur als die Produktion von Defiziten und als Degeneration begreifen können.

In der von mir bevorzugten Bildersprache könnten wir von dem Kraftfeld der Geschichte der muslimischen Gemeinschaften sprechen, in dem wir verschiedene Feldlinien versuchen zu verfolgen. Transformationen können wir dann als Rekonfigurationen des Kraftfeldes verstehen, die die Integrität des Feldes nicht gefährden. Es können sich durch Transformationen alternative Zentren innerhalb dieses Kraftfeldes bilden, die die Linien des Feldes umformen – aber es bleibt doch *ein* Kraftfeld.

Impliziert im Begriff des Kraftfeldes ist das Anerkennen dessen, dass es keine fixierten Grenzen gibt, die wir auf Landkarten finden können, mit denen die Ausbreitung des Islams dokumentiert werden soll und eher ein zusammenhängender Bereich des Islams konstruiert wird – vielleicht in apartem Grün eingefärbt. Eher sind die Grenzen beweglich und biegsam.

Zugleich müssen wir aber das Fragmentarische der Geschichte muslimischer Ideen präsent halten, um uns nicht in den oben erwähnten Fallstricken eines überzogenen Systemdenkens zu verfangen. Die alternative Kohärenz, um die wir uns bemühen, ist also zugleich durchzogen von Auseinandersetzungen, was denn eigentlich als islamisch betrachtet werden kann. Dies kann natürlich nur heißen: aus muslimischer Sicht. Nichtmuslime können diese Deutungskämpfe – die Kämpfe um das symbolische Kapital „Islam" – interessiert betrachten, weil sie Teil des von allen geteilten Raumes der Weltgesellschaft sind, sollten sich aber hüten, eigene Definitionen zu versuchen – auch wenn dies in bester wissenschaftlicher Absicht geschieht.

Anknüpfen kann eine wissenschaftliche Beschäftigung mit dem Phänomen „Islam" an den Begriff der Glaubenssequenz, wie er von Danièle Hervieu-Léger formuliert wurde. Wir gehen davon aus, dass eine besondere Kontinuität von der Religion zwischen den aufeinanderfolgenden Generationen von Gläubigen hergestellt wird. Die Legitimität dieser Kontinuität findet sich in „der Anrufung der Autorität einer Tradition" (Hervieu-Léger 2004: 10), durch die eine spezifische Art zu glauben festgeschrieben wird. Die Legitimation geschieht nicht durch substanziierbare, essenzielle Glaubenssätze.

> „Die Glaubensvorstellung nimmt ‚religiöse' Gestalt an, sobald der Gläubige ihr den Entstehungsvorgang voranstellt, der ihn [...] das glauben lässt, was er glaubt. Die formelle Beschwörung der Kontinuität der Tradition ist deshalb entscheidend für jede Gründungs-‚Religion', weil diese Kontinuität, sobald sie von einer Macht kontrolliert wird, die das wahre Gedächtnis der Gruppe wiedergeben kann, es möglich macht, die Zugehörigkeit zu ihr, die der Gläubige für sich in Anspruch nimmt, zu repräsentieren und zu gestalten. Dies macht ihn zu einem Mitglied einer spirituellen Gemeinschaft, in der die Gläubigen der Vergangenheit, der Gegenwart und der Zukunft vereint sind. Sie ist auch ein Identifikationsprinzip: nach innen, weil sie die Gläubigen in eine gegebene Gemeinschaft eingliedert; nach außen, weil sie sie von denen trennt, die nicht dazugehören. In dieser Sichtweise ist eine ‚Religion' eine ideologische, praktische und symbolische Konfiguration, durch die sowohl für das Individuum als auch für das Kollektiv der Sinn der Zugehörigkeit zu einer bestimmten Glaubenssequenz erzeugt, aufrechterhalten, entwickelt und kontrolliert wird." (Hervieu-Léger 2004: 11)

Wenn wir die Geschichten durchgehen, die wir im Folgenden erzählen, sehen wir als Teile einer solchen Glaubenssequenz, die wir „islamisch" nennen können, das Faktum der Offenbarung des Korans (nicht die spezifische Lesart, nicht die Geschichte der Sammlung, nicht die Bedeutung im Leben der Gemeinschaft, vielleicht nicht die Summe der Suren etc.) und das Faktum der prophetischen Begründung der muslimischen Gemeinschaft (wiederum nicht: die Authentizität der Berichte, nicht die Frage der Nachfolgerschaft, nicht vielerlei Details). Eine solche Glaubenssequenz wird unserer Betrachtung zugrunde gelegt, wird als Mittel der Herstellung der „alternativen Kohärenz" des Kraftfeldes „Islam" benutzt.

Was werden wir also in diesem Buch unternehmen? Es geht um Reisen durch Regionen beinahe aller Kontinente, auf der wir verschiedene Dimensionen des Phänomens „Islam" erfahren werden, die ein Ensemble von Fragmenten bilden: beziehungsreich, voller Kämpfe und Auseinandersetzungen. Es geht uns um „das Zwischenräumliche [...,] den textilen Überfluss an Falten und Winkeln“, das instabile „Element der Verknüpfung“ (Bhabha 2000: 340), das uns ermöglicht, Fremdes zu denken.

Die Reisen enden beim Dschihadismus, auf einem Seitenpfad. Dies ist nicht der wirkliche Endpunkt unserer Reisen durch die islamischen Welten. Wir gehen davon aus, dass keine unserer Reisen ein Ende haben wird. Aus diesem Grund kann es auch kein Schlusswort für diesen Band geben.

Nicht erklären werden wir, was der Islam *ist* oder was er sein *soll.* Derartiges Begehren, etwas zu erklären, ist eher ein Symptom des Bestrebens, ein Selbst zu haben und eine Welt, die ihm entgegengesetzt und unterworfen ist. Jede Erklärung bedarf des Erklärten und versichert den Erklärenden seiner Existenz. Erklärung bedeutet auch immer einen Ausschluss des Heterogenen und ist damit ein Akt der Politik (Spivak 1996). In diesen Zusammenhang der Welt*erklärung* begibt sich die übliche Behandlung „des Islams“. Ob es gelungen ist, diese Mechanismen etwas zu unterlaufen, mögen die Lesenden entscheiden.

Personennamen werden in eingedeutschter Schreibweise wiedergegeben; das Personenregister enthält die Namen mit nachgestellter wissenschaftlicher Transkription. Alle Übersetzungen stammen vom Verfasser.

Wien, Februar 2008

Muhammad

Die Arabische Halbinsel vor dem Auftreten des Propheten Muhammad war gewiss keine *terra deserta et incognita*, sie lebte vielmehr in Beziehung mit ihrer Umwelt, ganz besonders mit ihrer aramäischen, jüdischen, christlichen, aber auch mit ihrer heidnisch-arabischen Umwelt.

Auch iranische Religionen waren in Arabien präsent. Der Zoroastrismus war durch die sassanidische Militärpräsenz in Südarabien und am Persischen Golf und andere kommerzielle und politische Verbindungen bekannt. Wir können sogar sagen, dass die Arabische Halbinsel lange Zeit Teil des iranischen Kulturraumes war, sodass uns iranische Einflüsse bereits in der Zeit der Offenbarung nicht verwundern dürfen.

Den jüdischen Einfluss in Arabien symbolisiert am besten die Existenz jüdischer Stämme in Medina, der Stadt, in die sich der Prophet nach seinem Auszug aus Mekka begeben sollte. Allerdings sollten wir uns keine orthodoxe jüdische Gemeinde vorstellen.

Auf christlichen (oder jüdischen) Einfluss weisen immer wieder Bemerkungen über Gewährsmänner des Propheten hin. Bei dem Historiker at-Tabari (gest. 923) finden wir: „Der Gesandte Gottes saß oft, nach dem was mir überliefert wurde, am Hügel Marwa bei einem jungen christlichen Diener, dessen Name Dschabr war“. In einer anderen Quelle heißt es: „Wir hatten zwei Sklaven [...] Sie fabrizierten Säbel in Mekka und lasen im Pentateuch und im Evangelium. Der Prophet ging manchesmal bei ihnen vorüber, wenn sie lasen, und blieb stehen, um zuzuhören.“ An anderer Stelle wird gesagt, Muhammad sei von Leuten aus Babylon unterrichtet worden bzw. es sei ihm von ihnen überliefert worden (Gilliot 2006).

Wenn nun der Koran das Neue Testament zitiert, spricht er von dem *indschil* (*inǧīl*), als gäbe es nur ein Evangelium. Dies mag verwundern.

Nun ist nicht erst von muslimischer Seite die Verfälschung der Schriften und eben des Neuen Testaments bekannt, bereits pagane Kritiker haben dies angemerkt – wie auch die Manichäer. Unter anderem als Reaktion auf solche Kritik wurde versucht, einen einzigen, einheitlichen Evangelientext zu erstellen, auf den sich auch der Koran immer wieder bezieht.

Etliche der Themen, die wir im Koran finden, sind zweifellos im christlichen Teil seines Umfeldes zu finden und in den Koran übernommen worden, um sie gegen andere „Leute der Schrift" (*ahl al-kitab/ahl al-kitāb*) neu zu interpretieren und diese Interpretation als einzig richtige Lehre durchzusetzen (Ohlig 2006: 394ff.). Die biblischen Traditionen scheinen den Zuhörern bekannt gewesen zu sein, sodass im Koran lediglich auf sie angespielt werden muss. Mittlerweile vertreten viele Autoren die Auffassung, dass die meisten einschlägigen theologischen Passagen im Koran zur Idee Gottes, der Christologie und zur Eschatologie aus syrisch-christlichen Traditionen kommen.

Der Koran zeigt allerdings eine frühe Form syrischer Theologie, „die kämpferisch gegenüber der syrischen Theologie des 7. und 8. Jahrhunderts [...] vertreten wird. Nizäa [328 chr. Z.] kommt im Koran nicht vor, allenfalls negativ in den Positionen der Fehlgeleiteten". (Ohlig 2006: 398)

In Gottesfragen finden wir in dieser vornizänischen syrischen Theologie einen entschiedenen Monarchianismus: „[Der eine] Gott allein hat die Herrschaft, polemisch im Koran gegen die Entwicklung zur Zeit seiner Entstehung gerichtet: Gott hat keinerlei Teilhaber an der Macht. Dieser vom Macht- oder Herrschaftsgedanken bestimmte unitarische Monotheismus schließt auch die mittlerweile (spätestens) im 7. und im 8. Jahrhundert auch in Ostsyrien verbreitete Vorstellung einer (physischen) Gottessohnschaft aus." (Ohlig 2006: 398) Begriffe wie „Sohn Gottes" oder „Logos" wurden im syrischen Christentum aus der Zeit vor Nizäa als „Kräfte" des einen Gottes verstanden. Dies ist die Ausgangsbasis für die koranische Kritik an christlichen Vorstellungen.

Weitere Aspekte der Aufnahme biblischer Traditionen zeugen von frühsyrischen Einflüssen. Die große Bedeutung des Alten Testaments erschließt sich schon bei flüchtiger Lektüre. Auch der Vorwurf der Verfälschung der Schrift, von dem schon gesprochen wurde, verweist uns darauf.

Sind diese Übernahmen aus der frühen syrischen Theologie als Beweis dafür zu nehmen, dass die junge muslimische Gemeinschaft eher eine arabisch-christliche Gemeinschaft ist (so die neue revisionistische Schule der Islamwissenschaft)? Wenn wir die mekkanische Situation in Betracht ziehen, der wir uns gleich zuwenden, scheint dies eine einseitige Deutung der Quellen zu sein. Verstehen wir die Aufnahme christlicher theologischer Diskussionen als Bezugnahme auf die Umwelt einer neuen Glaubensgemeinschaft, die sich bis in das 9. Jahrhundert erst zu einer umfassenden eigenen Identität entfaltete, können wir Entnahmen aus christlichem Denken, aber auch Polemiken gegen christliches Denken, als Teil der Herausbildung einer spezifisch islamischen Problematik denken. Identifizierbare Teile anderer Problematiken sind dann in der islamischen nicht verwunderlicher als numismatische Mischformen in der Art arabosassanidischer Münzen (Gaube 1973, kritisch Popp 2006). Versuchen wir jetzt einen Zugang zur Welt der Arabischen Halbinsel zur Zeit des Propheten! Mit den Worten Ludwig Ammanns (2001: 7):

> „Der Erfolg von Offenbarungen ist ein Skandal. Wie ist es möglich, dass ein Prophet mit einer Botschaft Glauben findet, die den herrschenden Überzeugungen und Verhältnissen den Kampf ansagt? Wie kommt ein Gemeinwesen dazu, sich auf Ansinnen eines Einzelnen zu bekehren und zu verwandeln? Als Muḥammad b. ʿAbdallāh, der „Gepriesene, Sohn des Gottessklaven", um 613 vor seinen Stamm trat, um ihn als Gesandter Gottes auf den rechten Weg zu führen, stieß er auf nahezu einhellige Ablehnung. Das war zu erwarten. Um 619 ist der Prophet in seiner Vaterstadt Mekka gescheitert und muss bei fremden Stämmen um Schutz für sich und seine siebzig Anhänger bitten. Doch die Nachbarn in aṭ-Ṭāʾif und ebenso die Beduinen zeigten nicht das geringste Interesse an der Rechtleitung Gottes, die ihnen der Prediger auf den Handels- und Dichtermessen dafür bietet. Einzig die fernen Medinenser sind bereit, den Unruhestifter und Spalter von Gemeinschaft bei sich aufzunehmen, und zwar ausgerechnet als Ruhe- und Eintrachtstifter, wie zumindest ein Zweig der Überlieferung behauptet. Drei Fragen sind zu beantworten: Was war in Medina anders? Was hat Gott überhaupt durch Muḥammad offenbart? Und wie waren die arabischen Stammesgesellschaften beschaffen, die für seine Offenbarung zunächst *keine* Verwendung hatten?"

Versuchen wir, zuerst die letzte Frage zu beantworten – weiter im Anschluss an Ammann. Araber, das können wir aus dem arabischen Begriff ableiten, sind Wüstenbewohner, Nomaden, die in einem Austausch (friedlich oder kriegerisch) mit Oasenbewohnern leben. Beide Gruppen bilden Stammesgesellschaften.

Staatlich organisierte Gesellschaften gab es in Süd- und Nordarabien in Form von Stadtkönigtümern, die aber mit dem Zusammenbruch des Fernhandels zusammenbrachen. Im 3. Jahrhundert erlebte Arabien eine Beduinierungswelle, die dann in eine erneute Niederlassung der

Beduinen mündete: in den Fruchtbaren Halbmond, aber auch in Mekka, wo der Stammesverband der Kuraisch sich niederließ und einen relativ bescheidenen Karawanenhandel begründete (wenn wir ihn mit früheren Zeiten vergleichen). Mekka bleibt ein Dorf ohne Stadtmauer, die wir z. B. in der nahen Stadt Ta'if (aṭ-Ṭāʾif) finden, ohne Festungen, ohne feste, hohe Häuser, die Medina aufweisen kann. Es gibt in Mekka jedoch eine gewisse Dynamik, die über die tribalen Grenzen hinaus weist, aber keinen grundlegenden Wandel bewirkt.

> „Religions- und Kulturwandel scheinen um 600 in drei Formen denkbar: Entweder dehnen die angrenzenden Großmächte ihren politischen Einfluss aus, was nicht geschieht, eher im Gegenteil: Als die Sassaniden ihren arabischen Vasallenkönig [...] absetzen, entgleitet ihnen die Kontrolle über Ostarabiens Beduinen, und auch Byzanz sollte die Entmachtung seines arabischen Phylarchen bereuen. Oder das Christentum und Judentum verbreiten sich durch Mission. Das ist in Südwestarabien und bei den Vasallen des Fruchtbaren Halbmonds vor allem am Hof der Fall und führt immerhin dazu, dass monotheistische Vorstellungen – durchaus auch in arabischer Sprache! – auf den west- oder zentralarabischen Markt gelangen, allerdings ohne großen Eindruck zu machen. Oder, drittens, ein oder mehrere Stämme ordnen ihre Lebensverhältnisse von sich aus neu. Das Nomadenkönigtum der Kinda um 500 war so ein Versuch – der bezeichnenderweise scheiterte. Wie auch das Händlervolk der Mekkaner den Versuch der religiösen Neuordnung durch Muḥammad zurückwies." (Ammann 2001: 10)

Die tribale Lebensform, die sich gegen all diese möglichen Formen des Wandels als resistent erwies, besteht aus patrilinearen Abstammungsgemeinschaften, die immer umfassender gedacht werden: vom Clan zum Stamm und zur globalen Aufteilung zwischen Nord- und Südarabern. Neben den freien Arabern gab es Schutzbefohlene und Sklaven; in Mekka kam es offensichtlich zu weiteren Ausdifferenzierungen (Bamyeh 1999). Eine politische Integration auf Stammesebene oder in Form von Stammesföderationen erscheint kaum erreichbar, Fehden zwischen Clans eines Stammes sind häufig. Stämme sind also nicht als stabile Einheiten zu denken, sie desintegrieren und integrieren sich wieder. Stammesoberhäupter sind nicht immer vorhanden; in Mekka leitet eine Ratsversammlung die Geschicke des Ortes.

Zusammengeführt wurden Araber zu einer geschützten Zeit an einem geschützten Ort zur Verrichtung saisonaler Kulte, die zur Veranstaltung von Handelsmessen und Dichterwettstreiten genutzt wurden. Wenn auch in den Dichterwettstreiten eine gemeinsame, hocharabische Sprache benutzt wurde, so entsteht doch kein arabisches Gemeinschaftsbewusstsein. Vielmehr dient die Rangstreitdichtung eher zur Betonung tribaler und clanbezogener Partikularismen.

Das religiöse Interesse „ist wie die Vergesellschaftung dem Abstammungsdenken verpflichtet. Es orientiert der Brauch; das sind die durch Präzedenz der Vorfahren institutionalisierten Denk- und Handlungsweisen. Dieser Brauch heißt *sunna*. Damit verbindet sich die Vorstellung eines gebahnten Wegs, anders ausgedrückt: des Anführens, das Gemeinschaft [...] als Lebensweg ausbildet." Ein Dichter „drückt das so aus: ‚Ich gehöre zu einer Gruppe, der es ihre Väter eingerichtet haben [...]; denn jedes Volk [...] hat eine *sunna* – (Väter-)Sitte und deren Anführer'. Die [Araber] begreifen ihre Lebensform gleich Kultur geradezu ethnologisch als Gesamtheit der Ergebnisse von Innovationen einzelner. Jeder Brauch hat seinen Ursprung in einer Neuerung (*bidʿa*). Das Profil der moralischen Orientierung prägt der Geltungswettbewerb, in dem Kriegstaten eine Hauptrolle spielen. Religion als Gesamtheit der Vorstellungen von und Umgangsweisen mit geistigen Mächten trägt bei den Arabern nur wenig zur kognitiven und moralischen Orientierung bei." (Ammann 2001: 13f.)

Zu erklären ist dies dadurch, dass die Araber zur Befriedigung ihres religiösen Interesses auf den Besuch stationärer Kultstätten zurückgreifen. Während der Wanderung zwischen zwei Kultstätten kommt es naturgemäß zu einem Mangel an religiöser Versorgung, der dadurch behoben wird, dass auf profane Funktionsäquivalente zurückgegriffen wird: die Sitte der Väter. Verhaltensideale werden durch die Dichtung vermittelt und stabilisiert. Die alltägliche Konzingenzbewältigung durch Anrufung von Geistwesen u. Ä. bleibt das Reservat des Religiösen. An den Kultstätten wird geopfert, um den Gott oder die Göttin um etwas anzurufen. Handlungsorientierung kann auch über Loswurforakel oder durch Wahrsager gewonnen werden. Die Kulthandlungen werden aber von den Gläubigen selber vollzogen, Priester gibt es nicht (Ammann 2001: 18).

Die Araber der vorislamischen Zeit sind zumeist Polytheisten. Sie verehren verschiedene Götter/Göttinnen an Stein- oder Baumkultstätten. Die einzelnen Kultstätten werden jeweils Stämmen zugeordnet, eine Zuordnung, die sich im Laufe von Wanderungen zu lockern scheint. Dieselbe Gottheit wird oft von verschiedenen Stämmen angerufen. Es sind gerade die wichtigsten Götter/Göttinnen und Kultkomplexe, die transtribal orientiert sind. So hat die Göttin Allat (Allāt) zwar ihren Hauptsitz in Ta'if, wird aber nicht nur von den anwohnenden Stämmen verehrt, Manat (Manāt) in Kudaid (Qudaid) zwischen Mekka und Medina wird weit darüber hinaus verehrt, al-'Uzza (al-ʿUzzā) in einem Baumheiligtum bei Mekka genießt Verehrung bei den Kuraisch und anderen Stämmen. Dazu kommt der herbstliche Hadschdsch nach der Hochebene ʻArafa (ʻArafa) östlich von Mekka, in der mehrere Kultstätten durch eine Prozession miteinander verbunden werden. Eine frühjährliche Wallfahrt nach Mekka ist die ʻUmra (*ʻumra*), die von benachbarten Stämmen vollzogen wird und Kaaba als kultischen Mittelpunkt hat, in deren Kult Allah eine bedeutende Stellung einnimmt.

Allah ist ein transtribaler, kultbildloser Hochgott mit seiner Kultstätte, der Kaaba, in Mekka. Neben ihm, „dem Herrn (*rabb*) des Hauses", werden allerdings auch andere Gottheiten verehrt. Schon der Name, der schlicht „der Gott" bedeutet, hebt ihn hervor; gewissermaßen als Gegenstück könnten wir Allat nennen, deren Name eben „die Göttin" bedeutet.

Allah „ist Schöpfer der Welt, Spender des Regens und Erhalter des Lebens [...] Er wird zudem als Vertragsbürge und als Moralwächter genutzt. Die drei Hauptgöttinnen Westarabiens gelten als seine ‚Töchter' im übertragenen Sinn – der bescheidene Ansatz einer regionalen Pantheonbildung. Er selber ist so fern, dass die anderen Götter als Fürsprecher zu ihm vermitteln müssen [...] (Q 39,3; vgl. Q 10,18). Nur in Seenot, also in für die Araber ungewöhnlicher Notlage, ist Allāh anzurufen, an Land genießen zum Leidwesen der Offenbarung andere Vorzug". (Ammann 2001: 26)

Es handelt sich also um einen kurzfristigen, situativ geprägten Monotheismus (bzw. Henotheismus), in dem sich einer oder eine Gruppe von Gläubigen in einer Notsituation unter Ausschluss anderer Gottheiten an eine einzige wenden. Dieser situative Vorrang Allahs verhinderte nicht, dass der gemeinarabische Hochgott harmonisch mit den anderen, eher tribalen Göttern koexistierte.

Recht verstanden, ist die altarabische Religiosität ein wichtiges Moment der Entwicklung der koranischen Offenbarung. Um noch einmal auf die Frage christlich-jüdischer Einflüsse zurückzukommen, können wir jetzt sagen, dass es Einflüsse gegeben haben mag (ja sogar: sicher gegeben hat). Der Hauptbezugspunkt der prophetischen Sendung Muhammads war aber in Arabien.

Das Leben des Propheten

Es gibt in der neueren islamwissenschaftlichen Forschung eine revisionistische Tendenz, die erst von einer späten Entwicklung einer genuin islamischen religiösen Identität ausgeht. Diese Tendenz vertritt zum

Teil die Auffassung, der Prophet Muhammad sei nicht der Prophet des Islams gewesen, *muhammad* (*muḥammad*, „der Gepriesene") sei vielmehr ein unter Christen geprägter Beiname u. a. für Jesus gewesen. Dieser Auffassung möchte ich mich nicht anschließen. Zwar hat diese Tendenz recht interessante Fragen zur Datierung von Ereignissen u. Ä. aufgeworfen, erscheint aber nicht völlig überzeugend. Hier wird eine Mittelposition eingenommen, die versucht, den kritischen Blick aufzunehmen, aber keinen Anlass dazu sieht, die muslimische Überlieferung in ihrer Gesamtheit zu verwerfen. Es wird davon ausgegangen, dass die muslimischen Gemeinschaften sich in langer Auseinandersetzung mit ihrer christlichen Umwelt entwickelt haben. Und hier hat auch die Person des Propheten Muhammad ihren Platz.

Es wird gesagt, dass Muhammad um 570 chr. Z. geboren wurde. Dieses Datum wird mit dem sogenannten „Jahr des Elefanten" verknüpft, in dem eine gescheiterte Expedition in den Hidschas, das Heimatland Muhammads, geführt wurde. Wenn auch Inschriften, die eher auf eine Zeit kurz vor 550 deuten, an diesem Datum Zweifel erwecken, so gilt dieses Jahr in der muslimischen Überlieferung als verbürgt.

Muhammad wurde in die Familie der Banu Haschim im Stammesverband der Kuraisch geboren. Seine Familie genoss zwar ein gewisses Ansehen, zählte aber in der mekkanischen Gesellschaft nicht zu den herrschenden Gruppen. Muhammad wurde früh Waise und lebte recht bescheiden, bis er Chadidscha heiratete, eine ältere Frau, die im Karawanenhandel tätig war und für die Muhammad dann ebenfalls als Händler tätig war. Mit vierzig Jahren habe er sich dann einmal in die Berge bei Mekka zurückzogen, wo ihm der Erzengel Gabriel erschienen sei und ihm mitgeteilt habe, er sei zum Gesandten Gottes auserkoren. Offenbart worden sei dabei (Sure 96,1ff.): „Trag vor im Namen deines Herrn, der erschuf, den Menschen erschuf aus einem Klumpen Blut. Trag vor, denn dein Herr ist sehr barmherzig, der lehrte mit der Feder, lehrte den Menschen, was er nicht wusste." Es wird von Selbstzweifeln berichtet, die der Prophet schließlich überwand und so begann, den neuen Glauben zu predigen. Allerdings war seine Predigt zuerst nicht von Erfolg gekrönt. Seine Frau und sein Cousin 'Ali ibn Abi Talib, den späteren vierten Kalifen und Urvater der Schia, zählten zu den frühen Gläubigen.

Als Muhammad seine Kritik an der mekkanischen Gesellschaft, ihrem Polytheimus etc. verschärfte, wurde seine Predigt immer negativer aufgenommen. Dies führte zur Verfolgung der Anhänger der neuen Glaubensgemeinschaft. Es wird von einer Gruppe von Gläubigen berichtet, die ins christliche Abessinien auswanderte, um dort Schutz zu finden, vielleicht um in einem geneigteren Umfeld neue Anhänger zu finden. Muhammad selber machte weitere Anstrengungen, einen Ort zu finden, an dem seine Gemeinschaft leben konnte. Zuerst versuchte er es im benachbarten Ta'if, ein Versuch, der allerdings scheiterte.

Erfolgreicher war er in Yathrib/Medina im Nordosten von Mekka. Die traditionelle Erzählung will, dass er von streitenden Stämmen eingeladen wurde, in Medina als Schiedsmann aufzutreten. Dort lebten auch Gemeinschaften von Juden, ein Faktor, der, so wird angenommen, dazu beigetragen haben mag, die Attraktivität des Ortes zu erhöhen, da ein sympathisierendes Publikum unter diesen „Leuten des Buches" vermutet werden konnte.

Diese Übersiedlung nach Medina wird als Hidschra (*hiǧra*) bezeichnet. Das Jahr, in dem sie stattfand (622 chr. Z.), dient als Grunddatum für die islamische Zeitrechnung, denn dieses Jahr wird auch als das Jahr verstanden, in dem die muslimische Gemeinschaft tatsächlich ins Dasein trat. Damit war dies der angemessene Ausgangspunkt für eine eigene Zeitrechnung, die am 16. Juli 622 beginnt. Da das Mondjahr kürzer als das Sonnenjahr ist, wandern die Monate im Laufe mehrerer Jahrzehnte durch das Sonnenjahr, bis sie wieder mit diesem zusammenfallen.

Es werden zwölf Monate unterschieden, die mit der Sichtung der jüngsten Mondsichel beginnen und jeweils 29 oder 30 Tage dauern: Muharram (*muḥarram*), Safar (*ṣafar*), Rabi' al-auwal (*rabīʿ al-auwal*), Rabi' ath-thani (*rabīʿ aṯ-ṯānī*), Dschumada al-ula (*ǧumādā al-ūlā*), Dschumada ath-thani (*ǧumādā aṯ-ṯānī*), Radschab (*raǧab*), Scha'ban (*šaʿbān*), Ramadan (*ramaḍān*), Schauwal (*šauwāl*), Dhu 'l-ka'da (*ḏu 'l-qaʿda*), Dhu '-hidschdscha (*ḏu 'l-ḥiǧǧa*)

Wenn auch auf Münzen, durch Dokumente und Inschriften aus dem 7. Jahrhundert keine klaren Belege für eine Zeitrechnung nach der Hidschra vorliegen, so finden wir einen unspezifischen Bezug auf eine „Herrschaft der Araber" mit Beginn im Jahre 622 chr. Z. Die endgültige Etablierung der *hidschri*(*hiǧrī*)-Zeitrechnung scheint erst im 8./9. Jahrhundert vollendet. Auch dies können wir nicht als Vorherrschaft einer nicht islamischen Zeitrechnung verstehen. Vielmehr ist dieser Wandel Ausdruck der immer deutlicheren Ausformung des islamischen Selbstverständnisses der muslimischen Gemeinschaft nach außen, die mit einer Ausdifferenzierung nach innen einhergeht.

In Medina tritt Muhammad als tatkräftiger religiöser und politischer Anführer hervor, der die medinensischen Gemeinschaften, die mekkanischen Auswanderer, ihre medinensischen „Helfer" (*anṣār*), die sie aufgenommen hatten, jüdische und arabische Stämme, anführte und in Form eines Stammesbündnisses organisierte. Deren Gründungsurkunde, die sogenannte „Gemeindeordnung von Medina“ werden wir noch genauer betrachten.

Ein unmittelbarer Übertritt aller EinwohnerInnen von Medina zum Islam fand nicht statt. Die jüdischen Gemeinschaften wurden schließlich des Verrates beschuldigt und angegriffen, getötet oder vertrieben. Muhammads Strategie in Medina änderte sich, nachdem er feststellen musste, dass die dort ansässigen Juden seine Botschaft nicht begeistert aufnahmen, was u. a. zur Abänderung der Gebetsrichtung von Jerusalem in Richtung Mekka führte. Er fasste jetzt die Rückkehr nach Mekka ins Auge (Rippin 2005: 48). Dieses Ziel verfolgte er mittels Versuchen, den mekkanischen Handel zu schädigen, indem er Angriffe auf Karawanen führte – auch mit der Absicht, die erlangte Beute in medinensische Hände gelangen zu lassen. So konnte er seiner medinensischen Gemeinschaft Macht und Ansehen unter den arabischen Stämmen sichern. Die vielleicht wichtigste dieser Attacken ist als Schlacht von Badr bekannt. Im Jahre 624 begann diese Auseinandersetzung mit einem Angriff auf eine mekkanische Karawane. Sie wurde zu einer Schlacht mit den mekkanischen Kuraisch, die mit einem überragenden Sieg für Muhammad und seine Anhänger endete. Dieser Sieg wurde als Zeichen für die göttliche Sanktion der Pläne des Propheten verstanden. 625 erlitten die Anhänger Muhammads eine Niederlage bei Uhud (Uḥud) und 627 belagerte eine mekkanische Armee Medina in der sogenannten „Grabenschlacht“.

Die Medinenser konnten diesem letzten Angriff widerstehen; die mekkanischen Angreifer mussten sich zurückziehen. Der Gegenangriff der Medinenser unter Muhammad auf Mekka führte zwar zu keiner militärischen Auseinandersetzung, allerdings wurde der Vertrag von Hudaibija (Ḥudaibīya) abgeschlossen, der es den Medinensern gestattete, im folgenden Jahr die Pilgerfahrt zu unternehmen. Zu diesem Zeitpunkt war die Macht der medinensischen Gemeinschaft in Arabien deutlich angewachsen, sodass der Prophet im Jahre 630 gegen nur geringen Widerstand Mekka einnehmen konnte. Seine letzten beiden Lebensjahre verbrachte der Prophet damit, die Position seiner Gemeinschaft durch Allianzen und – zumindest nominelle – Konversion nomadischer Stammesverbände zu stärken.

Die Lebensgeschichte des Propheten hat in der Geschichte der muslimischen Gemeinschaften immer wieder als Muster gedient, nach dem sich die Lebensführung der Gläubigen ausrichten konnte. Für Anführer von Erneuerungsbewegungen war dies besonders reizvoll, da sie sich auf *den* muslimischen Revolutionär par excellence beziehen konnten.

Diese Konstruktion wurde allerdings auch oft *ex post* von Anhängern vollzogen.

Die Vorstellung der Hidschra aus den Verfolgungen im ungläubigen Mekka spielte bei Erneuerungsbewegungen ebenfalls bis in die jüngste Zeit eine Rolle. So konnte sich eine extremistische Gruppe, die in Ägypten in den 1970er Jahren bekannt wurde, *at-Takfir wa 'l-hidschra* nennen (*at-Takfīr wa'-l-hiğra*; „die Gemeinschaft des für ungläubig Erklärens und der Hidschra"), da sie die Hidschra, den Rückzug, aus der für ungläubig erklärten ägyptischen Gesellschaft unternahm.

Hadith: Überlieferungen vom Propheten

Weniger unter historischem Gesichtspunkt werden die Erzählungen über das Handeln und Reden des Propheten, die Hadithe betrachtet. Sie sind vielmehr von vitalem Interesse für die Entwicklung islamischer Religiosität selber. So interessant die berichteten Anekdoten sein mögen – und es handelt sich sicherlich um eine der faszinierendsten Textgattungen –, sind es doch nicht die „Fakten", die für die muslimischen Gemeinschaften von größter Bedeutung sind. Es ist vielmehr das in diesen Berichten verkörperte Beispiel des Propheten, die *sunna*, das für die Gläubigen ein nachzuahmendes Vorbild darstellt.

Im besten Falle sind die Überlieferungen in ununterbrochener Folge seit den frühesten Mitgliedern der muslimischen Gemeinschaften übermittelt worden. Dieser Prozess wird in der „Kette" der Überlieferer und Überliefererinnen – Frauen spielen eine große Rolle in der Hadithkunde – dokumentiert: im *isnad* (*isnād*). Diese Kette konnte bis auf den Propheten zurückgehen, musste es aber nicht. Der Text, in dem der Bericht über den Propheten enthalten ist, wird als *matn* bezeichnet. Bis in das 2. Jahrhundert der Hidschra kam es nicht auf eine vollständige Überliefererkette an. Wichtiger war die Botschaft des Textes, die Maxime, die der Gestaltung des frommen Lebens dienlich sein konnte. Interessant ist, dass wir im 18. Jahrhundert beispielsweise in Marokko eine geistige Bewegung sehen werden, die wieder auf den *isnad* verzichten kann.

Aber jetzt ein Beispiel (die Namen müssen uns nicht weiter interessieren):

> „Es berichtete uns Kutaiba ibn Sa'id nach Malik nach Abu 's-Sinnad nach al-A'radsch nach Abu Huraira, dass der Gottesgesandte, Gott segne ihn und spende ihm Heil, sagte: Wenn der Hund aus dem Gefäß eines von euch trinkt, so soll er es sieben Male auswaschen."

Es gibt in den Hadithsammlungen mancherlei Varianten einzelner Überlieferungen:

a) „Es berichtete uns al-Husain ibn Harith Abu ʻAmmar. Er sagte: Es berichtete uns Sufjan nach Mansur nach Humam nach Ibrahim nach A'ischa: Sie sagte: Du hast es mich abreiben gesehen von dem Gewand des Propheten, Gott segne ihn und spende ihm Heil."
b) „Es berichtete uns Kutaiba ibn Sa'id. Er sagte: Es berichtete uns Hamad nach Hischam b. Hassan nach Abu Ma'schar nach Ibrahim nach al-Aswad nach A'ischa: Sie sagte: Du hast mich die Unreinheit vom Gewand des Gottesgesandten, Gott segne ihn und spende ihm Heil, abreiben gesehen."
c) „Es berichtete uns Muhammad b. Kamil al-Marwasi. Er sagte: Es überlieferte uns Haschim nach Mughira nach Ibrahim nach al-Aswad nach A'ischa: Sie sagte: Du hast es mich am Gewand des Gottesgesandten, Gott segne ihn und spende ihm Heil, finden und es abkratzen sehen."

Hadithe beinhalten also das lebendige Nachspielen einer Szene aus der Zeit des Propheten.

Die Hadithe wurden in großen Sammlungen zusammengestellt, ein Prozess, der im 9./10. Jahrhundert für die Sunniten seinen Höhepunkt fand in den großen Werken von al-Buchari (gest. 870), Muslim ibn al-Hadschdschadsch (gest. 875), Ibn Madscha (gest. 887), Abu Dawud (gest. 889), at-Tirmidhi (gest. 892) und an-Nasa'i (gest. 915). Es gibt auch noch weitere angesehene Hadithsammlungen, die zum Teil späteren Datums sind. Die Schiiten haben eigene Hadithsammlungen, in denen die Überlieferungen ihrer Imame vereint werden, die sie als ihre spirituellen Führer ansehen.

In späterer Zeit wurden immer mehr kleinere Sammlungen exemplarischer Hadithe zusammengestellt, die als Orientierung für die Gläubigen dienen konnten, wobei es erste Zusammenstellungen dieser Art bereits im 9. Jahrhundert gab. Diese Sammlungen sind Ausdruck einer seit dem 12. Jahrhundert zu bemerkenden Umorientierung der Hadithliteratur, „die sich an den Bedürfnissen der Nutzung des Prophetenwortes zur Sicherung der Zugegenheit des Heils im Alltag orientiert." (Nagel 2002: 594) Eine der bekanntesten dieser kleineren Sammlungen ist die bis heute viel gelesene und kommentierte Zusammenstellung der 40 Hadithe von an-Nawawi (gest. 1277) (Schöller 2007). Auswahlsammlungen sind entweder thematisch in Anlehnung an die Themen des islamischen Rechts oder nach Überlieferern geordnet.

Für die einzelne Überlieferung garantiert die Überliefererkette die Verlässlichkeit der Tradierung. Der *isnad* wurde allerdings, so stellte die muslimische Hadithkunde schon früh fest, nicht selten gefälscht oder manipuliert. Aus diesem Grunde entwickelte die Hadithkunde schon bald Methoden, mit denen sie echte von unechten Hadithen zu unterscheiden versuchte. Sie konzentrierte sich darauf, die Zuverlässigkeit und moralische Integrität der Überlieferer festzustellen. Wenn diese sich als moralisch integer erwiesen, ging man davon aus, dass die Überlieferung von Generation zu Generation die unversehrte Übermittlung des Inhaltes des Hadithes garantierte. Die Probleme, die sich aus der Produktion unzuverlässiger Hadithe ergaben, führten sogar zur Formulierung von Überlieferungen, die gerade vor dieser Praxis warnten:

> „Es überlieferte uns Abu Bakr ibn abi Schaiba: Es überlieferte uns Ghundar nach Schu'ba und es überlieferten uns auch Muḥammad b. al-Muthanna und Ibn Baschscha: Beide sagten: Es berichtetete uns Muhammad ibn Dscha'far: Es überlieferte uns Schu'ba nach Mansur nach Rib'i ibn Hirasch, dass er 'Ali, Gott habe wohlgefallen an ihm, predigen hörte. Dieser sagte: Der Gesandte Gottes, Gott segne ihn und spende ihm Heil, sagte: Verbreitet keine Lügen über mich. Wahrlich, wer Lügen über mich verbreitet, wird ins Höllenfeuer eingehen."

Wir könnten beinahe annehmen, dass der Prophet eine Vorahnung hatte, welche Schwächen seine Anhänger zeigen würden, oder, dass hier die Verteidiger des Hadith gegen die Hadithfälscher deren eigene Methoden verwenden und einen passenden Hadith hervorzaubern.

Zweifelhaft erscheinen auch Hadithe, die nur zu genau in nach dem Tode Muhammads entstandene theologische Diskussionen eingreifen. So finden wir in der Diskussion um die Vorherbestimmung Überlieferungen, die den Propheten sowohl als Unterstützer für die Befürworter der Prädestination wie auch als Gegner dieser Position anführen.

Solche und andere Befunde haben dazu geführt, dass von islamwissenschaftlicher Seite grundsätzliche Zweifel an der Verlässlichkeit der Hadithe geäußert wurden.

Es gibt viele Spezialgebiete der Beschäftigung mit dem Hadith, deren Geschichte noch nicht genau erforscht ist. Wir können aber die historische Entwicklung der Hadithwissenschaften in neun Phasen einteilen (Schöller 2007: 300f.), die sich zum Teil überlappen:

„1. Die frühe Überlieferungstätigkeit und das Entstehen der ersten schriftlichen Sammlungen, etwa 650 bis 850.
2. Das Entstehen der in späteren Jahrhunderten als kanonisch angesehenen Sammlungen, etwas 850 bis 950.
3. Die Ausbildung der Isnād- und Überliefererkritik sowie die Systematisierung verwandter Bereiche, etwa 850 bis 1050.

4. Das Entstehen weiterer umfassender Sammlungen und der ersten detaillierten Einzel-Hadithstudien, etwas 950 bis 1150.
5. Die Periode der ‚Verzettelung' und des Neuanfangs, etwa 1100 bis 1250.
6. Die mamlukische Neukonstituierung der Hadithwissenschaft für den Schul- und Lehrbetrieb, etwa 1250 bis 1450.
7. Die spätmamlukenzeitliche Vertiefung und Präzisierung der vorangegangenen Neukonstituierung, etwa 1450 bis 1600.
8. Die osmanenzeitliche Enzyklopädisierung, Anthologisierung und Neukommentierung des vorliegenden Hadithmaterials, etwa 1550 bis 1850.
9. Die neuzeitliche Sichtung des Hadithmaterials mit Blick auf zeitgemäße Bedürfnisse, etwa 1850 bis heute."

Ergänzen wollen wir, dass sich seit dem 17. Jahrhundert islamische Reformbewegungen intensiv dem Hadith gewidmet haben, die besonders in Indien aktiv waren und sind. Seit dem 19. Jahrhundert erleben wir eine Debatte darüber, ob die Hadithe überhaupt als verlässliche Quelle islamischen religiösen Denkens gelten können oder vielleicht besser wegen des Einflusses der menschlichen Fehlbarkeit in Form der ÜberliefererInnen abgelehnt werden sollten. Damit bliebe der Koran als einzig verlässliche Glaubensquelle.

Das Zuhören bei Hadithrezitationen wurde im Laufe der Zeit zu einem sozialen Ereignis, an dem auch ganze Familien teilnahmen. Durch dieses Zuhören konnten die Teilnehmenden der Segenskraft der Geschichte des Propheten teilhaftig werden.

Auch das öffentliche Lesen aus der Hadithsammlung des al-Buchari konnte Schaden abwenden. So gibt es Berichte aus dem Maghreb, dass während einer Dürre Prozessionen stattfanden, bei denen aus dieser Sammlung vorgetragen wurde.

Fassen wir die bisherige islamwissenschaftliche Forschung zusammen, können wir sagen, der Hadith ist ein Mittel, durch das sich die zunehmend von der Anfangszeit entfernende Gemeinde versucht zu integrieren; „vermöge des Ḥadīṯ versichert sie sich immer aufs Neue des anfänglich gegebenen Heilszustandes und tritt überhaupt erst als spezifisch religiös bestimmte Glaubensgemeinschaft den Bekennern der konkurrierenden Hochreligionen gegenüber. Es ist kein Zufall, dass gleichzeitig mit der Herausbildung des Ḥadīṯ die rationale Exposition des Islams, die Theologie im engeren Sinn, beginnt. Zumindest funktional betrachtet, sind Ḥadīṯ und Theologie die zwei Seiten ein und derselben Entwicklungsstufe, derjenigen der unerlässlichen Stabilisierung – nach außen (Theologie) und nach innen (Ḥadīṯ). [...] Der politische Erfolg des islamischen Gemeinwesens erzwang die Schaffung von Kräften, die – über die abgeschlossene und zur allerletzten erklärten Botschaft der Offenbarung hinaus – als stets wirksam und gegenwärtig empfunden werden konnten.“ (Nagel 1994: 127f.)

Aus der Beschäftigung mit dem Hadith können wir bereits entnehmen, welch große Bedeutung der Prophet als Vorbild für die muslimische Gemeinschaft hat.

Die Bedeutung des Propheten für die muslimischen Gemeinschaften

Die Quellenlage zum Leben des Propheten Muhammad ist nicht einfach. Angesichts der immensen Bedeutung seiner Person ist es schwer, später verfasste religiöse Fiktion von den historischen Tatsachen zu trennen. Das biographische Werk des Ibn Ishak, die *sira* (*sīra*), ist geprägt von Topoi: Religiöse Erzählungen werden in thematische Konventionen gefasst, die im ganzen Nahen Osten benutzt wurden, um das Leben religiöser Persönlichkeiten literarisch niederzulegen. Derartige Schriften verfolgen normative Ziele. Sie wollen uns zeigen, wie es gewesen sein soll. Sie fragen nicht danach, wie es war; sie arbeiten heraus, in welcher Form sich die muslimische Gemeinschaft von anderen religiösen Gemeinschaften unterscheidet. Insbesondere wendet sie sich damit gegen Angriffe dieser Gemeinschaften auf die prophetische Legitimät Muhammads als der historisch zentralen Person der muslimischen Gemeinschaft, die ja auch die Legitimität der von ihm überlieferten Botschaft, des Korans, sichert. Leider verfügen wir bis heute über keine umfassende Untersuchung der Prophetenbiographien durch die Jahrhunderte.

Diskussionen über die Biographie des Propheten Muhammad, die Quellen, die vorhanden sind, und deren Einschätzung erfassen eines nicht: die Gefühle, die Muslime und Musliminnen dem Propheten entgegenbringen. Während Menschen, die die Existenz Gottes verneinen, vielleicht noch als irregeleitet verstanden werden können und damit auch wieder recht geleitet werden können, wird die Beleidigung des Propheten, ihm etwas Böses zu unterstellen, als Angriff auf den Islam selbst empfunden.

Ein Blick in die Geschichte lehrt, dass dies nicht verwunderlich ist, denn die Angriffe von christlicher Seite auf den Islam konzentrierten sich, denken wir etwa an gewisse byzantinische Kaiser, immer auf den Propheten, seinen Gebrauch von Gewalt, die Erlaubtheit der Polygamie und insbesondere die Anzahl der Ehefrauen Muhammads selber, bis hin zur Titulierung als einer der drei Betrüger im Reigen anderer Religionsgründer, zur Darstellung, er sei an einem Kreuzwege von Schweinen gefressen worden usw. usf. Angriffe und Kritiken werden leicht in diese Tradition gestellt, insbesondere wenn es identitärer Politik dient.

Ein „Angriff" auf den Propheten stellt aber in gewissem Maße auch einen Angriff auf das Leben der Gläubigen dar, wenn wir bedenken, dass die eigene Lebensführung im Idealfalle sich nach dem Vorbild des Propheten ausrichtet. Explizit wird dies im Sufismus mit der Idee einer *imitatio muhammadi*, der Nachfolge des Propheten. Ein Angriff auf Muhammad bedeutet damit implizit einen auf das Leben aller Gläubigen – wie es sich idealerweise gestalten sollte.

Das Konzept der *sunna*, der Lebenspraxis des Propheten in ihrer Überlieferung über sein Sprechen, Tun und Handeln, beinhaltet schon im Keim die Vorstellung, der Prophet sei der „perfekte Mensch". Er hat sogar sein Leben im Zustand der Sündlosigkeit, der *'isma* (*ʿiṣma*), verbracht. Der Prophet Muhammad wird als Verkörperung des göttlichen Willens verstanden, der in keiner Weise gegen diesen Willen gehandelt hätte.

Diese Lehre hat allerdings einige Jahrhunderte gebraucht, um sich voll zu entfalten. Die Entfaltung der Idee der Vollkommenheit ging einher mit der Entwicklung des Konzeptes der Unnachahmlichkeit des Korans, die durch die Sündlosigkeit des Überbringers der Offenbarung zusätzlich verbürgt wurde.

Die Idee des „perfekten Menschen" Muhammad hat zur Produktion einer Vielzahl legendärer Erzählungen geführt, z. B. der Bericht der Reinigung des Herzens des kleinen Muhammad. Insbesondere wird auch ein Bild der äußeren Erscheinung des Propheten gezeichnet, das so weit geht, dass gesagt wird, die Zahl der weißen Haare auf seinem Kopfe sei nicht höher als 17 gewesen.

Herausragend unter den mit dem Propheten verbundenen Geschichten ist die Erzählung seiner nächtlichen Himmelsreise, *mi'radsch* (*miʿrāǧ*). Dieser Bericht ist nicht nur immer wieder literarisch aufgegriffen worden, er hat auch in einprägsamen Illustrationen eine bildliche Gestaltung erfahren. Die Entfaltung der Erzählung als einer Wundererzählung, die bezeugt, dass Muhammad wirklich ein von Gott Auserwählter ist, diente zur Herausarbeitung einer spezifisch islamischen Identität und auch eines spezifisch islamischen ethischen Verhaltens (Vuckovic 2005).

Die Himmelsreise kann aber nicht nur in Hinblick auf die Genealogie der muslimischen Gemeinschaften gelesen werden. Sie kann auch als Modell für muslimisches Bestreben verstanden werden, über die verschiedenen Stufen der Reise eine Vision Gottes zu erreichen, also als eine Metapher für eine innere Reise. Aber auch Fragen über die Natur von Himmel und Hölle, auf welchem Wege man in sie gelangt, werden angesprochen. Das rituelle Gebet findet ebenfalls Erwähnung. Nicht zuletzt ist die Geschichte auch von Bedeutung für den sakralen Charakter Jerusalems. Es sind neben dem erbaulichen Charakter der Erzählung für die Gläubigen sehr unterschiedliche Ebenen zu beachten.

Worum geht es also? Muhammad reist nachts auf dem geflügelten Pferd Burak (Burāq) nach Jerusalem. Von dort steigt er durch die sieben Ebenen des Himmels auf, wobei er auf die großen Propheten der Vergangenheit trifft: Adam, Johannes, Jesus, Joseph, Enoch, Aaron, Moses und Abraham; in manchen Versionen treten weitere nicht näher benannte Propheten auf. Auch verschiedene Ansichten der Hölle widerfahren ihm. Schließlich erfährt er eine Vision Gottes, und ihm bzw. seiner Gemeinde wird auferlegt, 50 Gebete am Tage zu verrichten. Auf Drängen von Moses kehrt der Prophet zurück und handelt schließlich die fünf täglichen Gebete aus. Er kehrt zurück nach Mekka und erzählt seine Erlebnisse. Die Wahrhaftigkeit seines Berichtes kann er durch die Vorhersage der Ankunft einer Karawane beweisen, die er gesehen hatte, als er auf Burak zurückkehrte.

Ein anderer Aspekt der Vorstellung von Muhammad ist seine Rolle als Fürsprecher für die Mitglieder seiner Gemeinde am Tag des Gerichts. Wenn dies auch nicht explizit ausgeführt wird, so ist es doch vielfach geteilte Meinung, dass der Prophet für seine Gemeinde eintreten wird.

Der Prophet ist also von großer Bedeutung für das Heil seiner Gemeinde. Ergänzend können bei den Schiiten die Imame hinzutreten, generell in der Volksreligiosität auch Heilige verschiedener Art. Über das weitere Schicksal des Propheten nach seinem Tode gibt es unterschiedliche Auffassungen. Von muslimischer Seite wird beansprucht, dass Muhammad der einzige Prophet sei, dessen Grab sicher bezeugt sei (mit einem gewissen Vorbehalt, dass dies auch für Abrahams Grab in Hebron gelte).

Grundsätzlich wird – parallel zu anderen, geläufigen Todesvorstellungen – die Meinung vertreten, der Geist Muhammads habe sich von seinem Leib getrennt und sei erhöht worden, wo er räumlich ungebunden weiterlebe. Seine Leiche aber liege in Medina. Allerdings gibt es auch die Vorstellung, der Prophet lebe weiter im Grabe und sein Geist komme und gehe, wann er will auf Erden. Offen ist dabei die Antwort auf die Frage, ob der Körper wieder lebendig wird oder es sich um eine rein geistige Erscheinung handelt. Eine mittlere Position leugnet Muhammads Entrückung nicht, bestreitet aber auch nicht die Möglichkeit seines Weiterlebens und Weiterwirkens. Dies geht parallel mit der Idee, dass Propheten allgemein in ihrem Grabe weiterlebten, wie sie es in ihrem früheren Leben gewohnt waren.

Volksreligiös bezeugt ist die Ansicht, dass der Prophet zwischen Himmel und Erde pendele, z. B. zu den Gebetswaschungen nach Medina heruntersteige. Moderne, salafistische Auffassungen mögen allerdings nur noch das Leben im Grabe anerkennen (Meier 1992).

Die bildliche Darstellung

Die bildliche Darstellung des Propheten ist problematisch. Jenseits des Misstrauens gegenüber bildlichen Darstellungen von Menschen, über die wir später noch sprechen werden, gilt bei der Mehrzahl der Muslime die Darstellung des Propheten als tabuisiert. Nichtsdestotrotz finden wir bereits im 10. Jahrhundert Hinweise auf Porträts des Propheten, die in den Kontext nahöstlicher Volksreligiosität gestellt werden können (Grabar/Natif 2004). Im 13. Jahrhundert gibt es bildliche Repräsentationen in persischen, später in osmanischen Manuskripten (Ali 2001). Gerade im schiitisch gewordenen Iran ist eine längere Tradition piktoraler Darstellung des Propheten vorhanden, die bis in die Neuzeit fortgeführt wird (Centlivres/Centlivres-Demont 2006). Zugespitzt hat sich die Tabuisierung der Darstellung des Propheten im „Karikaturenstreit“ des Jahres 2006, in dem, durch Muhammad-Karikaturen in einer dänischen Zeitung ausgelöst, weltweite, zum Teil gewaltsame Proteste, die Abbildung des Propheten zu einem wichtigen Moment identitärer Politik gemacht haben und u. a. zur Entstehung speziell dem Propheten gewidmeter Webpräsenzen geführt haben.

Einen Sonderfall stellen die Darstellungen (und anderer herausragender muslimischer Persönlichkeiten) mit einem Schleier vor dem Gesicht dar, die so eine Darstellung des Antlitzes des Propheten vermeiden, und die *hilye*, kurze Beschreibungen der Schönheit des Propheten, die von Kalligraphen gestaltet werden, eine Art verbales Bild von Muhammad (Grabar/Natif 2004: 33), ein kalligraphisches Zeichen.

Dass der „Karikaturenstreit“ nicht das letzte Wort in der künstlerischen Auseinandersetzung mit dem Propheten Muhammad ist, zeigt ein Kreativwettbewerb unter dem Motto „Zeig mir den Propheten“, der von jungen deutschen MuslimInnen organisiert wurde. Zwischen Rap, anderen Liedern, Videos über das Schreiben einer Kalligraphie, Theaterstücken, Briefen, anderen Texten u. v. m. beteiligten sich 116 Personen verschiedener Altersstufen an der Gestaltung ihres Prophetenbildes (http://muhammad.islam.de/).

Exkurs: an-nabi al-ummi

Die Frage, ob die Wendung *an-nabi al-ummi* (*an-nabī al-ummī*) (7,157f.) so zu verstehen ist, dass Muhammad des Schreibens und Lesens nicht kundig gewesen ist, hat einige Diskussionen ausgelöst (Goldfeld 1980, ʿAthamina 1992). Einer der philologisch überzeugendsten Beiträge argumentiert, dass es möglich ist, wenn die Bezugnahme biblische, insbesondere alttestamentarische, Passagen in der muslimischen Tradition ernsthaft berücksichtigt, unter *ummi* jemanden zu verstehen, der ein *goy* ist, also nicht zum jüdischen Volk gehört. In diesem Sinne wäre der Prophet als *nabi ummi* ein Prophet, von dem in der Bibel ausgesagt würde, er komme aus einem nicht jüdischen Volk, eben dem der Araber (Rubin 1997: 21ff.).

Auf muslimischer Seite konzentrierten sich Deutungsversuche darauf, den Propheten als illiterat, im Sinne von analphabetisch, zu beschreiben. So wird *ummi* mit dem arabischen Wort für Mutter in Verbindung gebracht; illiterat zu sein, sei nun mal eher eine Eigenschaft der Mütter. Auch Muslime bringen *ummi* mit *umma* in Verbindung, allerdings mit der arabischen *umma*, die sich dadurch auszeichne, illiterat zu sein. Diese und andere Erklärungen wurden von arabischen Gelehrten schon im 9. Jahrhundert kritisiert; so schreibt al-Dschahis (gest. 868), diese Versuchen seien, ohne Zweifel mit den besten Absichten, irregeleitet. Der Prophet sei durchaus in der Lage gewesen zu schreiben, zu lesen etc., habe aber seine Talente ganz auf seine prophetische Sendung konzentriert. Im islamischen Spanien entstand im 11. Jahrhundert eine erbitterte Debatte um eine Abhandlung des Theologen al-Badschi (gest. 1081), in der dieser davon sprach, dass der Prophet nicht illiterat gewesen sei. Seine Auffassung fand Gegner und Befürworter. Wir können die allmähliche Entwicklung (Goldfeld 1980) – und schließlich die Vorherrschaft der Vorstellung, Muhammad sei illiterat gewesen – als Parallele zur Entfaltung der Idee verstehen, der Koran sei unnachahmlich (*iʿǧāz*): ein weiterer Beweis dafür, dass die prophetische Sendung Muhammads tatsächlich Wundercharakter hatte.

Moderne Auffassungen argumentieren, *ummi* bedeute lediglich, der Prophet habe die Kunst des Schreibens nicht vollständig oder bereits beherrscht, ohne dass er sie lernen musste. Die Eigenschaft, *ummi* zu sein, wird später auch Sufis zugeschrieben, die dadurch das Erbe des Wunders des Propheten antreten.

Koran

Der Koran, die von Muhammad überbrachte Offenbarung, besteht aus 114 Abschnitten, Suren (*sūra*) genannt, die in etwa nach der Länge angeordnet sind. Die längste Sure ist die zweite mit ungefähr 22 Seiten, die kürzeste die 108. Sure mit ca. einer Textzeile. Die hervorstechende Ausnahme aus dieser Reihenfolge ist die erste Sure, die „Eröffnende" (*fātiḥa*), die, genau betrachtet, eher als Gebet gelten kann und auch als solches benutzt wird. Jeder Abschnitt wird in Verse unterteilt, *aja* (*āya*), deren Zahl ca. 6200 beträgt. Die Unterteilung in Verse entspricht nicht immer der Sinnstruktur des Textes, ist im Allgemeinen aber an der Reimstruktur der einzelnen Suren orientiert. 29 Abschnitte beginnen mit unverbundenen arabischen Buchstaben, manchmal mit einzelnen Buchstaben (q – *qāf*, Sure 50; n – *nūn*, Sure 68), andere mit bis zu fünf Buchstaben. Die Bedeutung dieser geheimnisvollen Buchstaben ist bis jetzt von niemandem überzeugend erschlossen worden. Jede Sure, ausgenommen die neunte Sure, beginnt mit der Formel *basmala* („Im Namen Gottes, des Barmherzigen, des Erbarmers"), eine Formel, die auch in Sure 27,30 auftaucht.

Der Korantext in seiner heutigen gedruckten Form stützt sich auf die Fassung, die in Ägypten an der al-Ashar-Universität im 20. Jahrhundert definiert wurde. Andere Lesarten wie die bedeutsame maghrebinische werden von diesem Text nicht erfasst.

Gott im Koran

Zentrales Thema im gesamten Koran ist, dies steht außer Zweifel, Gott, arab. *allah* (*allāh*). Der allmächtige, allerbarmende Gott hat die Welt zum

Nutzen seiner Geschöpfe erschaffen, hat diesen Geschöpfen Botschaften gesandt, mit denen er sie auf den Pfad leitet, der ihnen angemessen ist und der formuliert ist in einem Gesetz, nach dem sie leben sollten und das im Islam seine Vollendung findet. Er wird das Ende der Welt bringen, wenn es ihm gefällt, und dann alle Geschöpfe nach ihren Taten richten. In der Sure 20,5ff. heißt es: „Ihm gehört, was in den Himmeln und was auf Erden, und was zwischen ihnen und unter dem feuchten Grund. Und ob du deine Stimme erhebst, siehe, er kennt das Geheime und Verborgenste. Allah, es gibt keinen Gott außer ihm. Er hat die schönsten Namen."

Über diese Betonung des einen Gottes haben wir bereits gehört. Sie wirkt gegen die jüdisch-christliche Tradition wie auch die altarabische, heidnische Gedankenwelt. So heißt es in Sure 9,30f.: „Die Juden sagen: ‚Esra ist Gottes Sohn'. Und es sprechen die Nazarener: ‚Der Messias ist Gottes Sohn.' So ist das Wort ihres Mundes. Sie führen ähnliche Reden wie die Ungläubigen vor ihnen. [...] wo ihnen allein geboten ward, einem einzigen Gott zu dienen, außer dem es keinen Gott gibt".

Diese Transzendenz Gottes, der einer ist, der nicht zeugt und nicht gezeugt ward (Sure 112), widerspricht deutlich die Gottessohnschaft Jesu, ein Problem, von dem wir ja schon gehört haben.

Der Tag des Gerichts

Alle genannten früheren Propheten und die Vielzahl von Personen, die im Koran nicht mit Namen genannt werden, haben eine Botschaft überbracht: die des zukünftigen Gerichtstages für diejenigen, die nicht bereuen und dem Worte Gottes folgen. So heißt es in Sure 19,60ff.: „Aber es folgt ihnen ein Geschlecht, welches das Gebet unterließ und den Lüsten folgte. Doch wahrlich dem Verderben gehen sie entgegen, außer denen, welche umkehren und glauben und rechtschaffen handeln. Jene werden ins Paradies eingehen und sollen in nichts Unrecht erleiden."

Die Botschaft ist klar und deutlich. Alle Menschen werden zu der ihnen bestimmten Zeit sterben und dann zu einer Zeit, die Gott allein kennt, wieder erweckt werden und entsprechend ihren Taten, die sie auf Erden begangen haben, beurteilt werden. „Und es kommt des Todes Taumel in Wahrheit: ‚Das war's, dem du auswichst.' Und gestoßen wird in die Posaune – das ist der Tag, der angedroht ward." (50,19f.) Angespielt wird hier zweifelsohne auf die eschatologische Posaune, die auch aus der Apokalypse des Johannes bekannt ist, ein Element, das in den Koran eingeflossen ist. Das Gericht wird in lebhaften Farben geschildert: Für jede Person wird ein Verzeichnis ihrer Taten im Guten wie im Bösen herangebracht, vom Abwägen der guten und bösen Taten wird gesprochen. Durch das Gericht wird das endgültige Schicksal der Individuen festgelegt: entweder die Freuden des Paradieses oder die Qualen der Hölle. Auch diese beiden Orte werden plastisch beschrieben.

Das Schicksal der Individuen liegt also in der Hand Gottes, wird aber beeinflusst von den Taten der Menschen. Gott ist der allmächtige Schöpfer und kontrolliert seine Schöpfung völlig; die Menschen müssen die Verantwortung für ihre Taten übernehmen. Die Spannung zwischen diesen beiden Aussagen war eine der wichtigsten Stimulanzien für das theologische Denken im Islam. Auf jeden Fall haben die Geschöpfe Gottes die Hoffnung, in das Paradies zu gelangen, wenn sie dem Gesetz Gottes, das in der Offenbarung Gottes zu finden ist, folgen. Sie können aber auch sündigen, besser: in die Irre gehen, wenn sie von dem vorgeschriebenen Pfade abweichen. Eine der Ursachen für diese Abirrung sind die Einflüsterungen Satans, des gefallenen Engels, der als Erklärung für das Böse in der Welt dient.

Paradies

Eine neue, „syro-aramäische Lesart" des Korans (Luxenberg 2000) verspricht ein grundlegend neues Verständnis des Korans, in dem man den Text unter der Voraussetzung liest, vieles sei besser zu verstehen, wenn man den Koran mit Bezug auf aramäische Worte lese. Manches erscheint dabei zweifelhaft. Beschäftigen wir uns gleich mit der Frage, ob die „Jungfrauen des Paradieses" denn eher als „Weintrauben" zu verstehen sind. Großen Zweifel an der proklamierten Wissenschaftlichkeit der Studie von Luxenberg rufen auch seine Äußerungen hervor, dass es „die Würde des Korantextes wiederherzustellen" gelte, angesichts der Erwähnung von Entjungferungen im Zusammenhang mit Huris (Luxenberg 2000: 249). Dieser Puritanismus wird kaum den zum Teil von altarabischen poetischen Beschreibungen inspirierten Paradiesvorstellungen (s. unten) gerecht. Kommen wir also zu diesen Beschreibungen.

Wir können nur zustimmen, dass „Paradiesschilderungen der mekkanischen Periode wie Sure 56,16ff. [...] in einigen Zügen auffallend an die Weinbude der alten Dichter" (Jacob 1967: 107) erinnern. Dazu heißt es treffend, „dass die paradiesischen Gastmahlsbilder des Korans sich eher wie Nachahmungen der Beschreibungen der Dichter ausnehmen denn wie auf eigener Anschauung beruhende Schilderungen erlebter Szenen". (Horovitz 1923: 10)

Ein wichtiges Element der altarabischen Dichtung über Trinkgelage, von dem schon die Rede war, sind die Huris. Nicht nur im Paradiese werden sie das Dasein der Gläubigen verschönern, auch die Dichtung (und die Dichter) kennt sie. Ein Beispiel: „Und Moschus (*misk*) und Basilikum (*raiḥān*) und gewässerter Wein / Und großäugige Schöne (*ḥūr*) gleich Statuen (*ka-amṯāl ad-dumā*) und Diener / Und Kochgeschirr und Koch und Becher und Platten". (Horovitz 1923: 12)

Der koranische Sprachgebrauch stimmt auch an anderen Stellen mit den dichterischen Schilderungen überein. Wir wissen zudem, dass die in der arabischen Dichtung vorhandene Vorstellung von Gelagen, an denen auch junge Frauen nicht unbeteiligt waren, zu Zeiten Muhammads in den Wandlungsprozessen der arabischen Gesellschaft auch von anderen Personen in die Beschreibung des Paradieses übernommen wurde. Als bemerkenswertes Beispiel sei der auch von Muhammad geschätzte Dichter Umaija ibn abi ‘s-Salt (Umaiya b. a. ‘ṣ-Ṣalt) genannt. Von Umaija wird „ein längeres Gedicht überliefert, in welchem er zunächst in einigen Versen die Hölle beschreibt. Dann schildert er die Freuden des Paradieses: Honig, Milch, Wein und Weizen gibt es dort; frische Datteln, Äpfel, Granatäpfel, Bananen, klares Wasser. Auch Jungfrauen trifft man, die folgsamen Puppen gleichen, ‚zart, auf Ruhebetten liegend, keusch, sie sind die Gattinnen, (die Paradiesbewohner) edle Fürsten. – Auf Kissen siehst du die Jungfrauen einander gegenüber liegen! Wirklich dort ist Schönheit, ist Wonne [...] Kein störendes Geschwätz, kein Schelten gibt es dort [...] Und einen Becher, der den Zechenden keinen Kater bewirkt'". (Nagel 1983: 155)

Betrachten wir jetzt das koranische Bild des Paradieses! Dafür müssten wir ebenfalls etliche Verse zitieren. Einige Verse der Sure 56, nämlich Vers 11ff., mögen aber genügen, um einen Eindruck zu geben: „Jene sind es, die Gott nahegebracht werden (*al-muqarrabūn*), in den Gärten der Wonne (*ǧannāt an-naʿīm*) – viele von den Altvorderen, nur wenige von den Spätgeborenen. Sie liegen auf aufgeschichteten Ruhebetten [...], sich an sie anlehnend [...], einander gegenüber. Ewig junge Knaben [...] machen bei ihnen die Runde mit Pokalen [...], Krügen [...] und einem Becher Quellwassers. Doch überkommt einen hiervon weder Kater noch Rausch. Und mit Obst, wie sie es sich auswählen [...] Großäugige Paradiesjungfrauen (*ḥūr ʿain*), wie verborgene Perlen (*ka-amṯāl al-luʾluʾ al-maknūn*), als Lohn für ihre Werke! Man hört dort weder störendes Geschwätz [...] noch Schelten". (Nagel 1983: 156)

Die Szenerie ähnelt ohne Zweifel derjenigen, die Umaija ibn abi ‘s-Salt beschrieben hat. Schauen wir genauer in die zitierte Sure, werden wir immer wieder die Mahnung an diejenigen hören, die die Macht der

Offenbarung und der Taten Gottes nicht wahrnehmen wollen. Und hierin liegt der entscheidende Unterschied zwischen der Paradiesvorstellung Umaijas und dem koranischen Paradiesparadigma. Es wird im Koran deutlich hervorgehoben, dass der Glaube an das Vorhandensein des Paradieses (und natürlich auch der Hölle) einen völligen Wandel des Lebensstils erfordert, eine Ausrichtung auf das nun erkennbar gewordene Endziel hin (Nagel 1983: 157f.).

Fassen wir zusammen, so ist die koranische Paradiesbeschreibung ohne Zweifel beeinflusst vom altarabischen Imaginären, das wir in der Dichtung finden, stellt aber auch einen Bruch mit diesem Imaginären dar. Diese Paradiesbeschreibung hat ihre Genealogie offenkundig in *arabischen* Quellen, die keiner *syro-aramäischen* Lesung bedürfen. Weintrauben mag es dort geben, Huris gewiss aber auch.

Strukturelle Fragen

Wenn wir einen solchen Überblick über Teile des Inhaltes des Korans geben, dürfen wir eines nicht vergessen: die zufällig erscheinende Struktur, die recht diffuse Organisation des Textes, die beim ersten Lesen zu verblüffen vermag. Diese einzigartige Struktur können wir recht gut erfassen, wenn wir in eine der längeren Suren schauen. Sure zwei behandelt (in ungefährer Reihenfolge): Glauben und Unglauben, die Schöpfung, Adam, Satan, biblische Geschichten (Moses, Jesus, Moses), Polemiken, biblische Geschichten (Abraham), islamische Identitätsfragen (Gebetsrichtung, Gebet, Pilgerfahrt), rechtliche Probleme, Heilsgeschichte, rechtliche Probleme, Heilsgeschichtliches, vermischte Dinge, rechtliche Probleme, Glauben. Wenn diese Übersicht auch nicht im Geringsten der ganzen Komplexität der thematischen Struktur der Sure gerecht wird, so gibt sie uns doch einen Einblick in mögliche Fragen. Wie kann es zu einer solch heterogenen Struktur kommen? Einige IslamwissenschaftlerInnen haben, trotz dieser oberflächlich so heterogenen Zusammenstellung, eine gewisse Kohärenz herausgearbeitet, in dem sie liturgische Muster und eine durchaus nachvollziehbare inhaltliche Entwicklung herausgestellt haben, die sich in den Strukturen der Sure zeigt. Die Editoren/Sammler scheinen also in erster Linie daran interessiert gewesen zu sein, einen stabilen Text zu schaffen.

Dies wird in der muslimischen Tradition bestätigt, die die „Sammlung des Korans", wenn wir die Vielzahl verschiedener Versionen einmal nicht beachten, in der Zeit des dritten Kalifen 'Uthman (reg. 644–656) ansiedeln. Dieser habe angeordnet, dass die vielen verschiedenen Bruchstücke des Korantextes, die auf Palmblättern, Steinen oder „in den Herzen der Menschen“ vorhanden waren, gesammelt und in einem vollständigen Kodex zusammengefasst wurden, der in die wichtigsten Städte des Reiches gesandt wurde. Dies verweist uns, nebenbei gesagt, darauf, dass der Koran eben in zweifacher Form vorhanden ist: oral und in schriftlicher Form.

Aus diesem grundlegenden Text, der in unvokalisierter arabischer Schrift niedergeschrieben wurde, entwickelte sich in den nächsten 200 Jahren der mit den Hinweisen auf alle sprachlichen Feinheiten voll edierte Text, den wir auch heute noch haben. 1972 wurde in der großen Moschee in Sanaa im Jemen eine große Menge an alten Koranhandschriften (ca. 12.000) entdeckt, die anhand der Schrift auf das 8. Jahrhundert chr. Z. datiert werden konnten (Puin 1999). Diese Handschriften versprechen reiche Einsichten in den Konstitutionsprozess des Korantextes. Leider ist die Durcharbeitung noch nicht sehr weit gediehen. Einige Unterschiede in der Surenanordnung lassen vermuten, dass diese Anordnung in gewissem Maße variabel war. Einige kleinere Varianten in der Lesung deuten, so einige Forscher, darauf, dass es keine parallele Entwicklung einer oralen und einer schriftlichen Tradition gegeben hat. Vielmehr zeigten die Handschriften an, dass der endgültige Korantext ein Reflex der Beschäftigung mit einem schriftlichen Text ist.

Die Unnachahmlichkeit des Korans

Wir haben bis jetzt über den Text geredet. Wir müssen noch über die Form des Korans reden. Es gibt eine Reihe von Versen, die die arabischen Zeitgenossen des Propheten herausfordern, ein ähnliches Werk zu schaffen, die *tahaddi*(*taḥaddī*)-Verse (z. B. 22,33f.; 11,13; 10,38): „Oder sprechen sie: ‚Er hat ihn ersonnen?‘. Sprich: ‚So bringet eine gleiche Sure; und rufet an, wen ihr vermögt, außer Gott, so ihr wahrhaftig seid‘“ (10,38) bzw. „Oder sie sprechen: ‚Er hat ihn ersonnen?‘ Sprich: ‚So bringt zehn gleiche Suren her, (von euch) erdichtet, und rufet an, wen ihr vermögt, außer Gott, so ihr wahrhaftig seid‘“. (11,13)

Wenn wir bedenken, dass in der vorislamischen arabischen Welt der Dichtung ein hoher Rang zugewiesen wurde – und es trotzdem keinen Dichter gab, der diese Herausforderung erfolgreich annehmen konnte (wenn es auch immer wieder, sogar in späteren Zeiten, versucht wurde) –, ist dies ein Hinweis darauf, warum gerade der Koran als Prophetenwunder Muhammads verstanden wurde. Was wäre besser geeignet, die Sendung eines Propheten zu beglaubigen, als ein Sprachkunstwerk, das die besten Kenner der arabischen Sprache nicht überwinden konnten? Ein Kunstwerk, das zudem von jemandem übermittelt wurde, der *ummi* war?

Die Vorstellung, dass der Koran unüberbietbar, unnachahmlich war (*iʿǧāz*), wurde im Laufe der Jahrhunderte in einer immer detaillierteren Literatur so weit ausgearbeitet, dass – in brillanter Weise – versucht wurde nachzuweisen, dass praktisch jedes Wort im Koran an genau der einzig richtigen Stelle steht – und bei Meisterwerken der arabischen Dichtung Schwächen nachgewiesen wurden. Im 12./13. Jahrhundert kam die Entwicklung der Lehre von der Unnachahmlichkeit des Korans zu einem gewissen Abschluss und erlangte den Rang eines Dogmas (Kermani 1999a).

Dass es den Muslimen notwendig erschien, eine solche Lehre zu entwickeln, verstehen wir, wenn wir in polemische Texte aus den ersten zwei Jahrhunderten nach Muhammad schauen. Der Christ al-Kindi (nicht der Philosoph ist gemeint) schrieb um 830 chr. Z. in einem fiktiven Dialog: „Zeigt mir irgendeinen Beweis oder ein Zeichen für ein Wunder, das durch euren Meister Muhammad vollbracht wurde, um seine Mission zu bekräftigen und zu beweisen, dass das, was er an Schlächtereien und Plünderungen begangen hat, auf göttlichen Befehl geschah." (Rippin 2005: 38) Es wird hier also einer der zentralen Vorwürfe der christlichen Polemik gegen den Islam – dass diese Religion durch das Schwert ausgebreitet wurde – mit der Forderung verbunden, dass doch ein Beweis in Form eines Wunders beigebracht werde. Dem Anschein nach wurde bereits zu dieser Zeit von Muslimen der Koran als Beweis für die prophetische Sendung Muhammads angeführt, denn al-Kindi schreibt weiter (Rippin 2005: 39): „Das Ergebnis all dieser [Prozesse, durch die der Koran ins Dasein trat,] ist offenkundig für euch, die ihr die heiligen Schriften gelesen habt und seht, wie in eurem Buch, Geschichten vermengt und durcheinandergebracht werden, ein Beweis dafür, dass viele verschiedene Hände daran beteiligt waren, Widersprüche hervorgerufen haben, hinzugefügt oder weggenommen haben, was ihnen gefiel oder missfiel. Sind das etwa Eigenschaften einer Offenbarung, die vom Himmel herabgesandt wurde?"

Kindi benutzt also, als der Koran als Argument von den Muslimen vorgebracht wurde, die Textstruktur als Beweis für den nicht göttlichen Ursprung des Korans. Dass hier eine Herausforderung für die Muslime lag, der sie, ausgehend von den *tahaddi*(*taḥaddī*)-Versen, zu begegnen versuchten, ist einsichtig.

Die Bemerkungen al-Kindis zeigen aber auch, dass es im 9. Jahrhundert bereits eine ausgedehnte christlich-muslimische Polemik gab, die nicht ohne Vorgeschichte war und sich auf eine Schrift, die „Koran“ genannt wurde, bezog, die als nicht christlich begriffen wurde. Wie dieses Faktum vereinbar ist mit der Idee, nach Muhammad habe es ein christlich-arabisches Reich gegeben, ist schwer zu verstehen.

Ästhetische Dimensionen des Korans

Eng verbunden mit dem unüberbietbaren sprachlichen Wert ist eine andere ästhetische Dimension des Korans: die Produktion der Koranhandschriften. Grundsätzlich handelt es sich um ein verdienstvolles Werk, den Koran abzuschreiben. Es wurden allerdings auch Prachtkorane gefertigt, die eher als Symbole für die Frömmigkeit (und die Macht) des Herrschers zu verstehen sind; zugleich eine Vielzahl anderer illuminierter und kalligraphisch hervorragend gestalteter Koranhandschriften, die von einer innigen Verbindung von Spiritualität und Ästhetik zeugen (Déroche 1999). Über den Text hinaus wird der Koran hier zu einem haptischen und visuellen Erlebnis.

Zu einem akustischen Erlebnis wird der Koran durch die Rezitation. Entsprechend genau definierten Regeln wird der Koran rezitiert, bezeichnenderweise könnte man auch sagen: gesungen, und damit auch zu einem ästhetischen Erlebnis. Wettbewerbe helfen, diese Kunst auch in der Gegenwart zu fördern. Allein die Rezitation ermöglicht es, den Koran vollständig zu erfassen.

Der Koran ist somit nicht nur als heiliges *Buch* zu verstehen. Er ist vielmehr ein umfassendes Werk, das ständig im Leben der Gläubigen präsent war und ist. In den ersten 200 Jahren nach dem Tod des Propheten entstanden Überlieferungen, die von einer besonderen Bedeutung einzelner Teile des Korans sprechen. Die erste Sure ist so nicht nur Teil des rituellen Gebetes. Die Rezitation dieser Sure soll auch den Biss des Skorpions heilen.

Den beiden letzten Suren (113 und 114) wird ebenfalls Heilkraft zugeschrieben. Die Rezitation einzelner Teile des Korans, insbesondere der letzten beiden Verse von Sure 2, soll zur Nacht Schutz vor dem Teil bewirken etc. Denken wir auch an Praktiken wie das Schreiben von Koranversen, deren Tinte dann abgewaschen und getrunken wird: auch ein beliebtes Mittel.

Die Herstellung kleiner Kopien des Korans, die man ständig mit sich herumtragen kann, an den Rückspiegel des Autos hängen kann, jetzt sogar mit Lesegerät kaufen kann, um die winzige Schrift zu entziffern, hat ebenfalls eine lange Geschichte.

Die Koranwissenschaften

Um den Koran herum haben sich eine Vielzahl von Wissensdisziplinen herausgebildet. Eine der wichtigsten ist die der „Anlässe der Offenbarung“ (*asbāb an-nuzūl*), die versucht, die Umstände zu bestimmen, unter denen ein Vers des Korans offenbart wurde. Diese Klärung der Kontexte ist u. a. für die Exegese des Korans bedeutsam. Damit ist die zweite wichtige Disziplin genannt: die Koranexegese (*tafsīr* oder auch *taʾwīl*). Mit dem Ziel der Auslegung des Korans sind über die Jahrhunderte Bibliotheken produziert worden, die aus den verschiedensten Perspektiven versuchen, den Koran zu verstehen: philologische, juristische, sufische u. a.; in neuerer Zeit kam noch die naturwissenschaftliche Auslegung des Korans hinzu (Baljon 1961; Gätje 1971; Saleh 2004; Sands 2006).

Die Koranexegese ist auch in der Gegenwart ein wichtiges Diskussionsfeld (Taji-Farouki 2005), das z. B. in der Türkei zu neuen hermeneutischen Ansätzen geführt hat, die zum Teil auf eine historische Betrachtung des Korans zielen (Körner 2005). Auch in Indonesien haben sich ab Ende der 1960er Jahre solch neue hermeneutische Ansätze entwickelt, die als Neomodernismus bezeichnet werden. Dieser Neomodernismus ist eher an der „Essenz“ als an der „Form“ islamischer Lehren interessiert. Beispielsweise sind seine VertreterInnen eher daran interessiert, ob Frauen ein ethisches, produktives Leben führten – nicht so sehr daran, ob sie den Hidschab (Schleier, Kopftuch) tragen (Saeed 2005: 9). Zu nennen sind auch die von Frauen formulierten Ansätze, den Koran neu zu lesen und dabei Beschränkungen und Einseitigkeiten der männlichen Lektüre zu überwinden.

Übersetzungen

Verstehen wir den Koran im oben beschriebenen Sinn als bemerkenswertes Sprachkunstwerk, wird auch Nichtmuslimen deutlicher, warum eine Übersetzung des Korans Gläubigen nicht möglich erscheint. Gerade die unnachahmliche Sprachgestalt nachzubilden, erscheint nicht möglich und würde den Charakter des Gotteswortes entstellen. Aus diesem Grunde werden Übertragungen des Korantextes aus dem Arabischen als Erläuterungen verstanden.

Unser Thema soll aber jetzt nicht die Übertragung des Korans in verschiedene Sprachen sein, auch nicht die Rezeption dieser Übertragungen in Europa (z. B. Bobzin 1995). Eines wollen wir nur festhalten: Nicht nur auf geistlicher oder akademischer Ebene wurde der Koran rezipiert (oder zumindest: wahrgenommen), auch in der Volkskultur kann er im vormodernen Europa präsent gewesen sein. So sticht aus der Bücherliste eines Müllers aus Friaul aus dem 16. Jahrhundert, der von der Inquisition verfolgt wurde, die Erwähnung des Korans hervor (Ginzburg 1983: 61).

Die letzte Erscheinungsform des Korans ist die Präsentation des Korans und seiner verschiedenen Dimensionen im Internet. Der Koran wandelt sich dadurch zu einem multimedialen Text, der nicht nur schriftlich zugänglich ist, auch eine Vielzahl von Rezitationen ist vorhanden. Ergänzt wird der arabische Text durch Übertragungen in eine Vielzahl von Sprachen und Kommentaren und Auslegungen unterschiedlichster Art. Damit wird die Beschäftigung mit dem Koran weiteren Schichten von Gläubigen zugänglich als früher. Mit der Möglichkeit, eigene Glaubensüberzeugungen mit dem Koran zu belegen, wird die Online-Präsenz des Korans auch zum Zwang, dies tun zu müssen. Dies trägt zu einer verstärkten Normierung der Glaubensmöglichkeiten bei.

Gebet

Das muslimische Ritualgebet ist die zentrale gottesdienstliche Handlung. Bezeichnungen sind z.B. *salat* (arab. *ṣalāt)* oder *namas* (pers. *namāz*). Vor dem Gebet muss eine rituelle Waschung durchgeführt werden. Es handelt sich um fünf, zu festgelegten Zeiten an jedem Tag zu verrichtende Pflichtgebete.

Die Betenden richten sich nach Mekka. Zuerst war die Gebetsrichtung, die *kibla* (*qibla*), nach Jerusalem, nach der Auswanderung nach Medina erfolgte die Umorientierung nach Mekka. Über die Gründe dieser Wandlung gibt es verschiedene Deutungen. In der Moschee wird die Gebetsrichtung meist durch die Gebetsnische, den *mihrab* (*miḥrāb*), angegeben. Die Notwendigkeit, die genaue Gebetsrichtung zu bestimmen, hat zum Aufschwung von Wissenschaften wie der Astronomie in der islamischen Welt beigetragen. Die Aleviten, die kein Pflichtgebet verrichten, kennen auch keine *kibla*.

Die fünf Pflichtgebete sind unter Beachtung bestimmter Bewegungsfolgen (Stehen, Verbeugen, Niederwerfen) und der Äußerung festgelegter Formeln zu verrichten, der *rak'as* (*rak'a*), von denen es in der Regel mehrere gibt. Voraussetzungen für das Gebet sind u.a. die rituelle Reinheit, die durch eine Waschung erreicht wird, die entsprechende Absicht und ein reiner Ort, der durch die Verwendung eines Gebetsteppichs geschaffen werden kann, für den ersatzweise Äquivalente benutzt werden können.

Die Gebetszeiten sind: 1. *fadschr* (*faǧr*), zwischen Morgendämmerung und Sonnenaufgang; 2. *suhr* (*ẓuhr*), nachdem die Sonne den Zenit überschritten hat; 3. *'asr* (*'aṣr*), Nachmittagsgebet, sobald der Schatten eines Gegenstandes doppelt so lang wie der Gegenstand selbst ist, bis vierzig Minuten vor Sonnenuntergang; 4. *maghrib* (*maġrib*), Abendgebet, ab dem Sonnenuntergang bis ca. achtzig Minuten danach; 5. *'ischa'* (*ʿišāʾ*), Nachtgebet, ab Ende des Abendgebetes bis zur Morgendämmerung.

Eine dunkle Stelle an der Stirn sehr gläubiger Muslime, die durch das tägliche Aufsetzen des Kopfes während des Gebetes auf dem Boden, hervorgerufen wird, wird *sabiba* (*zabība*) genannt.

Vor oder/und nach dem Pflichtgebet kann ein zusätzliches Gebet verrichten werden, *sunna* genannt. Nach dem *ischa'*- und vor dem *fadschr*-Gebet kann außerdem das *witr*-Gebet mit einer ungeraden Zahl von *rak'as* verrichtet werden. Im Fastenmonat Ramadan werden als zusätzliche Gebete des Nachts die *tarawih* (*tarāwīḥ*) verrichtet, was von zwölferschiitischer Seite als inakzeptable Neuerung abgelehnt wird. Es gibt auch ein individuelles Bittgebet, *du'a'* (*duʿāʾ*), das nicht den formalen Erfordernissen des Ritualgebetes genügen muss.

Die Moschee, *masdschid* (*masǧid*), ist der Ort der Verrichtung des gemeinschaftlichen Gebetes, wörtlich lässt sich der Begriff so auch als „Ort der Niederwerfung" übersetzen. Grundsätzlich besteht eine Moschee aus einem Betraum, zu dem aber weitere architektonische Elemente treten können. Häufig sind dies Höfe mit Wasserbecken für die Waschungen und zur Kühlung, auch Pflanzungen können vorhanden sein.

Grundsätzlich lassen sich zwei Formen von Moscheen unterscheiden: die Gemeinschafts- und die Freitagsmoschee. Daneben können wir noch den einfachen Gebetsraum nennen.

Der Gebetsruf, der *adhan* (*āḏān*), erfolgt vom Minarett, einem turmartigen Bau, der der Moschee hinzugefügt wird, damit der Gebetsrufer, der Muezzin, von dort die Gläubigen zum Gebet auffordern kann. In neuerer Zeit wird der Weg nach oben allerdings häufig durch eine Lautsprecherübertragung ersetzt.

Neben der religiösen hatten und habe Moscheen auch soziale Funktionen bis hin zur Funktion als Stätten der Lehre in früherer Zeit.

Je nach Region haben sich verschiedene Typen von Moscheen herausgebildet: auf der Arabischen Halbinsel, in Spanien und Nordafrika die Säulenhalle mit offenem Innenhof; die Säulenhalle aus Lehmziegeln oder gestampftem Lehm in Westafrika und im Sahel; in der Türkei und auf dem Balkan der Zentralbau mit Zentralkuppel; der kreuzachsige Vier-Iwan-Innenhof findet sich hauptsächlich im Iran und in Zentralasien; die Dreifachkuppel mit breitem Innenhof auf dem Indischen Subkontinent; in Südostasien das zentralsymmetrisches Stufendach; schließlich in China auch freistehende Pavillons in einem umfriedeten Garten.

Bekannte Moscheen sind die Hassan II-Moschee in Casablanca, die Umaijaden-Moschee in Damaskus, die Jama Masjid in Delhi, die Süleymaniye-Moschee in Istanbul, die al-Aksa-Moschee in Jerusalem, die Prophetenmoschee in Medina, die große Moschee in Mekka oder die – christianisierte – Mezquita von Córdoba.

Moscheen bzw. der Bau neuerer repräsentativer Moscheen ist in Europa zu einem zentralen Kampffeld in der Debatte um und über den Islam und der MuslimInnen geworden. Die Errichtung von Moscheen wird dabei zunehmend von Gegnern als Gefährdung der europäischen Kultur codiert, wobei baurechtliche, verkehrstechnische u. a. Probleme die Kulturalisierung der gesellschaftlichen Konflikte häufig verdecken, die aus dem zunehmenden Sichtbarwerden eines zuvor als marginal angesehenen Bevölkerungsteiles entstehen (Hüttermann 2006).

In den Moscheen wurde auch das Freitagsgebet im Namen des Herrschers gehalten, ein zentraler Legitimationsmechanismus für die Herrschaft.

Politik

Die Geschichte der islamischen politischen Auseinandersetzungen und der daraus entstehenden Herrschaftsformen und -vorstellungen ist ohne Rückgriff auf die Geschichte vorderorientalischer Herrschaftskonzeptionen nicht denkbar. Dies ist an dieser Stelle nicht detailliert nachvollziehbar, sodass wir uns auf die Mahnung beschränken müssen, dass auch die muslimischen Vorstellungen von Herrschaft nicht aus dem Nichts entstanden sind und in ihrem historischen Kontext verstanden werden müssen (Al-Azmeh 2001). Allgemein gesagt: Es gibt keine festgelegte Regierungsform, die als „islamisch" zu qualifizieren wäre.

Betrachten wir nun den Kontext politischer Art zur Zeit des Propheten! Wir können hier mit gewissem Recht auf die Betrachtung koranischer Bestimmung verzichten, da wir ein zweites Dokument haben, das neben dem Koran aus der Zeit des Propheten stammt.

Die Gemeindeordnung von Medina

Dieses Dokument, mit dem wir uns zu beschäftigen haben, ist die „Gemeindeordnung von Medina" (Serjeant 1995, 1978 und 1964; Lecker 2004), ein Abkommen, das vom Propheten Muhammad kurz nach der Auswanderung der frühen muslimischen Gemeinschaft von Mekka nach Medina gestiftet wurde (Watt 1956: 227f.). In diesem Abkommen werden die Beziehungen zwischen den verschiedenen Teilen der Gesellschaft Medinas geregelt: Wer zahlt welche Abgaben, wer ist wem zu Beistand verpflichtet u. Ä. Es wird von einer Gemeinde gesprochen, die aber nicht nur aus Muslimen bestand. Das Konzept der Gemeinde, der *umma*, konnte schon in vorislamischer Zeit einen religiösen Aspekt haben (Wellhausen 1985: 74).

Diese „Gemeindeordnung von Medina" wird in muslimischer apologetischer Argumentation als Beweis für die Etablierung einer neuen Staatlichkeit durch die muslimische Gemeinschaft und ihren Propheten Muhammad verstanden. Zudem handele es sich, so moderne muslimische Autoren, um die erste Verfassung weltweit; sie beweise damit die Überlegenheit des Islams, der ein Verfassungsdenken weit vor dem europäischen kannte. Bei diesem Argument handelt es sich dabei um eine Art umgedrehten Orientalismus: Nicht der Orient ist unterlegen, so die europäische koloniale und postkoloniale Sicht, nein, der Orient ist *per se* überlegen, kannte alles, was „der Westen" kannte, bereits vorher.

Für den Zweck unserer Analyse müssen wir zunächst den Begriff der *sunna* definieren. Darunter sind in vorislamischer Zeit durch Präzedenz der Vorfahren institutionalisierte Denk- und Handlungsweisen zu verstehen, gesetzt durch die Entscheidungen früherer Schiedsmänner. Jedes Volk hat seine eigene *sunna*, seinen eigenen Brauch (s. oben). In dieser Tradition einer Serie verschiedener Arten von *sunna*, die stets einander ablösen, steht der Prophet Muhammad und seine *sunna*.

Wenden wir uns jetzt wieder der Gemeindeordnung zu, dem ältesten islamischen Dokument außerhalb des Korans! Das erste Dokument dieses Abkommens begründet eine Stammeskonföderation, im Wesentlichen Sicherheitsabsprachen, im zweiten finden wir ergänzende Bestimmungen. Die Unterzeichner sind uns nicht überliefert. Die „Gläubigen" und die Muslime der Kuraisch, also die ausgewanderten Anhänger Muhammads, und die Anführer der arabischen Stämme von Medina werden in der Präambel erwähnt. Ob Anführer der jüdischen Stämme Medinas unter den Unterzeichnern waren, wissen wir nicht. Vermutlich wurden sie von den Anführern der arabischen Stämme vertreten, denen sie als Gefolgsleute verbunden waren.

Die beiden Dokumente sind derart genau und detailliert ausgearbeitet, dass wir eine seit Langem bestehende arabische Tradition annehmen dürfen. Die „Verfassung" folgt also einem gut etablierten Beispiel. Fassen wir den Inhalt zusammen, so ist die „Verfassung von Medina" wohl zurecht als Gründungsurkunde der muslimischen Gemeinschaft in Medina bekannt. Sie ist aber zugleich die Fortsetzung altarabischer Praktiken der Konföderationsbildung, die eine gewisse Zeit sogar neben dem Koran stehen konnte. Wir können in ihr ein Fortwirken der arabischen Tradition sehen, die durch die Einführung des Hochgottes Allah in seiner neuen Gestalt und seines Propheten als letzte Instanz, auf die man sich bezieht, weiter getrieben wird. Sie ist also auch Zeugnis für den altarabischen Kern der muslimischen Gemeinschaftsbildung und Heilsbotschaft. Sie ist aber auch, und dies scheint interessant, durch ihr Anerkennen des Brauches der einzelnen Stämme und durch die gleichberechtigte Einbindung nicht muslimischer Einwohner von Medina in das Paktsystem ein Symbol dafür, dass die frühe muslimische Gemeinschaft andere Gemeinschaften (u. a. die jüdischen) als gleichberechtigt akzeptieren konnte. Zwar ist die Rolle des Propheten Muhammad in der so begründeten Konföderation herausgehoben, aber ein absoluter Anspruch theokratischer Herrschaft wird nicht formuliert.

Wir haben bereits darauf hingewiesen, dass ein religiöses Element vorislamischen arabischen Gemeinschaftsbünden nicht fremd war. Betrachten wir dieses zentrale Dokument der frühen muslimischen Gemeinschaft, so können wir von einer politischen Religion des Islams nicht sprechen; der Anspruch des Propheten ist zuerst einmal der eines Organisators und Mediators innerhalb der Gemeinschaften Medinas. Die Rede von der theokratischen Herrschaft Muhammads in Medina und dann auch in Mekka verabsolutiert einseitig einige Züge und ist von historischer Kenntnis eigentlich recht unberührt, ist spätere ideologische Konstruktion, muslimisch wie nicht muslimisch.

Dieses medinensische Modell war allerdings nicht von Dauer; die muslimischen Gemeinschaften entwickelten sich weiter. Ein Zeichen dafür ist, dass die „Verfassung von Medina" seit dem 2. Jahrhundert aus der Diskussion der muslimischen Religionsgelehrten verschwunden ist.

Die rechtgeleiteten Kalifen

Grundlegend für die weitere Entwicklung des islamischen Politikverständnisses ist die Diskussion darüber, wer denn berechtigt sei, als Nachfolger des Propheten die muslimische Gemeinschaft zu führen. Nach dem Tod des Propheten war die Nachfolgerschaft nicht geklärt. Die Prophetengefährten einigten sich auf Abu Bakr (reg. 632–634) als Nachfolger des Propheten in der Leitung der muslimischen Gemeinschaft. Dieser sah sich mit einer ersten Abfallbewegung, der *ridda*, von Beduinenstämmen konfrontiert, die sich nur an die Person des Propheten gebunden sahen und nicht an die muslimische Gemeinschaft von Mekka und Medina als solche. Wir können nicht umhin, darin einen Reflex dessen zu sehen, dass die muslimische Gemeinschaft und ihr Prophet als Teil eines normalen altarabischen Bündnissystems begriffen wurden, das wir bereits in der Verfassung von Medina gesehen haben. Unter dem zweiten Kalifen ʿUmar ibn al-Chaṭṭab (reg. 634–644) entfalteten sich die arabisch-islamischen Eroberungsbewegungen weiter und mit ihnen auch Auseinandersetzungen über die Integration von Neumuslimen, der Verwaltung der eroberten Gebiete und schlicht der Verteilung der Kriegsbeute. Dies führte unter dessen Nachfolger 'Uthman b. 'Affan (reg. 644–656) zu Spannungen, die sich in der Ermordung dieses Kalifen entluden. Sein Nachfolger 'Ali ibn abi Talib (reg. 656–661) sah sich einer scharfen innermuslimischen Konkurrenz ausgesetzt, die schließlich auch in seiner Ermordung endete. Damit endete die Periode der vier „rechtgeleiteten Kalifen" und die dominante Position der direkten Prophetengefährten.

Umaijaden und Abbasiden

Abgelöst wurde diese Herrschaftsform durch die Dynastie der Umaijaden, begründet von Mu'awija ibn abi Sufjan (reg. 661–680), die sich auf den dominanten Stammesverband der Kuraisch in Mekka zurückführten, zu dem auch der Prophet gehört hatte. Damit konnte eine gewisse prophetische Legitimität für die Herrschaft gewonnen werden. Bis auf einige wenige Ausnahmen gilt diese dynastische Herrschaft als Abweichung vom ursprünglichen medinensischen Modell.

Abgelöst wurden die Umaijaden von den Abbasiden, einer Dynastie, die sich ihre Legitimität durch eine Zurückführung auf einen Prophetenonkel zu sichern suchte und zusammen mit protoschiitischen Strömungen die Umaijaden stürzen konnte. Dieses Kalifat dauerte von 750 bis zum Mongolensturm, der Eroberung Baghdads und der Tötung des Kalifen 1258. Es gab einige Gegen- und Parallelkalifate, von denen insbesondere das fatimidisch-isma'ilitische Kalifat von Kairo wegen seiner Untergrundpropaganda als große Bedrohung der Abbasiden (und des Sunnitentums) gesehen wurde.

Nach dem Ende des Baghdader Kalifats wurde das Abbasidenkalifat als machtloses Scheinkalifat in Kairo weitergeführt, bis dieses Amt nach der osmanischen Eroberung Ägyptens an die Osmanensultane überging. Als letzter Kalif amtierte der osmanische Sultan Abdülmecid II., der als Kalif 1924 abgesetzt wurde. In Indien bildete sich die Khilafat-Bewegung, die sich die Restaurierung des Kalifates zum Ziel setzte. Sie wurde von einem Teil des muslimischen Spektrums der indischen Nationalbewegung getragen (Minault 1982).

Die Abbasiden versuchten ihre anfangs nicht unumstrittene Herrschaft nicht nur durch ihre Herkunft religiös zu legitimieren. Durch die Adaptierung iranischer (und byzantinischer; Jokisch 2007) Modelle von

Herrschaft beanspruchten sie auch im rechtlichen und in anderen religiösen Bereichen absolute Autorität. Auch im Hofzeremoniell zeigt sich insbesondere der iranische Einfluss in einem Verbergen des Herrschers vor den Blicken der Untertanen und in genau ausgearbeiteten Gesten der Unterwerfung. Dies schlägt sich auch theoretisch in der eigenständigen abbasidischen Kalifatstheorie nieder, die in der ersten Hälfte des 9. Jahrhunderts unter dem Kalifen al-Ma'mun (reg. 813–833) ihren Höhepunkt haben sollte.

Dieser griff auf bereits bestehende Theorien zurück und versuchte seine Herrschaft zu begründen. Mit Muhammad sei zwar die Reihe der Propheten abgeschlossen, die göttliche Ordnung könne aber nicht von allein weiterbestehen. Deshalb habe Gott aus den Reihen der Verwandten seines Gesandten Männer ausgewählt, die die offenbarten Regeln anwenden sollten und in nicht genau beschriebener Weise Anteil am Wesen des Propheten hätten. Al-Ma'mun versuchte zu verdeutlichen, dass dies keine Anmaßung sei. Gott selber habe diese Regelung getroffen (Nagel 1981: 175f.).

Um die besondere Bedeutung bestimmter Linien der Verwandtschaft des Propheten zu betonen, greift al-Ma'mun so auf das Argument zurück, dass die gewöhnlichen Menschen nicht in der Lage seien, ihre Herrschaft selbst zu regeln.

> „Wären die Führer der Gemeinde Leute niedriger Abstammung und ohne besondere Kennzeichen, könnte jeder von sich glauben, zu dieser Aufgabe befähigt zu sein; außerdem würden sich die Menschen nie auf einen Anführer einigen, wenn dieser aus einer Masse von Gleichen ausgewählt werden müsste. Unruhen und Bürgerkrieg wären die Folge. Es ist daher ein Zeichen von göttlicher Gnade, dass den Gläubigen ihre Imame kenntlich gemacht wurden." (Nagel 1981: 176)

Damit wird das Kalifat der Abbasiden zum unerlässlichen Element staatlicher und religiöser Ordnung. Dies wurde dann auch auf dem Gebiet der religiösen Lehre in Form einer Art Inquisition versucht durchzusetzen, die letztlich aber scheiterte.

Mit dem Zerfall der Macht des Kalifats und seines Anspruchs, die absolute weltliche und geistliche Herrschaft zu haben, wurde es notwendig, das Konzept der legitimen Herrschaft neu zu reflektieren. Es entstanden eine Vielzahl lokaler Reiche, die nur noch formal der Oberhoheit des Kalifen unterstanden. Zudem entwickelten sich auf der Iberischen Halbinsel ein neues umaijadisches Kalifat und das fatimidische Kalifat in Nordafrika und Kairo; Turkstämme drangen aus Zentralasien in den Mittleren und Nahen Osten ein.

Betrachten wir also ein weiteres Beispiel! Der Rechtsgelehrte, Kadi, Gesandte im Dienste des Abbasidenkalifen und Korankommentator al-Mawardi (gest. 1058) hat in dieser Situation eine Abhandlung über das Wesen des islamischen Staates geschrieben, die bis in die Gegenwart hinein immer wieder als *die* autoritative Darstellung der Theorie des Kalifats verstanden wird.

Ziel der politischen Tätigkeit al-Mawardis war es, die herausragende Stellung des Kalifen allen anderen Herrschern der islamischen Welt gegenüber zu bewahren. Dieses Bestreben finden wir auch in seinen staatstheoretischen Schriften.

Triebkraft der Überlegungen al-Mawardis ist die Notwendigkeit, eine feste Form der Staatlichkeit mit einem genau definierten Herrscher zu etablieren. Dies liegt begründet in seiner pessimistischen Sicht der Untertanen des Kalifen. Er geht von einem Verfall der guten Sitten aus, die durch die Bändigung der menschlichen Triebseele wieder ins Lot gebracht werden müssen. Deshalb muss die muslimische Gemeinschaft den Kalifen als Führer haben, der sie zur Not dazu zwingt, dem rechten Weg zu folgen.

Es geht al-Mawardi nicht darum, neue Prinzipien der Organisation des Gemeinwesens zu entwickeln. Sein Ziel war es vielmehr, Leitlinien zu formulieren, an denen sich der Kalif in solch bewegten Zeiten orientieren konnte. In seinem staatstheoretischen Hauptwerk heißt es:

> „Da die Bestimmungen der Machtausübung die Träger der Herrschaftsausübung am ehesten angehen, diese Bestimmungen aber mit allen (übrigen Gesetzen der göttlichen Ordnung) vermischt sind (und dieser Umstand die Herrscher) daran hindert, die (auf die Herrschaft bezüglichen Bestimmungen) aufmerksam zu studieren, zumal sie stets durch die Tagespolitik hiervon abgehalten werden, widme ich diesem Gegenstand eine eigene Schrift. Hiermit komme ich dem Befehl desjenigen nach, dem zu gehorchen Pflicht ist. Er soll die Meinungen der Rechtsgelehrten darüber kennenlernen, was ihm (gemäß dieser Bestimmungen) zusteht, um es voll auszuschöpfen, und wozu er verpflichtet ist, um dem zu genügen. Auf diese Weise soll er nach der Verwirklichung von Gerechtigkeit bei seinen Anordnungen und Entschlüssen streben, sich um Billigkeit beim Einziehen und Verteilen von Gütern bemühen." (Nagel 1981: 348f.)

Die theoretische Position al-Mawardis können wir so fassen: Gott hat für seine Gemeinde den Kalifen als Anführer bestellt, durch den das Prophetenamt fortgesetzt und eine Anleitung gemäß der von Gott gestifteten Ordnung gewährleistet wird.

Der Herrscher, der Kalif, steht also in der Nachfolge des Propheten. Er ist Teil der göttlichen Ordnung, verkörpert sie aber nicht, wie es bei den Schiiten der Fall ist – besonders bei den fatimidischen Imamen von Kairo, die einen konkurrierenden Anspruch auf das Kalifat erheben. Die Herrschaft des Kalifen hat in Übereinstimmung mit der gottgewollten Ordnung zu stehen (was letztlich durch die Gelehrten konstatiert wird). Aus der gottgewollten Notwendigkeit dieses Amtes folgt, dass die muslimische Gemeinschaft sich dieser Herrschaft unterwerfen muss.

Womit haben wir es zu tun? Ein Gelehrter schreibt im Auftrag des Herrschers über die islamisch legitime Herrschaft, mit der dieser seine eigene Position stärken will – während die sunnitischen Gelehrten wiederum von einer islamisch-sunnitisch legitimierten Herrschaft abhängig sind, die für die Legitimation von ihnen abhängig sind. Und beides in einem historischen Moment, in dem beider Rolle nicht gefestigt ist. Gewiss eine Verbindung, eine Verknüpfung von Politik und Religion, aber nur eine mögliche Formulierung des Islams zu dieser Zeit. Es ist also ein Auftragswerk, in keinem Falle das logische Produkt islamischen Denkens, eher einem historischem Zufall geschuldet, Produkt einer geschichtlichen Situation, die die Herrschaft des Auftraggebers extrem gefährdet sah.

Wie gravierend die Gefahr durch die fatimidisch-isma'ilitische Untergrundtätigkeit empfunden wurde, zeigen Worte des asch'aritischen Theologen al-Dschuwaini (gest. 1085).

> „Im Kampf gegen die Neuerer und Ketzer [...] darf es keine Zurückhaltung geben, vor allem, wenn sich diese nicht offen zeigen, sodass man ihnen auch nicht mit den maßvollen Mitteln beikommen kann, die die Scharia nahelegt. Die Agenten der isma'ilitischen Untergrundpropaganda kann man nun einmal nicht ermahnen, zur Buße auffordern und sie erst, wenn sie sich gänzlich verstockt gebärden sollten, über die Klinge springen lassen; Verstellung und Tarnung sind ihnen zur zweiten Natur geworden. [...] Wenn unter den Leuten ein Werber des Irrglaubens auftritt [...], ist es richtig, dass [der Sultan] ihn [...] bedroht. Vielleicht lässt er sich ja einschüchtern. [Der Sultan] setzt [...] einen Vertrauten [auf den Werber] an [...] und sollte dieser doch wieder begehen, was ihm verboten wurde, bestraft der Sultan ihn schwer, beachtet aber die Grenze der Scharia." (Nagel 1988: 309) Danach empfiehlt es sich, einen Spitzel in den Bekanntenkreis des Verdächtigen einzuschleusen, der sich als Anhänger jener Lehre ausgibt und um weitere Unterweisung bittet. „Sobald [der Agent] etwas äußert, unterrichtet man den Sultan hiervon, der aufs Neue eine Züchtigung anordnet. [...] Es heilt seine Haut dann nicht

> mehr von [...] den Peitschenhieben der Abschreckung, bis über ihn eine andere Strafe verhängt wird." (Nagel 1988: 310)

Diese brutalen Worte lassen uns erahnen, unter welchem Bedrohungsgefühl sunnitische Denker dieser Zeit ihre Gedanken entwickelten. In dieser Krisensituation verfasste so der oben genannte al-Dschuwaini eine Abhandlung über das Imamat. In dieser Schrift konstatiert er, dass es keinen Unterschied zwischen dem Imam und den anderen Menschen gebe. Der Imam sei lediglich ein Werkzeug, mit dem die Menschen an die Scharia gebunden werden. Wenn es nun zwei taugliche Kandidaten gebe, müsse man zwischen beiden wählen. Gibt es keine geeignete Person, ist es notwendig, eine andere Person auszuwählen, die zwar nicht die Bedingungen für das Imamat erfüllt, die nötigen Machtmittel zur Durchsetzung der Scharia aber aufbringen kann (Nagel 1988: 278). Dies ist für al-Dschuwaini der primäre Zweck der Herrschaft. Die Bindung an eine Herkunft vom Propheten ist nicht mehr das Primäre für Dschuwaini – zumal angesichts des Scheiterns bei der Verteidigung gegen den äußeren und den inneren Feind (insbesondere die Isma'iliten). Wir sehen auch hier einen Wandel der Herrschaftskonzeption, der nur im Rahmen einer politischen Krise des 11. Jahrhunderts zu verstehen ist.

Die Sicherung der Herrschaft konnte auch bedeuten, dass die zur Leitung der Gemeinschaft befähigte Person auf persönliche Frömmigkeitsleistungen verzichten musste. Dies galt auch für den unter zwei turkstämmigen Seldschukensultanen dienenden Wesir Nisam al-Mulk (gest. 1092), einen Förderer des Sunnitentums, der in einer Krisensituation auf die Pilgerfahrt musste. Für ihn hatte auch al-Dschuwaini die gerade zitierte Abhandlung verfasst.

Pilgerfahrt

Ein wichtiges Symbol herrscherlicher Legitimität war die Sicherung der großen Pilgerkarawanen während des Hadschdsch nach Mekka (Faroqhi 2000). Der Hadschdsch (*ḥaǧǧ*), die Pilgerfahrt nach Mekka, ist eine der grundlegenden Glaubenspflichten, die jede/r Gläubige einmal im Leben vollziehen sollte, wenn er oder sie dazu in der Lage ist. Während des Monats Dhu 'l-hidschdscha werden die diversen Riten in und um Mekka vollzogen (Katz 2004). Es gibt auch eine andere Form der Wallfahrt, die *'umra* (*ʿumra*), die zu jedem Zeitpunkt des Jahres vollzogen werden kann.

Der Hadschdsch ist in der Neuzeit zu einem Massenereignis geworden, an dem bis zu zwei Millionen PilgerInnen teilnehmen (Schätzung

2007). Dies ist eine Herausforderung an die logistische Organisation, die von Saudi-Arabien zur Verfügung gestellt wird, andererseits bildet sie auch den konstitutiven Moment, in dem die muslimische Weltgemeinschaft sich tatsächlich als Gemeinschaft darstellt (Bianchi 2004).

Gerechtigkeit

Wenn wir eine Konstante der verschiedenen Herrschaftskonzepte festlegen wollen, können wir diese in der Idee der *'adala* (*'adāla*), der Gerechtigkeit, sehen. Wir sollten allerdings darunter keine Gleichheit oder Gleichbehandlung der Subjekte verstehen, die der Herrschaft unterworfen sind. Es geht vielmehr um die angemessene proportionelle Behandlung der ungleichen Komponenten des gesellschaftlichen Ganzen. Letztlich geht es um die Einhaltung des rechten Mittelmaßes. Darin führt die islamische Tradition die griechische, persische oder arthaschastrische Tradition weiter (Al-Azmeh 1997: 128).

Ein Element der Herrschaftsgeschichte der muslimischen Gemeinschaften wird oft vergessen, das einen Aspekt der Gerechtigkeit berührt. Es gibt in allen Regionen der muslimischen Welt bis in die Gegenwart hinein immer wieder Herrscherinnen, die ihre Gesellschaften regierten (Mernissi 2004). Bis in die Moderne hinein geht die Entwicklung von Herrschaftskonzepten weiter.

Moderne

Nehmen wir als erstes Beispiel die Arabische Halbinsel. Dort wurde im 18. Jahrhundert eine islamische Erneuerungsbewegung ins Leben gerufen, die Wahhabiten, mit der wir uns später noch näher beschäftigen werden. Diese Bewegung ging ein Bündnis mit einer lokalen Herrscherfamilie ein, den Banu Sa'ud. Nach mehreren Anläufen konnte dieses Bündnis im 20. Jahrhundert das uns jetzt bekannte Königreich Saudi-Arabien etablieren. Es handelt sich also um religiöse Kräfte, die ein enges Bündnis mit einer Herrscherfamilie eingehen. Das sieht zweifellos sehr nach einem Fall von politischer Religion aus.

Schauen wir aber einmal genauer in die differenzierten islamischen Diskussionen in Saudi-Arabien! Konzentrieren wir uns auf die Vorstellungen der Gelehrten, die der Herrscherfamilie nahestehen, besonders auf ihre Vorstellungen über politische Dinge (Al-Rasheed 2007). Während die wahhabitischen Gelehrten bekannt sind für ihr Interesse an

Dingen wie künstlichen Augenwimpern oder dem heliozentrischen Weltbild, finden wir wenig zur Politik. Der Begründer der wahhabitischen Strömung verstand als Hauptaufgabe des Staates die Anwendung der Scharia und den Kampf gegen ablehnenswerte Neuerungen. Wichtige Elemente der Konstruktion eines Staates, wie die Prinzipien, nach denen ein Herrscher erwählt wird, seine Verantwortlichkeit und seine Ersetzung, wenn er denn offensichtlich vom rechten Weg abweicht – all dies ist nicht vorhanden in seinem Denken.

Der wahhabitische Diskurs schließt ausdrücklich die Möglichkeit aus, dass die muslimische Gemeinschaft den Herrscher eigenständig austauscht. Gewaltsame Rebellion wird selbstverständlich abgelehnt und ist verboten – es sei denn, die einzige Ausnahme, Vertreter der wahhabitischen Bewegung würden dazu aufrufen. Einzig die Möglichkeit bleibt, den Herrscher unverbindlich zu beraten, in der Hoffnung, dass dies ausreicht, um unzureichendes Verhalten des Herrschers zu ändern. Nach wahhabitischer Auffassung ist der rechtmäßige Herrscher derjenige, der zum Gebet aufruft und es anleitet. Nur wenn ein Herrscher ausdrücklich das Gebet verbietet, in diesem höchst hypothetischen Fall, könnten Muslime Rebellion erwägen, so die wahhabitischen Gelehrten.

Wahhabitische Gelehrte zitieren immer wieder gerne bestimmte frühere islamische Gelehrte, wenn es um politische Dinge geht, kümmern sich aber nicht darum, dass diese Gelehrten u. a. wegen Widerstand gegen Herrscher eingekerkert wurden. Der Koran spielt in diesen Diskursen keine Rolle.

In wahhabitischen Diskursen ist das Überleben der muslimischen Gesellschaft abhängig von der Stärke des Staates. Ohne den Aufruf zum Islam, also zur wahhabitischen Bewegung, verliert der Staat seine Existenzberechtigung, aber ohne den Staat wird der Aufruf zum Islam geschwächt. Es besteht die Gefahr, dass der Islam – wahhabitischer Art natürlich – untergraben wird. Dann könnte die islamische Gemeinschaft nur noch in die Zeit der Unwissenheit zurückfallen, ein Begriff, der im Arabischen für die wahhabitischen Gelehrten sowohl die Zeit vor dem Islam als auch die Zeit vor der Entstehung der wahhabitischen Bewegung im 18. Jahrhundert bezeichnet.

In einer Rede, die er in der großen Moschee in Riyadh gehalten hat, sprach der führende moderne wahhabitische Gelehrte, ‘Abdallah bin Bas (Bin Bāz) (gest. 1999), über einen Koranvers. Die Rede hat den Titel: „Erklärung der Rechte derjenigen, denen die Autorität übertragen ist". Bin Bas sagt, dass der Weg zum Glück und zur Rechtleitung im Gehorsam gegenüber Gott, seinem Propheten und denjenigen, denen Autorität verliehen wurde (den Herrschenden), liegt. Die Verpflichtung zum Gehorsam gegenüber denjenigen, die Autorität haben, folgt direkt aus dem Gehorsam gegenüber Gott und seinem Gesandten. Wie definiert er diejenigen, die Autorität haben?

Es sind die Herrscher (*umara'*) und die Religionsgelehrten (*'ulama'*). Am wichtigsten ist allerdings der Gehorsam dem Herrscher gegenüber, egal wie er sich verhalten mag. Rebellion ist nicht gerechtfertigt. Ja, das Verbot von Rebellion wird ausgeweitet zum Verbot, den Herrscher zu kritisieren.

Interessant ist, dass *die* „fundamentalische" Richtung des Islams alles mögliche sein mag, eindeutig ist sie politisch quietistisch, ja nicht politisch.

In der Moderne hat sich in den Ländern mit muslimischer Bevölkerungsmehrheit der Nationalstaat als dominierendes Konzept durchgesetzt. Ihm gegenüber bleibt die Vorstellung einer transnationalen islamischen Gemeinschaft, der *umma*, politisch geeint unter einem Kalifen, peripher – von der allgemeinen Weltsicht der Gläubigen wollen wir hier absehen (s. oben). Als Zielsetzung ist diese Idee insbesondere in der dschihadistischen Strömung präsent.

Die Einheit von Religion und Politik wird von modernen politisch-islamischen Strömungen verfochten, die durch die Etablierung eines islamischen Staates die Islamisierung der Gesellschaft beabsichtigten. Diese Vorhaben können heute als gescheitert betrachtet werden. Versuche, einen solchen Tugendstaat zu etablieren (Krämer 2003: 51), gab es u. a. im Sudan. Das einzig erfolgreiche Modell islamischer Herrschaft stellt wohl die Islamische Republik Iran dar.

Die Idee, dass der Islam „Staat und Religion", arab. *din wa-daula (dīn wa-daula)*, sei, verrät schon in der Formulierung die Modernität des Konzeptes. Es wird vorausgesetzt, dass im modernen Sinne der Staat bzw. das politische – und das religiöse – Feld als getrennt von anderen gesellschaftlichen Bereichen gedacht werden muss.

Weithin rezipierte Autoren wie Jusuf al-Karadawi (Yūsuf al-Qaraḍāwī; geb. 1926) sehen allerdings den Bereich des Politischen als untrennbar vom Religiösen, da der Islam das Weltliche und das Religiöse umfasse. Begründet wird dies mit der Idee der Einheit Gottes. Dieser *tauhid* (*tauḥīd*) beinhaltet für al-Karadawi, dass ein Muslim keinen Herrscher außer Gott anerkennen könne. Außerdem könne der Islam nichts anderes als politisch sein, da jedem Gläubigen auferlegt sei, dem Grundsatz des *amr bi'l-ma'ruf wa-nahj 'an al-munkar* (*amr bi'l-maʿrūf wa-nahy ʿan al-munkar*), des „Befehlens des Anerkannten und des Verbietens des Ablehnenswerten", zu folgen, also in allen gesellschaftlichen

Sphären für die Durchsetzung islamischer Grundsätze zu kämpfen. In diesem Zusammenhang verweist al-Karadawi darauf, dass die Befürworter der Trennung von Religion und Politik gerade diejenigen seien, die sich Fatwas zugunsten ihrer politischen Ziele ausstellen ließen. Gemeint sind damit die Regierenden in Ägypten. Zugleich argumentiert er, dass es in der islamischen Tradition Stimmen gebe, die sich für Gerechtigkeit in und den besonderen Wert der Politik aussprechen. Die Trennung von Religion und Politik wird von al-Karadawi als Angriff auf pflichtbewusste Muslime und auf islamistische Organisationen begriffen (Gräf 2003: 10ff.).

Als Äquivalent zu Konzepten parlamentarischer Demokratie wird seit einigen Jahren die Idee der *schura (šūrā)* diskutiert. Da dieser Begriff und das Konzept sich im Koran findet (3,159; 42,38), wird darin ein islamisch legitimierter Begriff gesehen, der den als „westlich" aufgefassten Begriff des Parlamentarismus ersetzen kann. Es handelt sich bei dieser Diskussion zuerst einmal um einen Akt der Identitätspolitik. Die Spannweite der diskutierten Konzepte geht von einer lediglich sprachlichen Ersetzung des Parlamentsbegriffes bis hin zu einem recht unverbindlichen konsultativen Gremium von Elitenmitgliedern. Moderne islamische politische Systemvorstellungen, die ein Kalifat vorsehen, verstehen die *schura* zumeist als ein Gremium, das den Kalifen berät, ihn aber nicht wählen soll und auch nicht das Recht der Gesetzgebung hat (so im Islamischen Emirat Afghanistan der Taliban). In welcher Form die *schura* ernannt oder gewählt wird, ist ebenfalls recht strittig (Badry 1998).

Die Vereinbarkeit demokratisch-parlamentarischer Mechanismen zeigen sich – bei allen Schwächen der politischen Praxis zeitgenössischer südlicher Länder – in Malaysia oder zuletzt in Indonesien, das, als Land mit der numerisch größten muslimischen Bevölkerung, eine bemerkenswerte Demokratisierungserfahrung erlebt hat. Auch empirische Untersuchungen unter europäischen muslimischen Eliten (Klausen 2006) zeigen eine große Akzeptanz demokratischer Vorstellungen.

Die häufig vertretene Auffassung, „der Islam" sei nicht mit Demokratie vereinbar (ein Beispiel für viele: Merkel 2003), zeugt durchgängig von einer geringen Kenntnis sogenannter islamischer Länder und ihrer Geschichte, von einer essenzialisierten Auffassung eines Islam, der zudem nicht als dynamisch begriffen wird und implizit trotz scheinbarer Differenzierungen mit Islamismus ineins gesetzt wird – und von einer normativen Setzung eines westlichen Modells der Demokratie und der Menschenrechte (Bielefeldt 2003a), dessen weltgeschichtliche Rahmenbedingungen nicht reflektiert werden.

Eine Analyse islamischer politischer Konzepte zeigt eine Vielzahl von Wechselwirkungen dieser theoretischen Konzepte mit den Strukturen politischer Macht. „Politik“ bedeutet im Islam, dass bestimmte religiös codierte Werte sich auch in der politischen Praxis wiederfinden sollten. Damit stimmt „der Islam“ mit vermutlich allen Wertesystemen überein, seien es Religionen, politische Ideologien oder „die Aufklärung“.

Recht

Wir werden in diesem Kapitel nicht die einzelnen Rechtsgebiete untersuchen. Eine solche Darstellung würde den Rahmen dieser Ideengeschichte sprengen. Was für uns im Vordergrund steht, ist der Charakter des islamischen Rechtsdenkens.

Am Beispiel des islamischen Rechts der islamischen Stiftungen (Hennigan 2004), *wakf* (*waqf*), können wir sehr gut sehen, dass bis in das 3. Jahrhundert der *hidschri*-Zeitrechnung wie in der Anfangsperiode das islamische Rechtsdenken sich auf zwei Elemente stützen konnte: das rationale Rechtsdenken, durch das das substanzielle Recht erarbeitet wurde, und das Einführen von Hadithen, die als Legitimation der Reflexion über das Recht einer Institution wie der einer wohltätigen Stiftung dienen können, die damit als islamisch anerkannt werden kann – obwohl sie in das frühislamische Rechtssystem schwer einbaubar war. An diesem Beispiel können wir sehen, in welcher Weise zwei Rationalitäten wirken, eine juridische und eine legimatorische, die auch eine ethische Grundlage zur Verfügung stellt. Diese Logiken wirken bis in die Neuzeit weiter (Johansen 1988). Teilweise verselbständigt sich die juridische Logik, wenn in den Richterhandbüchern der malikitischen (s. unten) Rechtsschule (Lohlker 2002a) nur noch Probleme aus der Rechtspraxis von Richtern dargestellt werden. Das Ritualrecht, das u. a. das Gebet umfasst, ist nicht mehr enthalten. Natürlich dürfen wir nicht vergessen, dass eine solche „Verselbständigung“ immer im Kontext islamischer Religiosität stattfindet.

Eine weitere Form der Logik bestimmt ebenfalls die Entwicklung des islamischen Rechts: die verschiedenen Formen des Gewohnheitsrechts und des Rechtsbrauchs (z. B. Gerber 1999 für das Osmanische Reich). Diese werden zwar zum Teil in die Handbücher des islamischen Rechts übernommen, das islamische Recht und diese Rechte bleiben trotzdem getrennt. Wir sehen also eine elementare Form des Rechtspluralismus.

Aber kehren wir in die Anfangszeit des islamischen Rechts zurück! Über die Rechtsprechung zur Zeit des Propheten und seiner Nachfolger ist es schwierig, etwas auszusagen, da die Validität der Quellen umstritten ist. Grundsätzlich gilt der Prophet Muhammad für die muslimischen Gemeinschaften als erster Rechtssprecher im islamischen Sinne.

Umaijadenzeit

Der Aufbau eines islamischen Staatswesens war im Wesentlichen das Werk der ersten Dynastie von Kalifen: der Umaijaden. Sie sahen sich als Exekutoren der von Muhammad dargelegten Vision. Sie erbten zwar die römisch-byzantinische administrative Tradition, versuchten aber schließlich, dieser einen arabischen und islamischen Charakter zu geben; auch ein Ergebnis dessen, dass Byzanz weiterhin der äußere Feind war.

Der Wechsel vom römisch-byzantinischen Erbe zum islamisch-arabischen wurde, so das übliche Verständnis, symbolisiert vom Wechsel zur arabischen Sprache als Verwaltungssprache, durch die Prägung genuin islamischer Münzen, mit einer Devise aus dem Koran, u. a. m. Allerdings könnte in Auseinandersetzung mit iranischen Einflüssen sich ein byzantinischer, insbesondere unter der Dynastie der Abbasiden, auch inhaltlich im islamischen Recht niedergeschlagen haben (Jokisch 2007).

Im Bereich des Rechts war die große Schöpfung der Umaijaden die Etablierung eines neuen Rechtssystems. Den Richtern wurde der Titel *kadi (qāḍī)* verliehen, der sie als Träger der kalifalen Autorität im Bereich des Rechts auszeichnete. Im strengen Sinne waren sie Delegierte des Kalifen bzw. der Provinzgouverneure, von denen sie auch entlassen werden konnten. Für die Umaijadenzeit – wie auch für die nachfolgende der Abbasiden – können wir von einer bewussten Justizpolitik ausgehen, die die Kadi-Ämter ihren Herrschaftsinteressen gemäß besetzte.

Durch ihre Entscheidungen zu einzelnen Fällen legten diese frühen Kadis wichtige Grundlagen für die spätere Entwicklung des islamischen Rechts. Es gab für sie kein Recht, das man als genuin islamisch bestimmen könnte. Deshalb sahen sie sich gezwungen, ihre Entscheidungen auf ihr eigenes Rechtsverständnis und ihren Sinn für Gerechtigkeit und Billigkeit zu stützen. Die Rechtsvorstellungen, die ihnen zur Verfügung standen, speisten sich aus mehreren Quellen: dem bereits erwähnten römisch-byzantinischen Recht, den älteren lokalen Rechten, was das arabische tribale Recht einschloss, und anderen nahöstlichen Rechten bis hin zum sassanidischen. Diese Rechtsformen wurden von den Kadis angewandt, modifiziert oder auch ignoriert, je nachdem wie es ihnen angemessen schien. Die Entscheidungen gewannen Autorität weniger aus der Anwendung eines spezifischen Rechts als durch ihren Status als Delegierte des Kalifen. Im Laufe der Jahre wurde so von den Kadis ein Korpus an Recht geschaffen: Präzedenzen, die in der islamwissenschaftlichen Forschung als umaijadische Rechtspraxis bezeichnet werden. Die Entwicklung des Kadi-Amtes verläuft allerdings je nach Region höchst unterschiedlich.

Das islamische Recht entstand aber nicht nur aus dieser Rechtspraxis oder durch Entscheid des Herrschers (wenn es auch dazu Versuche gab), es war recht wesentlich geschaffen von Religionsgelehrten, die zum Teil unabhängig von der kalifalen Herrschaft waren, zum Teil aber auch Kadi-Ämter übernahmen. Diese Gelehrten fingen nicht neu am Punkte Null an. Ausgangspunkt war die Rechtspraxis der Kadis, die sie kritisch aufnahmen und auf deren Grundlage sie versuchten, ein genuin islamisch zu nennendes Recht zu entwickeln. Auf unterschiedliche Weise eingebunden bestanden lokale Rechte und Gewohnheitsrechte fort.

Mit der Entwicklung einer solchen Gelehrtengemeinschaft sah sich das Kalifat mit einer Konkurrenz konfrontiert, die wie sie versuchte, dem Recht des islamischen Gemeinwesens Gestalt zu geben. Verzichten wir für den Moment auf die eigentlich notwendige differenzierte Betrachtung, können wir die Kadis als Vertreter des offiziellen, kalifalen Rechts verstehen, während die Gelehrten ein außerhalb der offiziellen Sphäre anzusiedelndes Rechtsverständnis repräsentieren. Es gab aber vielerlei Übergänge zwischen beiden Sphären. Wir sollten vielleicht eher von einer Abgrenzung eines Teiles der frühen Rechtsgelehrten vom umaijadischen Kalifat sprechen, die dann von späteren Rechtsgelehrten noch zusätzlich betont wurde, die ihre Sicht der frühen Rechtsgeschichte formuliert haben.

Die besondere Rolle der Gelehrten ergibt sich noch aus einem zweiten Prozess. Während der frühen arabisch-islamischen Eroberungen fanden sich die arabischen Muslime in jeder neuen Region – zusammen mit den nicht arabischen Konvertiten und zahlreichen Nichtmuslimen – wieder und sahen sich dem Zwang ausgesetzt, die Implikationen ihres neuen Glaubens zu durchdenken.

In der Situation einer weit ausgedehnten, kaum zu kontrollierenden territorialen Expansion konnte das Kalifat nicht hoffen, eine solche Bewegung von Gelehrten in den einzelnen Zentren (Kufa, Basra im Irak,

Fustat in Ägypten, Medina im Hidschas, Damaskus in Syrien) zu kontrollieren. Die Gelehrten formten die informelle Führerschaft der lokalen Gemeinschaften, unabhängig von den Aspirationen der Zentralgewalt. Es handelt sich allerdings nicht um Rechtsgelehrte im engeren Sinne; sie behandelten Fragen, die weit über Rechtsfragen im engeren Sinne hinausgingen. Ihr Denken umfasste eine Totalität von Normen: legale, moralische, rituelle.

Unvermeidlich war, dass die Religionsgelehrten der späteren Umaijadenzeit über das Recht als einen Korpus von durchsetzbaren Normen nachdachten, denn der Islam, über den sie reflektierten, war ein Islam, der im Rahmen eines expandierenden Reiches sich entwickelte. Die Gelehrten waren sich dessen bewusst, dass sie in einem politischen Gemeinwesen lebten, das sie in ihre Vorstellungen einer idealen islamischen Ordnung einbeziehen mussten. Wenn diese Gelehrten auch nicht unbedingt Teil des offiziellen Kalifats waren, so waren sie doch praktische Menschen, die sich einen Islam nicht ohne islamische Herrschaft und Recht vorstellen konnten. Mit den Umaijaden teilten sie die Überzeugung, dass die Expansion des Islams durch das Kalifenreich von Gott vorherbestimmt worden war, dass es die Mission des Islams war, die dahingegangenen Reiche durch eine neue Ordnung zu ersetzen.

In der späteren muslimischen Geschichtsschreibung werden diese frühen Gelehrten als *ahl ar-ra'j* (*ahl ar-raʾy*), Vertreter einer eigenen Meinung, benannt. Wenn diese Bezeichnung im Laufe der Zeit auch manchmal einen negativen Beigeschmack bekam, hatte sie diesen jedoch grundsätzlich nicht. Die so bezeichneten Leute waren diejenigen, deren Meinungen in Fragen von Recht und Moral zählte, die Leute, die mit Autorität sprechen konnten. Wir müssen uns vor Augen führen, dass diese Gelehrten ihre Arbeit an der Formulierung des islamischen Rechts begannen, als die Texte des Kanons des Islams noch nicht definiert waren, insbesondere der ganze Korpus von Texten, die als Hadith bekannt sind (dazu später). Anders als spätere muslimische Gelehrte beschäftigten sich die frühen Gelehrten nicht hauptsächlich mit der Exegese von Texten. Äußerten sie sich über das Recht, so brachten sie ihre persönliche Meinung darüber zum Ausdruck, was in jedem einzelnen Fall nach ihrem islamischen Verständnis recht und billig war. Die Autorität, mit der sie sprechen konnten, war im Wesentlichen ihre persönliche Autorität, keine vom Kalifen oder anderen abgeleitete.

Obwohl die Muslime sich früher oder später dem Ideal zufolge als eine weltweite Gemeinschaft ansahen, die *umma*, war doch die reale Gemeinschaft eine lokale, und jede lokale Gemeinschaft hatte ihre eigenen Gelehrten. Diese Gelehrten waren häufig recht unterschiedlicher Meinung. Gemeinschaften von Muslimen existierten in allen Städten, in denen sich die arabischen Eroberer niederließen: Basra, Kufa, Damaskus, Fustat, Kairawan im heutigen Tunesien usw., aber auch natürlich in Medina auf der Arabischen Halbinsel.

Die Gelehrten scheinen an den einzelnen Orten schon recht früh einen gemeinsamen Bestand an Lehren entwickelt zu haben, z. B. den *'amal ('amal)*, den Rechtsbrauch von Medina, der auf die spezifischen Bedingungen Medinas abstellte. Wir dürfen uns dies aber nicht als absoluten, festgesetzten Bestand an Lehren vorstellen. Es handelt sich eher um gewisse Tendenzen, die nicht ausschlossen, dass z. B. in Medina die Gelehrten höchst individuelle Lehren vertraten. Wenn nun in der Folgezeit Gelehrte in den einzelnen Zentren debattierten oder Gelehrte aus den verschiedenen Zentren miteinander in Kontakt kamen und sich ihrer unterschiedlichen Auffassungen bewusst wurden, entstand eine rege Diskussion, ja sogar Polemik zwischen ihnen, die die einzelnen Gelehrten zwang, ihre Argumente deutlicher auszuarbeiten.

Wir sollten uns also keine festgefügten Rechtsschulen vorstellen, eher Gruppen von gleichgesinnten Personen, die bestimmte Überzeugungen teilten. Allerdings können nicht alle frühen Rechtsgelehrten einer regionalen „Schule" zugerechnet werden. So wird eine Gruppe von Gelehrten, die an verschiedenen Orten gelebt haben, einer „umaijadischen Rechtsschule" zugerechnet, die nicht nur in Syrien vertreten war, vielmehr auch in mehreren anderen Regionen des Umaijadenreiches ihre Anhänger hatte. Die Anhänger dieser „Schule" zeichneten sich durch ihren zumindest Nichtantagonismus gegenüber der Umaijadendynastie aus. Konsequent gaben sie den Führern der muslimischen Gemeinschaft einen großen Spielraum für eigene Entscheidungen. Zitiert wird die Rechtspraxis früherer Kalifen – auch von Umaijadenkalifen –, selbst ohne weitere Spezifikation wird auf die Praxis der Gemeinschaft referiert, rudimentär werden Analogien gezogen (s. unten). Es gibt aber auch Fälle, in denen Meinungen geäußert werden, ohne dass eine Rechtsquelle angegeben wird. Überlieferungen vom Propheten spielen eine geringe Rolle (Judd 2005).

Zwei wichtige Entwicklungen in der Art der rechtlichen Argumentation zeichneten sich ab:

Die Rechtsargumentation wurde differenzierter, weil der Zwang anwuchs, die Konsistenz des Rechts aufrechtzuerhalten. Außerdem wurde das Argumentieren durch die Ausweitung des Rechts auf neue Fälle durch die Methode der Analogie (s. unten) mehr und mehr verfeinert. Mittels Analogie zu argumentieren, ist eine Argumentationsmethode, die quasi natürlich zur Zusammenfassung ähnlicher Fälle und so zu allgemeineren Rechtssaussagen führt (Weizen/Weintrauben/Nahrungsmittel). Einzelfälle führen zu weiter gefassten Kategorien, die wiederum unter Oberbegriffen zusammengefasst werden, das Recht nimmt einen systematischeren Charakter an. Obwohl es sowohl unter Sunniten als auch Schiiten Gelehrte gab, die das Argumentieren *per analogiam* ablehnten, verankerte sie sich doch im Mainstream der sunnitischen Rechtsschulen – nicht aber bei den Schiiten.

Die zweite Entwicklung hat mit der Frage der Autorität in Rechtsfragen zu tun. Die frühen Gelehrten scheinen, wie gesagt, Aussagen über das Recht aufgrund eigener Autorität gemacht zu haben, ohne den Versuch zu machen, diese Aussagen einer früheren oder höheren Autorität zuzuschreiben. Natürlich waren sie alle Monotheisten, die prinzipiell Gott als die letzte Quelle aller Autorität anerkannten. Diese Überzeugung wurde von allen Muslimen geteilt. Göttliche Autorität war allerdings von geringem Wert, wenn sie nicht durch menschliche Instrumente ins Werk gesetzt wurde. Die Gelehrten scheinen sich selber – und wurden auch von anderen – als diejenigen betrachtet zu haben, die die Vorstellungen Gottes in Hinblick auf das Recht und das tägliche Verhalten zum Ausdruck brachten. Die Tatsache, dass sie im Wesentlichen von ihrem eigenen Sinn für Angemessenheit und Gerechtigkeit geleitet wurden, machte ihre menschlichen Überlegungen, zumindest ihrer eigenen Meinung nach, nicht inkompatibel mit göttlicher Autorität. Die Idee, dass die göttliche Gerechtigkeit im Wesentlichen übereinstimmt mit einem unkorrumpierten menschlichen Sinn für Gerechtigkeit, eine Idee, die eine wechselhafte Rolle in der Entwicklung islamischen Denkens spielte, hatte ihre Wurzeln in dieser frühen Periode.

Rechtsschulen

Betrachten wir aber weiter die Geschicke der Rechtsschulen. In jeder lokalen Gemeinschaft, bildeten sich Kreise jüngerer Schüler um die verschiedenen älteren Gelehrten, ein natürliches Ergebnis der Weitergabe des rechtlichen Wissens von einer Generation zur nächsten. Am Ende der Umaijadenzeit hatte jede Rechtsschule eine Anzahl prominenter Meister, die die Doktrin der jeweiligen Schule autorativ zum Ausdruck bringen konnten. Nach dem Fall der Umaijaden und dem Aufstieg der neuen Kalifendynastie der Abbasiden im Jahre 750 ging diese Entwicklung weiter. Eine neue Generation von Meistern wuchs heran, ersetzte die alte – und dann entstand wieder eine neue Generation. Im Laufe der Zeit wurden dann im Rückblick einzelne Meister der Vergangenheit als allein autoritativ angesehen und die Hauptelemente der Schuldoktrin auf sie zurückgeführt.

Wir haben also als Elemente der späteren Rechtsschulen die gesamten Rechtsmeinungen, die Prinzipien, die Methodik des Schulgründers, oder sagen wir besser: Namensgebers, sei es wirklich seine eigene oder die ihm zugeschriebene.

Dazu kommen die Lehren späterer Rechtsgelehrter, von denen angenommen wird, sie hätten ihre Lehren in Übereinstimmung mit der des Schulgründers formuliert. Dieser Korpus an Rechtsmeinungen bildet, sehen wir es einmal aus der Vogelperspektive, die Begrenzung dessen, was die hanafitische Rechtsschule, die malikitische, hanbalitische, schafiitische oder irgendeine andere Rechtsschule ausmacht. Die vier genannten Rechtsschulen sind die heute vorhandenen sunnitischen Hauptrechtsschulen. Der arabische Ausdruck für Rechtsschule lautet *madhhab (maḏhab)*.

Auf der Mikroebene, wenn wir also näher hinschauen, sehen wir eine beinahe unendliche Vielfalt von Auffassungen, die auf verschiedene große Gelehrte der Schulgeschichte zurückgeführt wurden. Diese Meinungsvielfalt warf das Problem auf, wie man sie kontrollieren konnte, wie man eine gewisse Konsistenz und Bestimmtheit der Lehre einer Schule erreichen konnte. Gerade für die Vorhersagbarkeit des Rechts, wir können modern sagen: die Rechtssicherheit, erschien eine gewisse Eingrenzung der unterschiedlichen Meinungen doch wünschenswert. Es ging also in der weiteren Entwicklung der Rechtsschulen um Fragen wie: Welche Rechtsmeinung ist in Bezug auf einen bestimmten Fall gültig, welche ist gültiger als andere – oder welche ist überhaupt nicht anwendbar? Letztendlich ging es darum: Welche Rechtsmeinung ist die autoritativste?

Eine Rechtsschule besteht also aus einem bestimmten Korpus an Rechtslehren, daneben gab es die individuellen Rechtsgelehrten, die diese Lehren erarbeiteten. Und erst diese beiden zusammen machen eigentlich eine Rechtsschule im späteren Sinne aus. Ihr Hauptziel ist es, eine gewisse Kontrolle über das höchst individuelle Rechtsdenken von Gelehrten zu erreichen, über ein individuelles Rechtsdenken, das bis in das 19. Jahrhundert fortwirkte.

Drei der vier Hauptschulen des sunnitischen Islams entstanden so aus früheren lokalen Schulen, die hanafitische aus der Schule von Kufa, die malikitische und schafiitische aus der von Medina. Die Namensgeber dieser Schulen waren: Abu Hanifa (gest. 767) für die Hanafiten, Malik ibn Anas (gest. 795) für die Malikiten und Muhammad ibn Idris asch-Schafi'i (gest. 820).

Die vierte Schule, die sich, wie wir sehen werden, unter anderen Umständen entwickelte, war die der Hanbaliten, Namensgeber Ahmad ibn Hanbal (gest. 855). Die (zwölfer-)schiitische Rechtslehre wurde in bestimmter Weise mit einer Autorität verbunden, die zur Zeit Abu Hanifas lebte, mit Dscha'far as-Sadik, einem der zwölf Imame.

In den Texten der Rechtsschulen werden die rechtlichen Stellungnahmen unter die „Schirmherrschaft" der großen Meister der Schule gestellt, meistens ist es der Namensgeber der Schule, dessen Auffassung häufig als endgültig angesehen wird – Ausnahmen bestätigen natürlich die Regel, und je mehr Texte ediert werden, desto zweifelhafter scheint diese Aussage. Wir müssen vermutlich weiter differenzieren. Aber als Tendenzaussage können wir dies akzeptieren.

Diese Fixierung auf die großen Meister diente intern, innerhalb der Rechtsschule dem Zweck, die schulspezifische Lehre zu konsolidieren; wir hörten davon schon. Nicht diente sie der Debatte zwischen den einzelnen Rechtsschulen. Hier greifen polemische Texte unterschiedlicher Art ein, die ihre Aussagen auf Personen aus der Frühzeit des Islams beziehen.

Hadithspezialisten

Hier können wir zweifelsohne die Ursprünge einer Entwicklung sehen, die zur Herausbildung einer spezifischen Gruppe von Gelehrten führte, die als *ahl al-hadith* (*ahl al-ḥadīṯ*) bekannt sind.

Der Begriff der *ahl al-hadith*, der „Hadithspezialisten", bezeichnet Gelehrte, deren Arbeit schon in der Umaijadenzeit begann und die sich lange Zeit ohne Kontakt mit den Vertretern der frühen Rechtsschulen entwickelten. Diesen Gelehrten müssen wir uns jetzt zuwenden. Sie beschäftigten sich mit der Sammlung der schon genannten Überlieferungen vom Propheten, der *sunna*.

Sie versuchten ebenfalls, Normen zu entwickeln, die das tägliche Leben der Muslime und Musliminnen regeln sollten, lehnten es aber ab, dem menschlichen Urteil eine entscheidende Rolle in der Entwicklung dieser Normen zuzumessen.

Der Hauptunterschied zwischen den Hadithspezialisten und den frühen Rechtsschulen war die Beurteilung der Überlieferung dieser *sunna*, nicht die Frage, ob sie überhaupt einen Wert habe oder nicht. Während der Umaijadenzeit hatten die frühen Rechtsschulen die Auffassung entwickelt, dass ihre Schuldoktrin in authentischer Weise die *sunna* repräsentiere. Die Hadithspezialisten sahen dagegen das narrative Material, das sie sammelten, die Hadithe, als einzig authentische Repräsentation der *sunna* an.

Im Laufe der Rechtsentwicklung konnte sich der Gedanke, dass die Hadithe eine wichtige Grundlage der Rechtsfindung seien, immer mehr durchsetzen, und seit der frühen Abbasidenzeit, also seit Ende des 8. Jahrhunderts chr. Z., finden wir auch in Rechtstexten immer öfter Bezugnahmen auf Hadithe zur Begründung von Rechtsauffassungen.

Außerrechtliche Dimensionen

Die Rechtfertigung für die Einbeziehung der Hadithe (und des Korans) in das Rechtsdenken können wir in den Werken der Rechtsmethodik, der *usul al-fikh (uṣūl al-fiqh)*, finden. Auch wenn wir inzwischen von einer lebhaften methodischen Diskussion vor seiner Zeit ausgehen können, wird die Begründung der Rechtsmethodik meistens immer noch mit dem Namen asch-Schafi'i verknüpft, der eine der ersten bekannten Abhandlungen auf diesem Gebiet verfasst hat.

Der mit den skizzierten Entwicklungen einhergehende Kanonisierungsprozess der Rechtsquellen zeugt – wie jede Kanonisierung – von einer Unsicherheit der Identität eines selbständigen Feldes der islamischen Rechtsgelehrsamkeit. Dieses eigenständige Feld befindet sich im 9. Jahrhundert immer noch in engem Kontakt mit theologischen Debatten (Oberauer 2004, Tillschneider 2006), sodass verwandte Probleme aus unterschiedlichen Perspektiven betrachtet werden.

Dazu kommt die Schwächung des Kalifates der Abbasiden seit der Mitte des 9. Jahrhunderts, die von sunnitischer Seite mit verstärkten Versuchen einer eigenen Identitätsbildung auszugleichen versucht wurde, die bis zum 11. Jahrhundert brauchten, um eine abgeschlossene Theoriebildung zu erreichen.

Ein ethnisches Element sollten wir nicht vergessen. Der Einfluss nicht arabischer Muslime unter den Rechtsgelehrten entwickelte sich von 40 % Ende des 1./Anfang des 2. Jahrhunderts der Hidschra bis zur Mitte des 3. Jahrhunderts auf 58 %, dem Zeitpunkt, als die Ausbildung der Rechtsmethodik zum ersten Abschluss kam (Tillschneider 2006: 202). Wir dürfen in der Bezugnahme auf Koran und Hadith und die Notwendigkeit, diese präzise sprachlich zu analysieren, auch eine Reaktion der arabischen Muttersprachler vermuten (Tillschneider 2006: 202f.). Zudem konnte dadurch den schon erwähnten inhaltlichen Einflüssen aus dem byzantinischen und sassanidischen Bereich entgegengewirkt werden.

Scharia und Recht

Kommen wir zum übergreifenden Konzept der Scharia. Die Scharia umfasst zweifelsohne weit mehr als das, was im europäischen Sinne unter Recht verstanden wird. Scharia und Recht gleichzusetzen, ist deshalb verfehlt. Auf jeden Fall enthält die Scharia Regeln und Vorkehrungen zu deren Anwendung durch „staatliche" Sanktionsmittel, die wir zweifelsohne als Recht ansehen können. Wir sagten ja bereits, dass die frühen Rechtsgelehrten ihre Vorstellungen mit Hinblick auf die Rechtspraxis und das Vorgehen der Staatsmacht entwickelten. Wenn sie auch nicht wollten, dass das herrschende Regime (Kalifat oder später anders geheißen) das Recht formte, so formten doch die Gelehrten es mit diesem Regime immer im Hinterkopf, immer daran denkend, dass das jeweilige Herrschaftsregime die Zwangsmittel zur Verfügung stellen würde, um das Recht anzuwenden. Um diesen Zwangscharakter des Rechts zu verstehen, müssen wir uns genauer damit beschäftigen, wie „Scharia" definiert werden kann.

Im Koran kommt nun der Begriff Scharia im Sinne von Gesetz überhaupt noch nicht vor. Nur an einer Stelle taucht dort das Wort auf: (Nach dem Zeitalter der israelischen Prophetie) „haben wir dich [...] auf einen Weg [*scharia*, zur Errettung] festgelegt", wird dem Propheten in Sure 45,18 versichert. Hier scheint die ursprüngliche Bedeutung des Wortes wieder auf, nämlich die nie versiegende Wasserstelle im ausgedörrten Land bzw. der Weg, der zu ihr hinführt. Das Heil, zu dessen Erwerb Gott die Gelegenheit bietet, gleicht einer Tränke in der Wüste.

Erst im Laufe der weiteren Entwicklung der Hadithliteratur und des Rechts nimmt der Begriff *scharia* eine juristische Färbung an. Dieser Begriff wird der älteren islamischen Literatur selten richtiggehend definiert. Wir wollen hier darunter die Gesamtheit der göttlichen Kategorisierungen menschlicher Handlungen verstehen. Zwei Gruppen solcher Kategorisierungen sollen uns hier interessieren:

Die erste Gruppe umfasst folgende fünf Kategorien: obligatorisch bzw. verpflichtend (*wāǧib*, *farḍ*), empfehlenswert (*mandūb*, *mustaḥabb*), neutral, indifferent (*mubāḥ*), ablehnenswert (*makrūh*) und verboten (*ḥarām*, *muḥarram*, *maḥẓūr*).

Zwei dieser Kategorien können wir ganz zwanglos unter dem Oberbegriff „Recht" zusammenfassen: obligatorisch und verboten. Denn die Funktion des Rechts ist es, etwas vorzuschreiben, obligatorisch zu machen und: etwas zu verbieten. Im älteren muslimischen Denken gibt es zwei Kriterien, anhand derer menschliche Handlungen als obligatorisch oder verboten zu qualifizieren sind – im Unterschied zu den anderen

Kategorien. Es handelt sich um den Tadel/die Missbilligung und die Bestrafung. Der Tadel ist im älteren muslimischen Denken die Ursache, dass ein Mensch gerechtfertigt bestraft werden kann; wessen Handlungen einen Tadel verdienen, der/die verdient es auch, bestraft zu werden. Konzentrieren wir uns nun auf den Aspekt der Bestrafung.

Betrachten wir unter diesem Blickwinkel die obligatorischen Handlungen, so hat das Unterlassen dieser Handlungen eine Bestrafung zur Folge; im Falle der verbotenen Handlungen gilt, dass ihr Begehen eine Bestrafung nach sich zieht. Gerade dieses Kriterium der Bestrafung zeigt uns, dass wir es tatsächlich mit Regeln zu tun haben, denn eine Regel verlangt, dass man sie beachtet – wenn nicht, dann folgt eine Strafe. Ein Drittes gibt es nicht. Wir haben es also eindeutig mit Recht zu tun.

Im Gegensatz dazu hat im klassischen muslimischen Denken die Kategorisierung von Handlungen als empfehlenswert oder ablehnenswert keine Sanktion irgendwelcher Art zur Folge. Diese Kategorien lassen also die Option offen, dass diese Handlung nicht begangen wird; gleichzeitig wird die handelnde Person nicht bestraft. Die einzige negative Folge, wenn man eine solche Handlung nicht begeht, ist, dass man eine Gelegenheit verpasst, seine eigene Frömmigkeit zu steigern. Also ein Mangel an positiven Effekten, aber keine negative Sanktion. Im Falle der ablehnenswerten Handlungen gilt das ganze umgekehrt.

Diese Kategorisierungen sind somit eindeutig keine Regeln und damit auch nicht dem Recht zuzurechnen. Wir haben mit diesen Kategorien einen wichtigen Bestandteil der Scharia, der aus guten Gründen nicht als Recht bezeichnet werden kann, aber, genauso wie die rechtlich relevanten Teile, integraler Bestandteil der Scharia ist. Wir haben also, behalten wir es immer im Gedächtnis, rechtlich relevante *und* rechtlich nicht relevante Bestandteile der Scharia.

Bleibt die mittlere Kategorie: die der indifferenten/neutralen (*mubah*) Handlungen. Auch dies ist keine rechtlich relevante Kategorie, denn das Recht hat kein Interesse an einer Kategorie, die genau zwischen zwei wiederum nicht rechtlich relevanten Kategorien liegt. *Mubah* ist aber keine Schublade, in der die Reste verstaut werden, die in keine der anderen Kategorien einzuordnen sind. Die so kategorisierten Handlungen sind durchaus genau definiert. Es gibt noch andere Kategorisierungen, mit denen wir uns hier aber nicht beschäftigen können.

Grundlegend für die weitere Entwicklung des islamischen Rechts ist die Frage, auf welche Basis das Recht gestellt werden kann. Die Rechtsgelehrten optierten dafür, dass die Formulierung des Rechts sich auf autoritative Texte stützen müsste. Damit war zuerst einmal der Koran gemeint, dessen Autoritativität und dessen Authentizität nicht bezweifelt wurden. Die andere Gruppe von Texten waren die Hadithe. Deren Authentizität konnte durchaus in manchen Fällen bezweifelt werden. Sie wurden aber trotzdem zunehmend in die Formulierung islamischer Rechtssätze eingebunden. Auf dieser Basis konnte mittels verschiedener Rechtsinstrumente versucht werden, neu auftretende Rechtsprobleme zu lösen. Die Rahmenbedingungen für dieses Vorhaben wurden mehr und mehr auch durch den etablierten Kanon der jeweiligen Rechtsschulen gesetzt.

Wir können aus Platzgründen nicht alle der benutzten Rechtsinstrumente genau beschreiben und betrachten deshalb nur eines der bedeutendsten: den Analogieschluss.

Der Analogieschluss

Die Grundannahme der Verfechter des Analogieschlusses, des *kijas* (*qiyās*), war, dass das Recht, das man in den autoritativen Texten finden konnte, nur die Situationen betraf, die während der Periode der Offenbarung aufgetreten waren. Die Situationen waren es, auf die sich die Offenbarung bezog. Sie mochten noch so zahlreich und allgemeingültig sein, es war doch nicht zu erwarten, dass in diesen Texten ein Korpus von Regeln zu finden war, der für alle Zeiten ausreichend wäre und alle zukünftigen Situationen abdecken würde. Um nun das Recht zu befähigen, den Fluss neuer Ereignisse zu bewältigen, mussten die Rechtsgelehrten über diese grundlegenden Texte hinausgehen. Wenn der Text keine Regel für einen gegebenen Fall bereithielt, musste der Rechtsgelehrte eine solche Regel zur Verfügung stellen. Dies hatte allerdings in Übereinstimmung mit der grundlegenden Anforderung zu geschehen, dass die Regel ihre Grundlage in autoritativen Texten haben musste. Dafür schien nun die Analogiebildung das angemessene Argument zu sein.

Das klassische Beispiel für den Gebrauch der Analogie hat mit dem Verbot des Konsums zweier Getränke zu tun: *chamr (ḫamr)*, Wein, und *nabidh (nabīḏ)*, fermentiertem Dattelsaft. Der Koran erklärt explizit *chamr* für verboten (2,219, 5,90), sagt aber nichts über den *nabidh*. Unter der Annahme, dass es keinen Text aus der Hadithliteratur gibt, der eindeutig den *nabidh* verbietet (Ausnahmen lassen wir einmal aus), stehen wir vor einem rechtlichen Problem: Wie können wir den rechtlichen Status des *nabidh* bestimmen? Die Analogisten bieten uns eine Lösung an unter Berücksichtigung der „Ursache" (*'illa*) des Verbotes des *chamr*: *chamr* ist verboten, weil er betrunken macht. Da nun *nabidh* auch betrunken macht, ist er ebenfalls verboten. So wird – ausgehend von einer Regel, die in den grundlegenden Texten zu finden ist (die Regel betreffend den *chamr)* – eine neue, außertextliche Regel formuliert. Diese Bewegung von Regel zu Regel basiert auf einem Vergleich der Fälle in dem Aspekt, in dem sie sich ähneln. In unserem Falle ist dies die Fähigkeit des Getränkes, betrunken zu machen.

„Ursache" ist hier nicht in einem strikten Sinne als notwendige, determinierende Ursache zu versehen. Die Eigenschaft des Weines, betrunken zu machen, bewirkt nicht an sich notwendigerweise ein Verbot. Es ist vielmehr der Wille Gottes, der das Verbot notwendig macht; er ist der wirklich bestimmende Faktor dieser Regel.

Die Qualität des *chamr* als berauschendes Getränk ist nur insoweit die Ursache des Verbotes, als wir sagen können, dass *chamr* verboten ist, *weil* er betrunken macht, nicht weil es Wein ist. Zu sagen, dass Wein verboten ist, weil er betrunken macht, impliziert, dass er nicht verboten wäre, wenn er nicht betrunken machte. Das Verbot ist also in gewisser Weise mit dem Betrunkenmachen verbunden und das Wort „Ursache" bezeichnet diesen Zusammenhang.

Der Gebrauch der Analogie kann, wie erwähnt, zur Formulierung allgemeinerer Regeln und Kategorien führen. Wir können z. B., wenn wir erst einmal bestimmt haben, dass *chamr* wegen seiner berauschenden Wirkung verboten ist, die allgemeine Regel formulieren: Alle berauschenden Getränke, ja sogar: Stoffe, sind verboten. Ist diese allgemeine Regel einmal gegeben, könnten wir sie auf alle ähnlichen neuen Fälle anwenden. Die älteren Analogisten waren jedoch vorsichtig, nicht in diese Richtung zu gehen. Die außertextlichen Regeln wurden auf der Ebene des Einzelfalls gehalten – wie die in den grundlegenden Texten enthaltenen Regeln, auf die man sich analog bezogen hatte. Allgemeine Regeln, die in den grundlegenden Texten zu finden waren, waren eine Sache; allgemeine Regeln, die außertextlich formuliert wurden, waren eine ganz andere Sache, ein Ausdruck menschlicher Initiative, die schwer zu rechtfertigen war. Dazu gleich mehr. Der Gebrauch der Analogie führte zu Verallgemeinerungen und war Teil des Prozesses der Systematisierung des Rechts.

Ein weiteres Beispiel: Wenn eine Regel vorhanden ist, dass Wasser, von dem ein Hund getrunken hat, für die rituelle Reinigung (vor dem Gebet) benutzt werden kann, dann gibt es etwas, mit dem man arbeiten konnte, um den rechtlichen Status von Wasser zu bestimmen, aus dem andere Tiere getrunken hatten. Wie sollen wir z. B. Wasser betrachten, von dem Esel, Maultiere, Katzen, Raubvögel oder wilde Tiere getrunken haben? Natürlich suchen wir nach übergreifenden Kategorien.

Wenn ein Hund als Haustier von diesem Wasser trinken konnte und dieses geeignet blieb, um die rituelle Reinigung vorzunehmen, dann sollte es rituell unbedenklich sein, wenn ein Maultier, ein Esel oder eine Katze aus diesem Wasser trinken; handelt es sich um Raubvögel oder wilde Tiere, wäre dies bedenklich.

Wenn nun das Trinken eines Raubvogels oder irgendeines anderen Raubtieres aufgrund ihrer Eigenschaft als *Raub*tier das Wasser unrein macht, dann muss das Trinken des Hundes auch in anderer Weise betrachtet werden, denn auch Hunde können durchaus als Jagd- und damit als Raubtiere betrachtet werden. Vielleicht geht es aber auch um Aasfresser, die das Wasser unrein machen, in welchem Falle das Trinken von Hunden wiederum unbedenklich wäre ...

Neben dem Analogieschluss spielt der *idschma'* (*iǧmāʿ*), der Konsens (insbesondere unter Gelehrten), eine wichtige Rolle, um die Gültigkeit von Rechtsformulierungen zu beurteilen.

In der weiteren Entwicklung bis in die Gegenwart spielen andere Instrumente wie das gerechtfertigte Interesse der muslimischen Gemeinschaft, die *maslaha* (*maṣlaḥa*), und die rechtfertigende Notwendigkeit, *darura* (*ḍarūra*), eine Rolle, um das islamische Recht zu flexibilisieren.

Die Zwölferschiiten gelten allgemein als diejenigen, die den Gebrauch des Analogieschlusses ablehnen. Schauen wir genauer hin, stellen wir fest, dass es – zumindest in späterer Zeit – darum geht, dass die zwölferschiitischen Gelehrten Unklarheiten in der Begründung des Analogieschlusses bei den sunnitischen Rechtsgelehrten ablehnen. Ist z. B. die berauschende Wirkung des Weines sicher nachgewiesen, hat man tatsächlich eine allgemeine Regel gefunden, die auf andere berauschende Substanzen angewandt werden kann. Dann ist es auch für zwölferschiitische Gelehrte möglich, die Regel von einem Fall auf den anderen zu übertragen (Gleave 2000: 103f.).

Fatwa

Die Form, in die die Rechtsansichten muslimischer Rechtsgelehrter häufig gegossen wurden, war die eines Rechtsgutachtens, *fatwa* (pl. *fatāwā*). Der Rechtsgelehrte, der eine Fatwa erstellt, wird als Mufti (*muftī*) bezeichnet. Dieses Rechtsgutachten konnte auf Anfragen einer interessierten Person erfolgen. Zuweilen wurden aber auch die Meinungen eines Rechtsgelehrten in Form einer fiktiven Fatwa gefasst, damit er so einen Beitrag zu einer gelehrten Diskussion liefern konnte – auch wenn er von keinem Gläubigen gefragt wurde. Eine Fatwa war immer nur für einen Einzelfall gültig. Allerdings wurden Fatwas einzelner Gelehrter oder von Gelehrten aus einer Region häufig gesammelt und konnten so eine gewisse Präzedenzwirkung entfalten. In einer Fassung, die konkreter Details wie Namen u. Ä. entkleidet ist, finden wir Fatwas dann auch in Rechtshandbüchern wieder. Ältere Fatwas in der Originalfassung sind kaum überliefert.

Staatliches Recht

Ein interessantes Beispiel für die Flexibilität des islamischen Rechts stellt die Entwicklung in Granada dar, dem letzten islamischen Reich auf der Iberischen Halbinsel. Entgegen der andernorts gepflegten Praxis, die beinhaltete, dass muslimische Herrscher nur aus überlegener Position Verträge mit Nichtmuslimen abschließen sollten, sind die Granadiner dazu übergegangen, mit ihren christlichen Konkurrenten auf gleicher Ebene zu verhandeln (Lohlker 2006). Diese Praxis ist deutlich verschieden von der anderer muslimischer Reiche und demonstriert uns, in welcher Weise sich die Rechtsanwendung der islamischen Reiche von dem Recht der Gelehrten unterscheidet. Wir sollten nicht von „Abweichung" sprechen, denn auch dieses herrscherlich angewandte Recht agiert im islamischen Kontext und ist damit genauso „islamisch" wie andere Rechtsformen.

Bemerkenswert sind seit der Mitte des 19. Jahrhunderts die Versuche, islamisches Recht in kodifizierte Form zu fassen. Ein berühmtes Beispiel ist die osmanische Mecelle, arab. *madschalla* (*mağalla*), die hauptsächlich hanafitisches Recht, die im Osmanischen Reich vorherrschende Rechtsschule, in einer Form zusammenfasste, die von europäischen Rechtshandbüchern inspiriert wurde. Die Mecelle trat 1877 in Kraft. Sie blieb auch in arabischen Nachfolgestaaten in Kraft, in der Türkei wurde sie durch das türkische Zivilgesetzbuch ersetzt, inspiriert vom schweizerischen Zivilrecht. In Ägypten entstanden im 19. Jahrhundert private Kodifikationen; es gab auch andere Kodifikationsversuche.

Kolonialzeit und Unabhängigkeit

Die Rolle des islamischen Rechts wurde in der Kolonialzeit neu definiert. Europäisch inspiriertes Recht konnte an Einfluss gewinnen. Neben der Einführung von Sondergerichten, für die ausländischem Recht unterworfenen Angehörigen europäischer Staaten, kam es in Ägypten zur Etablierung sogenannter „gemischer Gerichte", die Streitfälle zwischen Euopäern und Ägyptern beurteilten. Ein hybrides Rechtssystem etablierte sich in der Form des Anglo-Muhammedan Law in Indien, eine Mischung aus Common Law und örtlichem islamischem Recht.

Die Entwicklung in der Kolonialzeit lief schließlich auf eine weitgehende Beschränkung der Gültigkeit des islamischen Rechts auf das Personalstatusrecht der unabhängigen Staaten mit muslimischer Bevölkerungsmehrheit hinaus. Dieses Personalstatusrecht ist bis heute eines der am meisten umstrittenen Rechtsgebiete.

Eine ägyptische Entwicklung auf dem Gebiet des Zivilrechts muss noch erwähnt werden. 1949 wurde von 'Abdarrassaq as-Sanhuri (gest. 1971) der erste Entwurf des ägyptischen Zivilgesetzbuches vorgelegt. Dieses Zivilgesetzbuch verbindet in bemerkenswerter Weise islamisches Recht und europäisches Recht (Hill 1987).

In den 1970er Jahren wurde mit dem Aufleben politisch-islamischer Bewegungen die Forderung nach Einführung der Scharia immer virulenter. Dabei traten Rechtsgebiete wie das Strafrecht und die damit verbundenen, je nach Interpretation eventuell drakonischen Strafen in den Vordergrund. Im Sudan wurde unter der Diktatur Numairis das islamische Strafrecht zum Ausweis des islamischen Charakters des Regimes (Bleuchot 1994).

Ein Beispiel aus dem arabischen Raum zeigt uns eine andere Vorgehensweise von Regierungen, um islamische Legitimität zu gewinnen. Den wachsenden Druck der islamistischen Bewegungen versuchte die ägyptische Regierung seit Anfang der 1970er Jahre durch eine Verfassungsreform abzufangen (Lombardi 2006). Im Jahr 1971 wurde die neue ägyptische Verfassung verabschiedet, in deren Artikel 2 es heißt, „die Prinzipien der islamischen Scharia sind *eine* der Hauptquellen der Gesetzgebung". 1980 wurde die Formulierung geändert in „die Prinzipien der islamischen Scharia sind *die* Hauptquelle der Gesetzgebung". Dadurch sollte den zunehmenden Islamisierungsprozessen der Gesellschaft Rechnung getragen werden. Die Ermordung des ägyptischen Präsidenten im folgenden Jahr lässt allerdings an der Effektivität dieser Maßnahme zweifeln.

Neubildung von Institutionen

Eine grundlegende Veränderung der institutionellen Landschaft des islamischen Rechts ist die Etablierung kollektiver Gremien, die sich mit der Formulierung von Regeln des islamischen Rechts beschäftigen.

Damit findet auf dem Gebiet des islamischen Rechts eine Entwicklung statt, die sich auf anderen Gebieten des Panislamismus seit den 1920er Jahren zeigt.

Wichtige Träger dieser Entwicklung sind die Islamischen Rechtsakademien – meistens in englischer Formulierung: Islamic Fiqh Academy (IFA) – und Fatwakomitees wie der „Europäische Rat für Fatwa und Forschung" (s. unten). Es gibt derzeit drei Akademien: die der Organisation Islamischer Konferenzen in Dschedda (in Saudi-Arabien), die der Islamischen Weltliga in Mekka unter stärkerem Einfluss Saudi-Arabiens und die indische IFA in Neu-Delhi mit starken Verbindungen zum Deobandi-Spektrum (s. unten).

Die Akademien agieren durch die Abhaltung von Konferenzen zu spezifischen Themen von Bankkarten, Geburtenkontrolle, Eherecht bis hin zum Klonen; dabei werden häufig externe Fachleute zur Beratung herangezogen.

Recht der Minderheiten

Eine der interessantesten neueren Erscheinungen ist das „Recht der Minderheiten", *fikh al-akallijat* (*fiqh al-aqalliyāt*), das der spezifischen Situation muslimischer Minderheiten in einem nicht muslimischen Umfeld Rechnung tragen soll – vor allem in Nordamerika und Europa. Bemerkenswert ist, dass sich insbesondere arabische muslimische Autoren zu diesem Thema in einer Weise geäußert haben, die darauf deutet, dass sie die muslimischen Minderheiten als Ausnahmefall sehen, der die muslimischen Gemeinschaften zwingt, nach Wegen zu suchen, die ihre ursprüngliche Identität bewahren kann (z.B. der saudische Mufti Bin Bas). Die von solchen Autoren formulierten Fatwas zu diesem Thema differieren allerdings in hohem Maße. Generell scheinen sie aber die muslimische Präsenz unter nicht muslimischer Herrschaft als nicht permanent anzusehen, eine Auffassung, gegen die sich schon Fatwas nach der Eroberung Siziliens oder des islamischen Spaniens ausgesprochen haben.

Eine europäische Institution, die sich diesen Themen widmet, ist der „Europäische Rat für Fatwa und Forschung" unter dem Vorsitz von Jusuf al-Karadawi (Peter 2006). Die Debatten sind allerdings zum Teil auch recht kontrovers (Mabrouk 2008). Um einen Eindruck der von diesem Rat gepflegten Fatwapraxis zu gewinnen, können wir eine Fatwa aus dem Juli 2001 anschauen, die als Beispiel für einen europäischen *'urf* (*ʿurf*), also einen Rechtsbrauch, genannt wird:

Das behandelte Problem betrifft eine Frau, die zum Islam konvertiert ist. Es wird gefragt, ob diese Frau mit ihrem nicht muslimischen Ehemann zusammenbleiben kann, der seinen ursprünglichen Glauben behält. Älteres islamisches Recht ist in einem solchen Fall eindeutig: Die Frau muss sich von ihrem Mann trennen, wenn sie Muslimin geworden ist. Es ist für einen Nichtmuslim unmöglich, eine muslimische Frau zu haben. Der Europäische Rat für Fatwa und Forschung trifft eine andere Entscheidung: Die Frau kann mit ihrem nicht muslimischen Mann verheiratet bleiben, um nicht Frauen abzuschrecken, die zum Islam übertreten wollen. Das allgemeine Interesse (*maslaha*) der muslimischen Gemeinschaft, Konvertitinnen zu gewinnen, überwiegt (Fishman 2006: 12). MuslimInnen in Europa haben ein deutliches Interesse bekundet, dass europäische Institutionen für das Fatwawesen errichtet werden (Mabrouk 2008).

Der nordamerikanische Rat für *fikh* hat bereits 1994 erklärt, dass der *fikh al-akallijat* ein eigenständiges Recht bildet, das nicht auf Ausnahmeregelungen des älteren Rechts basiert. Ein Beispiel ist die Bevorzugung der Scheidung vor Gericht gegenüber der traditionellen einseitigen Scheidung durch den Mann. Der Vorsitzende des Rates erklärte auf Kritik, das „Recht der Minderheiten" stelle eine eigenständige Art der Rechtsfindung dar: gegründet auf dem Prinzip der Relevanz der Geltung der Scharia entsprechend den Bedingungen und Umständen, unter denen eine spezifische muslimische Gemeinschaft an einem spezifischen Ort lebt (Masud 2002).

Ein Charakteristikum der Diskussion über das „Recht der Minderheiten" ist die Auflösung der älteren Unterscheidung zwischen dem „Gebiet des Islams" und dem „Gebiet des Krieges", die als obsolet angesehen wird. Ausdruck dieser Haltung ist auch eine Erklärung der Konferenz der Leiter islamischer Zentren und Imame in Europa in Graz 2003, in der diese „mittelalterliche Einteilung in eine Welt der Gegensätze" abgelehnt wird (Muslime in Europa 2003).

Der *fikh al-akallijat* wird zwar in mehrheitlich muslimischen Ländern kritisiert, dürfte aber angesichts der Tatsache, dass 2003 mehr als ein Drittel der Muslime weltweit als Minderheit in nicht muslimischen Ländern lebten (Masud 2002), an Bedeutung gewinnen. Manche Autoren (Rohe 2004) sprechen so auch von der Entwicklung einer „europäischen Scharia".

Medien

Daneben können wir Veränderungen sehen, die durch neue Medien hervorgerufen werden: Druckwerke (Bücher, Zeitschriften, Zeitungen), Radio, (Satelliten-)Fernsehen, Internet. Über all diese Medien werden islamrechtliche Stellungnahmen verbreitet, Diskussionen finden statt u. a. m.

So hat sich in den letzten Jahren im Internet ein breites Spektrum von Online-Diensten herausgebildet, über die Anfragen für Fatwas an Gelehrte oder Gremien von Gelehrten gestellt werden können, die dann online beantwortet werden. Diese Fatwas werden oft in Datenbanken bereitgestellt, aus denen sich die interessierten Gläubigen die Fatwas heraussuchen können, die für ihre Probleme von Bedeutung sind. Manchmal finden auch real-time-Sitzungen statt, in denen online gestellte Anfragen direkt beantwortet werden. Eine zweite Besonderheit der islamischen Online-Präsenz ist, dass islamrechtliche Fragen auch in Diskussionsforen behandelt werden, in der Teilnehmer, die sich in einzelnen islamrechtlichen Fragen bewandert fühlen, anderen Gläubigen Auskunft geben: eine Art Loslösung vom Wissensmonopol der Gelehrten. Bettina Gräf (2003: 6) beschreibt diese Transformationsprozesse recht gut:

> „Durch die Nutzung der verschiedenen Übertragungs- und Speichermedien verändern sich die (Kampf-)Strategien im religiösen Feld und in anderen sozialen Feldern. Die Rechtsgutachtenpraxis ist davon nicht ausgenommen, was den Fatwas sowohl formal als auch inhaltlich anzumerken ist. Die Erstellung eines Rechtsgutachtens für einen Einzelnen verläuft nach anderen Prinzipien als die für ein breites Publikum. Eine für das Radio konzipierte Fatwa muss unmittelbar verständlich und eingänglich sein. Dafür arbeitet der Mufti mit Beispielen, die in der Öffentlichkeit bekannt sind. Er verwendet Sprichwörter, Dichtung und andere populäre literarische Referenzen. Wiederholungen und ausführliche Zusammenfassungen sollen das Gesagte fest im Bewusstsein der Zuhörer verankern. Diese rhetorischen Mittel sind in einer herkömmlichen Fatwa überflüssig, wo es sich um die Übermittlung einer spezifischen rechtlichen Information an eine um Rat fragende Person handelt. // Die Medien allein rufen jedoch keine Veränderungen hervor. Erst die Veränderung medialer Techniken mit neuen Institutionen [wie islamischen Zeitschriften, Fernsehsendungen oder Internetportalen] verändert die Praxis der Erstellung von Rechtsgutachten sowie deren Rezeption und Bedeutung im öffentlichen Raum. Solche Institutionen exis-

> tieren wiederum nur deshalb, weil es soziale Akteure mit Visionen gibt, die diese ins Leben rufen und betreiben."

Neben solchen Veränderungen auf institutionellem und medialem Feld sowie der Entstehung neuer Teilgebiete des Rechts erscheint die neuere Entwicklung der Methodik des islamischen Rechts als Versuch, die ältere Rechtsmethodik in geschlossene Systeme zu transformieren (Krawietz 2002). Auch auf dem Gebiet der Ausbildung können wir Standardisierungsversuche bemerken. Die al-Azhar-Universität in Kairo hat 2007 für vier Lehrbücher, die sich mit der vergleichenden Lehre der vier sunnitischen Strömungen beschäftigen, ein einheitliches Lehrbuch eingeführt – pikanterweise wurde es vom jetzigen Großimam der al-Azhar verfasst.

Sunnitische theologische Diskussionen

Im Gegensatz zum islamischen Recht, das den Anspruch hat, die Gläubigen auf den Weg zu weisen, der in das Paradies führt, ist der Anspruch dieser Theologie geringer (für das Folgende s. Brown 2004); sie widmet sich der begrenzteren Aufgabe, die Gläubigen gegen Irrtümer zu schützen. Durch die Identifizierung von Häresien steckten sie zugleich aber auch die Grenzen der muslimischen Orthodoxie ab bzw. entwickelten sie neue Paradigmata, was der rechte Glauben zu sein hat. Die Theologie hat außerdem die wichtige Aufgabe, den islamischen Glauben gegen Kritik anderer Religionen zu verteidigen. Daher die Bezeichnung *kalam (kalām)*, „Rede", „Disput", für die spekulative sunnitische Theologie. Den Geschichten der schiitischen Theologie widmen wir eine eigene Betrachtung.

Uns soll hier also die Entwicklung der sunnitischen Theologie interessieren. Dieser Begriff, den wir zuerst verwendet haben, führt allerdings etwas in die Irre. Zunächst geht es um den Prozess, in dem sich eine spezifisch sunnitische Position herausbildet. Dabei sind die theologischen und rechtsgelehrten Diskussionen eigentlich nicht zu trennen, müssen aber für den Zweck einer einführenden Darstellung getrennt bleiben.

Wenn ich den Begriff der *Orthodoxie* benutze, mag das irritieren, denn weit verbreitet ist immer noch die Auffassung, „Islam" sei in erster Linie *Orthopraxie*, richtiges Handeln. Dies deutet treffend darauf, dass das islamische Recht einen Vorrang vor der islamischen Theologie beanspruchen kann, vermittelt aber den Eindruck, die muslimische Tradition habe vielleicht eine etwas nachlässige Haltung gegenüber Fragen der Glaubenslehre ermutigt. Andererseits wissen wir, dass Rechtsgelehrte die Gläubigen ermutigten, sich Kenntnisse der islamischen Theologie anzueignen. Die mehr als reichliche Produktion von Glaubensbekenntnissen, Kommentaren zu Glaubensbekenntnissen, Zurückweisungen von Häresien legt jedoch Zeugnis davon ab, dass Fragen der Glaubenslehre von großer Bedeutung für die muslimischen Gelehrten waren. Es ist richtig: Die muslimische Gemeinschaft hat nie etwas wie ein Papsttum, Konzilien u. Ä. entwickelt, die die richtige Lehre festgelegt hätten – dies gilt auch für das islamische Recht –, muslimische Gelehrte mühten sich aber genauso darum, die richtigen Glaubensüberzeugungen von den falschen zu scheiden, wie sie sich um die Definition des richtigen Verhaltens mühten.

Eine der wichtigsten Literaturgattungen, die sich mit der Definition der richtigen sunnitischen Lehre beschäftigten, war die der Häresiographien – oder vielleicht eher: Doxographien –, praktisch Leitfäden durch die Welt der theologischen Irrtümer. Solchen Werken können wir das meiste entnehmen, was wir über die frühe Geschichte der islamischen Theologie wissen (oder glauben zu wissen). Wir können sie also als Ausgangspunkt für unsere Betrachtung der frühen muslimischen theologischen Entwicklung nehmen (grundlegend van Ess 1991–1997).

Die grundlegende Einheit der Häresiographien ist die „Sekte". Eine Sekte wird oft nach einer Person benannt, die der Urheberschaft einer spezifischen Irrlehre beschuldigt wird. Der Sekten gibt es 73 an der Zahl, von der nur eine einzige rechtgeleitet ist. Die muslimischen Theologen haben allerlei Haare darüber gespalten, welche 72 „Sekten" denn nun in die Irre gegangen ist; sie wussten aber, sie mussten auf die Zahl 73 kommen, denn der Prophet hatte dies gesagt. „Die Juden sind in 71 Sekten gespalten und die Christen in zweiundsiebzig", sagte der Prophet und fuhr fort: „meine Gemeinde wird aber in 73 Sekten gespalten sein." Es mag etwas merkwürdig erscheinen, warum man stolz darauf sein sollte, andere in der Zahl der Spaltungen zu übertreffen, diejenigen, die diesen Hadith zitierten, waren offensichtlich nicht darum bekümmert. Ein anderer Hadith spezifiziert dies weiter: „Meine Gemeinde wird in 73 Sekten gespalten sein, aber nur eine von ihnen wird gerettet werden; die anderen werden verschwinden." Die wichtige Frage, wie man denn die *eine* gerettete Sekte identifiziert, wollen wir jetzt nicht weiter verfolgen, konzentrieren wollen wir uns auf die 72 anderen. Wir sollten zuerst diese „Anderen" kurz charakterisieren:

1.) Die Mu'tasiliten: auch bekannt als die „Leute der Gerechtigkeit und Einheit", eine der wichtigsten Gruppen in der rationalistischen Strömung muslimischen Denkens, aber nicht alleinige Vertreterin dieses Denkens. Ihre Lehre können wir kurz zusammengefasst finden in den fünf Punkten des Mu'tasilitentums:

a) Einheit, *tauhid* (*tauḥīd*): Gottes Einheit ist absolut. Nichts außer ihm, einschließlich seiner Attribute und seiner Rede (d. h. der Koran), ist ewig; Gott ähnelt seiner Schöpfung in keiner Weise.
b) Gerechtigkeit (*ʿadl*): Gott ist verpflichtet, gerecht zu handeln, Belohnungen und Strafen in einer Weise auszuteilen, dass sie dem Verhalten einer Person entsprechen.
c) „Das Versprechen und die Drohung“: Wenn Gott ein Versprechen gibt oder eine Drohung ausspricht, muss er diese auch bis zum Ende durchführen.
d) Die Zwischenposition: Ein schwerer Sünder, *fasik* (*fāsiq*), kann weder als Gläubiger noch als Ungläubiger betrachtet werden.
e) Das Rechte anbefehlen und das Falsche verbieten: Es ist eine Pflicht, gegen Ungerechtigkeit zu opponieren (z. B. gegen einen ungerechten Herrscher zu rebellieren), wenn man die Fähigkeit dazu hat.

2.) Die Kadariten: die für eine gewisse Willensfreiheit des Menschen eintraten, da Gott sonst diese nicht zur Rechenschaft ziehen könne.
3.) Die Dschabriten: die Gegenposition zu den Kadariten.
4.) Die Charidschiten: diejenigen, die „auszogen“, weg vom vierten Kalifen ʿAli ibn abi Talib, weil er nicht dem Buch Gottes gehorcht habe. Sie bestanden darauf, dass man, wollte man ein Muslim sein, auch als Muslim (in ihrem Verständnis) handeln müsse. Tat man dies nicht, war man ein Ungläubiger und Apostat.
5.) Die Murdschi'iten: diejenigen, die das Urteil über das endgültige Schicksal des schweren Sünders aufschoben und dieses Urteil Gott überließen. Die Murdschi'iten werden eher als politisch passiv charakterisiert.
6.) Die *zanadika* (*zanādiqa*), „Ketzer“: so etwas wie eine allumfassende Kategorie für Erscheinungen, die nach dem Aufleben älterer iranischer religiöser Vorstellungen aussahen.
7.) Die Schia: ein weites Spektrum von Bewegungen, die sich durch eine besondere Verehrung von ʿAli ibn abi Talib (reg. 656–661) und der Familie des Propheten auszeichnen.

Selbst wenn die Zahl der Wege, auf denen man in die Irre gehen konnte, festgesetzt war, konnte man die „Sekten“ doch in handhabbare Kategorien aufteilen. Vier Themen können wir nennen, nach denen die Häresiographen die Muslime unterteilen: 1.) die Willensfreiheit, 2.) die Attribute Gottes, 3.) Glauben und Taten, 4.) die Anführerschaft der Gemeinde.

Kommen wir zuerst zur Willensfreiheit. Die Hadithliteratur zeigt eine entschieden deterministische Stimmung, recht gut zusammengefasst in der Überlieferung, die lautet: „Jeder wird dorthin geleitet, wofür er geschaffen ist." Einer anderen Überlieferung zufolge wird jedem Embryo mit dem zweiundvierzigsten Tage sein genaues Todesdatum festgesetzt. Vor der Schöpfung hat Gott den genauen Verlauf der Ereignisse, die seiner Schöpfung widerfahren, festgelegt und niedergeschrieben, ein Vorgang, dessen praktische Implikationen sehr schön in den Worten eines frühen Glaubensbekenntnis zusammengefasst sind: „Was dir widerfährt, dafür gab es keine Möglichkeit, dass es dich verfehlt; was dich verfehlt, dafür gibt es keine Möglichkeit, dass es dir widerfahren wäre."

Zu einem logischen Ende wurden solche Vorstellungen von einer Gruppe von Sekten gebracht, die man Dschabriten nannte. Sie sprachen den Menschen jegliche Kraft ab, aus eigenem Vermögen zu handeln. Gott bringt jede menschliche Handlung hervor, wie er auch jede Bewegung eines unbelebten Objektes hervorbringt. Ein menschliches Wesen ist in Wirklichkeit nicht von einem unbelebten Wesen zu unterscheiden, wenn wir seine Fähigkeit zum Handeln betrachten; der Mensch ist absolut machtlos, Taten können ihm nur im metaphorischen Sinne zugeschrieben werden. Wenn man sagt: „Dieser hat dieses und jenes getan", ist es gleich der Aussage: „Die Sonne ist aufgegangen". Belohnungen und Bestrafungen für Taten sind deshalb festgesetzt und nicht abhängig von menschlichen Handlungen.

Die ethischen Probleme, die sich aus diesem Determinismus ergeben, sind offensichtlich. Wenn das Endergebnis (und vielleicht nicht nur das Endergebnis, sondern jeder Schritt dahin) schon festgelegt sind, warum sollte man sich anstrengen, dieses Ergebnis zu erzielen? Es gibt auch ein moralisches Problem. Ein strikter Determinismus versetzt Gott in die Lage, Strafen und Belohnungen für Taten zu vergeben, die er selber geschaffen hat. Dies erscheint als Verhöhnung des Korans, in dem so häufig davon die Rede ist, dass die Leute zu moralischem Handeln aufgerufen werden und Belohnungen für gute und Bestrafungen für schlechte Taten erhalten. Es ist auch schwierig zu sehen, in welcher Form irgendein Begriff von göttlicher Gerechtigkeit einen solchen Determinismus überstehen kann.

Die verschiedenen Gegner der Dschabriten werden von den Häresiographen unter dem Begriff Kadariten zusammengefasst. In einer frühen Schrift wird auf der Basis des Korans argumentiert, dass der Mensch tatsächlich Handlungsfreiheit habe und insbesondere böse Taten in keinem Falle Gott zugeschrieben werden können. Ein interessantes Merkmal dieses Schreibens ist, dass in ihm keine Hadithe zitiert werden, was als Hinweis auf seine Authentizität und den frühen Zeitpunkt seiner Abfassung gewertet wird. Es gibt allerdings eine viel offensichtlichere Erklärung für den Mangel an Hadithen: es gab einfach keine. Die Hadithliteratur überliefert uns keine Hadithe zur Verteidigung des freien Willens, sodass, selbst wenn das Schreiben eine spätere Fälschung ist (was nicht ausgeschlossen werden kann), der Autor schlicht keine prokadaritischen Hadithe hatte, auf die er sich hätte stützen können.

Es dauerte bis ins 10. Jahrhundert chr. Z., bis die mu'tasilitischen Theologen begannen, die Willensfreiheit systematisch zu verteidigen. Die Argumentation war eigentlich recht einfach aufzubauen. Der Koran erklärt, dass die Menschen entsprechend ihren Taten belohnt und bestraft werden. Wenn unsere Taten aber uns nicht selber gehören, würde Gott unrecht handeln, wenn er belohnt oder bestraft. Der Glaube an die Gerechtigkeit Gottes erfordert deshalb den Glauben an die menschliche Willensfreiheit, denn wenn die Menschen nicht frei sind, ist Gott nicht gerecht. Aufgrund ihres entschiedenen Eintretens für die göttliche Gerechtigkeit nannten sich die Mu'tasiliten selber „Leute der Gerechtigkeit und der Einheit" (*ahl al-ʿadl wa't-tauḥīd*). Wie die Selbstbezeichnung zeigt, waren die Muʿtasiliten keine Einpunkt-Bewegung. Ihr originellster Beitrag zur islamischen Theologie war wohl der zweite Punkt ihres Programms: die Einheit Gottes.

Muslimische Theologen stimmen darin überein, dass Gott Einer ist und dass dies seine wichtigste Eigenschaft ist. Aus dem Koran wissen sie aber auch, dass er bestimmte andere Eigenschaften hat. Deshalb lässt sich z. B. sicher sagen, dass Gott wissend ist, lebendig, machtvoll und großzügig. Man kann auch sicher sagen, dass er spricht. Was aber ist die Beziehung zwischen Gottes Einheit und seinen verschiedenen anderen Eigenschaften? Ist etwa der „eine" Gott immer noch Gott, wenn er seines Wissens beraubt ist? Die Antwort scheint offensichtlich. Es ist unvorstellbar, dass Gott immer noch Gott sein würde, wenn er über kein Wissen verfügt. Wenn aber Gott nicht mehr Gott ist, wenn er nicht mehr über Wissen verfügt, dann muss er in Ewigkeit wissend sein, also muss sein Wissen ewiglich sein.

Zwei Wahlmöglichkeiten schienen möglich. Einerseits unterschieden eine ganze Anzahl von Theologen scharf die göttlichen Attribute vom göttlichen Wesen. Das Wesen Gottes ist seine ewigliche Einheit, und all seine anderen Eigenschaften sind ihm untergeordnet. Die Gegner dieser Theologen beschuldigten sie des *ta'til* (*taʿṭīl*), da sie Gott seiner Eigenschaften entkleidet hätten und so den Gott der Offenbarung gegen ein gesichtsloses, philosophisches Konstrukt ausgetauscht hätten. Auf der anderen Seite des Spektrums befanden sich diejenigen, die darauf bestanden, dass die Attribute Gottes wirkliche Dinge seien, die ewiglich in Gott subsistierten. Gottes Wissen ist ein ewiges Ding, sein Leben, seine Macht und auch seine Rede. Die Attribute sind nicht dasselbe wie Gott, dürfen nicht Gott genannt werden, sind aber nichtsdestotrotz reale, ewige Wesen, und so müssen wir uns mit einer Vielfältigkeit innerhalb des einen Wesens Gottes abfinden. Nicht gerade eine glückliche Wahl: ein gesichtsloser, philosophischer Gott ohne irgendwelche persönlichen Eigenschaften – oder ein Gott mit multiplen, ewigen Aspekten, der beunruhigend an Dinge wie die christliche Dreieinigkeit erinnert.

Unter einem besonderen Aspekt können wir das Problem betrachten, wenn wir ein spezielles Attribut betrachten. Zu Gottes Attributen zählt das der Rede, zunächst bedeutet dies schlicht, dass bekannt ist, dass Gott mit seinen Geschöpfen kommuniziert. Ungleich anderen Attributen ist die Rede Gottes als einzige in einer fassbaren, gar berührbaren Form vorhanden: dem Koran. Sicher, die Form des Korans, die wir auf Erden vorfinden, ist lediglich eine Kopie der ursprünglichen, himmlischen Fassung, aber ein Problem bleibt: Was ist die Beziehung der Rede Gottes, niedergelegt im Koran, zu seinem göttlichen Wesen?

Einerseits handelt es sich um ein Unterproblem des allgemeinen Problems der Eigenschaften Gottes und wird ähnlich gelöst: Entweder ist Gottes Rede von Gott geschaffen und ihm untergeordnet – oder es ist eine ewige, unerschaffene Eigenschaft Gottes. In diesem Falle hat die Diskussion ernste praktische Folgen. Wenn der himmlische Koran tatsächlich ewig und unerschaffen ist, ist das Buch, das Muslime und Musliminnen in Händen halten, in gewissem Sinne eine Manifestation eines ewigen Aspektes Gottes. Dementsprechend gingen einige Theologen sogar so weit, dass jede Silbe, jeder Laut und Schriftzug des Korans ewig und unerschaffen sei. Wenn andererseits Gottes Rede eine erschaffene Sache war, könnte der Koran nicht als bloßes Buch angesehen werden, das den begrenzenden und formenden Kräften von Zeit und Umgebung ausgesetzt ist? Wiederum eine Wahl – mit gefährlichen Implikationen: Gewöhnliches Buch mit außergewöhnlicher Botschaft – oder physische Manifestation des ewigen Wortes Gottes?

Im 9. Jahrhundert wurde der Konflikt über den Status des Korans sowohl unangenehm als auch politisch. Der abbasidische Kalif al-Ma'mun (reg. 813–833) versuchte, um seine Herrschaft zu begründen und Kontrolle über die Religionsgelehrten zu erlangen, die mu'tasilitische Strömung als ‚Staatsdoktrin' zu etablieren. Die Religionsgelehrten sollten gezwungen werden, die Lehre von der Geschaffenheit des Korans anzunehmen, der dann auch herrscherlich interpretierbar wäre. Seiner ‚Inquisition', die *mihna* (*miḥna*), war nur ein kurzfristiger Erfolg beschieden – viele Religionsgelehrte zogen sich zurück –, auf lange Sicht scheiterte sie. Einer seiner Nachfolger beendete diese ‚Inquisition' in der zweiten Hälfte des 9. Jahrhunderts. Damit waren auch die Mu'tasiliten als theologische Strömung diskreditiert.

Ein anderes Thema, das mit der Attributenlehre zusammenhing, war von großer Wichtigkeit für die muslimische Frömmigkeit: Welche Sprache konnte man benutzen, um Gott zu beschreiben? Wenn wir sagen, dass Gott hört oder sieht, heißt das, dass er Ohren und Augen hat? Sitzt Gott tatsächlich auf einem wirklichen Thron? Wenn wir sagen, dass Gott gut oder großzügig ist, verhält es sich damit genauso, wie es sich mit normalen Menschen verhält? Einerseits gibt es die Anthropomorphisten, die darauf bestehen, dass Gott tatsächlich einen Körper mit Gliedern, Händen und Füßen, Kopf und Zunge hat, zwei Augen und zwei Ohren. Er hat auch langes, schwarzes, gelocktes Haar. Es ist richtig, dass Gottes Körper nicht wie andere Körper ist und sein Fleisch anders als anderes Fleisch, denn er ähnelt ja keinem seiner Geschöpfe. Es handelt sich aber um einen Unterschied der Qualität. Sein Körper ist real, und Menschen können ihn theoretisch berühren, ihm die Hand schütteln.

Die andere Extremposition vertreten Theologen, die davor zurückscheuen, Gott menschliche Eigenschaften zu verleihen. Sie lesen den Koran in höchstem Maße metaphorisch: Gottes Thron ist eine Metapher für seine Souveränität, Gottes Gesicht weist auf sein Wesen hin, seine Hände stehen für seine Gnade.

Die Frage, wer denn genau ein Muslim bzw. eine Muslimin ist und wie man dies erkennen kann, war eine der zentralen Fragen für die muslimischen Theologen. Der Weg, auf dem man ein Muslim bzw. eine Muslimin wird, ist recht klar erkennbar, beginnend mit dem Glaubensbekenntnis und der Unterwerfung unter die mit dem Glauben verbundenen Pflichten.

Das Glaubensbekenntnis lautet: „Es gibt keinen Gott außer Gott und Muhammad ist der Gesandte Gottes." Das Glaubensbekenntnis wird arabisch als *schahada* (*šahāda*) bezeichnet. Bis in die Gegenwart ist ein Streitpunkt, ob allein das Aussprechen dieser Formel einen Menschen zum Muslim macht oder ob noch andere Aspekte hinzukommen müssen. Moderne dschihadistische Theoretiker verlangen, dass neben das Bekennen in Worten auch das Bekennen in Taten treten müsse. Von den Schiiten wird den beiden Sätzen noch ein dritter Satz hinzugefügt: „'Ali ist der Freund Gottes."

Es war also weniger die Frage, auf welchem Wege jemand in die Gemeinschaft der Gläubigen gelangt, das war recht einfach, sondern die

Definition der Umstände, unter denen man aus ihr hinausgeworfen wird. Die Diskussion konzentrierte sich auf den Status eines Muslims, der sich einer schweren Sünde schuldig gemacht hat. Bleibt ein solcher Sünder Muslim – oder macht seine Sünde ihn zum Apostaten? Da ein Apostat, wenn er denn als kriegsführend gegen die muslimische Gemeinde begriffen wird, der Todesstrafe verfallen ist, handelt es sich um ein schwerwiegendes Problem.

Das Thema war auch politisch belastet, wenn wir für den Moment den politischen Aspekt des gesellschaftlichen Lebens isolieren wollen. Die Mörder des dritten Kalifen ʻUthman rechtfertigten ihre Tat mit dem Verweis auf seine Sünden; die ersten Charidschiten entzogen dem vierten Kalifen ʻAli ibn abi Talib ihre Unterstützung, weil er sich einem menschlichen Schiedsgericht unterwarf und nicht dem Urteil Gottes. Somit hatte er sich selber für das Amt des Anführers der muslimischen Gemeinde disqualifiziert, denn ein schwerer Sünder, der nicht bereute, könnte nicht als Muslim betrachtet werden – wie sollte es beim Anführer der muslimischen Gemeinschaft der Fall sein! Damit waren die Charidschiten auf der einen Extremposition bei der Beantwortung der Frage, wer denn ein Muslim sei, angesiedelt. Ein wahrer Muslim sei vor allem an seinen Taten zu erkennen.

Die Reaktion auf die charidschitische Haltung verkörperte sich in der Strömung der Murdschi'iten, deren grundlegende Auffassung war, dass das Urteil, ob ein Individuum gläubig war oder nicht, aufgeschoben, d. h. Gott überlassen werden müsse.

Die theologischen Fragen, die von den Charidschiten und den Murdschi'iten aufgeworfen wurden, konzentrierten sich eigentlich auf eine Unterscheidung: die zwischen *islam* (*islām*), Unterwerfung, und *iman* (*īmān*), Glaube. Obwohl der Koran nicht zwischen *islam* und *iman* unterscheidet, erkennt er doch implizit die Möglichkeit an, dass es ein äußerlich konformes Verhalten geben kann, ohne dass eine innere Überzeugung dahintersteht, wenn er die „Heuchler", die *munafikun* (*munāfiqūn*), angreift, die die Autorität des Propheten anerkennen, während sie zugleich gegen ihn arbeiten.

Die Hadithliteratur systematisiert die Unterscheidung zwischen Unterwerfung und Glauben. Bei einer Gelegenheit kam ein Mann zum Propheten und fragte: „Oh Gesandter Gottes, was ist Glaube?" Dieser antwortete: „Der Glaube an Gott, Seine Engel, Sein Buch, Seine Gesandten und die Auferstehung." Darauf fragte der Mann: „Oh Gesandter Gottes, was ist Islam?" Der Prophet antwortete: „Islam bedeutet, Gott zu dienen, ohne ihm etwas beizugesellen, die verpflichtenden Gebete zu vollziehen, die pflichtgemäße Reinigungsabgabe zu entrichten und während des Ramadans zu fasten.“ Dann fragte der Mann: „Oh Gesandter Gottes, was ist Rechtschaffenheit (*iḥsān*)?“ Dieser antwortete: „Gott zu dienen, als sei er vor deinen Augen. Denn, obwohl du ihn nicht siehst, sieht er dich.“ Gemäß einer anderen Überlieferung sagte der Prophet: „*Islam* ist äußerlich, *iman* bezieht sich auf das Herz.“

Es war also möglich, konnte man schließen, Muslim zu sein, die Handlungen zu vollziehen, die mit *islam* assoziiert werden, ohne die innere Überzeugung des *iman* zu haben. War es aber auch möglich, Glauben zu haben, ohne die äußeren Handlungen zu vollziehen? Die Charidschiten lehnten diese Möglichkeit natürlich vehement ab. Die Murdschiʿiten, mit ihnen Abu Hanifa und seine Anhänger, vertraten die Auffassung, dass der Glaube nicht von den Taten beeinflusst werde. Ein frühes hanafitisches Glaubensbekenntnis betont, dass niemand infolge einer Sünde zum Ungläubigen erklärt werden kann oder der Glaube einer Person verneint werden kann. Ein etwas späteres Glaubensbekenntnis formuliert es noch deutlicher: „Taten sind etwas anderes als Glauben und Glauben ist etwas anderes als Taten; so ist belegbar dadurch, dass der Gläubige frei von Taten ist, wobei es nicht denkbar ist, dass er frei von Glauben ist.“

Taten sind aus der formalen Definition des Glaubens ausgeschlossen, sie besteht aus „Bekennen mit der Zunge, Glauben mit dem Verstand und Erkennen mit dem Herzen.“ Diese Definition erlaubt es anzuerkennen, dass selbst ein schwerer Sünder gläubig ist und es falsch sein würde, eine solche Person zum Ungläubigen zu erklären. Die Murdschi'iten betrachteten den Glauben zudem als eine nicht variable Quantität, die weder abnehmen noch zunehmen kann; entweder hat man ihn oder nicht, die Handlungen sind kein verlässlicher Indikator.

Nicht zufrieden mit den murdschi'itischen und charidschitischen Extremen, versuchten die Mu'tasiliten eine Kompromissposition zu formulieren. Sie schlossen die Werke in ihre Definition des Glaubens ein, der, so argumentierten sie, aus drei Elementen bestehe: Überzeugtheit von der Wahrheit des Glaubens, Bekenntnis mit der Zunge, mit Bestätigung durch Taten. Wenn jemand nicht mit der Zunge bekennt, ist er ein Ungläubiger, ein *kafir* (*kāfir*); wenn jemand nicht im Herzen glaubt, ist er ein Heuchler, ein *munafik* (*munāfiq*); wenn jemand beides tut, aber eine schwere Sünde begeht, ist er ein Sünder, ein *fasik* (*fāsiq*). Der schwere Sünder ist weder Gläubiger noch Ungläubiger; er befindet sich in einem Niemandsland zwischen beiden. Für den Moment sollte der schwere Sünder als Mitglied der Gemeinschaft behandelt werden, wenn er aber ohne Reue stirbt, wird er zur Hölle verdammt sein. Einige Mu'tasiliten bestimmten für diese Fälle einen schlimmeren Teil der Hölle als für die komplett Ungläubigen – ein gewisser Akt der Fairness. Der mu'tailitische Kompromiss kam dem recht nahe, was später das „orthodoxe" Paradigma für die Lösung des Problems von Glaube und Taten werden sollte.

Für die letzte Möglichkeit, dass eine Spaltung in der muslimischen Gemeinde auftreten könnte, das Problem der Anführerschaft der muslimischen Gemeinschaft, können wir auf das Kapitel über die Politik verweisen.

Angesichts der zahlreichen Gelegenheiten, in die Irre zu gehen, wie kann man dann die *eine* Sekte identifizieren, deren glückliche Gefolgsleute ins Paradies gelangen werden? Die Antwort wird gefasst in eine Überlieferung vom Propheten, die direkt auf den Kern der Selbstdefinition des sunnitischen Islams zielt. Als der Prophet gefragt wurde, welche der Sekten denn zum Heil führen werde, antwortete er: „Diejenigen, die der Sunna folgen und der übereinstimmenden Meinung der Gemeinschaft." Als er weiter gefragt wurde: „Was sind die Sunna und die übereinstimmende Meinung der Gemeinschaft?", antwortete er: „Das, was ich und meine Gefährten praktizieren." Es wird auch berichtet, der Prophet habe gesagt: „In meiner Gemeinschaft wird es immer einige geben, die bis zum Tag des Gerichts die Wahrheit besitzen werden." Außerdem habe er gesagt: „Meine Gemeinschaft wird nie in einem Irrtum übereinstimmen." Mit anderen Worten: Das Paradigma der Orthodoxie wird dadurch definiert, dass ein breiter Konsensus in der Gemeinschaft besteht. Es ist der mittlere Weg, der Pfad, der Extreme vermeidet und oft gegangen und gekennzeichnet wurde durch die frommen Altvorderen der Gemeinschaft, bewahrt durch die Gelehrten in Form der Sunna des Propheten und bestätigt durch den Konsens der Gemeinschaft.

Sunnitische Theologen betrachten ihre Position nicht als historisch entstanden, sie sehen sie als den authentischen, ursprünglichen Islam. Allein ihnen gehört der unberührte Islam der prophetischen *sunna* und der frommen Altvorderen, ein breiter, klarer Strom, der direkt aus der Zeit des Propheten entspringt; die verschiedenen Sekten sind Nebenarme, die nach rechts und links abgezweigt sind und in der Wüste des Irrtums versickern.

In Übereinstimmung mit ihrem Anspruch, den breiten Mittelweg zu repräsentieren, benutzen die sunnitischen Theologen die Häresie als Folie, vor der besser erkennbar wird, was denn Sunnitentum eigentlich ist. Um sunnitisch zu sein, durfte man weder im kadaritischen Sinne den freien Willen noch den dschabritischen Determinismus verfechten, weder charidschitisch noch murdschi'itisch gesinnt sein, weder Gott seiner Attribute berauben noch anthropomorphistische Auffassungen vertreten. Die Bedeutung dieser Strömungen liegt für das sunnitische theologische Paradigma darin, dass sie repräsentieren, was der wahre Islam nicht ist.

Es war im frühen Abbasidenkalifat, als das sunnitische orthodoxe Paradigma deutlich artikuliert und systematisiert wurde. Zwei Personen gelten als herausragende Individuen in diesem Prozess: der große Vertreter der Hadithkunde, Ahmad ibn Hanbal, und ein ex-mu'tasilitischer Theologe namens Abu 'l-Hasan al-Asch'ari (gest. 936). Beider Leben ist von Legenden umrankt, die dazu dienen, ihren symbolischen Status als ureigenste Verfechter der Orthodoxie hervorzuheben.

Ibn Hanbal wird als *der* Verteidiger des Hadith in Erinnerung gerufen. Er sammelte nicht nur eine enorme Anzahl von Hadithen und lernte sie auswendig, er verkörperte auch den Geist des Hadith, da er skrupulös jede Handlung zu vermeiden suchte, für die er keine Rechtfertigung in der Sunna des Propheten finden konnte. Berichte über sein Leben heben seinen ehrenhaften Charakter hervor – so soll er dem Abbasidenkalifen, der ihn verfolgt hatte, vergeben haben –, aber auch seine gelehrte Kompetenz wird betont. Am berühmtesten ist er dafür, dass er der *mihna*, der abbasidischen ‚Inquisition' in der ersten Hälfte des 9. Jahrhunderts, mit ihren Befragungen und Foltern widerstanden hat. Insofern können wir ihn als einen herausragenden Vertreter des Kampfes um Geistesfreiheit sehen.

Das Prinzip, für das Ibn Hanbal die Folter erlitt, war die unverbrüchliche Loyalität zum Koran als ungeschaffenem Wort Gottes und die Anerkennung des wörtlichen Sinnes des Korans und der Sunna. Insbesondere wandte er sich gegen jede metaphorische Interpretation; was der Koran und die Sunna feststellen, ist zu akzeptieren, ohne sich in irgendwelchen hermeneutischen Verrenkungen zu ergehen.

Die Ablehnung, darüber hinaus zu gehen, was geschrieben steht, ist der grundlegende Zug der Theologie Ibn Hanbals. Man kann ihn so auch nicht in eine der genannten systematischen Kategorien einordnen. Eindeutig ist er kein Charidschit, denn er lehnt es ab, ein Individuum zur Hölle zu verdammen, solange es keine Überlieferung gibt, die dies verlangt; aber auch kein Murdschi'it ist er, denn er lehnt es ab, die Taten aus der Definition des Glaubens auszunehmen, und er vertritt auch die Auffassung, Glaube könne ab- oder zunehmen. Bezüglich des *kadar* ist er strikter Determinist: Alles kommt von Gott, eingeschlossen Unzucht, Diebstahl und Mord; allerdings zögert er nicht, festzustellen, dass Gott gerecht ist. Politisch ist er Quietist: Freitagsgebet, Dschihad, Pilgerfahrt und Steuern sind obligatorisch, ob der Herrscher nun gerecht oder ungerecht ist. Muslime sollten sich von jeder Spaltung der Gemeinschaft fernhalten. Andererseits ist er berühmt für seinen Widerstand gegen das Kalifat.

Wenn wir an die Argumentation der Mu'tasiliten denken, dass die Eigenschaften Gottes metaphorisch zu deuten seien, könnten wir von einer Art „Nominalismus“ sprechen. Dieser „Nominalismus“ wird von al-Asch'ari verworfen, der folgende Differenzierung einführt: Mit einem Attribut versehen ist jemand oder etwas, von dem man eine Eigenschaft aussagt; diese Eigenschaft kann dem hiermit Bezeichneten innewohnen, kann aber auch nur eine Mitteilung über ihn sein. Gottes Eigenschaften, seine Attribute, sind nun von zweierlei Art: solche, die man mittels der Handlungen Gottes oder der Hinweise auf solche Handlungen erkennen kann: sein Lebendigsein, sein Wissen u. a. m.; solche, die sich daraus ergeben, dass über den Vollkommenen kein Mangel ausgesagt werden darf, dass er hörend, redend, sehend etc. sein muss.

Man kann nicht leugnen, dass im Koran und Hadith Gott Eigenschaften zugeschrieben werden, die wegen der Autorität dieser Quellen für wahr gehalten werden müssen. So wird Gott als eine Person beschrieben, die ein Gesicht und zwei Hände hat. Diese Beschreibung hat aber nur insofern ihre Berechtigung, dass Menschen ein Gesicht und zwei Hände haben und somit diese Aussagen eine gewisse Wirklichkeit zum Ausdruck bringen; mit Bezug auf Gott müssen dies aber bloße Worte bleiben, denn er ist nicht „zusammengefügt“. Die Hände Gottes meinen nichts als seine Macht, verweisen auf eine essenzielle, seinem Wesen unaussonderbar innewohnende Eigenschaft. Wird Gott das Attribut eines Handelnden beigelegt, z. B. dass er sich auf seinem Thron zurechtsetzt, kann eine solche Redeweise nur gebilligt werden, wenn sie sich auf eine gut bezeugte Mitteilung, also Koran oder Hadith, stützt und nicht dem Verstand widerspricht. Al-Asch'ari trifft also eine Unterscheidung zwischen Attributen, die Gott essenziell zugeschrieben werden, und Attributen, die das Handeln betreffen, die unter Berufung auf autoritative Quellen zu akzeptieren sind, ohne dass man auch hier zu fragen hat: „wie“ (arab. *bi-lā kaifa*).

Die asch'aritische Theologie bildet den Ausgangspunkt der vielgestaltigen Weiterentwicklung der sunnitischen Theologie. Eine der wesentlichen Triebkräfte der Weiterentwicklung der sunnitischen Theologie und der Schaffung einer sunnitischen Identität überhaupt dürfte die Abgrenzung gegen das schiitische Element in den muslimischen Gemeinschaften gewesen sein. Das abbasidische Kalifat war vor allem beeinflusst von der persisch-schiitischen Dynastie der Bujiden (reg. 930–1062), die das Kalifat seiner weltlichen Macht entkleideten, in Nordafrika hatte sich die isma'ilitische Dynastie der Fatimiden zur vorherrschenden Macht aufgeschwungen, die schließlich in Kairo (Halm 2003) ein Gegenkalifat gegen die Abbasiden errichtete und eine Untergrundpropaganda betrieb; auch im sunnitischen Lager waren die einzelnen theologischen Strömungen häufig Verfolgungen ausgesetzt. Angesichts der Bedeutung der „schiitischen Gefahr" können wir Jonathan Berkey folgen (2003: 141) und sagen, dass das, was wir heute sunnitisch nennen, zuerst einmal *nicht schiitisch* war.

In der aufgeputschten religiösen Situation standen der quasi sunnitische Traditionalismus und die mit ihm verbundene Volksfrömmigkeit gegen schiitische Einflüsse verschiedener Art. Bestrebungen des Kalifats, die eigene Macht zu sichern, wandten sich gegen die neu eingedrungenen Seldschuken, um ein neues politisch-militärisches Gleichgewicht zu schaffen. All das führte zu Verfolgungen der Isma'iliten und der Mu'tasiliteen. Aber auch die Asch'ariten waren vor Verfolgung nicht sicher (Nagel 1988: 85ff.).

Eine weitere theologische Strömung wollen wir noch nennen: die Maturiditen (Māturīdīya). Benannt nach Abu Mansur al-Maturidi (gest. 944), entwickelte sie sich zuerst in Zentralasien. Sie wurde dann von den eindringenden Turkvölkern in Verbindung mit der hanafitischen Rechtsschule übernommen. Die Maturiditen argumentieren im Unterschied zu den Asch'ariten u. a., dass ein Wissen über die Existenz Gottes durch räsonierende Vernunft erreicht werden kann – auch für Nichtmuslime. Der Glaube nimmt für die Maturiditen nicht ab oder zu, allein die Frömmigkeit verändert sich.

In der von den Asch'ariten entwickelten „neuen Frömmigkeit" (Nagel 1988) konnte nun ebenfalls eine Gefahr gesehen werden, da sie als Angriff gegen die bestehende Religiosität aufgefasst werden konnte und auf einer rationalistischen Theologie beruhte, die mit den Mu'tasiliten in Misskredit geraten war. Dazu kommen Streitigkeiten zwischen den Rechtsschulen der Hanafiten und der der Schafiiten, der sich viele Asch'ariten zurechneten. Wie können wir nun diese „neue Frömmigkeit" verstehen?

Der Verfasser eines einflussreichen sufischen Handbuches, al-Kuschairi (gest. 1072), umreißt deren theologische Grundlagen (Nagel 1988: 98) als Anerkennen der Ewigkeit, Unerschaffenheit und damit Einheit Gottes. Es gelte, Gott nicht mit Begriffen des Geschaffenen zu bezeichnen. Wichtig sei aber auch, die Gottesvorstellung nicht jeglichen Inhaltes zu berauben. Dann könne man überhaupt nichts mehr über Gott aussagen, nicht einmal, dass er überhaupt existiere.

Kuschairi verbindet in seiner Argumentation Überzeugungen der Asch'ariten mit einem sufischen Verständnis der Gotteserfahrung. Die

Wahrheit Gottes kann von Sufis aus seiner Wirksamkeit erfasst werden, die wir überall sehen. Diese Zeichen seiner Wirksamkeit werden wiederum von den Asch'ariten als logische Beweise für die Existenz Gottes aufgefasst. Beide Arten des Verständnisses können nur durch eine große persönliche Anstrengung erreicht werden, die nicht durch irgendeine menschliche Autorität garantiert werden kann (Nagel 1988: 98) – auch keinen Kalifen.

In diesem Gedanken sehen wir auch den kritischen Impuls, der weg von der vorgegebenen Ordnung hin zu einer individuell verantworteten Frömmigkeit weist: ein ungeheurer Anspruch, der zweifelsohne Kritik auslösen musste. Dass in diesem Kontext auch die Entstehung neuer Lehr- und Überlieferungsformen wie der neuen, fest organisierten sufischen Wege möglich wurde, verwundert nicht, da die alte Ordnung nicht mehr genügte. Bedenklich erscheint, dass die asch'aritische Theologie auch den Kontakt zur Volksfrömmigkeit verloren hatte.

Repräsentanten der alten Ordnung, die sich auch gegen den Anspruch der reinen asch'aritischen Theologie wandte, waren die Traditionalisten hanbalitischer Ausrichtung. Für diese Strömung ist der Glaube in vier Erfahrungsbereichen zu finden: in der Glaubensordnung allgemein, im islamischen Recht, der religiös-politischen Ordnung und in der Unterwerfung unter den Willen Gottes.

Zwischen rationalistischer Theologie und Traditionalismus gab es nun mehrere Möglichkeiten des Kompromisses im Rahmen der sunnitischen islamischen Theologie (Abrahamov 2004: 49ff.). Eine wollen wir hier betrachten. Die *ratio* und die Tradition können als selbständige Instrumente verwendet werden, die beide Wissen über die religiösen Grundlagen schaffen können. Es gibt hier keinen Widerspruch zwischen Vernunft und Offenbarung. Entweder bearbeiten sie mit beiden Hilfsmitteln unterschiedliche Lösungen oder, sollten sie sich ähnlichen Problemen nähern, tun sie es von unterschiedlichen Ausgangspunkten. Beide Methoden sind aus religiöser Sicht akzeptabel und können von einem Theologen mit Bezug auf ein Problem benutzt werden.

Abu Hamid al-Ghazali (gest. 1111), einer der bekanntesten Theologen, Verfechter eines sufisch-theologischen Kompromisses und Kritiker der Philosophen, schreibt so über die Auferstehung, sie sei der Offenbarung zufolge wahr und man müsse an sie glauben, weil dies der Vernunft entspreche. Allerdings unterscheidet al-Ghazali hin und wieder zwischen Vernunft im Allgemeinen und spekulativer Theologie (*kalām*) im Besonderen. Während die Vernunft einen wichtigen Platz in seiner Theologie innehat, ist der *kalam* von geringerer Bedeutung. Spekulative Theologie dient nur dazu, so al-Ghazali in seinem Hauptwerk über die „Wiederbelebung der religiösen Wissenschaften" (*Iḥyāʾ ʿulūm ad-dīn*), das gemeine Volk vor der Konfusion zu bewahren, in die sie die falschen Argumente der Neuerer stürzten, denen sie nur zu leicht folgten. In diesem Falle sei der *kalam* eine gefährliche Medizin, die notwendig sei, um diese Krankheit zu heilen, die aber wohl dosiert angewendet werden müsse. Schauen wir in andere Schriften al-Ghazalis, sehen wir ihn letztlich argumentieren, dass Vernunft und Offenbarung kein Widerspruch sind, was später der hanbalitisch geprägte Religionsgelehrte Ibn Taimija (gest. 1328) energisch behaupten sollte, der sich so auch gegen die griechische Logik wandte (Hallaq 1993). Ibn Taimija ist als „Urvater" des modernen Islamismus inzwischen berühmt – wenn nicht berüchtigt. Deshalb einige Worte zu seiner Lehre:

> „Die Hauptlinien seiner Lehre sind diese: Gott hat einmal und für alle Zeit abschließend zum Propheten Muhammad gesprochen. Alles, was Gott der Menschheit mitteilen wollte, hat er in seinem heiligen Buch und in der Sunna des Propheten mitgeteilt. Was hier steht, kann der Mensch mit dem normalen Werkzeug seines Verstandes verstehen. Er kann dann entsprechend seinem Verständnis handeln [...] Seit dieser letzten und abschließenden Offenbarung schweigt Gott. Es gibt auch keinen Zugang zu ihm. Der Muslim braucht also keine besondere Art von Wissen, das ihm einen sonst womöglich verschlossenen Zugang zu Koran und Sunna verschafft. [...] Der Muslim braucht daher auch keinen Mittler [...] // Da Gott nicht mehr zugänglich ist, ist auch alles mystische Streben nach einer Vereinigung mit ihm schon auf Erden, nach einer Schau Gottes usw., unsinnig. // Gott ist der Schöpfer, radikal verschieden von allem geschöpflichem Sein." (Radtke 1994: 35f.)

Wenn wir die spätere Entwicklung der islamischen Theologie betrachten, werden wir feststellen, dass der Traditionalismus immer größeren Einfluss gewinnt. Wie lässt sich dies erklären? Betrachten wir dafür zuerst einmal die Seinslehre, um uns noch einige Gedanken zusätzlich vor Augen zu führen! Ich folge hier Tilman Nagels Argumentation (2002: 655ff.):

> „Erst der islamische Rationalismus des 9. und 10. Jahrhunderts hat eine Seinslehre im eigentlichen Sinn ausgebildet. Ihr Ziel ist es, Gott als einen einzigen, in sich gleichförmigen, nicht zergliederbaren Schöper zu erweisen. Die Welt, sein Schöpfungswerk, ist dagegen vielfältig; sie ist, was Gott nicht ist, und Gott ist, was sie nicht ist. Dieser Gedanke wird zu einer schroffen Gegenüberstellung von Schöpfer und Schöpfung zugespitzt, die im Asch'aritentum des ausgehenden 10. und 11. Jahrhunderts als der Gegensatz von göttlicher

> Allmacht und geschöpflicher Ohnmacht auf den Begriff gebracht wird. Die koranische Botschaft vom Schöpfer, der unablässig am Werke ist, wird als die Kunde von der allumfassenden Bestimmungsmacht Gottes ausgelegt; er setzt in jedem Augenblick des Existierens der Schöpfung nach seinem souveränen Ratschluss alles fest, was ist und wie es ist. Diese Seinslehre rückt die Forderung nach Gehorsam gegenüber dem von Gott den Menschen auferlegten Gesetz ins Zwielicht, denn ein in jedem Augenblick und in allen Regungen fremdbestimmtes Wesen kann in eigener Verantwortung weder gehorsam noch ungehorsam sein."

Die Wahrheit dieser Seinslehre wurde von dem Begründer einer von berberischen Stammeskonföderationen getragenen Reformbewegung im westlichsten Maghreb in gewissem Maße in Frage gestellt. Dieser Ibn Tumart (gest. 1030) (Nagel 2002: 35ff.), der sich selber als Mahdi, als Erlöserfigur verstand, war Malikit und vermutlich mit den im Maghreb durchaus weit gelesenen asch'aritischen Schriften vertraut. Ibn Tumart griff ältere Ansätze, die sich über al-Ghazali auf Avicenna (s. unten) zurückführen lassen, auf und entwickelte „seine Lehre vom absoluten und konditionierten Sein. Gott war nicht mehr der ob seiner Transzendenz der Schöpfung gänzlich wesensfremde Eine, sondern war mit ihr unverbrüchlich verbunden durch die Gemeinsamkeit des Seins. Das seinige war freilich absolut und konnte durch den Menschen letzten Endes nicht verstanden werden; das Sein der Schöpfung [...] war bis zu einem gewissen Grade ausrechenbar. Der asch'aritische Gegensatz von Welt und Schöpfer wandelte sich in die Opposition von Nichtsein und Sein, wobei Schöpfer und Schöpfung am Sein teilhaben." (Nagel 2002: 656f.)

Diese Seinslehre vollendet sich in gewissen Maße in der Auffassung des Sufis Ibn al-'Arabi (s. unten), die Existenz an sich sei bereits das Heil, also das Sein des Diesseitigen im Diesseits. „Der tiefste Sinn der islamischen Heilsbotschaft ist demzufolge die Verheißung, dass alles im Diesseits Existierende gar nicht aus der Verbindung mit dem Einen fallen kann, weil es komplementär zu dessen absolutem Sein ist. Ausfaltung des absoluten Seins in das konditionierte und Rückbildung zum absoluten ist der zirkuläre Prozess des Seins, dessen Sinn allein darin liegt, sich zu erkennen. [...] Die Zusicherung, schon die Tatsache der Existenz im Diesseits sei das Heil, war so beeindruckend, dass sie mehr oder minder offen im Sunnitentum wirkmächtig blieb." (Nagel 2002: 657)

Wir dürfen hinzufügen, dass auch das Schiitentum davon nicht unbeeinflusst blieb. Welche Gründe gibt es für diese Attraktivität? Nehmen wir an, dass im Koran die Vorstellung von der Existenz eines verborgenen Seinsbereichs bereits angelegt ist, sehen wir auch, dass diese

Vorstellung im Hadith weitergetragen wird – und auch vergröbert und magisch gefasst wird. Diese Vorstellungen werden in der Hadithliteratur ab dem 12. Jahrhundert verfeinert und wirken so stark, dass sich die Asch'ariten, längst zur Minderheit geworden, seiner Macht nicht mehr entziehen konnten und eine enge Verbindung eingehen können. Die endliche Synthese von Traditionalismus und Rationalismus.

Den Gläubigen gilt es, dem Vorbild des Propheten Muhammad, das in den Hadithen überliefert ist, durch den genauen Vollzug des Ritus und der rechtlichen Bestimmungen zu folgen. In dieser Zuwendung zu Gott wird dem Gläubigen die Möglichkeit des Heils gegenwärtig.

Wenn die Gläubigen in der Zuwendung zu Gott verharren, werden sie sicher sein vor allen Versuchungen des Teufels. Geschieht dies dennoch, müssen die Gläubigen selber sich zur Umkehr bewegen oder sich zur Buße auffordern lassen. Dadurch gewinnt der Gläubige die Gewissheit, dass auch Gott sich ihm wieder zuwendet.

Hierin können wir auch die Ursache für die bereits genannte zunehmende Bedeutung des prophetischen Beispiels in der späteren Entwicklung der muslimischen Gemeinschaften sehen. Im Propheten werden die Heilsbotschaft und die Riten, durch die sie vergegenwärtigt werden kann, in die Reichweite der Gläubigen gerückt und die Verbindung zu ihrem Schöpfer gestärkt. Die Betonung der Hadithwissenschaften, die wir in Gelehrtennetzwerken sehen werden, die sich ab dem 17. Jahrhunderts entfalten, wird dadurch noch mehr verständlich.

Mitnehmen wollen wir die Erkenntnis, dass die sunnitische Theologie lange Jahrhunderte ein dynamisches, umkämpftes Feld war, das sich mehrere Male restrukturierte.

Philosophie und Naturwissenschaften

Die Philosophie hatte im islamischen Kontext kaum den Rang, den sie in Europa eingenommen hat. Deshalb ist die Fixierung auf ein der europäischen Philosophiegeschichte ähnliches Phänomen der islamischen Philosophie irreführend. Der Begriff der Philosophie ist dem Arabischen fremd gewesen und musste deswegen aus dem Griechischen übernommen werden als *falsafa*. Die Entwicklung der frühen Zeit ist relativ bekannt; die spätere Entwicklung der Philosophie seit dem 12. Jahrhundert bedarf noch genauerer Forschung.

Übersetzungsbewegung

Als erster islamischer Philosoph gilt al-Kindi (gest. 866). Seine Tätigkeit steht im Rahmen der großen Übersetzungsbewegung des 8. und 9. Jahrhunderts chr. Z. Die in den Machtbereich des neuen arabisch-islamischen Reiches einbezogenen Völker und die – teilweise – zum Islam bekehrten Eliten dieser Völker, die sich sozial als Klienten arabischer Stämme, in das arabische genealogische System eingliederten, wetteiferten um Gleichberechtigung im Rahmen dieses Reiches. Medium dieses Wettstreits war u.a. die sich zunehmend entwickelnde arabische Sprache, in die die wissenschaftlichen Überlieferungen der eroberten Völker übersetzt wurden.

Iraner brachten die persische Tradition der Staatsorganisation, der Fürstenethik und des Hofzeremoniells mit. So sehen wir den Abbasidenkalifen sich hinter einem Schleier vor seinen Untertanen verbergen. Sie brachten auch die angewandten Naturwissenschaften wie Astrologie und Medizin mit. Auf letzterem Gebiet waren Christen aramäischer Sprache, der *lingua franca* des Orients vor seiner Arabisierung, Konkurrenten, die aus dem südpersischen Gondeschapur an das erste Krankenhaus der neuen Hauptstadt Baghdad geholt wurden. Aber auch andere Christen traten als Konkurrenten auf diesem neuen Markt auf. Die Kenner des Griechischen aus dem hellenisierten Orient holten das unbeachtet gebliebene Erbe der antiken Wissenschaften aus vorderasiatischen Bibliotheken und Klöstern – in Konkurrenz zu den persischen Praktikern.

Die Übersetzungstätigkeit gewinnt an Breite und erfasst die meisten Disziplinen der damaligen Wissenschaften, als durch die zunehmende Arabisierung die alten Verkehrssprachen vedrängt werden, die nicht arabischen Klienten ihren sozialen Aufstieg beginnen, die zunehmende Vermischung von Arabern und Nichtarabern das Ansehen des alten Kulturerbes steigen lässt und sich die Einsicht durchsetzt, dass das neue Reich sich dieses kulturelle Kapital aneignen muss, um auf hohem Niveau bestehen zu können. Unterstützt wurden diese Bestrebungen durch die Eliten in den städtischen Zentren des Abbasidenreiches, dessen wirtschaftliche Blüte die unabdingbare Voraussetzung für den Aufstieg der materiellen und ideellen Kultur (Endress 2007: 37).

Wir sollten kein zu idyllisches Bild dieser Übersetzungsbewegung zeichnen, wie es zu lange gepflegt wurde: eine harmonische Akademie unter Vorsitz eines gebildeten Kalifen, deren Mitglieder sich dem Streben nach Wissen widmeten. Vielmehr haben wir es mit einem von vielfältigen Rivalitäten zerrissenen Wissensfeld zu tun. „Die Rivalität war eine vielfache: Rivalität zwischen der iranischen und der hellenistischen Partei, zwischen den medizinischen und den mathematischen Traditionen und Professionen, zwischen den Nestorianern aus der Persis und Mesopotamien und den Monophysiten aus Syrien, nicht zu vergessen die heidnischen Sabier aus Ḥarrān, dem alten Carrhae." (Endress 2007: 39)

Neben diese Rivalitäten treten mit den Repräsentanten der sich etablierenden islamischen Theologie, Philosophie, des islamischen Rechts und insbesondere den *ahl al-hadith*, den Traditionariern, den Anhängern des Hadith, die einen ganz anderen Korpus an autoritativen Schriften ins Feld führten, die Überlieferungen vom Handeln und Reden des Propheten, weitere Parteien. In der Frühzeit der stürmischen Entwicklung konnten die Vertreter der älteren Kulturen mit denen der neuen, islamischen noch fruchtbaren Austausch pflegen. So konnte die griechische Grammatik und Logik die Begriffsbildung der arabischen Sprachlehre anregen oder die Dialektik christlicher Theologen die Anfänge rationalistischer islamischer Theologie beeinflussen. Ein al-Dschahis „konnte mit gleichem Eifer in die Auseinandersetzung der politisch-religiösen Parteien eingreifen, das literarische Erbe der Perser an dem der Araber messen und für eine groß angelegte Kulturgeschichte der Tierwelt die ersten arabischen Übersetzungen aus Aristoteles' Tierbüchern auswerten. Mit der Konsolidierung je eigener Textüberlieferung gewannen jedoch beide Seiten, die arabisch-islamische wie die hellenistisch-griechische, das Selbstbewusstsein und die Selbstgewissheit wissenschaftlicher Lehrtraditionen, in die nur der Kenner von Fachdiskurs und Terminologie einzudringen weiß; hier mit der Kanonisierung der sanktionierten Überlieferung, dort durch die Übersetzung der wissenschaftlicher Basistexte angebahnt. Die Membranen, die anfangs eine Osmose ermöglicht hatten, verhärteten sich, auf Austausch folgt Konkurrenz.“ (Endress 2007: 39f.)

Was ist nun die philosophische Tradition, die aufgenommen wird? Es handelt sich nicht um die ganze Breite der antiken Diskussionen. Eher handelt es sich um Relikte der Philosophie, die so lange den Anspruch auf absolutes Wissen erhoben hatte.

Kommen wir zurück zu al-Kindi! Sein Name geht auf den arabischen Stammesverband der Kinda zurück, was darauf hinweist, dass er der Elite des neu entstandenen Reiches angehörte. Er war nicht nur Philosoph, auch als Arzt, Mathematiker, Physiker, Pharmakologe, Astrologe und Geograph war er bekannt. Er wurde von der zeitgenössischen mu'tasilitischen Theologie beeinflusst und schrieb Abhandlungen, in denen er die christliche Vorstellung der Trinität angriff. Wir können al-Kindis Werk als Versuch deuten, die griechische Philosophie in die arabisch-islamische Kultur zu integrieren.

> „Von ihm wurde als Erstem bekannt, dass er rationale Begründungen für die Erschaffung der Welt aus dem Nichts vorbrachte, anstatt in dieser Frage einfach auf den Koran zu verweisen. Seine Argumentation gegen die Ewigkeit des Bestehens der Welt bestand unter anderem in der Analogie zur Unmöglichkeit, dass ein Körper unendlich ausgedehnt sein kann: Wenn man von einem unendlichen Körper ein unendliches Stück abschneidet, so muss er um dieses Stück kleiner sein als ein zweiter unendlicher Körper. Ungleich große Unendlichkeiten sind aber ein Widerspruch, also kann es keinen unendlichen Körper geben. // Al-Kindi übernahm auch die aristotelische Unterscheidung von Substanz und Akzidens. Ihr zufolge gibt es Merkmale, die einer Substanz wesentlich und von ihr nicht wegzudenken sind. Diese Merkmale machen die Substanz aus, sie kommen ihr notwendig zu und sind unveränderlich. Währenddessen ist eine Akzidens eine zufällige, veränderliche, der Substanz hinzugefügte Eigenschaft. Für al-Kindi folgte daraus, dass der Mensch nicht

nur in einen körperlichen und einen unkörperlichen Teil zu unterscheiden war, sondern dass der unkörperliche Teil selbst wiederum aus Substanz und Akzidens bestand. Diese Substanz war die Seele." (Ben Abdeljelil/Frysak 2007: 127)

Als Nächstes wollen wir al-Farabi nennen (gest. 950). Bekannt als Logiker und auch als Musiktheoretiker, wurde er aufgrund seiner Aristoteles-Kommentare auch als „Zweiter Lehrer" bekannt, nach Aristoteles, dem „Ersten Lehrer". Neben philosophischen verfasste al-Farabi auch musiktheoretische und politisch-philosophische Werke.

Ibn Sina (gest. 1037), in Europa Avicenna genannt, war als Philosoph und Mediziner bekannt. Auch Avicenna war ein Verfechter der Theorie von der Ewigkeit der Welt, was ihn in Widerspruch zu theologischen Auffassungen von der Geschaffenheit der Welt brachte. Er interpretierten die Sprache der koranischen Offenbarung als bildhaft mit dem Ziel, der Allgemeinheit verständlich zu sein. Werde sie richtig verstanden, also philosophisch, bestehe kein Widerspruch zwischen Offenbarung und Philosophie. Als medizinisches Hauptwerk Avicennas gilt *al-Kanun fi 't-tibb* (al-Qānūn fi 'ṭ-Ṭibb), das als Lehrwerk auch in Europa lange Zeit in Gebrauch war.

Scharfer Kritiker der islamischen Philosophen war der bereits genannte Theologe Abu Hamid al-Ghazali, der für den sunnitischen Mainstream als derjenige Theologe gilt, der der islamischen Philosophie ein Ende bereitet hat. Für den islamischen Westen, insbesondere das islamische Spanien, können wir allerdings feststellen, dass al-Ghazali zuerst nicht so sehr erfolgreich war. Vielmehr wurden seine Werke auf Betreiben der dominierenden malikitischen Rechtsgelehrten verbrannt (Kably 1989).

Der bedeutendste philosophische Gegner al-Ghazalis trat so auch im islamischen Spanien auf: Ibn Ruschd (gest. 1198), im christlich-lateinischen Teil Europas als Averroes bekannt. Er stammte aus einer bedeutenden Familie von Rechtsgelehrten in Córdoba. Solche Familienlinien sehen wir immer wieder in den verschiedenen Gebieten der islamischen Ideengeschichte dominieren. Ibn Ruschds Großvater war einer der bedeutendsten Rechtsgelehrten der malikitischen Rechtsschule. Es kann uns nicht verwundern, dass Ibn Ruschd selber Richter in Córdoba wurde und auch ein interessantes Rechtswerk verfasst hat, in dem er verschiedene Rechtsschulen miteinander vergleicht. Ibn Ruschd tritt aber auch als Mediziner und insbesondere als Philosoph im kulturellen Gedächtnis hervor.

Als Ibn Rushd am Hofe der Almohaden eingeführt wurde, erhielt er den Auftrag, einen exegetischen Kommentar zu Aristoteles zu verfassen, ein Unterfangen, dem er sich mit großer Ausführlichkeit widmete und durch das er auch im nicht muslimischen Teil Europas bekannt werden sollte. Diese aristotelische Tradition im islamischen Spanien lässt sich bis auf die Rezeption al-Farabis zurückführen (Forcada 2006).

Ibn Ruschd setzte sich in einer eigenen Schrift sehr genau mit den Angriffen al-Ghazalis auf die Philosophen auseinander. „Er zitierte dessen Text fast komplett und kommentierte ihn Abschnitt für Abschnitt kritisch. Mit [...] beiden Schriften ist eine detailreiche Diskussion zur Frage über die Ewigkeit der Welt ausführlich dokumentiert. Es geht dabei aus Ibn Ruschds Text nicht eindeutig hervor, dass er die Ewigkeit der Welt beweisen wollte, vielmehr scheint es so zu sein, dass Ibn Ruschd die Vertretbarkeit des philosophischen Standpunkts, also die rationale Welterklärung, rehabilitieren wollte.“ (Ben Abdeljelil/Frysak 2007: 137)

Religion hält Ibn Ruschd durchaus für notwendig, da sie dem ungeschulten Geist der breiten Masse als Richtschnur dienen kann. In weiteren Schriften beschäftigt er sich auch mit der Vereinbarkeit des islamrechtlichen Denkens und der Philosophie, die er gegeben hält.

Auch im Osmanischen Reich können wir noch eine Beschäftigung mit islamischer Philosophie feststellen. So ordnete der osmanische Sultan Mehmet II. Fatih (reg. 1451–1481) an, dass zwei Gelehrte Darstellungen der Diskussion zwischen al-Ghazali und Ibn Ruschd verfassen sollten (Hozien 2005: 126). Die größte Nachwirkung hat allerdings die illuminationistische Philosophie schiitischer Prägung, deren herausragender Vertreter wohl Molla Sadra sein dürfte (s. unten).

Zu nennen ist noch Muhammad Ikbal (Muḥammad Iqbāl) (gest. 1938), der nicht nur als Dichter berühmt ist. Er gilt durch seine Betonung der Notwendigkeit tieferer Solidarität zwischen den Muslimen und seiner Ablehnung des Säkularismus als geistiger Vater Pakistans. Aber zugleich gilt er als einer der wenigen modernen islamischen Philosophen, denen eine Synthese zwischen islamischem und modernem Denken gelungen sei. Zu nennen ist außerdem sein Konzept des *chudi* (*ḫudī*), des „Selbst“, das einen Prozess der Selbstvervollkommnung des Individuums beinhaltet (Iqbal 2006). Ikbal vertritt „den Gedanken, dass man sein Selbst entwickeln und stärken müsse, um die höchstmögliche Stufe des Menschentums zu erreichen. Dieser Umwertung aller traditionellen Werte folgte bald ein [...] persisches Lehrgedicht, in dem Iqbal die Pflichten des so gestärkten Individuums in der idealen islamischen Gemeinschaft darstellt“. (Schimmel 1992: 121)

Die zeitgenössische arabische Philosophie mit islamischem Hintergrund konzentriert sich zum Teil auf die Wiederbelebung und Neuinterpretation älterer Theoriebestände. Paradigmatisch mag man dies in dem Versuch des marokkanischen Philosophen al-Dschabiri sehen, der seit einigen Jahren versucht, durch Neuausgaben und Kommentierungen eine neue Ibn Ruschd-Rezeption in der arabischen Welt zu initiieren, um das Verhältnis zwischen Religion und Philosophie neu zu bestimmen.

Naturwissenschaften

Die Entfaltung der Naturwissenschaften im Gebiet der islamischen Zivilisation ist oft beschrieben worden und verdient eine detaillierte Betrachtung, die wir an dieser Stelle nicht leisten können. Die Bedeutung des Einflusses der arabisch-islamischen Naturphilosophie und -wissenschaft auf Europa dürfte kaum mehr zu bestreiten sein. W. Montgomery Watt (1988: 83ff.) resümiert dies sehr treffend:

> „Der Islam gab an Westeuropa nicht nur viele materielle Erzeugnisse und technische Entdeckungen weiter, er gab Europa nicht nur geistige Anregungen auf dem Gebiet der Naturwissenschaften und der Philosophie; er gab ihm auch den Anstoß, ein neues Bild von sich selbst zu entwerfen. Weil Europa sich gegen den Islam wehrte, spielte es den Einfluss der Sarazenen herunter und übertrieb seine Abhängigkeit vom griechisch-römischen Erbe."

Wir wollen an dieser Stelle nicht der Geschichte des Wissenstransfers von Ost nach West und des europäischen „Vergessens" islamischer Ursprünge nachgehen. Auch ist hier nicht der Ort für eine ausführliche Darstellung der naturwissenschaftlichen Forschung in den muslimischen Ländern. Erinnern wollen wir lediglich an den vergessenen Austausch zwischen Indien und Europa im 18. und 19. Jahrhundert (Tavakoli-Targhi 2001). Wir wollen aber auf einen grundlegenden Unterschied der Wissensordnungen von Orient und Okzident hinweisen.

Prinzipiell galt im christlichen Europa Krankheit als ein Zeichen der Sünde. Diese Verbindung zwischen Krankheit und Religion bedingte, dass sich die Ärzte nicht in erster Linie um die Gesundung des Körpers bemühten. Vielmehr stand die Schwächung des erkrankten sündigen Körpers durch Aderlass u. Ä. im Vordergrund. Christina von Braun und Bettina Mathes (2007: 241f.) beschreiben das Gegenbild:

> „Ganz anders der therapeutische Ansatz im arabischen Raum. Statt auf die ‚Bestrafung' des kranken Körpers zu setzen, versuchte man, diesen so weit wie möglich zu erhalten. Dies zeigt sich u. a. in der großen Zurückhaltung, mit der man den Aderlass als Therapie einsetzte. Um 800 wurden in Syrien und Mesopotamien die ersten Hos-

pitäler gegründet, in denen Kranke mit einer Vielzahl von Arzneien und Therapien gesund gepflegt wurden. Während also die christliche Medizin danach trachtete, das Kranke ‚auszutreiben' – weil es als die Folge einer ‚Besessenheit' des Körpers durch das Böse und die Sünde gedacht wurde –, strebten muslimische Ärzte danach, ein Leben mit der Krankheit zu ermöglichen. Die bedeutenden medizinischen Enzyklopädien und Lehrbücher [...] basierten denn auch weniger auf dogmatischen Überlegungen; sie waren empirisch ausgerichtet und orientierten sich an klinischer Beobachtung. Sie enthielten eine Vielzahl individueller Fallbeschreibungen und legten größten Wert auf die genaue Beobachtung des Krankheitsverlaufs und seiner Symptome, die praktizierenden Ärzten als Wegweiser für die Diagnose dienen konnten. Im lateinischen Westen dagegen war dieser empirische Ansatz zunächst weniger ausgeprägt. Mit der Rezeption der arabischen Medizin dienten diese umfangreichen Kompendien ab dem Spätmittelalter als Vorlage zur Ausbildung einer medizinischen Praxis, die sich nicht mehr allein an abstrakten religiösen Glaubensregeln orientierte."

Die Zwölferschia

Wir haben bereits im Kontext der islamischen politischen Diskussion und in dem der sunnitischen Theologie und der Philosophie über die Schia gesprochen. „Schia" (arab. *šīʿa*) bedeutet „Partei". Gemeint sind diejenigen, die sich als Anhänger des Schwiegersohnes des Propheten, ʿAli ibn Abi Talib, verstehen, der 661 chr. Z. ermordet wurde und dessen Grab sich in Nadschaf (Nağaf) im heutigen Irak befindet. In diesem Abschnitt wird unter „schiitisch" immer zwölferschiitisch verstanden. Als Alternativbezeichnung wird – wegen der Zentralität der Imame – auch imamitisch verwendet. Die anderen, kleineren schiitischen Strömungen werden im Kapitel über Minderheiten kurz behandelt.

ʿAli ibn Abi Talib

Eine der wichtigsten Auseinandersetzungen in der Frühgeschichte der islamischen Gemeinschaft ist die um die Nachfolge des Propheten. Als designierter Nachfolger des Propheten Muhammad wird von den Schiiten ʿAli ibn Abi Talib gesehen, dem diese Funktion von den drei ersten Nachfolgern, den Kalifen Abu Bakr, ʿUmar und ʿUthman, streitig gemacht worden sei. Erst 656 konnte dann ʿAli das Kalifat übernehmen, geriet aber in Auseinandersetzungen insbesondere mit dem mekkanischen Klan der Umaijaden, zu denen auch ʿUthman gehört hatte und der zu den erbitterten Feinden des Propheten gezählt hatte.

Als einer der zentralen Momente gilt den Schiiten eine Episode am Teich von Chumm (*ġadīr ḫumm*). Nach der „Abschiedwallfahrt" des Propheten nach Mekka soll dieser am 10. März 632 während der Rückreise nach Mekka ʿAli zu seinem Nachfolger ernannt haben.

Während der Auseinandersetzungen mit den Umaijaden spaltete sich aus dem ʻalidischen Lager die Gruppe der Charidschiten ab, die angesichts von Kompromissen mit den Umaijaden die Legitimität des Kalifats von ʻAli bestritten. Ein mutmaßlicher Anhänger dieser Gruppe tötete dann auch 661 in Kufa den Kalifen ʻAli. Nach seinem Tod wurde das Kalifat des Umaijaden Mu'awija (reg. 661–680) allgemein anerkannt.

Im volkstümlichen Verständnis nimmt ʻAli die Züge eines legendären Helden an. Er gilt auch als Mann äußerster Beredsamkeit. Die ʻAli zugeschriebene Sammlung von Predigten und Reden mit dem Namen *Nahdsch al-balagha* (*Nahǧ al-balāġa*) zeigt tatsächlich ein vorzügliches Hocharabisch, ist aber vermutlich erst im 11. Jahrhundert entstanden (Halm 1988: 65).

al-Hasan, al-Husain und Kerbela'

Als erster Nachfolger ʻAlis und damit als zweiter Imam gilt dessen Sohn al-Hasan, der einen Frieden mit Mu'awija schloss und sich nach Medina zurückzog, wo er bis zu seinem Tode (670 oder 678) lebte. Nach schiitischer Vorstellung hat er sich der Gewalt gebeugt, aber nie auf seinen Anspruch als Kalif und Imam verzichtet. Er sei schließlich vergiftet worden, ein Schicksal, dass viele andere Imame teilen sollten. Als dritter Imam folgte ihm der jüngere Sohn al-Husain. Sein Tod im Jahre 680 bei Kerbela' (Kerbelāʾ) ist ein zentraler Punkt des schiitischen Geschichtsbildes. Eine Oppositionsbewegung gegen die in Syrien basierten Umaijaden, die sich im Irak herausbildete, machte al-Husain zu ihrem Prätendenten auf das Kalifat gegen den Umaijaden Jasid I. (gest. 683). Als al-Husain in das irakische Kufa gelangen wollte, wurde er von umaijadischen Truppen gestoppt. Bei Kerbela' kam es dann zum Kampf, in dem al-Husain und seine unterlegene Gruppe niedergemetzelt wurden. Nach schiitischer Vorstellung ist Husain bewusst in den Tod gezogen, um ein Zeichen gegen die Ungerechtigkeit zu setzen, die sich in dem dynastischen Herrschaftsanspruch Jazids zeigte. Der Tag von Kerbela', der 10. Muharram, ist der zentrale Feiertag des schiitischen Kalenders.

Die folgenden Imame

Es kam noch zu weiteren (proto-)schiitischen Aufständen, von denen wir nur den des Said b. ʻAli erwähnen wollen, der 740 in Kufa in einem erfolglosen Aufstand gegen die Umaijaden getötet wurde. Auf ihn führen sich die Saiditen (Zaidīya) zurück.

Der jüngste Sohn al-Husains, 'Ali Sain al-'Abidin, der das Massaker von Kerbela' überlebte (gest. um 713), und dessen Sohn Muhammad al-Bakir (gest. um 733) lebten ebenfalls zurückgezogen in Medina und werden von den Zwölferschiiten als vierter und fünfter Imam anerkannt.

Als sechster Imam gilt ihnen der Urenkel al-Husains Dscha'far as-Sadik (gest. 765). Mit ihm tritt die husainidische Linie der Schia wieder in den Vordergrund; seine weitgehende Anerkennung zwang andere schiitische Gruppen, seine Autorität zu akzeptieren. Er war ebenfalls politisch nicht aktiv, gilt aber als Begründer des schiitischen Rechts, das sich tatsächlich auf die ihm zugeschriebenen zahllosen Aussprüche und Entscheidungen stützt.

Sein Tod im Jahre 748 stürzte die schiitischen Gemeinschaften in Verwirrung. Es wird von einem halben Dutzend verschiedener Ansichten berichtet, wer denn Nachfolger von Dscha'far werden sollte (Halm 1988: 35). Ein Teil der Verwirrung dürfte dem geschuldet sein, dass der von Dscha'far selbst designierte Sohn Isma'il, auf den sich später die Isma'iliten berufen sollten, bereits vor seinem Vater gestorben war (755).

Es setzte sich die Strömung durch, die Musa al-Kasim als siebten Imam anerkannte (gest. 799). Die zunehmende Stärke der husainidischen Linie scheint die Abbasidenkalifen so beunruhigt zu haben, dass sie Musa und die folgenden Imame unter haftähnlichen Bedingungen am Hofe festhielten.

Der achte Imam, 'Ali ar-Rida, starb 818 auf einem Feldzug des Abbasidenkalifen in Chorasan. Sein Grabmal (*mašhad*) wurde bald – wie alle Gräber von Imamen – zu einem Wallfahrtsort der Schiiten. Aus ihm entwickelte sich die heutige Stadt Maschhad.

Der Sohn ar-Ridas, Muhammad al-Dschawad, auch at-Taki genannt, gilt als neunter Imam. Er durfte zwar für einige Jahre nach Medina zurückkehren, wurde aber 835 an den Kalifenhof zurückgeholt, wo er im selben Jahr starb.

Der zehnte Imam, 'Ali al-Hadi oder an-Naki, starb 868 in der neuen Kalifenresidenz Samarra. Sein Bedränger, der Abbasidenkalif al-Mutawakkil (reg. 847–861), der sich schon gegen die Mu'tasiliten gewandt hatte, ist den Schiiten besonders verhasst, da er 850 das Grabmal al-Husains in Kerbela' zerstören ließ, um die schiitischen Wallfahrten zu unterbinden.

Der elfte Imam, al-Hasan al-'Askari, musste ebenfalls in Samarra leben, wo er 873 oder 874 starb.

Der zwölfte Imam

Bei seinem Tode hinterließ al-Hasan al-'Askari keinen Sohn, der seine Nachfolge antreten konnte. Dies stieß die schiitischen Gemeinschaften erneut in eine Verwirrung wie nach dem Tode Dscha'far as-Sadiks. Es gab Vertreter der Meinung, der Imam sei bloß entrückt worden und werde dereinst als Mahdi wiederkehren. Andere übertrugen das Imamat an einen Bruder al-'Askaris. Durchgesetzt hat sich schließlich die Auffassung, al-Hasan al-'Askari habe doch einen Sohn gehabt, diesen aber aus Gründen der Vorsicht verborgen gehalten. Dieser Sohn sei 869 geboren, also zum Zeitpunkt des Todes fünf Jahre alt gewesen. Seitdem halte er sich verborgen, sei „abwesend", *gha'ib* (*ġāʾib*). „Er ist jedoch nicht von der Erde entrückt, denn nach der Auffassung der Imamiten hätte die Erde ohne die Anwesenheit eines Imams keinen Augenblick Bestand." (Halm 1988: 41)

Im Laufe des 10. Jahrhunderts stellte sich allerdings das Problem immer stärker, wer denn anstelle des abwesenden Imams die Gemeinde leiten sollte. Es bildete sich die Auffassung heraus, dass der abwesende zwölfte Imam durch Verbindungsleute weiterhin mit seiner Gemeinde Kontakt hielt. Diese Position wurde am wieder nach Baghdad zurückverlegten Kalifenhofe zur Reife entwickelt, wo einige schiitische Notabeln hohe Posten einnehmen konnten.

Allerdings konnte sich die Idee eines fortbestehenden Amtes eines Verbindungsmannes nicht halten. Nach dem Tode des vierten im Jahre 941 wurde diese aufgegeben. Seit 941 befinde sich, so die siegreiche Auffassung, der Imam in der großen Verborgenheit, der *ghaiba* (*ġaiba*), da er angesichts der zunehmenden Tyrannei die letzte Verbindung zu seiner Gemeinde abgebrochen habe.

Es dauerte allerdings 200 Jahre, bis sich dieses Konzept der Verborgenheit gegen andere Imamatslehren durchsetzen konnte und sich die Zwölferschia endgültig als von anderen Gruppen unterschiedene Strömung konstituieren konnte.

Zentral für die Zwölferschia wird dadurch die Vorstellung, dass der zwölfte Imam am Ende der Zeiten wiederkehrt und seine Herrschaft errichtet. Er wird die Tyrannen und Usurpatoren auf Erden vernichten. Ein Reich der Gerechtigkeit wird erstehen, das sich über den ganzen Erdball erstreckt. Vorangehen werden dem apokalyptische Ereignisse, von denen uns die Vorhersagen über die Klimakatastrophe einen Eindruck vermitteln können. An diese Endzeitvorstellungen konnte während der iranischen Revolution 1979 angeknüpft werden, um das iranisch-schiitische Imaginäre direkt anzusprechen.

„Der Schia zufolge sind die Imame mit einer göttlichen Lichtsubstanz ausgestattete, unfehlbare, sündlose und mit dem potenziellen Wissen über die verborgenen und zukünftigen Dinge (*'ilm al-ghaib*) begnadete Wesen, die allein als Garanten des wahren Glaubens dienen können." (Buchta 2004: 58) Anders formuliert: Das Imamat ist in zwölferschiitischer Vorstellung „eine Gnade des Beistandes, die uns von dem durch den natürlichen Verstand erkannten Bösen abhält." (Horten 1967: 105) Zu den zwölf Imamen treten noch der Prophet und dessen Tochter Fatima als sündlose Wesen.

Die Führungsrolle der Imame in der Gemeinschaft ist einer der wichtigsten Streitpunkte zwischen (Zwölfer-)Schiiten und Sunniten, da Letztere den charismatischen Führungsanspruch der Imame nicht anerkennen. Ein zweiter wichtiger Streitpunkt ist die Rolle der Prophetengefährten. Als Überlieferer der Hadithe spielen sie für die Sunniten eine zentrale Rolle in der Konstitution der islamischen Gemeinschaft überhaupt. Die Schiiten sehen in ihnen diejenigen, die den Anspruch 'Alis auf die Leitung der islamischen Gemeinschaft nicht unterstützt und damit schwere Sünden gegen den Islam begangen haben. Aus diesem Grunde werden auch die drei ersten Kalifen (Abu Bakr, 'Umar und 'Uthman) öffentlich verflucht, die 'Alis Anspruch auf die Führerschaft der Gemeinschaft der Gläubigen bestritten haben, so die schiitische Auffassung. Vielleicht noch inakzeptabler war aus (proto-)schiitischer Sicht, dass mit den Umaijaden von Damaskus eine Dynastie die Macht im frühen arabisch-islamischen Reich übernahm, die sogar für den Tod des Prophetenenkels Husain verantwortlich gemacht werden konnte.

Die Erwartungen der protoschiitischen Strömungen, dass ein Nachkomme 'Alis die Herrschaft übernehmen könnte, wurden schließlich durch die „abbasidische Revolution" (747–749) gebündelt – und zugleich enttäuscht (Sharon 1983). Zwar wurden die Umaijaden gestürzt, aber die Dynastie der Abbasiden, die das Kalifat übernahm, überspielte die Ansprüche von schiitischer Seite. Die Abbasiden, die ihre Herrschaftsübernahme als eschatologische Wende (*daula*) beschreiben ließen, konstruierten sich eine eigenständige Legitimität, gemäß der ein von den Umaijaden vergifteter Enkel 'Alis das Vermächtnis seines Großvaters auf die Linie der Abbasiden übertragen habe, die sich auf einen Onkel des Propheten mit Namen 'Abbas zurückführten.

Das wichtigste identitätsstiftende Element des Zwölferschiitentums war – wie gesagt – die Lehre der *ghaiba*, der Verborgenheit, des zwölften Imams Muhammad al-Mahdi, die gegen ältere Imamatslehren durchgesetzt werden musste. Dieses Imamat in der husainidischen Linie musste außerdem auf die Ereignisse von Kerbela' zurückgeführt werden. Alle anderen Imamatslehren und ihre Vertreter in der Protoschia wurden in einer sich entwickelnden Literatur über die „Abspaltungen" (*firaq*) als Abweichung von der wahren Lehre über die Imame gedeutet.

Daneben stand der Kampf gegen die „Übertreiber", die *ghulat* (*ġulāt*), mit ihrer Tendenz zur Vergöttlichung der Imame, die im Verein mit Seelenwanderungs- und Erlösungsvorstellungen gnostischer Art auftraten, die zum Teil den Imamen zugeschrieben wurden.

Nicht nur diese Kämpfe sind für die Konstitution des Zwölferschiitentums bedeutsam. Wichtig ist die Sammlung der Hadithe, in diesem Falle der Aussprüche und der Berichte über die Imame, die analog den Prophetenhadithen seit dem 9. Jahrhundert in Kompendien gesammelt und nach Sachgebieten geordnet wurden und zentral für das Selbstverständnis der schiitischen Gemeinschaft als solche sind. Dadurch wurde es möglich zu bestimmen, welche Hadithe gültig sind. Die älteste dieser Sammlungen ist die des al-Kulaini (gest. 940 oder 941). Eines der frühen Zentren der Zwölferschia war die iranische Stadt Qom, in der sich im 8. Jahrhundert Araber aus Kufa niedergelassen hatten, die wegen ihres schiitischen Bekenntnisses von dort vertrieben wurden. In Qom wirkte auch ein weiterer wichtiger früher Gelehrter, Ibn Baboje al-Qommi as-Saduk (gest. 991). Er verfasste ebenfalls eine wichtige Traditionssammlung und ist besonders wegen seines Beitrages zur Formulierung der Lehre von der Existenz des zwölften Imams von Bedeutung. Die Imamatslehre der Zwölferschiiten dürfte so im 10. Jahrhundert ihre endgültige Gestalt erhalten haben.

Mit Anfang des 10. Jahrhunderts können wir auch eine zunehmende Aushöhlung der politischen Macht des Abbasidenkalifats feststellen, die am deutlichsten in der Oberhoheit der Bujiden zum Ausdruck kommt. Die Bujiden waren eine schiitische Dynastie, die aus Dailam stammte, einer Region südlich des Kaspischen Meeres. Sie übernahmen als eine Art Landknechtsführer die politische Macht, unterstützten die Schia nach Kräften, beabsichtigten aber nie, die Abbasidenkalifen durch einen schiitischen Imam zu ersetzen. Ihre Patronage dürfte wesentlich zur Konsolidierung der Schia beigetragen haben.

Die Oberherrschaft der schiitisch geneigten bujidischen Dynastie über das Kalifat, das Entstehen eines isma'ilitischen Fatimidenkalifats in Nordafrika und Kairo, das eifrig Untergrundpropaganda im Osten der muslimischen Welt betrieb, und immer wieder aufbrechende Auseinandersetzungen in Baghdad zwischen Schiiten und Sunniten zeugen von der unsicheren Situation des Baghdader Kalifats seit dem 9. Jahrhundert, über die wir bereits gehört haben.

Wie haben wir uns solche Auseinandersetzungen innerhalb der Baghdader Bevölkerung vorzustellen? Zu Gedenktagen wie den 'Aschura-Feiern brachen immer wieder blutige Kämpfe aus. Es gab auch andere Anlässe. So soll einmal in Baghdad ein Sunnit einen angesehenen schiitischen Gelehrten gekränkt haben (Nagel 1988: 50). Erboste Schiiten machten sich auf, um zwei sunnitische Gelehrte zu beschimpfen und deren Anhänger zum Streit herauszufordern. Zufällig hatte nun der schiitische Gelehrte ein Exemplar mit dem Text der Koranfassung des frühen Prophetengefährten Ibn Mas'ud (gest. ca. 652) bei sich, die bei Schiiten beliebt, aber nicht für den öffentlichen Gebrauch akzeptiert wurde. Jetzt waren simple Ausschreitungen zu einem Politikum geworden. Sunnitische Gelehrte beriefen eine Versammlung ein, in der die Verbrennung des Korantextes gefordert wurde, was dann auch geschah. Kurz darauf wurde ein Mann hingerichtet, der diejenigen verflucht hatte, die diese Verbrennung veranlasst hatten. Unruhen breiteten sich in der ganzen Stadt aus ...

Wir sollten jetzt nicht einen irrigen Kurzschluss von der Vergangenheit auf die Gegenwart ziehen. Dieser und andere Zwischenfälle zeigen die Schwierigkeiten des Abbasidenkalifen, seine Autorität durchzusetzen, und die Prozesse, in denen sich sunnitische und schiitische Identitäten herausbildeten.

Weitere Entwicklungen

Ibn Baboye war nicht nur in Qom tätig. Mehrere Male war er in Baghdad, wo sich eine große Gruppe von Schülern bildete, die sein Werk kritisch weiterentwickelte. Genannt sei as-Scheich al-Mufid (gest. 1022), der als erster Vertreter der „Schule von Baghdad" gilt. Er wandte sich u.a. gegen die Überbewertung der Traditionen und gegen die Ansicht Ibn Babojes, in den Fällen, in denen die Überlieferung keinen Präzedenzfall bereithält, sei kein Weiterdenken und Schließen möglich. Der Scheich al-Mufid ist ein engagierter Vertreter der rationalistischen Spekulation, des *kalam*, die von der theologischen Schule der Mu'tasila vertreten wurden und unter den Sunniten in den Hintergrund getreten war. Einzelne Elemente der Glaubenslehre der Mu'tasiliten wurden von ihm übernommen. So vertritt der Scheich al-Mufid gegen Ibn Babojes prädestinatorische Ansichten die Position der Willensfreiheit. Wichtige Prinzipien des zwölferschiitischen Rechts gehen auf den Scheich al-Mufid zurück. In Auseinandersetzung mit der sich bereits entwickelnden sunnitischen Rechtsmethodik definiert er z.B. den Begriff des Konsenses in schiitischer Form um. Für ihn ist der Konsens der Gemeinde „nur dann wahr, wenn er mit der Meinung des Imams übereinstimmt; also ist die Meinung des Imams in jedem Fall ausschlaggebend, sie ersetzt praktisch den nur mühsam festzustellenden Konsens". (Halm 1988: 64) Für den Scheich al-Mufid steht allerdings weiterhin die Einbeziehung der autoritativen Texte der Hadithe als Rechtsquelle im Vordergrund.

Auch der Scheich al-Mufid beschäftigt sich weiterhin mit dem Problem der Verborgenheit des zwölften Imams. Er geht von der alten mu'tasilitischen Annahme aus, dass Gott gerecht ist und der Mensch für seine Taten verantwortlich. „Da der Mensch fehlbar und folglich der Lenkung bedürftig ist, kann die göttliche Gnade [...] nicht umhin, der Menschheit die Wohltat der rechten Leitung durch einen gegen Sünde und Irrtum gefeiten [...] Imam jederzeit zu gewähren; da die regierenden Kalifen offenkundig sündig und fehlbar sind und tyrannisch handeln, muss es einen verborgenen Imam geben; ohne dessen Existenz wäre die Menschheit von Gott verlassen und könnte von einem gerechten Gott nicht zur Verantwortung gezogen werden." (Halm 1988: 68)

Mit dieser Frage beschäftigte sich entlang ähnlicher Linien auch einer der wichtigsten Nachfolger von Scheich al-Mufid, Muhammad ibn al-Hasan at-Tusi (gest. 1067). Der Hauptteil seines Wirkens dürfte aber der Beschäftigung mit den Überlieferungen gewidmet gewesen sein. Er verfasste zwei wichtige Werke über die Unterscheidung echter von falschen Hadithen. Diese Werke bilden mit denen al-Kulainis und Ibn Babojes die sogenannten „vier Bücher": für die Schiiten autoritative Grundlagenwerke. Auf der so gesicherten Grundlage konnte dann die schiitische Rechtswissenschaft systematisch entfaltet werden. Damit entfernte er sich in gewissem Maße von den rationalistischen Lehren seines Lehrers asch-Scharif al-Murtada (gest. 1044), der wiederum ein Schüler von Scheich al-Mufid war. Ihm verdankt die Schia die Betonung der rationalistischen Spekulation, den Gebrauch der Vernunft als Rechtsquelle und die Einführung der selbständigen Entscheidung, des *idschtihad* (*iǧtihād*), für asch-Scharif al-Murtada noch ein nebensächlicher Aspekt, der sich im engen Rahmen der Überlieferung zu bewegen hatte.

Der Scheich at-Tusi wiederum hat einen Gedanken der frühen Schia weiter entfaltet, der später immer größere Bedeutung haben sollte: die Ausübung der weltlichen Macht in der Zeit der Verborgenheit des zwölften Imams. Für at-Tusi können stellvertretend die Vorrechte des Imams von den schiitischen Gelehrten wahrgenommen werden. Diese Position setzte sich allerdings erst im 19. Jahrhundert völlig durch.

In der am Euphrat gelegenen Stadt al-Hilla (Ḥilla) etablierte sich ein neues Zentrum schiitischer Gelehrsamkeit. Dort wurde dem rationalistischen Ansatz des Scharif al-Murtada vor dem stärkeren Traditionalismus des Scheich at-Tusi der Vorzug gegeben. Hervor stechen zwei Gelehrte. Al-Muhakkik al-Hilli (al-Muḥaqqiq al-Ḥillī) (gest. 1277), der eines der wichtigsten Handbücher des schiitischen Rechts verfasst hat, und al-'Allama al-Hilli (*al-allāma* al-Ḥillī). Der 'Allama al-Hilli hat die theoretischen Grundlagen des schiitischen Rechts endgültig gefestigt. Das Prinzip der selbständigen, individuellen Entscheidung, der *idschtihad*, wurde von ihm im Prinzip der räsonierenden Vernunft (*ʿaql*) begründet, das den Rechtsgelehrten die Möglichkeit zur Gewinnung gültiger Erkenntnisse auch in religiösen Fragen zuwies. Damit wird die spätere Unabhängigkeit der Rechts- und Religionsgelehrten präfiguriert. Flexibilisiert und dynamisiert wird dieser Grundsatz durch die Idee der Fehlbarkeit und Revidierbarkeit des *idschtihad* und seine Beschränkung auf lebende Autoritäten. Damit wird der Gefahr entgangen, dass die Gelehrten sich durch den Anspruch auf eigene Unfehlbarkeit, der zwangsläufig scheitern muss, diskreditieren könnten. Bis in das 17. Jahrhundert hinein dauerte es, bis diese Auffassungen sich durchsetzen konnten.

Ausbildung

Die institutionelle Ausbildung der schiitischen Gelehrten hat ihren Ort in der *hausa* (*ḥauza*), dem „Bezirk des Wissens". Die *hausa* ist ein Zentrum, das aus mehreren theologischen Seminaren besteht. Sie ist relativ unabhängig vom staatlichen Einfluss, da sie sich zu ihrer Finanzierung auf die Erträge religiöser Stiftungen und die Abgaben der Gläubigen an führende Religionsgelehrte stützen kann. Wir können uns leicht vorstellen, dass eine bewusste Ausnutzung der Finanzmittel, die einem Gelehrten zur Verfügung stehen, auch als Machtmittel dienen kann, weitere Anhänger zu gewinnen, einen Schülerkreis zu bilden etc.

Die erste *hausa* wurde 1057 in Nadschaf gegründet. Innerhalb weniger Jahrhunderte haben sich dann die wichtigsten Gelehrtenzentren im Irak und Iran herausgebildet: diejenigen an den Grabschreinen der Imame, den *'atabat* (*ʿatabāt*), in Nadschaf und Kerbela' und die in Qom und Maschhad. Gelehrt werden einerseits die „überlieferten Wissenschaften", die sich in zwei Gruppen gliedern: die Sprachwissenschaften (arabische Grammatik, Rhetorik, Semantik) und die koranischen Wissenschaften, unter die auch die Hadithkunde und die spekulative Theologie fallen. Daneben gibt es die „rationalen Wissenschaften", vor allem Mathematik, Logik und Metaphysik. Die besondere Rolle dieser Wissensformen bei den Schiiten ist darin begründet, dass die Zwölferschia den menschlichen Verstand für fähig ansieht, in Glaubensfragen Erkenntnisse zu gewinnen. Dies sollten wir allerdings nicht mit einem Rationalismus im europäischen Sinne verwechseln. Die Ausbildung an der *hausa* geriet im 20. Jahrhundert als völlig steril in die Kritik, eine Kritik, die bis heute nicht abgerissen ist. Von großer Bedeutung sind heute die *hausa* von Nadschaf im Irak und Qom im Iran.

Zur Safawidenzeit

Bis in das 10./11. Jahrhundert chr. Z. war der zwölferschiitische Einfluss in breiten Kreisen der Bevölkerung deutlich zu spüren. Vielleicht weniger in Form einer festgefügten theologischen Lehre als einer „verhältnismäßig amorphen Richtung des Denkens und Fühlens" (Bosworth 1976: 94), verbunden mit einer Verehrung 'Alis: eine Haltung, die bis in die Unterwelt wirkte.

Einen Wendepunkt der zwölferschiitischen Geschichte bildet die Herrschaft der Safawiden-Dynastie im Iran. Entstanden aus einer kleineren sufischen Strömung in Ardabil in Aserbeidschan, nicht schiitischer als andere Sufis mit ihrer Verehrung für 'Ali. Seit der Mitte des 15. Jahrhunderts werden diesen Safawiden extremistische Züge zugeschrieben. So hätten die Anhänger der Safawidenscheichs einen dieser Scheichs als Gott bezeichnet und zumindest ihren Anführer stärker als den Propheten verehrt. Extreme schiitische Züge finden wir erst gegen Ende des 15. Jahrhunderts, als der spätere Schah Isma'il (gest. 1524) als charismatischer Führer an die Spitze der safawidischen Bewegung trat, die dann als nomadische Eroberer von Westen den Iran eroberte. Die Expansion nach Westen scheiterte 1514 am osmanischen Widerstand.

Allerdings etablierten die Safawiden dann die schiitischen Religionsgelehrten als dominierenden Stand im Iran (Halm 1988: 109ff.), wo es zuvor keine eigentliche schiitisch-theologische Tradition gab. Ziel war die Errichtung einer neuen Autorität, durch die sich die Safawiden gegen ihre turkmenische Basis durchsetzen konnten. Schließlich definierten sich die Schahs als Stellvertreter des verborgenen Imams.

Unter Schah Tahmasp (reg. 1524–1576) wurden schiitische Gelehrte aus dem Südlibanon, von der Golfküste und aus den religiösen Zentren des Irak nach Iran geholt. Unter ihnen sticht 'Ali ibn 'Abdal'ali Karaki hervor, dem vom Schah schließlich das Recht verliehen wurde, die religiösen Würdenträger im Iran zu kontrollieren. Dadurch wurde die Schule von Hilla in den Iran verpflanzt. Al-Karaki legitimierte auch die Abhaltung des Freitagsgebets in Abwesenheit des Imams, was bis dahin umstritten war. Gerechtfertigt wurde auch die Einhebung von Steuern durch den weltlichen Herrscher, da dies im Interesse der Muslime liege. Außerdem könnte ein schiitischer Gelehrter, der die Qualifikationen besitze, als Stellvertreter des Verborgenen Imams zu wirken, von einem eigentlich illegitimen Herrscher durchaus Zuwendungen annehmen. Unter den Nachfolgern Tahmasps konnten die schiitischen Gelehrten ihre Macht sichern. Da sich im 17. Jahrhundert die absolute Macht der Safawidenschahs verringerte, konnten die Gelehrten ihre Unabhängigkeit verstärken und den Safawiden ihren religiösen Führungsanspruch streitig machen. Sie beanspruchten einen besonderen Rang aufgrund ihrer Gelehrsamkeit gegen die – fiktive – Legitimität der Safawiden als Nachkommen ʻAlis. Diese Spannungen kulminierten im Konzept des „unfehlbaren Mudschtahid" (*moǧtahed maʿṣūm*), der die Macht des Schahs kontrollieren sollte, ein Konzept, das sich nicht durchsetzen konnte.

Die Sufi-*tarikas* im Iran stellten durch ihre beträchtliche Anhängerschaft ebenfalls das Machtmonopol der Safawidendynastie und der Gelehrten infrage und wurden deshalb von den zwölferschiitischen Gelehrten erbittert verfolgt (Halm 1988: 125ff.). Anfang des 18. Jahrhunderts war die Mehrzahl der *tarikas* verschwunden. Die Ne'matollahis (Neʿmatollāhī) konnten Ende des Jahrhunderts, aus Indien kommend, wieder im Iran Fuß fassen; die darauf erneut einsetzende Verfolgung durch die Gelehrten ist eine Zäsur in der Geschichte des iranischen Sufitums. Neben den Ne'matollahis, die in mehrere Untergruppen gespalten sind, seien noch als Strömungen die Sahabis (Ḏahabī) und die Chaksar (Ḫāksār) genannt.

Unter den Safawiden gab es auch eine gewisse Weiterführung der alten iranischen aristokratischen Bildungstradition, die naturwissenschaftliche Gelehrtheit und neuplatonische Philosophie verband. Der vielleicht größte Repräsentant dieser Strömung ist Baha ad-din al-'Amili, bekannt als Scheich-e Baha'i (gest. 1621). Der aus dem libanesischen Baalbek stammende Gelehrte war u. a. Mathematiker, Astronom, Alchemist, Gartenbauer, Dichter und Rechtsgelehrter. Als solcher war er unter Schah ʿAbbās I. (reg. 1588–1629) in Isfahan führender Religionsgelehrter, ein Zeichen dafür, dass sich am Safawidenhof einen Freiraum gegenüber der Macht der Rechtsgelehrten erhalten hatte.

Unter den Safawiden stellte die Philosophie eine weitere Strömung dar, die sich gegen die sich etablierende Macht der Religionsgelehrten der *usuli*-Schule (s. unten) und ihren Anspruch wandte, kraft ihrer Gelehrsamkeit alleinige Repräsentanten des verborgenen Imams zu sein. Die herausragenden Philosophen werden unter dem Begriff der „Schule von Isfahan“ (Corbin) gefasst. Die Lehre des Begründers dieser Schule, Mir Damad (gest. 1630), ist eine Verbindung zwölferschiitischer Glaubensvorstellungen, der aristotelisch-neuplatonischen Philosophie von al-Farabi und Avicenna und der Erleuchtungsmystik (*išrāq*), aufbauend auf as-Suhrawardi (gest. 1191) und Ibn al-'Arabi (gest. 1240). Für die Isfahaner Schule „sind die göttliche Offenbarung [...], der menschliche Intellekt [...] und die mystische Enthüllung in visionärer Schau in gleicher Weise Wege zur Erkenntnis der einzigen Wahrheit: Rationale Spekulation bestätigt die geoffenbarten Glaubenswahrheiten, und die Ergebnisse der geoffenbarten Glaubenswahrheiten und die Ergebnisse der metaphysischen Spekulation wiederum können ganz unmittelbar in mystischer Vision geschaut werden“. (Halm 1988: 118) Die Erleuchtung weist den Weg zur Heimkehr zur Herkunft des Ichs. Die sufische Komponente ist erkennbar, musste aber angesichts der Verfolgung der Sufis hinter dem bis dahin etwas ungebräuchlichen Begriff der Gnosis, des *'irfan* (*ʿirfān*), verborgen werde.

Der bedeutendste Schüler des Mir Damad war Molla Sadra (Mullā Ṣadrā) (gest. 1640), der die Isfahaner Schule nach Qom verpflanzte, wo sie in den folgenden Jahrhunderten blühte. Sein Hauptwerk ist *al-Asfar al-arba'a* (*al-Asfār al-arbaʿa*), die „Vier intellektuellen Ausfahrten“, wohl auch das Hauptwerk der Schule, das bis in die Gegenwart wirkt (Nasr 2007: 119ff.).

Um einen kleinen Eindruck zu vermitteln, wollen wir Molla Sadras Verständnis der Auferstehung der Körper am Tage des Gerichts skizzieren. Molla Sadra akzeptiert die Vorstellung der leiblichen Auferstehung, interpretiert sie aber in spezifischer Weise. Es wird von ihm angenommen, dass die Individualität und spezifischen Eigenschaften eines Menschen von der Seele herrühren, nicht vom Körper, der sich alle Jahre wieder ändert. Die Vorstellungs- und Verstandeskraft ist der Seele eigen, die äußeren Sinne und Leidenschaften dagegen dem Körper. Im Jenseits nun hat die Seele die Kraft, die Erfahrungen, die im Diesseits mittels der Sinnesorgane gemacht werden, aus sich selbst heraus zu erschaffen ohne Einschaltung der äußeren Sinne. Es erscheint nur so, als würden diese benutzt. Damit umfasst die Auferstehung der Seele auch den Körper, ist also körperliche Wiedererweckung im vollen Sinne. Der Unterschied zwischen Himmel und Hölle liegt darin, dass im Paradiese die Seelen die Kraft haben, Dinge hervorzubringen, die angenehm und schön sind, während in der Hölle die unreinen Seelen nur die Kraft haben, hässliche und unangenehme Seelen zu schaffen, unter denen sie auch leiden. Molla Sadra wird die Gründung einer eigenen philosophischen Schule, oft *hikmat* (*ḥikmat*) genannt, zugeschrieben.

Die spekulative Theosophie und Philosophie blüht insgesamt bis in die Gegenwart im Iran. Als Beispiel sei genannt, dass wir z.B. in den Gedichten Ajatollah Chomeinis (s. unten) das Erbe dieser Philosophie finden (Reinert 2007). Aber auch sonst ist die Beschäftigung mit der Philosophie Molla Sadras im zeitgenössischen Iran weit verbreitet.

Achbaris und Usulis

Eines der wichtigsten Probleme, mit dem sich die schiitischen Religionsgelehrten immer wieder auseinandersetzen mussten, war, ob sie berechtigt waren, Probleme der Gemeinschaft während der Verborgenheit des zwölften Imams zu lösen. Einige Versuche haben wir schon kennengelernt, neue folgen.

Die Achbari-(*Aḫbārī*-)Schule lehnt die eigenständige Meinungsfindung, den *idschtihad,* ab und erkennt nur den Koran und die Überlieferungen des Propheten und der Imame als Quelle der Rechtsfindung an. Andere Rechtsquellen wie den Konsens und die Vernunft lehnen sie ab. Jeder Gläubige habe die Aufgabe, ohne Vermittlung der Religionsgelehrten dem verborgenen Imam Folge zu leisten. Sie privilegieren also eindeutig die überlieferte Lehre gegenüber der Vernunft. Die Geschichte der Zwölferschiiten wird von den Achbaris als eine Reihe von Überschreitungen der ursprünglichen reinen Lehre gedeutet.

Bereits im 17. Jahrhundert präsent durch Gelehrte wie Molla Mohammad Amin Astarabadi (gest. 1623/24), wurden die Lehren der Achbaris im 18. Jahrhundert durch eine Gruppe von iranischen Gelehrten weiterentwickelt, die nach Nadschaf und Kerbela' ins Exil gegangen waren. Die gegnerische Schule der Usulis konnte zum Teil unter Einsatz von brutaler Gewalt die Achbaris im Iran ausschalten, die sich in Nordindien länger halten konnten. In Awadh stützte sich besonders die Opposition gegen die sich im 18. und 19. Jahrhundert etablierende Staatsbürokratie mit ihrem religiösen Flügel, den Gelehrte der Usuli-Schule dominierten, auf die Überzeugung der Achbaris, dass jeder Gläubige das Recht und die Pflicht habe, sich aus den religiösen Quellen zu informieren. Führungspersonen aus dem Basar-Milieu, die nicht über Muße und Gelegenheit zu ausgedehnten theologischen Studien verfügten, konnten so Positionen formulieren, die sich gegen diejenigen der Religionsgelehrten der Usuli-Schule wandten.

Die Usulis wandten sich gegen solche Bestrebungen mit dem Argument, dass die Ordnung der Gesellschaft zerstört würde, wenn es Kindern, den Bevölkerungsschichten des Basars und dem gemeinen Volk erlaubt würde, ihre Entscheidungen direkt aus den religiösen Schriften zu begründen. Achbaris in Awadh qualifizierten die Absichten der Usulis als schlichtes Streben nach hohem Rang ab. Inhaltliche Debatten betrafen z. B. die Frage, was denn geschehe, wenn ein Anhänger der Achbari-Schule durch das Studium des Korans und der Überlieferungen zu einer sicheren Entscheidung in Rechtsfragen gelange? Die Achbaris würden es ihm erlauben, entsprechend zu handeln, die Usulis darauf bestehen, dass er seine sichere Überzeugung aufgebe, um der bloß wahrscheinlichen Meinung eines Usuli-Gelehrten zu folgen. So die Achbari-Polemik.

Heute wird im Wesentlichen eine Präsenz von Achbaris im Südirak, Kuwait und in Bahrain genannt (Fuller/Francke 2001). Eine indische Organisation von Achbaris engagiert sich allerdings bis heute im Kampf gegen die Usulis und trägt ihn ins Internet.

Was ist nun diese zweite Schule, die der Usulis? Diese Strömung lässt sich am besten als Fortsetzung der Schule von Hilla verstehen und stützte sich in ihrem Rechtsdenken auf die Prinzipien, arab. *usul* (*uṣūl*), des Argumentieren und Schließens, die diese Schule entwickelt hatte. Wie erwähnt, konnte sie ihre Machtpositionen durch die Verfolgung der im 16. und 17. Jahrhundert aller anderen Strömungen der noch recht heterogenen iranischen Schia sichern. Hervorgetan hat sich dabei Muhammad Bakir al-Madschlisi (Moḥammad Bāqer Maǧlesī) (gest. 1700). Madschlisi „hat die weitverbreitete traditionalistische Haltung, die Verehrung der Imame, der Imamgräber und Imamnachkommen und die Hochachtung für die den Imamen zugeschriebenen Aussprüche geschickt in die neue Orthodoxie eingebracht; er selber ist der Kompilator des umfangreichsten Corpus schiitischer Tradition [...,] der alle ihm zugänglichen Traditionen zusammengestellt hat." (Halm 1988: 126) Allerdings versteht er dieses Traditonsmaterial nicht im Sinne der Achbaris als einzige Autorität und Quelle des Rechts. Für ihn dient es als Instrument für das selbständige Räsonieren der Religionsgelehrten.

Die Etablierung der schiitischen Orthodoxie fand ihren Höhepunkt in der Schaffung des Amtes eines höchsten Religionsgelehrten Anfang des 18. Jahrhunderts. Die Position der schiitischen Gelehrten der Usuli-Richtung wurde allerdings durch den Sturz der Safawidendynastie im 18. Jahrhunderts erschüttert, als ein sunnitischer Herrscher für kurze Zeit die Macht im Iran übernahm. Damit begann das Ende der Allianz zwischen schiitischen Religionsgelehrten und iranischen Herrschern.

Die dritte große Strömung der Zwölferschia im 18./19. Jahrhundert ist die Scheichija (Šaiḫīya). Begründet wurde diese Schule von Scheich

Ahmad Ahsa'i (gest. 1826), der Unterstützung von der damals im Iran herrschenden Dynastie der Kadscharen (1794–1925) erhielt. Beeinflusst durch sufische und gnostische Elemente des zwölferschiitischen Denkens sowie einer spezifisch nordostarabischen Synthese von spekulativer Theologie, Philosophie und Sufismus (Cole 1994), entwickelte Scheich Ahmad eine Kritik an der Idee der körperlichen Auferstehung und der leiblichen Himmelfahrt des Propheten (Richard 1983: 51). Er vertritt in einer neuplatonischen und avicennischen Terminologie eine Emanationslehre, in der er von der ersten Emanation Gottes als universellem Intellekt, von der zweiten als universeller Seele spricht usw. Er geht auch von der Existenz eines präexistenten Textes auf einer bei Gott wohlverwahrten Tafel aus, die aus Buchstaben besteht. Die Verkörperung des Textes auf Erden sind die Menschen (Cole 1994).

Vehement wandte sich Scheich Ahmad gegen sufische Meister, die – Sunniten wie Schiiten – durch ihren Autoritätsanspruch die Stellung der zwölf Imame einzuschränken schienen (Cole 1997).

Die Scheichis lehnen ähnlich den Achbaris die Teilung der Gläubigen in Nachahmende und eine gelehrte Elite ab. Sie erkennen jedem Schiiten die Befugnis zu, religiöse Bestimmungen durch eigenes Studium zu formulieren. Jede sonstige Autorität steht im Widerspruch zur letzten Autorität des verborgenen Imams. Es gibt zu jeder Zeit einen (nur einen) Imam, als dessen Stellvertreter oder „Tor", *bab* (*bāb*), die „vollkommenen Schiiten" fungieren, die öffentlich nicht bekannt sind. Eine Besonderheit der Scheichis ist der Verzicht auf den *chums* (*ḫums*), den die anderen schiitischen Gläubigen an die Mudschtahids entrichten.

Als Minderheit hatten sie lange ihr Zentrum im iranischen Kerman (Kermān). Nach der iranischen Revolution wurde das geistige Zentrum in den Irak verlegt, wo sie sich 2006 im irakischen Bürgerkrieg als eigene bewaffnete Partei konstituierten.

Der Babismus und die Baha'i sind in manchem aus der Scheichiya entstanden, verstehen sich aber als eigenständige Religionen.

Zwölferschiitische Hierarchie

Aus den Umwälzungen des 19. Jahrhunderts sehen wir eine neue Ebene in den zwölferschiitischen Hierarchien entstehen: die des *mardscha' at-taklid* (*marǧa' at-taqlīd*), der „bevollmächtigten Instanz" oder „Quelle der Nachahmung" (Halm 1988: 132ff.; Abdul-Jabar 2002), eine aus der siegreichen Strömung der Usulis entstandene Institution. Im Prinzip ist jeder Mudschtahid, also der Inhaber der absoluten und umfassenden

Kompetenz in religiösen und insbesondere religionsrechtlichen Angelegenheiten, ein Mardscha'. Im 19. Jahrhundert geht aber die Tendenz hin zu einer einzigen, allgemein als höchste Autorität anerkannten Person. Allerdings nur in der Theorie: Praktisch gibt es immer wieder Perioden, in denen mehrere Gelehrte als Mardscha' anerkannt sind – auch in der Gegenwart. Da es kein institutionalisiertes Verfahren gibt, durch das ein Mardscha' ernannt wird, verwundert dies auch nicht. Die Herausbildung des Ranges des Mardscha' geht einher mit der Transformation der führenden zwölferschiitischen Gelehrten von religiösen Lehrern zu politischen Machtzentren in städtischen Gebieten.

Die muslimischen Gesellschaften kennen eigentlich keinen Klerus im europäischen Sinne. Die grundlegenden Unterscheidungen unter den Gläubigen definieren sich über den Grad an Wissen, den sie erreicht haben. Ein Gelehrter (arab. *ʿālim*, pl. *ʿulamāʾ*) ist eine Person, die sich Wissen, *ʿilm* (*ʿilm*), angeeignet hat. Allein im Iran beobachten wir im gerade beschriebenen Prozess die Herausbildung einer formellen geistlichen Hierarchie. Als herrschende Schicht konnte sich die Geistlichkeit in der aus der iranischen Revolution von 1979 entstandenen Islamischen Republik Iran etablieren. Wir können mehrere Stufen der gelehrten Hierarchie unterscheiden, wobei wir uns auf die Hauptstufen beschränken, die gegenwärtig benutzt werden:

Die einfachen Geistlichen mit ihren vielfältigen Funktionen werden häufig auch – inzwischen despektierlich – mit dem eigentlichen Allgemeinbegriff für alle Geistlichen als Mullah bezeichnet.

Hodschatoleslam (*ḥoǧǧat ol-islām*), „Beweis des Islams", ein Gelehrter, der bereits seine höheren Studien abgeschlossen hat und eigenständig religiöse Themen bearbeiten kann; der zweite Rang unter dem Ajatollah.

Ajatollah (*ayatollāh*), „Zeichen Gottes", ein Gelehrter, der jahrzehntelange Studien hinter sich hat und eine Anhängerschaft um sich scharen konnte. Für die Gläubigen hat ein Ajatollah innerhalb der Gemeinde verschiedene Funktionen: Lehre, Beratung in religiösen Fragen, zeremonielle Aufgaben, den Unterhalt von Moscheen und anderen Institutionen, die durch direkte Spenden an ihn – im Gegensatz zum sunnitischen Islam – abgedeckt werden. Das Spendenaufkommen ist je nach Ajatollah unterschiedlich, abhängig von der Größe seiner Anhängerschaft, und verleiht auch Macht. Der Titel Ajatollah ist gegen Ende des 20. Jahrhunderts inflationär geworden, Buchta (2004) spricht von 5000 Ajatollahs. Besonders angesehene Ajatollahs werden als Großajatollahs (*ayatollāh al-ʿożmā*) bezeichnet.

Mardscha' at-taklid, die höchste Instanz der Hierarchie.

Um die Zahlenverhältnisse zu verstehen, schauen wir uns am besten die Situation im heutigen Iran an. Gezählt werden (Buchta 2004) an Geistlichen: 14 Großayatollahs, 5000 Ayatollahs, 28.000 Hodschatoleslams und 180.000 einfache Geistliche (Sänger, Vorbeter, Prediger, Freitagsprediger). Kehren wir aber nun noch einmal zurück in das 19. Jahrhundert!

Zunehmende politische Rolle der schiitischen Gelehrten im Iran

Der Wandel der Rolle der schiitischen Gelehrten im 19. Jahrhundert ergab sich aus dem Verlust des Bündnisses mit dem Herrscherhaus, das die Machtposition der Gelehrten nicht mehr garantieren konnte. Eine entscheidende Auseinandersetzung, in der die schiitischen Gelehrten im Iran an politischer Bedeutung gewinnen konnten, war der Streit um die Tabakkonzession. 1891 kaufte ein britischer Kaufmann dem persischen Schah die Konzession für den persischen Tabak ab. Dagegen regte sich breiter Widerstand, der durch die schiitischen Gelehrten unterstützt wurde. Muhammad Hasan al-Husaini asch-Schirazi an-Nadschafi (gest. 1895) veröffentlichte eine „Tabak-Fatwa“, in der es hieß, dass die Erlaubnis für das Rauchen von Wasserpfeifen- oder Zigarettentabak aufgeschoben sei, als ob dafür ein Befehl des zwölften Imams vorliege. Damit waren die schiitischen Gelehrten zu einem wichtigen Element des iranischen politischen Spiels geworden, das sich dem zunehmenden ausländischen, zu dieser Zeit hauptsächlich britischen und russischen Einfluss widersetzte.

Zum Bruch der Religionsgelehrten mit der im Iran herrschenden Dynastie der Kadscharen trug auch die vehemente Unterstützung von sufischen Strömungen durch einen iranischen Premierminister bei. Generell lässt sich dieser Bruch als Kampf gegen den Absolutismus des Schahs und die ausländische Einmischung beschreiben. Dazu kamen Bestrebungen der Herrscher und neu entstehender Eliten, im Ausbildungssektor und im Justizapparat Veränderungen nach europäischem Muster einzuführen. Zunehmende Konflikte zwischen Gelehrten und Regierung explodierten schließlich 1906 in der Verfassungsbewegung. In dieser Bewegung wurde der Ruf einer parlamentarischen Verfassung laut, der von den Religionsgelehrten in einem merkwürdigen Bündnis mit der kleinen liberalen „Intelligentsia“ erhoben wurde. Eine „Nationale Ratsversammlung“ wurde eingerichtet und eine Verfassung ausgearbeitet, in der die Religionsgelehrten einen Passus verankern konnten, laut dem die Entscheidungen des Parlaments von einem Rat von

Religionsgelehrten kontrolliert wurden. 1911 wurde das Parlament aufgelöst.

In der politisch unruhigen Zeit nach dem 1. Weltkrieg konnte der Militärkommandeur Resa Khan (Reżā Ḫān) erfolgreich einen Militärputsch durchführen. 1925 begründete er die neue Pahlawi-Dynastie. Er verfolgte ein Modell der Modernisierung von oben analog dem kemalistischen Modernisierungsprogramm in der Türkei. Neue Gesetze nach französischem Vorbild wurden eingeführt, eine neue Kleiderordnung für Frauen versucht, denen 1936 das Tragen des Schleiers verboten wurde. Die brutale Durchsetzung dieses Gesetzes dürfte einer der Gründe für die spätere positive Haltung zur Verschleierung gewesen sein. In den 1950er Jahren wurde der Nachfolger Resa Khans eine gewisse Zeit durch ein nationalistisches Regime an den Rand gedrängt, bis durch einen von den USA unterstützten Militärputsch der Schah wieder an die Macht kam und erneut eine Modernisierungsdiktatur errichtete, die 1963 durch Maßnahmen wie die Reform des Wahlrechts mit Einführung des Frauenwahlrechts oder eine Landreform im Rahmen der sogenannten „Weißen Revolution“ den Anspruch erhob, die gesellschaftliche Entwicklung des Iran voranzutreiben. Diese Maßnahmen erzeugten einen breiten Widerstand, an dessen Spitze u. a. der Ajatollah Chomeini (s. unten) stand (Keddie 1981).

Entwicklungen im Irak

Ein Antrieb für die Entwicklung neuerer Positionen in der irakischen Schia dürfte der zunehmende Einfluss des Marxismus unter den Schiiten (im Irak, aber auch im Libanon) und die Gründung von Zellen der Kommunistischen Partei im irakischen Nadschaf in den 1930er Jahren gewesen sein, in denen auch Söhne hochberühmter Gelehrtenfamilien tätig wurden. Dazu kamen nationalistische Bestrebungen und die Etablierung sunnitisch politisch-islamischer Bewegungen wie der Muslimbruderschaft im Irak (al-'Azami 2002). Eine Gegenoffensive gegen diese vielfältigen Bedrohungen startete Husain Al Kaschif al-Ghita', der jüngere Gelehrte (vor allem seine Schüler) anleitete, sich intensiv und auch apologetisch mit modernen Wissenschaften auseinanderzusetzen. Ein herausragender Vertreter dieser Strömung war Muhammad Bakir as-Sadr (gest. 1980).

Muhammad Bakir as-Sadr, obwohl theologisch nicht zu den hochrangigen Gelehrten zählend, gilt als einer der profiliertesten Theoretiker unter den irakischen Schiiten. In seinen Schriften setzt er sich mit westlicher Philosophie und marxistischen Theorien auseinander, um dagegen eine eigene islamische Philosophie zu entwickeln. Gleiches gilt für die Ökonomie, ein Gebiet, auf dem er sich intensiv mit der Konzeption islamischer Banken beschäftigte. Auf politischem Gebiet vertrat er zuerst die Position der Beratungsgremien, die *schura* (*šūra*) sollten Grundlage der Regierung sein, entwickelte dann aber ein Konzept ähnlich der *wilajat al-fakih* (*wilāyat al-faqīh*) Chomeinis. Allerdings räumte er dem Volkswillen größere Macht ein. Sein System lässt sich als modifiziertes parlamentarisches System beschreiben, in dem der oberste Mardscha' at-taklid als Staatsoberhaupt fungiert, Gesetzen zustimmt und generell die Religion bewahrt (Aziz 2002).

Bekannt ist Muhammad Bakir as-Sadr insbesondere für seine Rolle in der Weiterentwicklung des schiitischen Bildungswesens und in der Da'wa (*da'wa*), einer politischen Partei, die im Jahre 1957 gegründet wurde (al-Ruhaimi 2002). Es gab bereits vorher einige schiitische politische Organisationen von allerdings geringer Präsenz. Ein gewisser Einfluss auf diese organisatorischen Versuche dürfte die Präsenz der Muslimbruderschaft und der Hisb at-Tahrir (Ḥizb at-taḥrīr) gehabt haben, einer in Palästina entstandenen Kaderpartei, die u. a. die Wiedererrichtung des Kalifats anstrebt (Taji-Farouki 1996).

Die nächsten Jahrzehnte war die Da'wa als Untergrundbewegung tätig. In den 1970er Jahren spielte die Da'wa eine wichtige Rolle in der Organisation von Prozessionen, die zu Zusammenstößen mit Regierungskräften führten. Mit der iranischen Revolution verschärfte sich die Repression des Baath-Regimes der Da'wa gegenüber, was schließlich zur Inhaftierung und Hinrichtung u. a. von Muhammad Bakir as-Sadr und seiner Schwester Bint al-Huda, einer Aktivistin im Bereich der Frauenbildung, im Jahre 1980 führte.

Die Da'wa vertrat nach 1979 in verschiedener Form ein Konzept ähnlich der *velajat-e fakih* (*velāyat-e faqīh*) Chomeinis. Nach 1982 nahm sie allerdings eine irakische nationale Identität an.

Aber die irakische Schia zeichnet sich nicht nur durch radikale politische Aktivität aus. Eine eher quietistische Strömung dominiert – wie schon angedeutet – die irakische schiitische Gelehrtenwelt. Paradigmatisch dürfte dafür Abu 'l-Kasim Musawi al-Chu'i gewesen sein (al-Kho'i 2002) (gest. 1992). Theologisch u. a. als Korankommentator bekannt, äußerte er sich durchaus in politischer Form gegen die Baha'i, gegen den Kommunismus, versuchte aber als Mardscha' unter dem Baath-Regime, einen eher moderaten Kurs zu steuern.

Im Gegensatz zu Chomeinis Konzept der *velajat-e fakih* trat al-Chu'i für eine beschränkte Rolle der Gelehrten ein. Sein Nachfolger wurde

Ajatollah ʻAli as-Sistani, der ebenfalls politisch moderate Positionen vertritt.

Islamische Vordenker der iranischen Revolution

Einige wesentliche islamische Vordenker der iranischen Revolution wollen wir im Folgenden betrachten. Generell wurde im Iran die Entwicklung unter der seit den 1950er Jahren von den USA und anderen westlichen Mächten gestützten Modernisierungsdiktatur der Pahlawis sehr kritisch betrachtet. Unter dem Schlagwort der „Verwestlichungsseuche“, *gharbzadegi* (*ġarbzādegī*), wurde dieser Einfluss angegriffen.

Auf religiöser Seite engagierten sich etliche Geistliche gegen die Diktatur. Eine eher gemäßigte Position nahm Ayatollah Schariatmadari (gest. 1986) ein, der zwar in der Revolte von 1962/63 eine wichtige Rolle spielte und auch die Revolution von 1979 unterstützte, aber eher eine quietistische Position einnahm, die u. a. auch eine Wiederbelebung der Verfassung von 1906 und damit eine konstitutionelle Monarchie unterstützte – unter Kontrolle der führenden schiitischen Gelehrten. Er vertrat eher traditionelle Positionen, die ihn auf Distanz zum Lager Ajatollah Chomeinis und zur Islamischen Republik hielt; er wurde auch deshalb 1980 durch Hausarrest zum Schweigen gebracht.

Ein weiterer prominenter Ayatollah der islamischen politischen Bewegung war Mahmud Talekani (Maḥmūd Ṭāleqānī) (gest. 1979), der seit den 1950er Jahren führend in der Opposition gegen den Schah tätig war und etliche Jahre im Gefängnis verbrachte. Dort lernte er linke Positionen kennen, mit denen er sich in verschiedenen Schriften auseinandersetzte. Er sprach sich für ein Wirtschaftsleben aus, das zwar das Privateigentum bewahrte, aber parasitärer Ausnutzung von Mitgliedern der Gesellschaft einen Riegel vorschob.

1955 gab Talekani die politische Schrift eines führenden Gelehrten der Verfassungsbewegung heraus. In seiner Einleitung zu dieser Schrift erklärt er, „die Religion habe schon immer Diktatoren bedroht, die sich selbst zu Idolen machten, indem sie alle Macht in ihren Händen konzentrierten. Die göttliche Einzigkeit, *tauḥīd*, befreie den Menschen durch den Kampf gegen diese Götzenverehrung von der Sklaverei und unterstelle ihn Gott allein, der die vollkommene Wahrheit, Gerechtigkeit und Weisheit verkörpere. [...] Menschliche Bemühungen, sich selbst zu regieren, wie sie in der Verfassungsrevolution zum Ausdruck kämen, könnten ein Schritt zum *tauḥīd* sein, wenn berücksichtigt werde, dass das eigentliche Ziel darüber hinaus geht.“ (Richard 1983: 124)

Die wichtigste Gestalt der iranischen Revolution dürfte allerdings Ayatollah Sajjid Ruhollah Musavi Chomeini (gest. 1989), häufig Khomeini nach der englischen Umschrift seines Namens, gewesen sein. Bereits 1945 trat er mit einer Schrift hervor, in der er sich nachträglich mit der Reformpolitik Resa Schahs, aber auch der zeitgenössischer antiklerikaler Liberaler auseinandersetzte (Halm 1988: 159). Neben der Forderung nach der Kontrolle des Herrschers durch die Religionsgelehrten findet sich auch die Idee, die Monarchie abzuschaffen, die Chomeini bereits in einem früheren Werk formuliert hatte. Diese Idee wurde Ende der 1940er Jahre von einer schiitischen Untergrundorganisation aufgenommen, die u. a. Attentate auf Regierungsmitglieder verübte. 1963 war Chomeini in der Opposition gegen die Reformgesetze des Schahs führend aktiv, was ihm Haft, Hausarrest und schließlich die Exilierung einbrachte. Seit 1965 hielt er sich im irakischen Nadschaf auf, wo er auch seine Thesen zur „Islamischen Regierung", so ein Buchtitel, formulierte. Zur Kernargumentation des Buches Chomeinis zählt: 1. Eine radikale Verurteilung der Monarchie. Husain sei gerade in der Verteidigung gegen die dynastische Herrschaft der Umaijaden gestorben. 2. Der Islam stelle alle Grundsätze und Prinzipien zur Verfügung, die die Menschen brauchten. Diese Grundsätze seien die Grundlage für eine gerechte Herrschaft. Die Autorität, diese Grundsätze zu interpretieren, sollten – nach den Propheten und Imamen – die Religionsgelehrten ausüben. 3. Der Islam sei in Gefahr, durch von den imperialistischen im Iran propagierten Irrlehren überwältigt zu werden. Die zugrundeliegende Theorie der *velajat-e fakih* (*velāyat-e faqīh*), der „Herrschaft des Rechtsgelehrten", hat zwar Vorläufer im 19. Jahrhundert und in der Verfassungsbewegung, wurde aber zuerst von Chomeini in politischer, aktivistischer Art formuliert.

Nach der Flucht des Schahs kehrte Chomeini 1979 in den Iran zurück, konnte schließlich die Macht für sich sichern und seine Theorien in Form der Islamischen Republik realisieren.

Es gab (und gibt) auch weiterhin politisch quietistische Gelehrte, die dem Konzept der *velajat-e fakih* distanziert gegenüberstanden.

Obwohl nicht intendiert, hat eine weitere schiitische Strömung zur iranischen Revolution beigetragen: die Hodschdschatije (*ḥoǧǧatīye*). 1953 mit dem Ziel gegründet, dem Anspruch der Baha'is entgegenzutreten, eine bessere Religion zu haben, verstand sie sich als Verteidiger der Schia. Ihre Mitglieder wurden in schiitischer Theologie und in den Lehren der Baha'i geschult, um diesen argumentativ begegnen zu können. Dies fand im Rahmen einer gut ausgebauten Organisation statt, die teilweise nicht öffentlich wirkte. Die nicht dem Gelehrtenstand angehörige Mitgliederschaft ist ein weiteres Merkmal der Organisation, die bis nach Pakistan und Indien Einfluss gewinnen konnte. Die Modernität der Struktur und Aktivitäten macht die Hodschdschatije zu einem transformierenden Element des neueren Schiitentums. Viele spätere Revolutionsaktivisten haben Kontakte zur Hodschdschatije gehabt.

Allerdings begegnete die Organisation der iranisch-islamischen Revolution mit Misstrauen. Einer der Gründe dürfte die eher quietistische Ausrichtung sein, die mit dem politischen Aktivismus der Strömung um Chomeini schwer vereinbar war. So griff Chomeini selber 1984 in kaum verhüllten Worten die Hodschdschatije an, was zur Einstellung ihrer Aktivitäten führte. Außerdem wurden ihre Mitglieder aus Funktionen innerhalb des Regimes „gesäubert".

Lehrer zahlreicher in der Revolution führender geistlicher Aktivisten war auch Allameh Sajjid Mohammad Hosein Tabataba'i (gest. 1981), der als Theologe und Vertreter der islamischen Philosophie bekannt war. Sein Korankommentar (*Tafsīr al-mīzān*) dürfte sein bedeutendstes Werk sein.

Intellektuelle ohne religionsgelehrte Ausbildung engagierten sich ebenfalls in theoretischer Form gegen das Schahregime. Einer der wichtigsten Vertreter dieser Strömung war ʻAli Schariati. Nach dem Studium der Literaturwissenschaft konnte er zu Beginn der 1960er in Paris Religionswissenschaft und Soziologie studieren; beeinflusst wurde er dabei auch vom algerischen Unabhängigkeitskrieg. Nach seiner Rückkehr in den Iran unterrichtete er an Schulen, Universitäten und privaten Bildungsinstitutionen. Nach Gefängnisstrafen und Hausarrest konnte er 1977 den Iran Richtung Großbritannien verlassen, wo er im selben Jahr starb.

Schariati sah sich als politisch-religiöser Theoretiker im Kontext der Befreiungsbewegungen der Dritten Welt, deren theoretische Ansätze er verarbeitete. Zentral für seine Theorie ist die Notwendigkeit der Schaffung eines islamischen Humanismus, der dem westlichen Kulturimperialismus, der „Verwestlichungsseuche" widerstehen kann. Seine Reaktualisierung der Ereignisse von Kerbela', aus denen er die Verpflichtung ableitete, dass es notwendig sei, für die rechte Sache zu sterben, hatte großen Einfluss in der Vorgeschichte der iranischen Revolution. Wichtig war seine Unterscheidung zwischen „alidischer" und „safawidischer" Schia. Die „alidische" Schia ist für ihn der ursprüngliche, fortschrittliche, dynamische Islam ohne Trennung zwischen Intellektuellen und Volk. Unter den Safawiden sei dieser Islam zu einer Institution politischer Versklavung geworden, in dem sich Ethnozentrismus, extremer Nationalismus und Schiitentum mischten.

Die Schia unter der Herrschaft der Pahlawi-Schahs gilt für Schari'ati als typisches Beispiel für die „safawidische" Schia. Schari'ati befürwortet auch eine Beteiligung der Frauen am öffentlichen Leben, warnt aber vor dem Einfluss westlicher Modelle, die die Frau ihrer Natur entfremdeten. Frauen sollten sich nach dem Vorbild der Prophetentochter Fatima an der Gesellschaft beteiligen – aber in anderer Weise als Männer.

Die Verwicklungen der iranischen Revolution und die Errichtung der Islamischen Republik Iran können wir an dieser Stelle nicht weiter verfolgen. Ihr Staatsoberhaupt ist laut Verfassung von 1979 der abwesende zwölfte Imam Muhammad al-Mahdi. Als Revolutionsführer mit weitreichenden Vorrechten fungiert seit 1989 Sajjid 'Ali Chamene'i (Seyyed ʿAlī Ḫāmeneʾī) (geb. 1939). Das Regierungssystem lässt sich als ein Komplex von sich gegenseitig kontrollierenden und bewertenden Räten u. Ä. beschreiben, in der das Parlament nur ein Element ist.

Die neu errichtete Islamische Republik versuchte, in allen Lebensbereichen ein islamisch definiertes Lebensmodell zu etablieren, dessen Repräsentanten zuerst einmal die schiitischen Religionsgelehrten sind. Der Revolutionsführer übt die höchste Autorität im Lande aus, andere aus dem revolutionären Prozess hervorgegangene Organisationen und Institutionen bilden ein Netzwerk, das den heutigen Iran wesentlich prägt. Hervorgehoben seien an dieser Stelle nur die Pasdaran (Pasdārān), die Revolutionswächter, zuerst eine Art Miliz, inzwischen ein militärisch bedeutender Apparat, dessen Vertreter auch in anderen Bereichen der Islamischen Republik Einfluss gewonnen haben.

Die Wirkung der iranischen Revolution

Der besondere Impetus der Revolution im Iran hat in der ganzen muslimischen Welt gewirkt, besonders aber die zwölferschiitischen Gemeinschaften inspiriert. Die schiitischen Gemeinschaften in den arabischen Staaten hatten lange den Status unterdrückter Minderheiten. Im Zuge der iranischen Revolution und der Errichtung der Islamischen Republik begannen die verschiedenen schiitischen Gemeinschaften und Bewegungen für eine Gleichberechtigung einzutreten (Nasr 2007). Hervorzuheben sind die Aufstandsbewegungen in Bahrain (Meinel 2003), die Entwicklung der schiitischen Bewegungen im Libanon und zuletzt im Irak sowie die Stärkung der Schiiten in Kuwait.

Aber auch sunnitische Kräfte sind durch das Beispiel einer erfolgreichen islamischen Revolution inspiriert worden.

Kritische Positionen im Iran

Im Iran der Islamischen Republik hat sich eine rege Diskussion herausgebildet, aus der nur eine Position genannt werden kann. ʿAbdolkarim Sorusch (geb. 1945) war einer der Chefideologen der Islamischen Republik, bis er sich – wie zahlreiche andere – zu einem Kritiker wandelte. Der studierte Chemiker ist insbesondere mit einem Ansatz bekannt (für konservative Religiöse eher: berüchtigt) geworden. Er unterscheidet zwischen einer konsistenten, unveränderbaren Religion, *din* (*dīn*), und dem Wissen über Religion (*maʿarefat-e dīn*). Letzteres, für Sorusch im Wesentlichen das überlieferte Wissen der schiitischen Theologen, unterliegt den Einflüssen der sich stetig mit der historischen Entwicklung wandelnden Geschichte. Damit ist es inkonsistent und unvollkommen. Deshalb hat es auch keinen Anspruch auf übermäßige Verehrung, sondern kann – wie alles andere Wissen – kritisiert und verändert werden. Das im Iran herrschende Regime kritisiert er besonders wegen dessen Unterdrückung abweichender Vorstellungen. Sorusch gehört zu einem desillusionierten Flügel islamischer Revolutionsaktivisten. Selbst einstmals führende Geistliche wie Ajatollah Hossein ʿAli Montaseri (geb. 1922), der eine gewisse Zeit als Nachfolger Chomeinis gehandelt wurde, haben – schon zu Lebzeiten Chomeinis – eine kritische Haltung dem Regime gegenüber eingenommen.

Bei aller möglichen kritischen Haltung dem jetzigen Regime im Iran gegenüber sollte nicht vergessen werden, dass Wahlen doch eine wichtige Rolle im politischen Leben spielen und von der Bevölkerung durchaus ernst genommen werden. Ein bemerkenswertes Phänomen im Nahen und im Mittleren Osten ist, dass ein ehemaliges Staatsoberhaupt wie Mohammad Chatami (Muḥammad Ḫātamī) (geb. 1943) eine Wahl verlieren und trotzdem eigentlich unbehelligt im Lande leben kann (Nasr 2007: 180).

Eine neuere Entwicklung in der Islamischen Republik Iran sei abschließend betrachtet. Im Jahre 2005 gewann Mahmud Ahmadinedschad, Ingenieur und Revolutionsaktivist, die Präsidentschaftswahlen. Ahmadinedschad stützt sich im Wesentlichen auf drei Hauptkräfte: die Bassidsch, eine Art Miliz mit vermutlich um die 200.000 Aktivisten, die Pasdaran, die Revolutionswächter, und die Abadgaran (Ābādgārān), die sogenannten Kultivierer des islamischen Iran. Während die beiden ersten Gruppen, die ein beachtliches Potenzial mobilisieren können, in den Tagen der Revolution entstanden sind, ist letztere aus dem Wahlbündnis für Ahmadinedschads Wahl zum Teheraner Bürgermeister 2003 entstanden. Sie sind wie Ahmadinedschad keine Geistlichen, vielmehr Ingenieure, Lehrer, Ärzte, Wirtschafts- und Naturwissenschaftler. Ihr Ziel ist es, den islamisch-revolutionären Elan wieder zu beleben, den Staat zu einem Verteilungsorgan zu machen, durch das egalitäre gesellschaftliche Verhältnisse erreicht und allgemein die Interessen der Armen und Benachteiligten gefördert werden sollen.

Prägend für die Außenpolitik Ahmadinedschads ist ein erneutes Propagieren des Bruches mit dem Westen, die auch einen Ausdruck in zum Teil antisemitischen oder zumindest antiisraelischen Äußerungen findet. Derartige Äußerungen finden wir bereits bei Ajatollah Chomeini, sind damit also keine neue Erscheinung. Zum Teil wurden sie eingesetzt, um die schiitische Besonderheit der Islamischen Republik in der Orientierung am Kampf gegen einen gemeinsamen Feind verschwinden zu lassen und damit einen iranischen Führungsanspruch in der muslimischen Welt zu begründen, der sich ebenfalls in den antisaudischen Demonstrationen iranischer Pilger in Mekka in den 1980er Jahren gezeigt hat. Die antiwestliche Politik dient aber auch als Mittel in der inneriranischen Auseinandersetzung mit anderen Gruppen des Regimes.

Theologinnen

Mittlerweile werden im Iran auch Frauen zu Gelehrten des islamischen Rechts ausgebildet, wobei sich ihre Ausbildung in nichts von der der Männer unterscheidet. Der hoch angesiedelte Status der Frauen als Mütter sollte ihnen auch das Recht geben, eigenständige Rechtsempfehlungen zu entwickeln. „Es besteht eine Allianz zwischen älteren Juristinnen [...], jungen Jurastudentinnen und einzelnen männlichen Rechtsexperten". (Gheytanchi 2004: 217)

Diese Frauen dürfen, nach Erhalt der Erlaubnis zum Aufstellen von Rechtsgutachten, die Quellen selbständig auslegen. Dies bedeutet auch, dass diese Frauen neue Fragestellungen in der Interpretation der Regeln des schiitischen Rechts entwickeln. Allerdings sind sie noch davon entfernt, als Mardscha' at-taklid anerkannt zu werden; einige Debatten über diese Frage hat es aber gegeben. Sie können ebenfalls aufgrund ihrer Ausbildung den Koran auslegen.

Annäherung und Trennung zwischen Schiiten und Sunniten

Im 20. Jahrhundert entstanden Bestrebungen, die Kluft zwischen der sunnitischen und der zwölferschiitischen (und saiditischen) Variante des Islams zu schließen, eine Annäherung (*taqrīb*) zwischen ihnen zu erreichen. In der ersten Phase wurden vor allem theologisch-rechtswissenschaftliche Diskussionen geführt. Sie standen unter Prämissen wie der Annäherung, aber nicht Auslöschung der Unterschiede, denn die Unterschiede zwischen sunnitischem Mainstream und der imamitischen Variante seien dem innersunnitischen Meinungsstreit ähnlich. Auch Abstinenz von politischen Streitfragen wurde vorausgesetzt, da diese für die innermuslimischen Spaltungen verantwortlich seien und letztlich auch für die Schuldzuweisung an den westlichen Kolonialismus, der diese Differenzen hochgespielt habe. Nach der iranischen Revolution geriet diese Annäherung zunehmend unter politischen Einfluss, gerade die Führungsschicht der Islamischen Republik nutzte die Propaganda für eine islamische Einheit zur Legitimierung eigener politischer Ansprüche (Buchta 1997). Der institutionelle Annäherungsprozess ist zurzeit zum Stillstand gekommen, trotzdem gibt es weiterhin Bestrebungen, zumindest auf individueller Ebene gegen diese innermuslimische Spaltung zu arbeiten.

Konträr zu diesen ausgleichenden Bestrebungen ist die Position der sunnitisch geprägten dschihadistischen Strömung, die auf eine kriegerische Auseinandersetzung mit den Schiiten setzt, die sie als Ketzer ansieht (Kazimi 2006). Im Kern finden wir diese Vorstellung schon bei frühen dschihadistischen Theoretikern, aber auch die indische Strömung der Deobandis hat, über Afghanistan vermittelt, zum antischiitischen Furor beigetragen.

Libanon

Während des libanesischen Bürgerkrieges entstand 1975 eine schiitische Organisation: die Amal, die die Interessen der schlecht repräsentierten schiitischen Bevölkerungsteile vertreten sollte. Gegründet wurde diese Bewegung von Musa as-Sadr, der 1978 unter ungeklärten Umständen auf einer Reise nach Libyen verschwand. As-Sadr, ein Cousin Muhammad Bakir as-Sadrs, der 1959 vom irakischen Ajatollah Muhsin al-Hakim in den Libanon entsandt wurde, konnte die Rolle eines politischen und sozialen Führers der libanesischen Schiiten übernehmen. Er vertrat die sozialen Interessen der schiitischen Gemeinschaften und schuf eine eigene schiitische Identität im libanesischen Kräftespiel, die arabisch *und* schiitisch definiert war. Damit wurde die alleinige Orientierung der Schiiten auf die sunnitisch dominierte arabisch-nationalistische Sache aufgehoben. Die Transformationen der schiitischen Gemeinschaften im

Libanon und die des Libanon selber führten zur Auflösung traditioneller Loyalitäten und ermöglichten es as-Sadr, ein effektiv agierendes Organisationsnetzwerk aufzubauen, das neue politische Forderungen stellen konnte.

In den Trainingslagern der Miliz der Amal wurden in den 1970er Jahren, so heißt es, irakische, iranische, saudische und andere arabische schiitische Aktivisten trainiert – ein weiteres Element des modernen schiitischen politisch-religiösen Netzwerkes im Nahen und Mittleren Osten. In der Gegenrichtung bewegte sich die Unterstützung der Islamischen Republik Iran für die libanesische Schia. Dies führte zur Gründung der „Partei Gottes“, Hisballah (*ḥizb allāh*).

Hisballah

Die libanesische Organisation der Hisballah (*ḥizb allāh*), der „Partei Gottes“, entstand 1982 aus dem Zusammenschluss mehrerer schiitischer Organisationen (Norton 2007; Saad-Ghorayeb 2002). Organisatorisch wurden diese von iranischen Revolutionsgardisten unterstützt. So vewundert es nicht, dass lange Jahre die Konzepte der *velejat-e fakih* und die islamische Revolution im Libanon im Zentrum der Ideologie der Hisballah standen.

In Auseinandersetzungen mit der ebenfalls schiitischen Amal konnte die Hisballah sich als Hauptkraft des schiitischen Lagers etablieren und ist seit 1992 im libanesischen Parlament vertreten. Große Bedeutung erlangte sie durch ihren Widerstand gegen die israelische Besetzung des Südlibanon. Den israelischen Rückzug rechnet sie sich als größten Erfolg an. Bekannt wurde sie für die Verwendung von Selbstmordattentaten als taktischem Mittel, durch Entführungen und Anschläge außerhalb des Libanon, die ihr zugeschrieben werden. Ironischerweise ist der Erfolg der Hisballah in ihrem Kampf gegen Israel ein Faktor, der zur Stärkung dschihadistischer Kreise unter den libanesischen Sunniten beigetragen hat, die sich wiederum gegen die Hisballah wenden (Gade 2007).

Die Hisballah ist inzwischen nicht nur eine politische Partei mit einer militärischen Organisation, die einzige libanesische Miliz, die ihre Waffen offiziell behalten durfte, sondern auch eine breit verwurzelte soziale Organisation. Als Produkt ihrer Tätigkeit wird u. a. die Schaffung eines breiten öffentlichen Diskurses beschrieben, der den benachteiligten schiitischen Gemeinschaften eine moderne Neustrukturierung ermöglichte (Deeb 2006).

Zentrum der Entscheidungsfindung ist ein Konsultativrat unter Vorsitz des Generalsekretärs, dessen Aufgabenbereiche auf die Mitglieder verteilt sind, um eine Krise infolge der Tötung des Generalsekretärs – wie der des Jahres 1992 durch Israel – zu vermeiden (ICG 2003).

Der von Hasan Nasrallah (geb. 1960), Generalseketär seit 1992, geführte Flügel der Hisballah trieb die „Libanonisierung" der Hisballah voran (Alagha 2006). Sie ist inzwischen integrierter Teil der libanesischen politischen Landschaft – allerdings auch mit dem Ziel der Wahrung der eigenen militärischen Macht. Die frühere Abhängigkeit von Syrien scheint sich etwas gelockert zu haben, die vom Iran weiterhin stark zu sein.

Die USA und einzelne andere Staaten führen die Hisballah als terroristische Organisation, was den komplexen Charakter der mit diesem Namen symbolisierten Strömung verkennt. Ein weiterer Kritikpunkt sind antisemitische Elemente in der Agitation der Hisballah, die u. a. über den Satellitensender der Partei, al-Manar (al-Manār) weltweit Verbreitung finden (Jorisch 2004).

Fadlallah

Einer der herausragenden schiitischen Religionsgelehrten im Libanon (und darüber hinaus) dürfte as-Saijid Muhammad Husain Fadlallah (geb. 1935) sein. Er studierte im Irak unter Abu 'l-Kasim al-Chu'i und wurde im Umkreis der Da'wa-Partei und Muhammad Bakir as-Sadrs politisiert (Rosiny 2006; Sankari 2005). 1966 kehrte er in den Libanon zurück, wo er in den Strudel des Bürgerkrieges geriet. Die iranische Revolution veränderte seine Positionen und er forderte zeitweise die Errichtung einer Islamischen Republik analog dem iranische Modell. Damit stand er der Hisballah nahe, was durch seine Rechtsgutachten bestätigt zu werden schien, in denen er Selbstmordattentate der Hisballah als Märtyreraktionen legitimierte, die als Selbstverteidigung im antiisraelischen Widerstand erlaubt seien.
Diese politische Nähe zur Hisballah ging allerdings einher mit einer religiösen Loyalität zu Ajatollah Chu'i, einem ja eher unpolitischen Gelehrten. Fadlallah wirkte auch in die Hisballah hinein. „Viele Modifizierungen und die „Libanonisierung" der Partei – die Abkehr vom revolutionären Plan der Errichtung einer Islamischen Republik, die Freilassung der westlichen Geiseln, ökumenische Bemühungen und Christen gegenüber, die Beteiligung an Parlamentswahlen – gingen maßgeblich auf seinen Einfluss zurück." (Rosiny 2006: 104) Die Hinwendung der Hisballah

zum iranischen Revolutionsführer Chamene'i hat zu Spannungen geführt, da Fadlallah inzwischen selber den Rang eines Mardscha' at-taklid anstrebt und damit zum Konkurrenten Chamene'is wird.

Wir können Fadlallah als einen differenziert argumentierenden Gelehrten mit einer politisch bewussten Ausrichtung beschreiben, der „eine ganzheitliche Veränderung" anstrebt, „die im Bewusstsein des Individuums beginnt, Selbstverantwortlichkeit und Verantwortung für die Gesellschaft verlangt und erst über die Reform der Gesellschaft zu einer Veränderung der Politik führt." (Rosiny 2006: 106) Allerdings ist er in mancherlei Hinsicht durchaus konservativ – z. B. in Bezug auf das Geschlechterverhältnis.

Die Imame macht Fadlallah zu „vermenschlichten" Vorbildern für die revolutionäre Umwandlung der Gesellschaft. Das wird von irakischen und iranischen Gelehrten als „Entheiligung" dieser hohen Gestalten der Schia gesehen. Auch hier dürfte die Konkurrenz zwischen führenden Gelehrten eine Rolle spielen.

Irak nach Saddam Hussein

Die Da'wa-Partei, von der wir schon gesprochen haben, spielt auch im Irak nach Saddam Hussein eine wichtige Rolle. Im Gegensatz zum SCIRI (s. unten) hielt die Da'wa eine gewisse Distanz zur Islamischen Republik Iran. Die Führung der Da'wa-Partei siedelte in den 1990er Jahren in europäische (Großbritannien) bzw. arabische (Syrien) Länder um und versuchte von dort, weiterhin in den Irak zu wirken. Nach dem Sturz Saddam Husseins wurde die Da'wa-Partei Teil des schiitischen Wahlbündnisses und nahm führend an der Regierung teil. Sie etablierte sich als Konkurrenz zum SCIRI, wobei die Führung der Partei versuchte, sich ein moderat-islamisches Profil zu geben und hin und wieder Distanz zu den alliierten Truppen zu zeigen.

Lange Zeit Hauptkonkurrent der Da'wa-Partei war der „Oberste Rat der Islamischen Revolution im Irak", nach der englischen Abkürzung SCIRI, dessen Gründung auf die Zeit des irakisch-iranischen Krieges (1980–1988) zurückgeht. Das Regime von Saddam Hussein versuchte, die unsichere Situation im Iran nach dem Sturz des Schahregimes auszunutzen. Im September 1980 marschierten irakische Truppen in die Südwestprovinz des Iran ein. Nach Beginn des Krieges wurde eine große Zahl von Schiiten wegen einer unterstellten iranischen Herkunft (und damit proiranischer Neigungen) aus dem Irak in den Iran vertrieben. Unter ihnen befand sich auch Muhammad Bakir al-Hakim (gest.

2003), der älteste Sohn des Großajatollahs Muhsin al-Hakim (gest. 1970). Im iranischen Exil formierte sich unter ihm der bereits erwähnte „Oberste Rat der Islamischen Revolution im Iran“ (International Crisis Group 2007). Dieser Rat baute eine Miliz auf, die Badr-Milizen, benannt nach einer Schlacht des Propheten. Sie wurde aus irakisch-schiitischen Kriegsgefangenen konstituiert, die als „Reuige“, *tauwabin* (*tauwabīn*), bezeichnet wurden und das Rückgrat der Organisation bilden sollten.

SCIRI war zuerst eine Art Dachorganisation, in der sich eine ganze Anzahl von Gruppen zusammenfanden. Zum ideologischen Hauptbezugspunkt wurde das Konzept der „Herrschaft des Religionsgelehrten“, der *velayat-e fakih*. Nach dem Sturz Saddam Husseins wurde der SCIRI einer der wichtigsten Faktoren in der sich im Irak neu etablierenden schiitischen politischen Landschaft. Zwar wurde Muhammad Bakir al-Hakim nach seiner Rückkehr unter ungeklärten Umständen ermordet, die Organisation und ihre Miliz blieben aber weiter einflussreich. Die Organisation wurde Teil der Regierung und begann sich in eine politische Partei zu transformieren, was sich u. a. in der Änderung des Namens von SCIRI schließlich zu ISCI, „Höchster islamischer Rat des Irak“, niederschlug. Auch ideologisch wird eine Änderung konstatiert. Das Konzept der *velayat-e fakih* sei aufgegeben und Ajatollah as-Sistani als wichtiger Bezugspunkt angenommen worden.

Weitere prominente irakisch-schiitische Strömungen gruppierten sich um Ajatollah Muhammad Sadik as-Sadr (gest. 1999), der ein weit gespanntes Netzwerk von Bildungs- und Sozialeinrichtungen aufbauen konnte. Begünstigt wurde dies in der Zeit des irakisch-iranischen Krieges, als das Regime von Saddam Hussein versuchte, die iranischstämmigen Führungspersönlichkeiten durch arabischstämmige zu ersetzen. Zudem versuchte das Regime, durch as-Sadr ein Gegengewicht zu möglichen radikaleren schiitischen Anführern aufzubauen. Außerdem hatte as-Sadr in einem Werk, das sich mit Stammesrecht beschäftigt, die Vereinbarkeit des (schiitischen) Stammesrechts mit dem islamischen gelehrten Recht begründet und den Stammesführern, deren Verhältnis zu den schiitischen Gelehrten sonst eher gespannt war, die Verwaltung des islamischen Rechts zugestanden. Dies prädestinierte ihn, für das Baath-Regime einen Ausgleich mit den urbanisierten schiitischen Stammeseliten herbeizuführen, die als Gegengewicht zu radikaleren schiitischen Strömungen gesehen wurden. Allerdings wird vermutet, dass die Ermordung as-Sadrs und zweier seiner Söhne ein Werk des irakischen Regimes war. Sein Sohn Muktada as-Sadr ging in den Untergrund.

Die Ideologie der Sadristen lässt sich kurz als die Befürwortung einer Theokratie zusammenfassen, die auf einem Pluralismus unter den Gelehrten basiert, Stammesrecht toleriert und völlig unabhängig von den iranischen Gelehrten (und auch den libanesischen) ist.

Volksfrömmigkeit

Bisher hat uns in erster Linie die Geschichte der Ideen von Gelehrten beschäftigt. Die Entwicklung dieser Ideen ist allerdings ohne die Volksfrömmigkeit nicht denkbar. Aus diesem Grunde wollen wir uns nun mit einem schiitischen Beispiel dieser Formen von Religion beschäftigen (Cole 2003).

Einen sehr guten Eindruck von früherer zwölferschiitischer Volksfrömmigkeit kann uns die Entwicklung im nordindischen Staat Awadh geben, wo unter der proschiitischen Herrschaft der Nawabs sich öffentliche Rituale als Bekenntnis zum Zwölferschiitentum entwickeln konnten (für das Folgende Cole 2003 und Cole 1988). In der zweiten Hälfte des 18. Jahrhunderts wurde Lucknow in Awadh zur Residenzstadt und zum „Gebiet der Schia", zur *dar asch-schia* (*dār aš-šīʿa*). Damit einher ging ein massiver Anstieg der Bevölkerung und ein Aufblühen des Wirtschaftslebens, was auch eine weiträumige bauliche Umgestaltung der Stadt zur Folge hatte. Dabei wurde auch ein Ort geschaffen, an dem die Anhänger ʿAlis seinen Sohn Husain betrauern konnten. Dieses geschah durch die Errichtung des großen Imambara (*imāmbāṛa*) (urdu für „Haus des Imams") und ähnlicher Einrichtungen, die von Notabeln der Stadt zusammen mit Moscheen gebaut wurden. Zu Beginn des 19. Jahrhunderts wurden in Lucknow 2000 große Imambaras und 6000 kleinere sogenannte *ta'sija-chanas* (*taʿzīya-ḫāna*) gezählt. Die größeren Imambaras dienten den angesehenen Familien der Stadt als Stätten der öffentlichen Trauer, des Gottesdienstes, als literarische Salons, persönliche Denkmäler und Familiengrabstätten.

An diesen Imambaras wurden niederrangige schiitische Gelehrte als Verwalter und als Koranrezitatoren beschäftigt. Die Imambaras waren ebenfalls ein Anziehungspunkt für Dichter und Rezitatoren von Elegien, musikalische Könner mit einer, so heißt es besonderrs von einem, „schönen Stimme, die das Herz der Leute zum Schmelzen bringen konnte" (Cole 2003: 315). Ihre Gedichte wurden nicht nur aus literarischen Gründen verfasst, sie dienten auch dem Ritual. Am Morgen vorgetragen, dienten die Gedichte dazu, die zeitlose Präsenz des Opfers Husains, dessen am „Aschura"-Tag gedacht wird, den Gläubigen einzuprägen. Ihr Rhythmus konnte dann von den Prozessionen der Flagellanten an diesem Tage aufgenommen werden. Aber nicht nur Schiiten trugen zu dieser Trauerliteratur bei, auch einzelne sunnitische Gelehrte beklagten das Schicksal Husains.

Neben ihren religiösen Funktionen dienten die Imambaras und die kleineren religiösen Bauten als soziale Zentren, in denen schiitische Händler und Arbeiter Kontakte knüpften – und auch Sunniten oder Hindus, die sich vielleicht der Zwölferschia zuwenden wollten.

Die Trauerveranstaltungen, die in Privathäusern oder Imambaras abgehalten wurden, waren zwar öffentlich, spiegelten aber insbesondere Verwandschafts- und Freundschaftsbeziehungen unter ihren TeilnehmerInnen wider. Die großen Prozessionen wiederum brachten Einwohner aus der ganzen Stadt und Besucher aus nahe gelegenen Dörfern in Kontakt miteinander und machten das Schiitentum zu einer anerkannten Religion, die mit dem Segen der herrschenden Familie in die Öffentlichkeit gelangen konnte.

Jeder der zehn Feiertage des Monats Muharram zeichnete sich durch besondere Aktivitäten aus. Am Ende des Vormonats brachten Männer aus Mittel- und Unterschichtfamilien die aus Bambus gefertigten Kenotaphe mit großem Aufwand vom Basar nach Hause. Familien von Notabeln, die über ständige Kenotaphe verfügten, bereiteten einen Raum für den Empfang von Gästen vor. Der erste Tag des Muharram zeichnete sich dann durch eine umfassende Stille aus, da alle Geschäfte schlossen, und die Familien begannen, in ihren Häusern zu trauern. Die folgenden Tage führen zur Klimax am zehnten Muharram, dem „Aschura", dem Jahrestag des Martyriums von Husain (Cole 2003: 328ff.). Die TeilnehmerInnen standen in den frühen Morgenstunden auf, um sich vorzubereiten; Frauen zündeten bisweilen Kerzen am Kenotaph Husains, um etwas zu erbitten. Im Morgengrauen bewegten sich die Trauernden in Richtung eines symbolischen Grabortes außerhalb der Stadt, genannt Kerbela'. Im Gegensatz zum Iran nahmen in Awadh auch schiitische Notabeln an den Prozessionen teil. Reiche Teilnehmer organisierten eine militärisch geprägte Prozession mit Elefanten, Kapellen, Standartenträgern, Elegiensängern etc. Familie und Freunde des Eigentümers des Kenotaphs und dieser selber, oft barhäuptig und barfüßig, gingen voran. Dann folgte der Kenotaph al-Husains, umgeben von Bannern u. a. m. Den Schluss bildeten wieder Elefanten, von denen Bedienstete Geld in die Menge warfen. Auch die Armen organisierten im Anschluss an solche Prozessionen ihre kleineren Prozessionen – auch um durch die Wächter der Reichen gegen mögliche sunnitische Ausschreitungen geschützt zu sein.

Immer wieder hielt die Prozession an, Elegien wurden vorgetragen, Flagellanten schlugen sich zum Klang der Trommeln. Durch exzessives Schlagen auf die Brust konnten in diesem Rahmen auch Arme himmlische Belohnung erwarten.

Solche Prozessionen trugen dazu bei, als kollektive Ereignisse, die Reiche und Arme umfassten, eine schiitische Gemeinschaftlichkeit zu stiften, die allein durch gelehrte Diskurse kaum zu erreichen gewesen wäre.

Die präindustrielle Kultur Awadhs war aber auch in hohem Maße synkretistisch. Kulturelle Vermittlungspersonen wie sufische *pirs* hatten eine Klientel, die sunnitische und schiitische Muslime und Hindus umfasste. Sie übermittelten Symbole von einer Gruppe zur anderen. Die Riten des Muharram übernahmen in Awadh eine ähnliche Funktion und dienten zu Beginn des 19. Jahrhunderts als Vermittlungsglieder zwischen den einzelnen Teilen der Bevölkerung trotz weiterhin bestehender Grenzen zwischen den religiösen Gruppen.

Die große Mehrheit der Hindus nahm ebenfalls an den Veranstaltungen zur Trauer um Husain teil. Sie integrierten seine Verehrung als die eines weiteren göttlichen Wesens in ihren rituellen Kalender. Im späten 18. Jahrhundert berichtete ein iranischer Reisender von der Teilnahme von Hindus in ganz Nordindien an den Trauerveranstaltungen im Muharram. Reiche Hindus, die sonst nichts mit dem Islam zu tun hatten, errichten mit großem Aufwand eigene Imambaras, fasteten im Muharram, rezitierten Elegien in Hindi, Urdu und Persisch u. a. m. In den von Hindus regierten Provinzen Zentral- und Südindiens wurde ebenfalls der Muharram mit Prozessionen und mit Illuminationen gefeiert.

Die weit verbreitete Teilnahme von Sunniten und Hindus an den Riten des Muharram machten diese zu einem allgemein geteilten Ereignis, das eine traditionelle Kultur schuf, die von schiitischen Elementen geprägt war in einem Klima, in dem in den Volksklassen die religiöse Identität nicht unbedingt exklusiv war.

Die Feiern im Muharram und insbesondere an „Aschura" unterschieden sich regional voneinander, konnten einander aber auch beeinflussen. So wird von einer „Iranisierung" der Feiern im Südlibanon seit dem Ende des 19. Jahrhunderts berichtet; später erfolgte dann eine „Arabisierung" (Reuter 1993: 56ff.). Seit den 1970er Jahren wurden die Feiern zudem politisiert.

Die politische Aktualität der Muharram-Feiern zeigte sich, als die schiitische Bevölkerung des Irak den Sturz des Regimes von Saddam Hussein nutzte, um in großer Zahl die Muharram-Prozessionen aufzunehmen. Aber auch in Bahrain waren die „Aschura"-Feiern Brennpunkte des Konfliktes der schiitischen Bevölkerungsteile mit der Regierung.

Ta'siye-Vorstellungen

Als ein wichtiges weiteres Element des volksreligiösen Gedenkens und der Konstruktion des Bildes der Schiiten von der frühislamischen Geschichte im Monat Muharram (aber auch darüber hinaus) sind die *ta'sije*-Vorstellungen (*taʿzīya*) zu nennen. Wir können sie in mancher Hinsicht mit Passionsspielen vergleichen (al-Haidari 1975).

Ta'sije-Vorstellungen sind eine theatralische Repräsentation der Ereignisse von Kerbela' (Shahriari 2006). Sie sind um die Wende zum 19. Jahrhundert im Iran entstanden und erlebten unter der Dynastie der Kadscharen ihre Blütezeit. Diese sehr melodramatischen Aufführungen wurden im ganzen Land vor durchaus beachtlichem Publikum aufgeführt. Es geht dabei insbesondere um das Leiden der engeren Umgebung Husains am „Aschura"-Tag – besonders das der Frauen und Kinder. Der Erzähler und die Darsteller beschreiben in vielen Details den Durst der belagerten Schar in der Wüste von Kerbela', die Grausamkeit des Umaijaden Jasid I., der Freitagmittag, die Zeit des gemeinsamen Gebets, wählte, um die Eingeschlossenen hinzuschlachten. Das Publikum weint bitterlich während der letzten Szenen des Spiels.

Der französische Diplomat Joseph Arthur de Gobineau (gest. 1882) beschrieb die *ta'sije*-Vorstellungen als äußerst kreative Theaterdarbietungen, dem modernen europäischen Theater überlegen. Bemerkenswert fand er besonders, dass durch die *ta'sije* ein Massenpublikum erreicht wurde im Gegensatz zum europäischen Theater seiner Zeit, das nur eine kleine Elite ansprach.

Seit der Mitte des 19. Jahrhunderts wurden richtige Theater für *ta'sije*-Vorstellungen erbaut. Es gab auch eine vom Schah errichtete „Staats-Takya", „in der der Hof und ausländische Gäste des Schahs den [...] Aufführungen beiwohnten."(Halm 1988: 182)

Ein Großteil der Attraktivität der *ta'sije* liegt ohne Zweifel in der physischen, spirituellen und emotionalen Verbindung, die zwischen Darstellern und Publikum und auch innerhalb des Publikums selber geschaffen wird und eine Art kathartische Funktion (Kermani 1999b) haben kann. Beschrieben wird die Art und Weise, in der alle Sinne angesprochen und eingebunden werden. Der Duft des Rosenwassers, des Weihrauchs und andere Wohlgerüche verbinden sich mit Tabakrauch aus Wasserpfeifen und dem Schweiß der dicht gedrängten Menge. Essen ist ein anderer wichtiger Teil des Festlichkeiten, das Teilen von Essen gehört zum Ritual. Das Aroma von Kebab, auf Holzkohle gegrillt, vermischt sich mit dem Duft von Safranreispudding, Kardamomtee u. a. Die Töne verschiedener Musikinstrumente erfüllen die Luft: Trommeln, Tamburins, Trompeten, Hörner, Flöten. Darein mischen sich die Ausrufe und das Singen der Darsteller.

Auch das Auge wird mit prächtigen Dekorationen, hellen Lichtern und geschmückten Kostümen angesprochen. Die Imame tragen Rosenkränze und schwenken Koranexemplare, Jasid und seine Kumpane dagegen halten symbolische Weingläser als Ausdruck ihrer üblen Absichten etc. Es gibt auch *ta'siyes*, die Elemente grotesker Komödien beinhalten sowie epische Erzählungen ohne großen Zusammenhang mit der Geschichte von Kerbela'.

Die *ta'siye* durchbricht fortwährend die Grenzen zwischen Raum und Zeit, realen und imaginierten Welten. Mittels kleiner Diversionen können die Darsteller ein Schauspiel innerhalb des Schauspiels zeigen. Husain reist nach Indien, um einem König zu helfen – gerade bevor er stirbt. Die Geister früherer Propheten erscheinen und übermitteln Husain die gute Nachricht, dass er bald Märtyrer werde.

Nach zeitweiser Unterdrückung unter der Pahlawi-Dynastie, als sie außerhalb des Irans ein bescheideneres Dasein fristeten, lebten die *ta'sije*-Vorstellungen nach der iranischen Revolution wieder auf.

Minderheiten

Es gibt neben der Zwölferschia ein weites Spektrum an islamischen Minderheiten, Sekten, Gruppen, die zum Teil schon nicht mehr als islamisch bezeichnet werden können. Ein Beispiel sind die Baha'i, die sich explizit als neue Religion verstehen. Wir könnten unseren Gegenstand auch das weite Feld der Häresie nennen. Daneben waren in Gebieten mit muslimischer Bevölkerungsmehrheit auch große nicht muslimische Minderheiten vorhanden, die teilweise einen besonderen geschützten Status genossen, den des *dhimmi* (*ḏimmī*).

Jede der Minderheiten könnte und müsste ausführlicher behandelt werden. Aus Gründen der Darstellungsökonomie müssen wir uns aber auf einige Bemerkungen beschränken.

Eine Vielzahl von Sondergruppen hat sich in der islamischen Geschichte der einen oder anderen Form esoterischer Spekulation verschrieben. Als Beispiel mag uns die Strömung der Hurufis dienen.

Hurufis

Begründet wurde die Bewegung der Hurufis von Faslallah Astarabadi (gest. 1394/95), einem Sufi, der im Iran und in Aserbaidschan wirkte. Zuerst Anhänger u. a. Rumis, wandte er sich später extremeren Vorstellungen einer Buchstabenmystik zu, die er mit der Vorstellung verband, dass er als Mahdi vor dem Jüngsten Gericht erscheinen werde. Zentral für seine Ideen ist die Beschäftigung mit den Buchstaben, arab. *huruf* (*ḥurūf*), des Korans. Buchstabenmystik können wir allerdings auch in sufischen oder schiitischen Strömungen finden. Das Persische transzendiert für ihn das Arabische. Faslallah, der in persischer Sprache schrieb, verstand sich als letzter Interpret, der die von Muhammad in arabischer Sprache empfangene Offenbarung weiterentwickelte. Für die Deutung des Korans bedeutete dies für Faslallah, dass der Koran gelesen werden konnte, als sei er in persischer Sprache geschrieben (Bashir 2005: 70ff.). Nach der Hinrichtung Faslallahs waren die Hurufis bis in die erste Hälfte des 15. Jahrhunderts in Aserbaidschan und auch im Osmanischen Reich aktiv. Im Osmanischen Reich sei versucht worden, den späteren Sultan Mehmet II. (reg. 1451–1481) zu hurufischen Ideen zu bekehren, was letztlich scheiterte.

Um die Mitte des 15. Jahrhunderts lässt sich ein Bruch in der Geschichte Hurufis feststellen. Zwar finden die Lehren Faslallahs weiterhin Interesse. Die eschatologischen Erwartungen, die mit der Person Faslallahs verbunden waren, werden aber aufgegeben. Wir finden so bis in das beginnende 20. Jahrhundert u. a. Interesse bei den Bektaschi-Sufis im Osmanischen Reich. Einen zeitgenössischen Reflex der Lehren Faslallah Astarabadis finden wir noch im „Schwarzen Buch" des türkischen Schriftstellers Orhan Pamuk.

Ibaditen und Charidschiten

Die Ibaditen gehen auf die vielleicht älteste Sonderströmung der islamischen Geschichte zurück, die Charidschiten, von deren Abwendung von 'Ali ibn abi Talib und theologischen Positionen wir schon gehört haben. Die Charidschiten waren insbesondere dadurch berüchtigt, dass sie die anderen Muslime als Ungläubige ansahen und angriffen. Die Erinnerung an diese extreme Haltung führte dazu, dass moderne dschihadistische Gruppen als charidschitisch denunziert wurden (Kenney 2006).

Die Ibaditen leben heute hauptsächlich im Oman, kleinere Gruppen leben im algerischen Mzab, in Libyen, in Tunesien und Ostafrika. Charakteristisch für die Ibaditen ist ihre Haltung anderen Muslimen gegenüber. Diese werden als *kuffar ni'ma* (*kuffār niʿma*) angesehen, als Monotheisten, die die Gnadengaben Gottes undankbar nicht annehmen. Von diesen gilt es sich fernzuhalten, was allerdings nichts als feindseliger Akt zu verstehen ist. In der Gegenwart wird aber zum Teil für eine Annäherung zwischen Ibaditen und anderen Muslimen argumentiert.

Ansonsten übernahmen die Ibaditen die mu'tasilitische Auffassung u. a. in der Ablehnung anthropomorpher Interpretation der Beschreibung Gottes oder der Geschaffenheit des Korans. Sie lehnen auch die Ansicht ab, Muhammad trete als Vermittler für seine Gemeinschaft ein.

In der Frage des menschlichen Willens vertreten sie allerdings die asch'aritische Position, dass Gott der Schöpfer aller Handlungen ist, die der Mensch sich aneignet. Kleinere Unterschiede zu sunnitischen Positionen gibt es z. B. im Bereich des Gebetes (Hoffman o. J.) und auch im Recht (Khouri 2006). Ihr Konzept des Imamates ist recht ähnlich dem der Saiditen (Khouri 2006: 113ff.). Sie sprechen davon, dass es recht sei, gegen einen Imam, der sich im Irrtum befindet, zu rebellieren.

Saiditen

Die Saiditen entstanden ebenfalls aus den Auseinandersetzungen um die rechtmäßige Leitung der islamischen Gemeinschaft in den ersten Jahrhunderten islamischer Zeitrechnung. Sie führen sich auf den gescheiterten Aufstand des Said ibn 'Ali im Jahre 740 zurück. Heute sind sie noch im Nordjemen vertreten, wo sie auch bis 1962 die herrschende Dynastie stellten. Als saiditisch wird nicht nur diese Herrscherdynastie bezeichnet, auch die im Jemen etablierte Rechtsschule wird als saiditisch bezeichnet. In den Einzelheiten des Rechts stehen die Saiditen den Sunniten nahe, wenn auch die Differenzierungen innerhalb der saiditischen Rechtsschule noch nicht hinreichend erforscht sind.

Sie zeichnen sich durch eine aktivistische Imamatslehre aus. In der genealogischen Nachfolge über Said b. 'Ali werden eine große Zahl von Familien anerkannt, aus denen Anwärter auf das Imamat kommen können. Oft sind auch zeitgleich mehrere Imame aufgetreten, die häufig mit bestimmten tribalen Föderationen verbunden waren. Um Imam zu werden, muss ein Prätendent neben dem Besitz von theologischen Kenntnissen fähig sein, für die Durchsetzung und den Erhalt seines Imamates zu kämpfen.

Ende des 20. Jahrhunderts sind im Jemen Bestrebungen zu erkennen, das saiditische Erbe gegen die zunehmende sunnitische und wahhabitische Präsenz zu verteidigen. So wird zum ersten Mal versucht, die saiditischen Lehren in Form festgelegter Curricula an eigenen Schulen zu unterrichten (Haykel 1995).

Islamische Gnosis

Kommen wir zur islamischen Gnosis! Im Anschluss an Heinz Halm wollen wir darunter jene Strömungen verstehen, die der mythologischen Gnosis im Sinne Hans Jonas' zuzurechnen sind. Es sind also diejenigen

Lehren, Gruppen und Texte, die u.a. „durch einen [...] kosmogonisch-soteriologischen Mythos gnostischen Typs gekennzeichnet sind. Grundzüge dieses Mythos sind – wie in der spätantiken Gnosis – die Entfaltung des einen, unbekannten Gottes zu einem vielgestaltigen [...] Pleroma, die Entstehung des Kosmos aus einem Akt rebellischer Überheblichkeit [...] oder schuldhaften Vergessens [...], die Fremdheit der menschlichen Seelen in der Welt [...], die erzwungene Wanderung [...] der menschlichen Seelen durch mehrere körperliche Hüllen [...] ihre schließliche Erlösung [...] als Folge der [...] Gnosis [...] und ihre Heimkehr zum Ursprung." (Halm 1982: 14)

Zwei Traditionen schließen hier an: die der extremen Schia, deren Ausläufer heute beispielsweise in den Aleviten präsent sind, und die vielgestaltige der Isma'iliten.

Isma'iliten

Mit den Fatimiden wurden die Isma'iliten zu einem wichtigen Machtfaktor in Nordafrika, im Nahen Osten und darüber hinaus. Sie herrschten von 909 bis 1171 in Nordafrika und Syrien. Genealogisch leiten sie sich von dem vor seinem Vater gestorbenen Sohn des sechsten schiitischen Imams her. Dieser Isma'il (gest. 760) sei der wirkliche siebte Imam gewesen, der in die Verborgenheit gegangen sei. Im Namen dieses verborgenen Imams wurde seit dem 9. Jahrhundert geworben. Seine Wiederkehr sollte alle anderen Religionen aufheben und einen neuen Zustand der Gerechtigkeit bringen.

Nach Eroberungen in Nordafrika konnte 969 die isma'ilitische Dynastie der Fatimiden, die ihre Genealogie bis auf Fatima, die Tochter des Propheten zurückführten, Ägypten erobern, wo sie dann auch die Stadt Kairo (arab. „die Siegreiche) als Hauptstadt begründeten. Von dort aus intensivierten sie ihre Propaganda, ihre „Werbung", durch die Errichtung einer Ausbildungsanstalt für die fatimidisch-isma'ilitischen Untergrundpropagandisten: die noch heute bestehende al-Ashar-Universität. Diese Propaganda konnte beachtenswerte Erfolge im islamischen Osten erzielen und wirkte bis Indien. Sie wurde als akute Bedrohung der herrschenden Strukturen verstanden und dementsprechend erbittert verfolgt (s. oben).

Eine Sonderentwicklung sind die Karmaten, die am nördlichen Arabisch-Persischen Golf eine Art egalitärer Gesellschaft errichtet haben sollen. Berühmt – wenn nicht berüchtigt – sind sie durch die zeitweise Entführung des Schwarzen Steines aus der Kaaba in Mekka.

Eine weitere Sonderentwicklung sind die Assasinen; ein Zweig der Isma'iliten ist häufig mit modernen Selbstmordattentaten in Verbindung gebracht worden. Diese Annahme verkennt völlig den Unterschied einer modernen politisch-militärischen Aktionsform und den historischen Aktionsmodus einer religiösen Minderheit. Gesucht wird auch nach einer Verbindung zu den religiösen Grundlagen dieser Strömung, die sich allerdings nicht nachweisen lässt (Halm 2007).

In ihrer Erwartung des Mahdi und des Umsturzes der ungerechten Herrschaft auf Erden – auch der nominell islamischen – unterscheiden sich die Assasinen mit ihren Basen in iranischen und syrischen gebirgigen Gebieten nicht von anderen isma'ilitischen Strömungen. Berühmt ist die Burg Alamut im Elburs-Gebirge südlich des Kaspischen Meers. Die von ihnen angewandte Taktik des kalkulierten Terrors bestand aus Attentaten gegen Repräsentanten hauptsächlich der muslimischen Obrigkeit, die den politischen Bestrebungen der Assasinen im Wege standen. So war eines der Opfer der Seldschukenwesir Nisam al-mulk, der als engagierter Förderer des Sunnitentums ein „natürliches" Ziel war.

Ein einschneidendes Ereignis der Assasinengeschichte ist die Erklärung der Aufhebung der Scharia im Jahre 1164 auf Alamut, was mit einem Festessen mitten im Ramadan gefeiert wurde (Wilson 1997). Damit wurde der Anbruch der Endzeit manifestiert und das islamische Recht überflüssig. Allerdings wurde dies später widerrufen.

Das Ende der Assasinen kam durch den Mongoleneinfall. 1256 fiel Alamut, 1271 bis 1273 fielen die letzten Assasinenburgen im syrischen Küstengebirge. Allerdings bestanden isma'ilitische Aktivitäten auch in der Region um Alamut weiter (Virani 2003).

Nisaris oder Chodschas

Die Nisaris sind die wohl größte isma'ilitische Strömung in der Gegenwart. Sie leben hauptsächlich in Indien, Pakistan, Tadschikistan und Syrien, aber auch weltweit verstreut. Ihr Oberhaupt ist der Agha Khan. In der ersten Hälfte des 19. Jahrhunderts wanderte der 46. Agha Khan nach Britisch-Indien aus. Die durch den Agha Khan gegebene lebende Präsenz des Imams unterscheidet die Nizaris von anderen schiitischen Strömungen.

Für die Nisaris ist generell eine größere Betonung des Imams festzustellen als in anderen isma'ilitischen Strömungen. Gottes Wort muss, um sich in der Welt zu realisieren, für die Menschen manifestieren. Der Imam, der die Gläubigen – in erster Linie die Nizaris – rechtleitet, ist die

Verkörperung des göttlichen Wortes und muss deshalb immer präsent sein. Er nimmt als rechtleitende Instanz zum Teil die Stelle ein, die bei anderen Muslimen der Koran innehat.

Daudi Bohras

Die zweite bedeutende isma'ilitische Strömung in der Gegenwart ist die der Daudi Bohras. Sie führen ihre spirituelle Legitimation auf den 21. isma'ilitisch-fatimidischen Imam zurück, der in die Verborgenheit gegangen sei und als Repräsentanten den *da'i mutlak* (*dāʿī muṭlaq*) eingesetzt habe. Der *da'i mutlak* hat die absolute Autorität in spirituellen und weltlichen Fragen über die Gemeinschaft. Die strenge Hierarchie der Bohras liegt im esoterischen Charakter ihrer religiösen Überzeugungen begründet, die keine Diskussion religiöser Fragen zulässt. Vielmehr verlangt sie eine absolute Unterordnung unter die Autoritäten der Gemeinschaft. Diese hierarchische Struktur hat allerdings auch eine Modernisierung der Gemeinschaft ermöglicht, die unter Wahrung der Tradition erfolgen konnte (Blank 2001).

Die Bohras leben in der Mehrheit immer noch in Indien und Pakistan, es sind aber weltweit Gemeinden von Bohras zu finden. Traditionell sind Bohras als Händler bekannt, inzwischen aber auch als Ärzte und in anderen freien Berufen tätig. Es wird großes Gewicht auf eine fundierte Ausbildung für Männer und Frauen gelegt.

Die hierarchische Struktur der Bohra-Gemeinschaft und die absolute Autorität der oberen Ränge dieser Hierarchie hat zur Entstehung einer kleinen, aktiven Reformbewegung geführt, die eine Demokratisierung der Gemeinschaft fordert. Ein bekannter Vertreter ist Asghar Ali Engineer (geb. 1939).

Drusen

Im Libanon, in Syrien und in Israel finden wir heute die drusische Minderheit. Als Begründer dieser Strömung gilt Hamsa al-Labbad, ein aus dem Ostiran stammender isma'ilitisch-fatimidischer „Werber", *da'i* (*dāʿī*). Er wird als eigentlicher Begründer des Drusentums angesehen. Als Namensgeber der Gemeinschaft wird einer seiner Untergebenen, ein eifriger Propagandist mit Namen ad-Darsi, angeführt.

Hamsa lehrte u. a. (Halm 1988: 220ff.) die Göttlichkeit der Fatimidenkalifen bis al-Hakim (985–1021), die Abrogation der koranischen Offenbarung und ihrer isma'ilitischen Auslegung. An deren Stelle tritt das Bekenntnis zu Gottes Einheit, kultische Handlungen werden dadurch überflüssig. Der Schöpfergott, der sich den Blicken der Menschen entzogen hatte, hat sich in den Fatimidenkalifen von al-Ka'im bis al-Hakim erneut inkarniert. Das ungeklärte Verschwinden al-Hakims im Jahre 1021 wird als erneute Prüfung der Gläubigen begriffen, da sich jetzt der Schöpfergott erneut verborgen habe. Außerdem spielt die Seelenwanderung eine Rolle im drusischen Ideengebäude.

Aleviten

Die alevitischen Gemeinschaften grenzen sich zum Teil von den Alawiten/Nusairiern (Khouri 2006) im syrisch-libanesischen Raum ab. Letztere gelten im stärkeren Maße als sektiererische Sondergruppe. Als Grundzug des Alevitentums wird eine gewisse undogmatische Haltung betont, die der Abgrenzung vom Sunnitentum dient. Die Scharia gilt zwar als „Tor" zur Erkenntnis, ist aber nicht zentral. Das Ritualgebet wird nicht in der formalisierten Form des Sunniten- oder Schiitentums verrichtet; die religiösen Versammlungen des *Cem* entsprechen ebenfalls nicht dem des Freitagsgebetes.

Heiligenverehrung spielt eine wichtige Rolle. Lieder sind als Quelle des Glaubens von Bedeutung; ein Korpus der Glaubenslehren und Ritualvorschriften wird auf den sechsten schiitischen Imam Dscha'far as-Sadik zurückgeführt. Generell werden die zwölf Imame der Zwölferschia anerkannt, wobei der sechste eine herausragende Rolle spielt.

Musik spielt in der alevitischen Religiosität eine wichtige Rolle, da sie als integraler Bestandteil der Zeremonien wie der des rituellen Semah-Tanzes aufgefasst wird. Lieder sind für die Konstruktion einer historischen Identität als verfolgter Minderheit von großer Bedeutung.

Die Lage der Aleviten in der Türkei ist durch Spannungen zur sunnitischen Mehrheit gekennzeichnet. Es wurde über Versuche einer zunehmenden „Sunnitisierung" berichtet; die Konflikte gipfelten 1993 in einem Angriff auf ein alevitisches Kulturfestival in Sivas, bei dem 93 Menschen starben.

Die Spannungen in der Türkei spiegeln sich auch im Verhältnis der alevitischen Gemeinden in Europa zu den sunnitisch-muslimischen Gemeinden wider. In den europäischen alevitischen Gemeinschaften gibt es mehrere Strömungen, die sich in ihrer Abgrenzung zum Sunnitentum und zur Konstruktion einer eigenen alevitischen Identität unterscheiden.

Die Alawiten in Syrien zeichnen sich durch ihre spezifische Rolle innerhalb des syrischen Regimes aus, da sie über die Familie Asad Führungspositionen besetzen.

Ahmadija

Die Ahmadija (Friedmann 2003; Gualtieri 2004) ist Ende des 19. Jahrhunderts im damals britischen Indien entstanden. Wir können sie als Teil der vielfältigen indischen Reformbewegungen dieses Jahrhunderts verstehen. Äußere Impulse waren die unter kolonialer Herrschaft betriebene christliche Missionierung und auch die Konversion von Muslimen zum Hinduismus.

Der Gründer der Ahmadija, Mirsa Ghulam Ahmad, wurde 1835 in der nordindischen Provinz Qadian geboren. Im Alter von vierzig Jahren – die Parallele zum Propheten Muhammad lässt an der Historizität zweifeln – soll er eine erste Offenbarung erhalten haben. Er bezeichnete sich als Erneuerer, *muhaddith* (*muḥaddit*) oder *mudschaddid*.

Einige Spezifika der Lehre Ahmads sind, dass der Koran keine Widersprüche enthält, die Abrogation von Koranversen nicht erfolgt sein kann. Der Koran hat zudem absoluten Vorrang vor den Hadithen. Jesus Christus sei zwar gekreuzigt worden, habe dies überlebt und sei nach Kaschmir gewandert, wo er nach einem langen Leben gestorben sei. Ein Dschihad im militärischen Sinne darf nur geführt werden, wenn eine Situation extremer religiöser Verfolgung besteht (Hanson 2007).

1889, also kurz vor dem Wechsel zum 13. Jahrhundert der Hidschra, gründete Mirsa Ghulam Ahmad die Ahmadija-Bewegung als religiöse Organisation. Dieses Datum am Jahrhundertwechsel kann als Indikator für den Anspruch Ahmads gelten, ein Erneuerer zu sein, denn jedes Jahrhundert kann einen Erneuerer haben. In den Folgejahren erklärte Ahmad, er sei im Namen des verheißenen Messias gekommen, ab 1904 erklärte er sich zum erwarteten Mahdi, als der zur Erde zurückgekommene Jesus, als Avatar von Krischna. Außerdem titulierte er sich als *nabi* (*nabī*), als Prophet. Letztere Bezeichnung und die Verdammung aller Gegner der Lehren Ahmads als Ungläubige isolierten die Ahmadija zunehmend und führte zu Angriffen gegen sie.

Nach dem Tod Mirsa Ghulam Ahmads 1908 entstand unter seinen Anhängern eine Debatte darüber, ob eine einzelne Person als sein Kalif, also Nachfolger, oder ein Komitee die Gemeinschaft leiten sollte. Dies führte 1914 schließlich zur Spaltung der Bewegung. Ein kleinerer Teil distanzierte sich vom Anspruch Ahmads auf das Prophetentum und sah in ihm nur den Reformer und verheißenen Messias.

Der zweite, weitaus größere Teil der Gefolgschaft Ahmads blieb in Qadian und ist deshalb als Strömung der Qadiani bekannt. Sie sieht den Gründer der Ahmadija weiterhin als Propheten an. Sein Sohn wurde als zweiter Kalif gewählt. Im Zuge der Teilung Indiens 1947 siedelte die Gruppe nach Pakistan um, wo sie die Stadt Rabwah zu ihrem Zentrum erklärte. In Pakistan werden die Ahmadis als „nicht islamische Minderheit" bis heute verfolgt. Angesichts der verschärften Verfolgung in Pakistan wurde die Zentrale der Qadijanija 1984 nach London verlegt.

Die Ahmadija betreibt eine intensive Werbetätigkeit für den Islam. Sie ist allerdings intensiven Angriffen (auch physischer Art) durch verschiedene Bewegungen ausgesetzt, die den Anspruch Ahmads auf das Prophetentum kritisieren. Als Beispiel sei die Khatm-e Nubuwwat genannt, die schon in der Selbstbezeichnung darauf hinweist, dass sie Muhammad als letzten Propheten ansieht. Die Ahmadija-Qadijanija, ihr eigentliches Feindbild, sieht sie als Erfindung „antiislamischer imperialistischer Kräfte mit dem Ziel, die Grundlagen des Islams zu erschüttern". (http://www.khatm-e-nubuwwat.org/)

Paradies

Wir sind bereits auf einige Aspekte dieses zentralen Konzeptes eingegangen. Betrachten wir jetzt einige Werke der älteren gelehrten Literatur. Einer der produktivsten sunnitischen Gelehrten der älteren Zeit war as-Sujuti (gest. 1505). Wir wollen, um seine Beschreibung des Paradieses kennenzulernen, einen Blick in seine Abhandlung über das „Paradies und das Höllenfeuer" werfen.

Es handelt sich zweifellos um ein Werk der Gelehrtenkultur, denn wir lesen: „Fünf [Kategorien von Menschen gibt es,] deren Körper die Erde nicht verzehrt: die Propheten, die Gelehrten, die Märtyrer, die auf dem Wege Gottes gekämpft haben, die Koranrezitatoren und die Muezzine". Um zum eigentlichen Thema zurückzukommen, wenden wir uns aber as-Sujutis Beschreibung des Paradieses zu:

> „Es wird berichtet, dass der gläubige Gottesknecht mit siebzig Paradiesjungfrauen verheiratet wird [...] Im Hadith heißt es, die Paradiesjungfrauen nehmen mit ihren Händen die Hand eines [gläubigen Gottesknechts] und sängen mit Stimmen, von denen kein Geschöpf [Gottes] je schönere gehört hat". Weiter: „auf jedem Lager sind siebzig Kissen aus Seidenbrokat und Brokat, um jedes Lager sind siebzig Diener, in der Hand jedes Dieners ist ein Goldpokal, in jedem Pokal sind siebzig Arten von Tränken, für jeden Gottesfreund gibt es siebzig Paradiesjungfrauen, jede der Paradiesjungfrauen umhüllen siebzig Gewänder, jeder Gottesfreund genießt, was er von ihnen mag". Dieses Thema werden wir weiter unter noch einmal aufnehmen. Es geht weiter: „Die Paläste des Paradieses und ihre Räume sind aus einem Stück, das Werk eines Meisterengels [...] Tritt der Gottesfreund in jene Paläste ein, erfreut er sich darin für die Dauer von siebzig Jahren. Es gibt darinnen Gärten. In jenen Gärten

> sind Pferde von strahlender Farbe mit zwei Flügeln aus Gold [...] Das Pferd sagt zu dem von den Paradiesbewohnern: Besteige mich, o Gottesfreund. Darauf besteigt der Gläubige jene Pferde [...] und reist [...] siebzig Jahre weit in einer Stunde".

Viele weitere Detailbeschreibungen ließen sich wiedergeben. Wir sehen den eindeutigen Anschluss an das koranische Paradigma, insbesondere in Hinblick auf die besondere Rolle der Paradiesjungfrauen, die himmlischen Lager, die kredenzten Getränke u. a. Andere Elemente wie die geflügelten Pferde kommen hinzu. Diese Detailverliebtheit, die an Elemente des koranischen Paradigmas anknüpft, zeichnet das gelehrte Paradiesbild insbesondere aus. Sie verweist auf die zentrale Frage des gelehrten Paradigmas, Gewissheit über das zukünftige Heil und seine Ausgestaltung zu erlangen.

Ein Zeichen, das auf die Legitimationsfunktion dieses Paradiesbildes hinweist, ist die Betonung des Ranges der Gelehrten, deren Rolle für die Erreichung der Heilsgewissheit durch die Eingliederung unter die im Paradies bevorzugten Personen hervorgehoben wird.

Der Historiker, Philosoph und Moralist Miskawaih (gest. 1030) bringt in einer ethischen Abhandlung seine eindeutige Verurteilung solch sensualistischer Paradiesvorstellungen zum Ausdruck. Er geht aus (Arkoun 1969) von einem Zustand der Perfektion, den ein Mensch erreicht habe, in dem er eine Welt für sich selber sei, in der er als Stellvertreter Gottes agiere. Er sei Gott so nahe, dass kein Schleier ihn mehr von ihm trenne. Dies sei der höchste Rang der Glückseligkeit. Allein diese Perfektion macht es überhaupt möglich, dass ein Mensch in das Paradies eingehe und dort eine ewige Existenz und immerwährende Gnade in der Nähe Gottes erfahre. Personen, die nicht genug Wissen hätten, um diesen Zustand zu begreifen, würden selbstverständlich Zweifel empfinden, wenn die körperliche Existenz des Menschen vergehe, wie es auch bei anderen Tieren und den Pflanzen der Fall sei. Solche Menschen verdienten es, Ungläubige genannt zu werden.

Einige Menschen glaubten so, wenn sie über das Paradies und die Nähe zu Gott nachdenken und darum beten, die menschliche Vollendung und das Ziel ihrer Existenz seien sensualistische Vergnügen und allein darin liege der höchste Grad an Glückseligkeit. Diese Art Menschen und ihre Auffassung werden von Miskawaih eindeutig charakterisiert. Dies sei die Meinung der breiten Masse, der unwissenden und verkommenen Leute.

Frauen im Paradies

Eine Besonderheit ist der Status der Frauen im Paradies. Darüber ist traditionellerweise nicht spezifisch nachgedacht worden; allerdings wird das Thema in anderen Zusammenhängen *auch* behandelt (s. für die folgende Darstellung Smith/Haddad 2002: 157ff.).

Im Koran wird nun deutlich davon gesprochen, dass Frauen und Männer gleichrangig sind, wenn es um die endgültige Glückseligkeit geht. So heißt es in Sure 4,124: „Diejenigen, die etwas von den guten Werken tun, ob Mann oder Weib, und dabei gläubig sind, werden ins Paradies eingehen"; und in Sure 33,73: „So wird Gott nun die Heuchler, Männer und Frauen, und die Polytheisten, Männer und Frauen, peinigen, und so wird Gott sich den Gläubigen, Männer und Frauen, zuwenden".

Die Verantwortung für die eigenen Taten

Nur an wenigen Stellen erwähnt der Koran eindeutig Frauen im Paradies oder im Höllenfeuer; diese wenigen Stellen sind aber für die Religionsgelehrten hinreichend, um zu zeigen, dass Frauen verantwortlich für ihre eigenen Handlungen sind. Den Frauen von Lot und Noah, die in Sure 66,10 zum Höllenfeuer verdammt wurden, sei dies aufgrund ihrer Ungläubigkeit geschehen. Das einzige Mal, dass der Koran eine Bestrafung einer Frau erwähnt, ist der Fall der Frau von Abu Lahab in Sure 111, wo davon gesprochen wird, wie sie ins Höllenfeuer verdammt sei, als Strafe dafür, dass sie sich an der Seite ihres Mannes befunden habe, der einer der entschiedensten Feinde des Propheten war.

Frauen und das Ende der Zeit

In den Hadithen finden wir allerdings vielfache, spezifischere Erwägungen über Frauen im Islam und ihr Schicksal im Jenseits. Sehen wir erst einmal, was in der Hadithliteratur über Frauen und die Zeichen gesagt wird, die das Ende aller Zeiten signalisieren. Diese Zeichen machen keine spezifische Aussage darüber, ob Frauen nun ins Paradies oder ins Höllenfeuer gelangen. Oft wird auf die Umwälzungen Bezug genommen, die der Wiederauferstehung vorangehen. Dem Umsturz der Naturordnung, der im Koran so überaus bildlich dargestellt wird (Sure 18,45; 21,104; 25,27; 50,43) geht traditionell eine Reihe von eschatologischen

Ereignissen voraus, die begleitet werden von Zeichen, die die Zerstörung der ethischen, moralischen und sozialen Ordnung signalisieren. Einige dieser Zeichen, die etliches über die Gesellschaften aussagen, in denen solche Geschehnisse als verwerflich angesehen werden, sind, dass ein Mann seiner Frau gehorchen muss und seinen Eltern nicht, Männer müssen für Frauen arbeiten, eine Frau unternimmt die Pilgerfahrt zusammen mit anderen Frauen ohne Begleitung eines Mannes, völlige sexuelle Freiheit herrsche (auch für Frauen).

Ein zeitgenössischer Autor schreibt, wenn er das Herannahen der Endzeit beschreibt, über 15 verschiedene Übel, an denen wir dies erkennen können. Eines davon sei, dass der Mann seiner Ehefrau gehorche und nicht seiner Mutter. Er schreibt weiter darüber, wie die Frauen jetzt die finanziellen Angelegenheiten des Haushalts regeln, bei männlichen Händlern Kleidung kaufen usw., ohne dass ihre Männer widersprechen.

Im Gegensatz zu dieser Art Alarmismus finden wir in der zeitgenössischen Türkei auch ein ganz anderes Verständnis der Entwicklung der zeitgenössischen Kultur. So sieht ein türkischer Autor die Frauen von heute sich in ihrer Schönheit entwickeln aufgrund des Fortschrittes im Gesundheitswesen und der Hygiene, sieht er die Frauen der heutigen Welt als Paradiesjungfrauen, als eine Art realisierter Eschatologie.

Wenn wir zeitgenössische muslimische Autoren lesen, können wir sagen, dass sie die koranische Auffassung akzeptieren und auch vertreten, dass jeder und jede entsprechend ihren Verdiensten beurteilt wird.

Frauen und Hölle

Ein häufig zitierter Hadith legt nahe, dass die Mehrzahl der Frauen in der einen oder anderen Weise zum Höllenfeuer verdammt ist. Dies beruht auf einer Vision des Propheten, über die er Folgendes berichtet:

„Ich kam beim Höllenfeuer vorbei, als ich die Stärke der Hitze spürte, schrak ich zurück; die meisten, die ich darin sah, waren Frauen, die, wenn du auf sie vertraut hast, das, was ihnen anvertraut worden ist, weitererzählen, und die etwas verbergen, wenn du sie darum bittest, und undankbar sind, wenn ihnen etwas gegeben wird".

In einer anderen Version sagt der Prophet: „Ich sah das Höllenfeuer und habe bis heute keinen schrecklicheren Anblick gesehen. Viele seiner Insassen sind Frauen. Sie sagten: Oh, Gesandter Gottes, warum nur?

Er sagte: Aufgrund ihrer Undankbarkeit. Sie sagten: Sind sie undankbar Gott gegenüber? Er sagte: Nein, aber sie sind undankbar ihrem Gefährten gegenüber und undankbar den Wohltaten gegenüber. Selbst wenn ihr Männer immer Gutes den Frauen tut und eine Frau sieht eine schlechte Sache von euch, wird sie sagen, ich habe nie etwas Gutes von dir gesehen."

Aufgrund dieses Materials kann man annehmen, dass die Sünde des müßigen Geschwätzes und des Vertrauensbruches in der frühen islamischen Gesellschaft recht gravierend gewesen sein muss. Andere Überlieferungen übergehen Hinweise darauf, dass Frauen notwendigerweise im Höllenfeuer landen, verweisen aber darauf, dass sie in ihrer religiösen Praxis Mängel zeigten, wegen der Menstruation, die sie zu gewissen Zeiten vom Fasten abhalte – eine Art Strafe für bestimmte biologische Funktionen. All dies spiegelt aber nicht nur die gerade genannte Verdammnis der Frauen wider, vielmehr geht es um die soziale Kontrolle der Männer über die Frauen, insbesondere bestimmt durch die Beziehungen in der Ehe.

Es gibt einige wenige Berichte über die Anwesenheit von Frauen im Paradies, die an Zahl aber geringer sind als die über die Frauen im Höllenfeuer. Hierbei handelt es sich um Frauen, die sich durch ihren Gehorsam gegenüber ihren Männern auszeichnen; die Funktion sozialer Kontrolle wird auch hier offenbar. Generell schweigt sich die ältere Literatur über die Besonderheiten der Lage von Frauen in der Zeitspanne zwischen Tod und Wiederauferstehung aus.

Huris und Paradiesjungfrauen

Wohl kaum ein Aspekt der islamischen Eschatologie hat die Phantasie von Muslimen *und* Nichtmuslimen gefesselt wie die Beschreibungen der Huris, der Jungfrauen der Paradiesgärten, die im Koran den Gläubigen als Belohnung versprochen wurden, in die deutsche Sprache als Huris aufgenommen. Über mögliche Beziehungen zu Vorstellungen der vorislamischen Zeit und im Koran haben wir bereits etwas gehört.

Die koranischen Beschreibungen der Huris haben als Basis für eine spätere ausgedehnte Beschreibungen gedient. Die Details, mit denen sie beschrieben werden, sind in der Hadithliteratur recht unterschiedlich. Allgemein wird aber von ihnen gesagt, sie seien von den Füßen bis zu den Knien aus Safran, von den Knien bis zur Brust aus Moschus, von der Brust bis zum Hals aus Ambra und aus Kampfer vom Hals bis zum Kopfe geschaffen. In den einschlägigen Hadithen wird häufig mit einer Vielzahl von sieben gearbeitet, und so wird gesagt, die Huris seien bekleidet mit 70 bis 70.000 Gewändern von so feiner Art, dass man durch sie hindurch ihre Knochen sehen könne, denn ihr Fleisch sei so durchscheinend, dass man diese sehen könnte. Die Huris schliefen nicht, würden nicht schwanger, menstruierten nicht, spuckten nicht, schnaubten nicht die Nase, würden nicht krank. Die Bezugnahme auf sexuelle Genüsse für die männlichen Gläubigen ist zahlreich. Deutlich wird in der Hadithliteratur, dass die Huris für den Genuss der männlichen aufrechten Gläubigen geschaffen worden sind.

Von der Art und Weise, in der die Huris in der Hadithliteratur beschrieben werden, wird klar, dass sie von den weiblichen Gläubigen deutlich zu unterscheiden sind. Manche Überlieferungen erzählen, dass die Huris, die für einen Gläubigen bestimmt seien, die irdische Ehefrau als Rivalin ansehen. Wenn die Details der Beziehungen, die Männer im Paradies eingehen, recht detailliert ausgearbeitet sind, ist in den Hadithen weit weniger klar, welche Rolle die gläubigen Frauen im Paradies spielen. Von diesen Frauen heißt es, sie hätten jeweils einen Ehemann (von den Männern heißt, sie hätten alle irdischen Frauen und 70 oder mehr Huris). Hatte die Frau mehr als einen Ehemann auf Erden, ist die Lage unklar: Manchmal heißt es, sie bekomme den letzten Ehemann im Paradies, manchmal heißt es, den besten; manchmal auch, sie habe die Wahl unter ihren Ehemännern.

Schauen wir in einen modernen Kommentar über die Huris, sehen wir, dass die Beziehung zwischen Huris und gläubigen Frauen nicht vollständig geklärt wird. Mit Bezug auf Sure 2,225 („und in ihnen [den Paradiesgärten] sind reine Jungfrauen") heißt es so in einem Kommentar, diese Jungfrauen hätten keine körperlichen Mängel, die es in der natürlichen Welt gebe, z. B. die Menstruation oder Blutverlust nach der Geburt, und sie seien auch nicht hinterlistig in irgendeiner Form, denn sie seien von vollkommener Reinheit. Es heißt dann weiter, die Frauen des Paradieses seien die guten Gläubigen, die im Koran Huris genannt würden. Der Kommentator vermeidet es offensichtlich, klare Unterscheidungen zwischen diesen Kategorien weiblicher Wesen zu treffen, und er sagt, die Frage der Gefährtinnen im Paradies sei eines derjenigen Probleme, die nicht lösbar seien. Man halte sich an das, was Gott gesagt habe, ohne etwas wegzunehmen oder hinzuzufügen, die Natur dieser Sachen könne man nicht hinterfragen. Ein anderer Korankommentar schreibt, diesbezüglich gelte für ihn nur ein Hadith als authentisch, der sich in den Sammlungen von al-Buchari und Muslim finde, in dem es heiße, die Glücklichen hätten im Paradiesgarten zwei Frauen, eine Huri und eine irdische.

Die meisten zeitgenössischen Korankommentatoren vermeiden es, insbesondere die Beziehungen zwischen Huris und weiblichen Gläubigen zu thematisieren.

Im Gegensatz zur traditionellen Betonung der besonderen physischen Freuden, die der Gläubige mit den Paradiesjungfrauen erfahren konnte – bis dahin sogar, dass der Gläubige, wenn er es will, Kinder haben kann –, gibt es wenige solche Diskussionen in der zeitgenössischen Literatur. Die meisten zeitgenössischen Autoren stimmen darin überein, dass es keine Fortpflanzung im Paradies gebe und die sinnlichen Freuden nicht so zu verstehen seien, dass sie denen im Diesseits ähnelten. Dies knüpft an die modernistische Vorstellung an, die Freuden des Paradieses seien nur vage vorgeformt in den weltlichen Freuden.

Wenn wir in irgendeiner Weise die zeitgenössischen Haltungen zu den einzelnen Merkmalen der jenseitigen Welt charakterisieren wollen, können wir sagen, dass es ein Gefühl gibt, dass sie wirklich jenseits des menschlichen Verständnisses sind, dass man auf sie vielleicht analog den Beschreibungen des Korans Anspielungen machen kann, die aber nur wirklich zu erfahren sind, wenn man in den völlig erneuerten Zustand jenseits aller Zeit eintritt, der da kommen wird.

Neue Fatwas über Frauen und Paradies

Betrachten wir abschließend einige neuere Fatwas. Im Online-Dienst IslamOnline.net stellte am 9. Dezember 2004 eine *Muslimah* („Muslimin“) die Frage, wie Frauen im Paradies belohnt werden, da sie im Koran nur Passagen über den Lohn der Männer finde. Die Antwort führt zahlreiche Koranverse an, in denen die Gleichrangigkeit in der Belohnung von Frauen und Männern konstatiert wird. Spezifisch ist eine Stelle, an der der Mufti oder die – anonymen – Muftis sagen, dass eine Frau, die mit mehreren Männern verheiratet gewesen sei, für sich unter diesen denjenigen mit dem besten Charakter und Verhalten auswählen könne (IOL Shari'ah Researchers 2004).

Die Frage nach der unterschiedlichen Belohnung von Frauen und Männern wird in der Bitte um eine Rechtsauskunft einer *Muslimah – United Kingdom* vom 23. August 2005 gestellt. Die Fragestellerin schreibt, dass manche traditionelle Muslime glauben, dass gläubige Männer im Paradies mit 70 extra für sie geschaffenen Jungfrauen und zwei gläubigen Frauen aus dem Diesseits belohnt würden. Dies sieht sie als herabwürdigend und beleidigend an. Die Fragestellerin konstatiert, in der traditionellen muslimischen Literatur sei der Himmel ein Ort, der speziell für Männer geschaffen sei. Sie resümiert, dass dieser Himmel die simple Verlängerung der Erde sei, auf der die Männer durch straflose Polygamie und unbegrenzten Sex mit Frauen Kontrolle und Herrschaft über die Frauen erlangt hätten. Wie könne es sein, dass Gott nur dem männlichen Geschlecht Erfüllung verheißen habe und nicht dem weiblichen? Nun hätten einige Gelehrte geschrieben, Gott werde die „Eifersucht" aus den Herzen der Frauen entfernen und deshalb sollten diese sich nicht sorgen. Es gehe nicht um die Erfüllung der Wünsche der Frauen; diese würden einer Gehirnwäsche unterzogen. Gott könne doch auch die Begierde, mehrere Frauen zu haben, aus den Herzen der Männer entwerfen, um die weiblichen Gläubigen zu befriedigen.

Die Fragestellerin argumentiert weiter und gelangt zu der Frage, ob denn Gott Männer mehr als Frauen liebe. Schließlich erhalte ein männlicher Märtyrer 70 Frauen, während die Gläubige, die im Dschihad auf dem Wege Gottes sterbe, weiterhin ihren Mann mit anderen Frauen teilen müsse. Es treffe sie tief, wenn nun Gott sie im Jenseits immer ungleich behandele – wie groß auch immer ihre Mühen seien.

In der Antwort des Teams von IslamOnline wird versichert, dass im Jenseits keine Diskriminierung zwischen den Geschlechtern bestehe. Beide würden entsprechend ihren Bedürfnissen im Paradies belohnt. Dies können wir wohl als das Öffnen einer Hintertür verstehen, durch die das Team seine Meinung hineinlässt, Männer und Frauen hätten nun einmal unterschiedliche Bedürfnisse – und damit sei die Frage hinfällig. Unterstützend wird Sano Koutoub Moustapha zitiert, Professor für islamisches Recht an der International Islamic University in Malaysia. Er sage, dass die Polygamie der Männer im Jenseits kein Problem sei, da ja nicht zwangsläufig alle gläubigen Männer sich so belohnen müssten. Sie könnten sich auch dagegen entscheiden. Auch werde jeder Muslim, ob männlich oder weiblich, erhalten, was er oder sie wünsche. Eine Frau könne also wünschen, dass ihr Mann nicht mehrere Frauen haben solle. Das werde ihr gewährt. Zugleich könne dem Mann auch die Erfüllung seines Wunsches gewährt werden, wenn er mehrere Frauen wünsche. Gott werde wissen, auf welche Weise beide Wünsche zugleich erfüllt werden können ...

Garten und Paradies

Der Garten als göttlicher Garten hat seinen Ursprung in altorientalischer Zeit. Als Paradiesgarten wird er im Iran unter den Achämeniden greifbar; der Begriff Paradies ist aus dem Persischen (*pairidaeza*) in die europäischen Sprachen gelangt (Moynihan 1980). Im Iran sehen wir eine der wichtigsten Strukturen sogenannter islamischer Gärten entstehen: den *chaharbagh*, der aus zwei Achsen besteht, die sich im Winkel von 90 Grad schneiden und vier gleiche Quadrate voneinander trennen, durchzogen von Wasserläufen und oft verbunden mit einer monumentalen Architektur.

„Islamische Gärten" sind vom islamischen Spanien und dem Maghreb bis nach Südasien mit den Moghulgärten und weiter verbreitet. Wenn es auch vielerlei Verbindungen gibt, können wir sagen, dass sich im Maghreb und al-Andalus Einflüsse aus der römischen Kultur zeigen, des *hortus conclusus*, der sich zum Palastgarten weiterentwickelte, in dem die Natur zum Bestandteil einer Prestigearchitektur wird, und außerdem Nutzgärten, in denen Obst und Gemüse gezogen, die aber zugleich als öffentliche Parks dienten (Barrucand 1988). Aber auch im Osten hat sich unter den Moghulherrschern ein eigener Typ des Gartens entwickelt, der Wasserfrontgarten, der aus der geographischen Situation entstand, dass diese Gärten an einem langsam fließenden Fluss angelegt wurden, sodass die Hauptgebäude nicht mehr im Zentrum des Gartens lagen, vielmehr wurden sie am Flussufer auf langen Terrassen errichtet. Der Garten lag dann an der Landseite des Hauptgebäudes (Koch 1997).

In Anknüpfung an den Koran und die dort zu findenden Paradiesbeschreibungen wird der islamische Garten häufig als Versuch gesehen, ein irdisches Pendant zum himmlischen Paradiesgarten zu schaffen. Diese Sicht vergisst, dass diese Gärten eine Vielzahl von Nutzungen erfuhren: als Zeichen für die herrscherliche Kontrolle über die Natur, als Lustgarten u. Ä., Nutzungen also, die durchaus weltlich sind. Die religiöse Dimension ist davon nicht absolut zu trennen, eine rein spiritualisierende Sicht ist aber zu beschränkt (Ruggles 2000). Sie zielt meistens auf die Konstruktion einer einheitlichen Essenz muslimischer Kultur ab, die eines gewiss nicht ist: verständnisfördernd. Dichterworte wie die in der Audienzhalle des roten Forts von Delhi sollten wir vielleicht besser als literarische Übertreibung verstehen und nicht als Identifizierung: „Wenn es einen Paradiesgarten [*firdaus*] auf Erden gibt, dann ist es dieser, dann ist es dieser."

Die Vielfalt der Funktionen des Gartens finden wir z. B. in der persischen Volksliteratur wieder, in der er nicht nur als Repräsentant des Paradiesgartens auf Erden gedacht wird. Er ist vielmehr der Rahmen vielfältiger Aktionen, sogar militärischer, ein Ort, an dem sich übernatürliche Dinge manifestieren, ein Weg, in den Palast vorzudringen etc. (Gaillard 1991).

Wasser spielt in den islamischen Gärten eine wichtige Rolle. Das Tröpfeln, Fließen und Bewegen des Wassers bilden einen der wichtigsten Sinneseindrücke – neben der praktischen Funktion in der Bewässerung. Aber auch die Düfte der Blumen und anderen Pflanzen sind von großer Bedeutung. Die Abhandlung von Ibn Sina über die belebenden Düfte legt Zeugnis für die therapeutische Bedeutung ab, die den Düften zugeschrieben wird (Husain 2000).

Gartenteppiche zeigen den Einfluss der Gartenvorstellung über die Literatur hinaus. In den Gartenteppichen, die bereits für die Achämenidenzeit erwähnt werden, sehen wir die iranische viergeteilte Gartenstruktur wieder. Aber auch andere florale Elemente sind in ihrer ganzen Vielfalt zu finden.

Der Einfluss und die Bedeutung von Zeichen, die sich auf Gärten, Pflanzen und florale Elemente in den muslimischen Kulturen beziehen, bedarf allerdings noch einer genaueren Untersuchung.

Sufismus

Ein wichtiges Phänomen haben wir bereits häufig erwähnt: den Sufismus. Wir werden auch hier wieder dem Garten begegnen. Sufismus, arab. *tasauwuf* (*taṣauwuf*), bezeichnet, so eine vielleicht treffende Definition, eine spirituelle Reise – und dann beginnen die Probleme: zu Gott, zum All-Einen, zum Vergehen der Individualität, durch jeweils unterschiedliche Mittel ... Sufismus wird auch als Schnittpunkt verschiedener Reisen bezeichnet: die persönliche Reise auf dem sufischen Pfad, die tatsächliche Reise eines sufischen Heiligen zu seinem späteren Heiligtum (z. B. in Pakistan), die Pilgerreisen der Schüler zu diesem Heiligtum oder auch die umgedrehte koloniale Reise von Ost nach West, auf der neue britische Sufis den Sufismus in ein früher christliches Land bringen (Werbner 2003: 14).

Da diese Reise sich zu einem wichtigen Teil auf innere Entwicklungen bezieht, wollen wir mit diesen beginnen. Diejenigen, die diese Reise beginnen, werden als Sufis bezeichnet, im persischsprachigen Raum auch als Derwische oder Fakire.

Die Reise kann in verschiedene Abschnitte, *makamat* (*maqāmāt*), unterteilt werden, die der Sufi mittels Disziplin und Anstrengung erreicht; manchmal wird auch gesagt, es gebe bestimmte Zustände (*aḥwāl*), die durch göttliche Gnade gewährt und nicht durch menschliche Anstrengungen beeinflusst werden.

Die erste Station (und da gibt es eine gewisse Einigkeit) ist die Reue, eine Abwendung von Sünden, von der materiellen Welt und ein Sich-Zuwenden zum sufischen Pfad. Aber andere Entwicklungen zeigen, dass es durchaus möglich ist, in der Welt und zugleich Sufi zu sein.

Einige Stationen seien nach einem sufischen Handbuch des 11. Jahrhunderts noch genannt:

- *tawakkul* (Vertrauen): die absolute Zufriedenheit mit dem, was Gott gewährt. Es ist „Streben danach, dass die Dinge der Welt dir trotz des ernsten Bedürfnisses nach ihnen nicht nahe kommen und dass du immer wahrhaft zufrieden bist mit Gott, obwohl du von diesen Dingen abhängig bist";
- *dhikr* (*ḏikr*) (Erinnern, Innewerden): die Erfahrung, ständig Gottes bewusst zu sein. *Dhikr* „ist die wirkliche Grundlage dieses Pfades. Niemand erreicht Gott, außer durch ständiges Erinnern an Ihn. Es gibt zwei Arten des Erinnerns: das mit der Zunge und das mit dem Herzen";
- *wilaja* (*wilāya*) (Gottesfreundschaft): der Sufi, der sich völlig Gott überantwortet hat, durch Gott Schutz vor großen Sünden erhält und mit der Fähigkeit zu Wundern begabt wird;
- *mahabba* (*maḥabba*) (Liebe): die Antwort des Sufis auf die Liebe Gottes, die als verzehrende Liebe beschrieben wird.

Viele weitere Stationen könnten genannt werden; in unterschiedlichen Handbüchern finden wir unterschiedliche Bezeichnungen. Wie kommt man auf diesem Pfad voran?

Zuerst braucht es einen geistigen Führer, einen Scheich, einen Pir (*pīr*) o. Ä., was manchmal bestritten wird. Sehr weit fortgeschrittene Adepten des Sufismus haben gesagt, sie benötigten keinen menschlichen Führer, aber der „gewöhnliche" Sufi benötigt einen solchen. Diese Rechtleitung auf dem Pfad kann flexibel gehandhabt werden. Sie geschieht z. B. auch durch Visionen. Wir finden so häufiger erwähnt, dass ein zukünftiger Sufi durch einen Traum zu einem bestimmten Scheich geführt wird. Auf diesem Wege kann ein Schüler auch mit einem verstorbenen Meister in Verbindung treten.

Aber üblicherweise verschreibt sich ein Schüler, *murid* (*murīd*), einem lebenden Meister. Der Schüler schuldet seinem Meister absoluten Gehorsam bis hin zum Vollführen unrechtmäßiger Handlungen. So heißt es in einer Geschichte, ein berühmter Scheich habe einmal einem jungen Mann befohlen, das Fastengebot im Ramadan zu brechen und mit ihm zu essen. Der Schüler sollte aber auch Liebe zu seinem Scheich pflegen, als eine Art Übungsfeld für die von ihm zu entwickelnde Liebe zu Gott. Das Resultat solcher Übungen ist das „Vergehen im Scheich", das Auslöschen der Individualität des Schülers ist eine wichtige Voraussetzung für geistigen Fortschritt. Als Zeichen für einen auf seinem Weg weit vorangeschrittenen Sufi, den Gottesfreund, kann die Fähigkeit gelten, Wunder zu wirken.

Gottesfreunde zeichnen sich also durch besondere Wunder, *karamat* (*karamāt*), aus. Durch diese Wunder bestätigt Gott den Vorrang der Sufis. So heißt es bei asch-Scha'rani (gest. 1565), dem Verfasser einer der berühmtesten sufischen Abhandlungen: „Einer der stärksten Beweise dafür, dass die Partei der Sufis auf einem sehr soliden Fundament der Religion fußt, sind die Huldwunder [...], die durch sie geschehen. Nichts kommt je davon bei einem Rechtsgelehrten vor, es sei denn, er schreite auf ihrem Pfad."

Einige Beispiele: Ibrahim ibn Adham (gest. 776 oder später) hielt einmal einen Fallenden in der Luft auf – bis er ihn wieder nach oben schleudern konnte. Immer wieder wird berichtet, dass Sufischeichs einen ganzen Raum ausfüllen konnten, dann wieder auf normales Maß schrumpften. So geschah es bei Abu Jazid al-Bistami (gest. 875). Angesichts von wilden Tieren zeigt ein Freund Gottes keine Furcht. Ein Gottesfreund wurde einem Löwen vorgeworfen. Dieser beschnupperte ihn nur. Als man den Gottesfreund herausgeholte, fragte man ihn, was denn in ihm vorgegangen sei, als der Löwe ihn beschnupperte. Er gab zur Antwort, er habe über den Meinungsstreit der Rechtsgelehrten betreffend den Speichel der wilden Tiere nachgedacht ... Den marokkanischen Heiligen Abu Ja'ssa (gest. 1177) konnte niemand anschauen, ohne vom Strahlen seines Gesichtes geblendet zu werden. 'Ali Hamadani (ʿAlī Hamadānī) (gest. 1385) soll eines Abends mit 40 Männern, und zwar mit jedem alleine, zur selben Zeit gespeist haben und danach ein Gedicht verfasst haben. Die Heiligkeit eines indischen Scheichs aus dem 15. Jahrhundert war so strahlend, dass die Kleider, die er einmal angezogen hatte, immer rein blieben und nicht mehr gewaschen zu werden brauchten. Bibidschiw (gest. 1647) steckte ihre Hand in einen Ölkrug, in dem dann die benötigte Menge Milch zu finden war. Die Anwesenheit eines Gottesfreundes kann Kranke heilen. So wurde ein Novize des Muhammad Salim al-Hifni (gest. 1767) von seiner Lahmheit geheilt, als dieser in sein Zimmer trat. Noch heute wird von Bilokalität von Sufischeichs berichtet (Gramlich 1987).

Die Rechtfertigung für die absolute Autorität des Scheichs – jenseits solcher Wunder – ist einfach. Jede Meister Schüler-Beziehung ist Teil einer langen Kette, die auf den Propheten Muhammad zurückgeführt wird. Jeder Sufi hat eine Art spirituellen Stammbaum, der auf den Begründer eines speziellen Pfades, einer *tarika*, zurückgeführt wird; etliche Sufis rechnen sich auch mehreren „Pfaden" zu, die alle schließlich auf den Propheten zurückgeführt werden. Die Himmelsreise des Propheten dient dabei häufig als eine Art Beispiel für den sufischen Weg.

Aus diesen Ketten entwickelten sich recht naturwüchsig dann die festeren Formen des Sufismus: die irrig „Orden" genannten Organisationen, die auf eine Art Gründervater zurückgeführt wurden und sich

u. a. durch spezifische rituelle Praktiken voneinander unterschieden. Genannt werden sie eben *tarika* (*ṭarīqa*, pl. *ṭarīqāt*, *ṭuruq*), „Weg" oder „Pfad".

Die wichtigste Praxis ist der bereits erwähnte *dhikr* (*ḏikr*), wörtlich übersetzt: das Erinnern oder Eingedenken (Gottes). Dieser kann individuell und auch in Gruppen vollzogen werden. Es handelt sich um die Anrufung Gottes entweder in Stille oder laut, bis hin zu ekstatischen Ausrufen, Kreisgesängen u. Ä. Ein Streitpunkt ist, ob dabei Musik gespielt und gehört werden kann. Die Praxis des *dhikr* hat insbesondere in Südasien zur Entwicklung einer ganzen Anzahl von Genres sufischer Gesänge geführt, bekannt sind etwa die Qawwali-Sänger aus Pakistan. Auch Tanz kann zum *dhikr* gehören. Das bekannteste Beispiel dürften die inzwischen sehr touristisch vermarkteten „tanzenden Derwische" der Mevleviya sein, die sich auf Dschalaladdin Rumi (gest. 1273) zurückführen, der das Universum als ein harmonisches Ganzes ansah, in dem jeder Teil mit den anderen in einer Liebesbeziehung steht, die letztlich auf Gott gerichtet ist.

Kommen wir zur historischen Betrachtung. Wir können die Ursprünge dessen, was als Sufismus bekannt wurde, im 8./9. Jahrhundert in der starken Frömmigkeit finden, etwa bei Personen wie al-Hasan al-Basri (gest. 728), den die Sufis später als einen der ihren anerkannten. Wenn von dieser Frömmigkeit die Rede ist, lesen wir eine Vielzahl von Begriffen, aber am häufigsten tritt der Begriff *suhd* auf, der oft mit „Askese" übersetzt wird. Diese Übersetzung, die direkt auf die Praktiken christlicher Asketen zielt, führt uns aber in die Irre. Wenn von *suhd* die Rede ist, ist nicht etwa das Kasteien im Sinne christlicher Säulenheiliger gemeint. Das Konzept meint vielmehr, dass der Gläubige sich in gewissem Maße den Forderungen der Welt gegenüber abschottet und sich auf die ethischen Forderungen des Glaubens konzentriert. *Suhd* heißt eben nicht, alle Verbindungen mit der Welt zu kappen, sich völlig von ihr zurückzuziehen, sich gar dem Zölibat zu unterziehen. Ein *sahid* (*zāhid*), jemand, der sich dem *suhd* verpflichtet, konnte so wie der nordafrikanische Rechtsgelehrte Sahnun (gest. 854) durchaus etliche Olivenhaine sein Eigen nennen. Einige prominente frühe Fromme waren auch engagiert im militärischen Dschihad an der byzantinischen Grenze. Hier finden wir dann Anknüpfungspunkte für die Vorstellung, *suhd* umfasse eine Indifferenz gegenüber weltlichen Dingen, die später dann von einigen Sufis aufgenommen wurde. Die frühe muslimische Askese ist allerdings noch kein Sufismus im späteren Sinne.

Wichtige frühe „Asketen" sind: Abu Dharr al-Ghifari (gest. 653), ein Prophetengefährte, der der Tradition nach asketische Tendenzen zeigte und von späteren Sufis als das Urbild des *fakir (faqīr)* verstanden wird, der die Armut auf sich nahm, um den Reichtum Gottes zu erfahren. Später wurde er im Gefolge des arabischen Sozialismus zu einer Art Ursozialisten stilisiert. Al-Hasan al-Basri wurde bereits genannt. Rabi'at al-'Adawiya (gest. 801), eine der berühmten Frauen des frühen Sufismus, der zugeschrieben wird, das Motiv der Liebe in den Sufismus eingeführt zu haben (u. a. gegenüber der etwas düsteren Auffassung des al-Hasan al-Basri). Ibrahim ibn Adham (gest. 776 oder 790), eine legendäre Figur, dessen Geschichte verdächtig der des Buddha ähnlich ist. Al-Muhasibi (gest. 857), ein Baghdader Religionsgelehrter, der die Gottesfurcht und die genaue Beachtung der religiösen Schriften betonte, aber sich gegen übertriebene Zurschaustellung von Frömmigkeit wandte. Dhu 'n-Nun (gest. 859 oder 861), ein ägyptischer Sufi, dem eine ganze Reihe von Wundergeschichten und magischen Legenden zugeschrieben werden. Er soll den Begriff der *ma'rifa* (*maʿrifa*), der mystischen Erkenntnis, eingeführt haben. Abu Jasid al-Bistami (gest. 874), ihm werden eine Vielzahl „trunkener" Verse zugeschrieben, insbesondere sein Ausruf: „Preis sei mir!"

Einer der bekanntesten Glaubenszeugen des Sufismus ist al-Husain ibn Mansur al-Halladsch (gest. 922), der hingerichtet wurde, weil er Dinge sagte und schrieb wie: „Wenn ihr Gott nicht erkennt, so erkennt doch wenigstens seine Zeichen. Ich bin dieses Zeichen, ich bin die Wahrheit (*ana 'l-ḥaqq*)." Dies wurde verstanden als Versuch des al-Halladsch, sich mit Gott gleichzusetzen.

Sufische Handbücher

Die Entstehung sufischer Handbücher, die den Suchenden auf dem Pfad des Sufismus Anleitung bieten, zeigt, dass die Vorstellung, der Sufismus sei etwas „Mystisches", das recht frei mit den bestehenden islamischen Traditionen umgeht, in die Irre führt. Um den Weg, die *tarika*, richtig zu beschreiten, gilt es u. a., sich nach dem in den Hadithen überlieferten Vorbild des Propheten und der frühen muslimischen Gemeinschaft zu richten. Es geht also um ein Unterfangen, das sich an Autoritäten orientiert, nicht um eine freie spirituelle Suche.

Die sufischen Handbücher sind somit Zeichen einer Verfestigung und zunehmenden Kohärenz des Sufismus, die ihren Ausdruck in der Bildung organisatorischer Formen der bereits erwähnten *tarika*s fanden. Parallelen eines Institutionalisierungsprozesses gibt es in der Gründung von höheren islamischen Bildungsanstalten, den Medresen, der Etablierung der Rechtsschulen etc. Die *tarika*s gingen aus vom ursprünglichen Meister-Schüler-Verhältnis. Sie bildeten lange Ketten solcher Beziehungen aus, die auf eine bestimmte Gründerfigur zurückgeführt wurden. Von wirklich organisierten Formen können wir ab dem 13. Jahrhundert sprechen. Durch die *tarika*s war es möglich, den bisher hauptsächlich auf Personen zentrierten Sufismus in eine Art Massenbewegung zu verwandeln. Organisatorische Mittelpunkte der *tarika*s waren sufische „Konvente". Wichtige sufische *tarika*s sind:

- *Kadirija (Qādirīya)*, benannt nach 'Abdalkadir al-Dschilani (gest. 1166), verbreitet von Indonesien bis Nordwestafrika. Sein Grab in Baghdad ist/war ein wichtiger Wallfahrtsort. Im 20. Jahrhundert war die *tarika* im Widerstand gegen den französischen Kolonialismus in Algerien eingebunden.
- *Suhrawardija (Suhrawardīya)*, benannt nach 'Abdalkahir as-Suhrawardi (gest. 1168). Die Suhrawardis etablierten sich in Indien im Gebiet des heutigen Südpakistan. Die *tarika* ist für die strikte Kontrolle des Meisters über den Schüler bekannt.
- *Rifa'ija (Rifāʿīya)*, benannt nach Ahmad ar-Rifa'i (Aḥmad ar-Rifāʿī) (gest. 1182), bekannt als „heulende Derwische" nach der Art ihres *dhikr* und etlichen merkwürdigen Praktiken: das Essen von Schlangen, das Nehmen von heißem Eisen in den Mund und Piercing verschiedener Art.
- *Nakschbandija (Naqšbandīya)*, gegründet von Baha'addin Nakschband (gest. 1389) aus Buchara. Die Nakschbandis gewannen schnell viele Anhänger und wurden zu einer der weitverbreitesten sufischen Strömungen mit Schwerpunkten in Zentralasien, dem indischen Subkontinent und der Türkei. Sie betonen den stillen *dhikr* und den strikten Gehorsam der Scharia gegenüber. Auch sind sie positiv dem Engagement in der Welt und in der Politik gegenüber eingestellt.
- *Mevlewija (Mevlevīya)*, benannt nach dem Titel *mevlānā*, „unser Meister", des türkisch-persischen sufischen Dichters Dschalaladdin Rumi (gest. 1273). Im Westen wurden die Mevlevis aufgrund ihrer spezifischen Art des *dhikr* als „Tanzende Derwische" bekannt. Im Osmanischen Reiche hatten sie einen gewissen Einfluss am Hofe.
- *Bektaschija (Bektašīya)*, gegründet um 1300, eng mit dem osmanischen Armeekorps der Janitscharen verbunden. Sie gelten als synkretistisch mit christlichen und schiitischen Einflüssen und Ritualen wie dem sakramentalen Mahl von Brot und Wein.
- *Tschischtija (Čištīya)*, benannt nach einem Ort im Iran, gegründet im 13. Jahrhundert, weit verbreitet in Indien mit besonderem Appeal in den unteren Schichten. Es ist die wichtigste Strömung auf dem indi-

schen Subkontinent, außerhalb kaum bekannt. Die Scheichs der *Tschischtija* näherten sich im Auftreten dem Bild heiliger Männer anderer indischer Religionen an (Ernst/Lawrence 2002) und benutzten lokale Sprachen als Medium ihrer Dichtung. Volkstümliche Legenden beschrieben die Wunder dieser Heiligen mit Begriffen aus den lokalen indischen Kulturen, nannten Indien sogar als Heiliges Land der Muslime (Ernst 2004: 245).

Tidschanija (*Tiǧānīya*), benannt nach ihrem Gründer Ahmad at-Tidschani (gest. 1815), gegründet um 1781 als Reaktion auf die hierarchische Kadirija als eine Art „Islam der Armen". Die Tidschanija war Teil der *dschihad*-Bewegungen in Westafrika im 18./19. Jahrhundert. Sie ist besonders in Westafrika verbreitet. Die Novizen müssen u. a. den *tidschani wird* (*tiǧānī wird*), eine Reihe genau definierter Formeln, aussprechen, wenn sie dieser Strömung beitreten. Der Zweig des Ibrahim Nijass (gest. 1975) ist heute auch in Europa und Nordamerika verbreitet und vertritt die Auffassung, jeder Gläubige – und nicht nur religiöse Spezialisten – könne mystische Erkenntnis erlangen (Triaud/Robinson 2000).

Eine besondere Erscheinungsform heiliger Männer (und Frauen) im weiteren sufischen Kontext sind die Gottesnarren (Dols 1992; Düdükçü 2007). Sie werden mit verschiedenen Namen benannt. Wir wollen uns nur die Bezeichnung Madschnun (*maǧnūn*) merken, die jemand bezeichnet, der von einem Dschinn besessen, also verrückt ist. Gottesnarren zeichnen sich durch eine Vielfalt von Handlungen aus, die außerhalb des „normalen" Alltagshandelns liegen. So wird von Gottesnarren berichtet, die des Öfteren nackt herumliefen oder sich ständig drehten. Eine Frau stand lange aufrecht, ohne sich zu bewegen. Selbst ganze Strömungen können wir unter den Begriff des Gottesnarrentums fassen. So heißt es über die *Kalandarija* (*Qalandarīya*):

„Mit dem Wort *qalandariya* bezeichnet man Leute, deren Reich das Vergnügtsein ihrer Herzen ist, sodass sie Sitte und Brauch niederreißen und das Gebundensein an die guten Sitten des gesellschaftlichen Umgangs abwerfen und sich auf dem Tummelplatz der Herzensfröhlichkeit tummeln. Sie haben wenig gottesdienstliche Werke, wie Fasten und Gebet, aufzuweisen, es sei denn die unbedingt obligatorischen Pflichten. Es macht ihnen nichts aus, die Freuden der Welt zu genießen, was immer davon durch die Konzessionen des Heiligen Gesetzes erlaubt ist. Und oft halten sie sich überhaupt nur an diese Konzessionen [...] Dabei machen sie sich zur Regel, nichts aufzuspeichern; jedes Sammeln und Ansammeln von Gütern unterlassen sie". (Ritter 1978: 487f.)

Das Abwerfen der „guten Sitten des gesellschaftlichen Umgangs“ ist auch ein Kennzeichen der Mitglieder der Unterwelt, die sich als Sufis ausgaben, um durch Bettelei und Tricks die Herzen (und Geldbörsen) der Gläubigen zu öffnen (Bosworth 1976).

Eine wesentliche Etappe der Entwicklung der sufischen Doktrin ist mit dem Namen Muhjiaddin Ibn al-'Arabi (gest. 1240) verbunden. Diese herausragende Persönlichkeit des Sufismus wurde in Murcia auf der Iberischen Halbinsel geboren und wanderte später in den arabischen Osten, wo er sein Leben in Damaskus beschloss. Er entwickelte eine eigenständige Schule des Sufismus, die der *wahdat al-wudschud* (*waḥdat al-wuǧūd*), der „Einsheit des Seins“. Sein umfangreiches Werk soll 250 bis 300 Schriften, manchmal werden auch mehr genannt, umfassen: kleine Pamphlete, aber auch vielbändige Werke. Diese Schriften beschäftigen sich mit einer Vielzahl von Themen, in denen allen er seine Lehren versucht darzustellen. Seine Werke zeichnen sich dadurch aus, dass er seine Ideen oft im Rahmen traditioneller islamischer Wissensdisziplinen vortrug, um seine mystischen Erfahrungen zu vermitteln. Allerdings betrachtete er die konventionelle Gelehrsamkeit mit ihrer Autoritätsgläubigkeit als ein Zeichen für die spirituelle und intellektuelle Unreife der muslimischen Gemeinschaften.

Um diese Haltung aufzubrechen, nahm Ibn al-'Arabi auch Zuflucht zu schockierenden Paradoxa, durch die er seine Zeitgenossen aufzuwecken versuchte, sodass sie die von ihm konzipierte Realität einer alles übergreifenden Einheit aller Elemente der Welt erfassen sollten. Seine Werke oszillieren zwischen Exegese, Dichtung, Recht, Theologie u. a. m. Sie sind derart dicht formuliert, dass die Debatte über ihre Deutung bis heute nicht abgeschlossen ist.

Seine Lehre können wir kaum in kurzer Form zusammenfassen. Einige Bemerkungen müssen genügen. Ibn al-ʿArabī sieht die Welt als Produkt der Selbstreflexion Gottes, die seine einmalige und unteilbare Essenz dazu veranlasste, sich in den Dingen und Phänomenen der dinglichen Welt zu spiegeln. Gott ist in diesem System nicht der absolut transzendente Gott der Gelehrten, was ihm vehemente Kritik seitens konventioneller Gelehrter eintrug (Knysh 2000: 168). Er ist aber auch kein pantheistisch in seiner Schöpfung wiederzufindender Gott. Vielmehr unterscheidet Ibn al-'Arabi durchaus zwischen dem umgrenzten Sein der Geschöpfe und dem absoluten Sein Gottes, deren Gemeinsamkeit das Sein ist, das gegen das Nichts steht. Die Kritik an Ibn al-'Arabi begann schon recht früh und wurde auch nach seinem Tode weitergeführt (Knysh 1998). Noch im letzten Viertel des 20. Jahrhunderts verbot das ägyptische Parlament Schriften von Ibn al-'Arabi.

Ein anderer Weg, sich Gott zu nähern, lässt sich umreißen als ein Versuch, ein Band zwischen dem Sufi und dem Propheten zu knüpfen. Dies geschieht nicht nur auf esoterischem Wege. Zuerst muss sich der Schüler intensiv mit dem Leben des Propheten (*sīra*) vertraut machen, alle Einzelheiten, alle Anekdoten kennen und die Sammlungen der Hadithe, die Überlieferungen vom Propheten intensiv studieren.

Dieser Sufismus der „Leute des Hadith" (*ahl al-ḥadīṯ*) tritt immer wieder in der Geschichte des Sufismus auf. Die *imitatio muhammadi* bleibt allerdings oberflächlich, wenn sie sich nur auf die äußeren Handlungen beschränkt, sie muss auch, so viele Sufis, auf spiritueller Ebene erfahren werden. Die Lektüre der Hadithliteratur ist Teil des Initiationsprozesses. Wenn der Schüler das Wort des Propheten, seines eigentlichen Lehrers, hört, gelangt er in einen besonderen Zustand der Kontemplation. Schließlich gelangt der Schüler zu einer Verbindung mit der „spirituellen Präsenz" (*rūḥānīya*) des Gottesgesandten, die er in sich selber verwirklicht. Diese Präsenz ist eine Form, in der man *de visu* (*ʿiyānan*) eine subtile Präsenz des Propheten erfährt, die nach einer Phase der inneren Reinigung und des Versuchs, eine Übereinstimmung mit dem prophetischen Vorbild zu erreichen, möglich sein kann.

Persisch-indischer Sufismus

Eine eigenständige Entwicklung hat der persisch-indische Sufismus erlebt. Wichtig ist die reich entfaltete persischsprachige Dichtung, von der wir einige Beispiele geben wollen.

Sana'i (gest. 1131), der im heute afghanischen Ghazna lebende Poet, gilt als einer der Begründer der persischen sufischen Dichtung. Eines seiner Gedichte sei hier zitiert: „Macht nicht den Körper und nicht die Seele zu eurem Aufenthaltsort, / der erste ist inferior, die zweite erhabener. / Bewege dich fort von diesen beiden Zuständen; bleib weder hier noch dort." (De Brujin 1997: 41) Gemeint ist hier die Überschreitung einfacher Dualitäten, die zu höherer Erkenntnis führt.

Der sufische Weg wird auch in die Metaphorik von Gärten gefasst. So sagt in seinem *Gulschan-i ras* (*Gulšan-i rāz*) (Rosengarten des Geheimnisses) der Dichter Mahmud Schabestari (gest. 1320): „Aus jenem Garten [*gulšan*] nahm ich etwas Duft, / gab ihm den Namen ‚Rosengarten des Geheimnisses' [*Gulšan-i rāz*]; / in ihm haben sich entfaltet Rosen aus dem Geheimnis des Herzens [*rāz-i dil*], / von denen bis jetzt noch niemand anderer sprach; / bedenke eine nach der anderen mit deines Herzens

Auge,/auf dass sich fortheb der Zweifel ganz von dir.“ (Šabistarī 1989/90)

Eine sufische Richtung, die etwas verschämt als Kontemplation göttlicher Schönheit in ihrer irdischen Form definiert wird (Weischer 1979), müssen wir noch streifen. Diese Schönheit wird insbesondere in der Form schöner Jünglinge verehrt, bösartig könnten wir auch von Päderastie sprechen. Dieses *schahed basi* (*šāhed bāzī*) konnte zu Szenen führen, die moderate Gläubige erschrecken mussten. Auhaduddin Kermani (gest. 1337/38) u.a. neigten dazu, „wenn sie [...] in Ekstase fielen, die Hemden der Bartlosen aufzureißen und Brust an Brust mit ihnen zu tanzen. Eine Szene aus einer solchen Versammlung erscheint auf einer Miniatur, die ein Manuskript von Kermanis Dichtungen illustriert [...] Der Shaykh wirbelt herum, die langen Ärmel seiner Robe flattern wie Bänder zur Musik von Tamburin und Flöte. Der schöne Sohn des Kalifen von Bagdad, der aus Neugier an der Versammlung teilgenommen und gedroht hatte, Kermani töten zu lassen, sollte dieser ihm zu nahe treten, ist stattdessen von Verehrung für ihn überwältigt und beugt sich nieder, um ihm die Füße zu küssen.“ (Wilson 1997: 103f.) Es wundert uns nicht, dass es viele Schriften gegen den *schahed basi* gibt.

Das Beschreiten des sufischen Weges führt auch zu anderer Verwirrung der üblichen Verhältnisse. So sagt der älteste Sohn des Dschalaladdin Rumi: „Die Trennung [vom Geliebten] machte einen Verrückten aus dem Scheich./Liebe beraubte ihn, wie Dhu ‘n-Nun, der Hände und Füße./Liebe verwandelte den frommen Mufti in einen Dichter./Der, der ein Asket war, fing an, Wein zu verkaufen./Keinen Wein wie er aus Trauben gepresst wird:/Die Seele aus Licht trank den Wein aus Licht.“ (De Brujin 1997: 113)

Die vielfältige Entwicklung der persischen Sufik kann hier nicht weiterverfolgt werden. Gehen wir nach Indien, so können wir im 16./17. Jahrhundert den großen Erneuerer der *tarika* der Nakschbandija finden, die sich im 16. Jahrhundert auch in Indien ausbreitete. Ahmad Sirhindi (gest. 1624) stand zu Beginn in engem Kontakt mit dem Hof des Mogulherrschers Akbar (gest. 1605). Seine Nachkommen und die von ihm begründete Strömung der Nakschbandija, die Mudschaddidija (Muǧaddidīya), verbreitete sich bis in den Hidschas, in das Osmanische Reich und nach Zentralasien. Um 1600 wurde er in die Nakschbandija initiiert, in deren Rahmen er seine eigene Rolle entwickelte. Er erdachte eine elaborierte Theorie darüber, dass mit dem gerade eingetretenen Ende des ersten islamischen Jahrtausends ein Erneuerer (*muǧaddid*) für das nächste Jahrtausend auftreten werde, ein „Mann mit perfektem Wissen“, der als ein quasi-Prophet agiere. Dieser Erneuerer war, so

Sirhindi kaum verhüllt, niemand anderes als er selber. Er schreibt: „Ich bin beides, der Schüler Gottes und sein Begehr. Die Kette meiner Schülerschaft ist ohne jede Vermittlung mit Gott verbunden [...] So bin ich zugleich der Schüler Muhammads und sein Mitschüler." Recht wagemutig proklamiert er: „Muhammad ist zu Ahmad geworden."

Sehen wir von diesem Anspruch ab, weicht seine Lehre nicht stark von den üblichen sufischen Doktrinen ab, bezieht sich auch sehr auf Ibn al-'Arabi. Der zweite bedeutende Punkt, durch den sich Sirhindi auszeichnet, ist der Anspruch, Herrscher zu ermahnen, notwendige Reformen auf dem Felde des Islams zu unternehmen. Der dritte bedeutsame Zug der Lehren Sirhindis dürfte sein, dass er auch ein Vertreter der *wahdat asch-schuhud* (*waḥdat aš-šuhūd*) war. Die *wahdat asch-schuhud*, die Einheit des Erkennens/Erfahrens, sieht jegliche Erfahrung der Einheit zwischen Gott und der Welt, die er ja geschaffen hat, als rein subjektive Erfahrung an, die im Inneren des Gläubigen stattfindet. Ihr entspricht keine objektive Realität. Damit steht sie pantheistischen Tendenzen entgegen, die sich im Anschluss an die Lehre der *wahdat al-wudschud* des Ibn al-'Arabi entwickelt haben. Schah Walijullah (gest. 1762) versuchte, beide Positionen zu harmonisieren. Er argumentierte, die Differenzen seien aufgrund einer zweideutigen Sprache entstanden, und es sei möglich sie aufheben, wenn man auf die ganze Metaphorik und vieldeutigen Ausdrücke verzichte. Ähnlich argumentierten prominente Vertreter der Tschischtija im 18. Jahrhundert, die sagten, dass die Dispute zwischen „alles ist Er" oder „alles ist von Ihm" sinnlos seien angesichts dessen, dass nichts außer Gott existiere und dieser keinen Anfang und kein Ende habe.

Selbst die Dichtung sonst engagierter Vertreter der *wahdat asch-schuhud* wie der Moghul-Dichter Mir Dard (gest. 1785) zeigen Züge, die wir sonst eher bei Vertretern der *wahdat al-wudschud* finden. Ein Beispiel: „Oh Dard, in meiner langen Suche nach Ihm hab' ich mich selbst verloren, / so sehr, dass ich nun vergessen hab, wen zu suchen ich mich auf den Weg gemacht hab'."

Im 18. Jahrhundert finden wir in der Dichtung des Moghulhofes (Haque 1992) deutliche Zeichen von Toleranz nicht muslimischen Gläubigen gegenüber: „Du hast zerstört den Götzentempel und gebaut eine Moschee, Scheich, / hast du gedacht an die Wunde, die du dem Brahmanen zugefügt hast?"

Noch weiter im (Süd-)Osten treffen wir im heutigen Indonesien auf recht vehemente Auseinandersetzungen zwischen sufischen Strömungen, häufig auch mit Poeten als herausragenden Vertretern, die in Anlehnung an Ibn al-'Arabi sagten, Gott inkarniere sich in seiner Schöpfung (*ḥulūlīya*) und Vertretern der neueren islamischen Reformbewegung, wobei letztere zum Teil die Unterstützung von Herrschern genossen, die die islamischen Bestrebungen in ihren Reichen kontrollieren wollten. Dies führte bis zur Hinrichtung nicht orthodoxer Sufis, zu der durch den den prominenten indisch-indonesischen Gelehrten ar-Raniri (gest. 1658) aufgestachelt wurde; aber auch weniger militante Mittel der Bekämpfung extremistisch erscheinender Formen des Sufismus – durch die Reformbewegung, die eine Verbindung zwischen Befolgung der Regeln der Scharia und sufischer Praxis anstrebte – können wir beobachten (Azra 2004).

Sufische Einflüsse zeigen sich in der Entstehung des modernen islamischen Reformismus, des Salafismus. Im Damaskus der 1880er Jahre waren in den entstehenden salafistischen Zirkeln Personen aktiv, die durch die Schule ʿAbdalkadir al-Dschasa'iris (gest. 1883), auch als Abdelkader bekannt, gegangen sind. Dieser stammte aus einer führenden Kadiri-Familie in Westalgerien und hatte bis zur Mitte des 19. Jahrhunderts den militärischen Widerstand gegen die französische Besetzung angeführt. Nach seiner Niederlage wurde er in die Gefangenschaft nach Frankreich deportiert, wo er in der Lage war, die Errungenschaften moderner Naturwissenschaft und den dieser zugrunde liegenden Rationalismus zu studieren. Zugleich durchlief er eine spirituelle Krise, die ihn zu intensiven mystischen Erfahrungen führte und zum Anhänger Ibn al-'Arabis machte, dessen Lehren er dann in seinem Damaszener Exil lehrte.

ʿAbdalkadir al-Dschasa'iris entwickelte eine neue Beziehung zwischen Sufismus und Rationalismus. Der Rationalismus könne nicht Perfektion erlangen, ohne Rechtleitung bei den Propheten zu suchen, die Muslime und mit ihnen die Sufis müssten der blinden Nachahmung der Autoritäten entsagen. Diese Reinterpretation wurde begeistert von einigen einflussreichen Damaszenern aufgegriffen, die damit gegen die eigene Oberschicht opponieren konnten, die sich die Ergebnisse der osmanischen Reformen aneigneten. Daraus entwickelte sich ein Schülerkreis um ʿAbdalkadir, aus dem dann die salafistische Strömung entsprang, die sich in ambivalenter Form an Ibn al-'Arabis Denken orientierte, ihr zum Teil einen an Ibn Taimija orientierten Aktivismus entgegenstellte.

Das 19. Jahrhundert sieht im Rahmen der Bestrebungen, die muslimische Staatenwelt zu modernisieren, Versuche, eine Art Verstaatlichung der sufischen Strömungen zu erreichen, indem hierarchische Strukturen aufgebaut werden, an deren Spitze ein oberster Scheich steht (s. für Ägypten Johansen 1996). Dies wurde in jüngerer Zeit in

Ägypten genutzt, um durch Aussagen des obersten Sufischeichs dschihadistischen Bewegungen das Wasser abzugraben.

In Zeiten der Globalisierung verändert sich auch der Sufismus. Eine sufische Präsenz hat sich in den islamischen Regionen des Internet entwickelt bis hin zu Blogs. Sie ermöglichen eine weit größere Reichweite der sufischen Bewegungen als in früheren Zeiten.

In den neueren sufischen Bewegungen sehen wir Prozesse am Werke, die ebenfalls in anderen religiösen Gemeinschaften stattfinden. Wir können eine zunehmende Individualisierung der Glaubensentscheidung feststellen, die zur Konstituierung, Aktivierung oder sogar zur Erfindung neuer Gemeinschaften führt (Hervieu-Léger 2004).

Die so sich neu entwickelnden oder transformierten *tarikas* sind nicht als reine Ableger früherer sufischer Strömungen zu verstehen (Roy 2006a: 220ff.; Werbner 2003). Sie leiten sich zwar von traditionellen *tarikas* ab, führen aber doch etliche Innovationen ein. Das Charakteristikum dieser modernen sufischen Gemeinschaften ist die Möglichkeit, an jedem Ort der Erde in direkten Kontakt mit ihrem Scheich zu treten, sei es per Videostream, per Mailingliste u. a. m. Außerdem fällt die starke Konzentration auf einen zentralen Scheich ins Auge, die von der heterogenen Struktur früherer Gemeinschaften abweicht. Mit den Worten von Olivier Roy (2006: 221): „Die Bruderschaft wird von einem Scheich (oder *pir*) geleitet, der eher einem modernen Guru entspricht als einem traditionellen Sufimeister; häufig ist er der Gründer der Bruderschaft oder der erste Nachfolger des Gründers, und seine Biographie wird von seinen Anhängern verbreitet. Er schreibt fleißig (Hunderte von Büchern oder, genauer, Broschüren) und ‚inszeniert' seine Rolle bei Versammlungen oder sogar im Fernsehen. Der Scheich ist eine öffentliche Persönlichkeit und nutzt die modernen Medien. Seine Anhänger werden weniger gemäß einer Familientradition denn als Individuen rekrutiert".

Züge dieser Art finden wir in anderen modernen muslimischen Gemeinschaften. Personen wie der türkische Antievolutionist Harun Yahya scharen eine ergebene Anhängerschaft um sich, die multimedial (und international) getreu die Lehren des Meisters verbreiten (Abtrünnige gibt es natürlich).

Etliche moderne *tarikas* distanzieren sich von Salafismus und Wahhabitentum, manche präsentieren sich explizit als gemäßigte Alternative zum Dschihadismus. Neuere Entwicklungen wie die Einrichtung eines „Nationalen Rates für die Förderung des Sufismus" in Pakistan zeigen, dass die Distanz zwischen Dschihadismus und Sufismus auch von Regierungen benutzt werden kann, die sich ein besseres Image geben wollen, indem sie sufische Zentren fördern, Hilfe bei der Organisation von Festen und auch der oralen Kultur leisten wollen u. a. m.

Neue *tarikas*, die sich im 20. Jahrhundert entwickelt haben, sind die *Murabitun*, eine internationale Bewegung, gegründet von dem schottischstämmigen Konvertiten ʻAbdalqadir as-Sufi (geb. 1930), dessen Anhänger sich durch die Übersetzung insbesondere malikitischer Werke einen Namen gemacht haben. Eine Spezialität dieser Bewegung ist die Propagierung der Einführung des Dinar als Weltwährung. Hazrat Inayat Khan (gest. 1927) begründete die Strömung des *Universal Sufism* und den *Sufi International Order*. Seine Lehre lässt sich als Verbindung zwischen verschiedenen sufischen Ideen und Vedanta/Shankara-Vorstellungen mit dem Ziel, den gemeinsamen Kern von Religionen herauszuarbeiten. Darin wird ein Anknüpfen an Vorstellungen religiöser Einheit gesehen, wie sie u. a. im 16. Jahrhundert in Indien unter dem Moghulherrscher Akbar (gest. 1605) entwickelt wurden. Seine Lehren haben Anhänger in Europa und Nordamerika.

Es gibt aber weiterhin traditionelle, orthodoxe sufische Strömungen, die eine breite Resonanz haben. Zum Teil greifen diese wie z. B. die Sammanija inzwischen auf moderne Kommunikationsmittel zurück, sind aber weiterhin in allen Regionen der muslimischen Welt zu finden. Mit den Worten eines führenden Scheichs der Sammanija im Sudan: „Wenn es im Sudan eine Familie gibt, die nicht wenigstens einen Sufi als Mitglied hat, ist es keine sudanesische Familie." Traditionen, die sich an einzelnen Heiligtümern der Heilung psychischer Erkrankungen widmen, sind immer noch sehr lebendig (Naamouni 1995).

Wir haben ein wichtiges Phänomen des weiten Feldes des Sufismus noch nicht näher betrachtet: die große Rolle der Musik in Teilen der sufischen Bewegungen. Sufische Gedichte und religiöse Lieder dienten und dienen der Erbauung der Gläubigen. Besonders ausgeprägt finden wir sufische Musik noch im indo-pakistanischen Raum in Form des Qawwali, einer Musikform, die bis auf das Jahr 1300 zurückgeführt wird, heute aber Einflüsse aus verschiedenen Formen populärer Musik aufgenommen hat, und – häufig wenig beachtet – der *sufiana-kalam*-Musik, in der Frauen an Schreinen, auf Festivals oder daheim sufische Gedichte vortragen. Aber auch männliche Sänger übernehmen weibliche Stimmen, wenn sie Stücke vortragen, die dies erfordern (Abbas 2002).

Einen genaueren Blick haben wir noch einmal auf das Phänomen des Konvertitentums im Sufismus zu werfen. Auffällig, so eine Fallstudie (Hüttermann 2002), ist die Rolle, die von den westlichen Sinnsuchern, selber marginalisiert und häufig der eigenen Gesellschaft gegenüber kritisch, den sonst in der Gesellschaft eher abgewerteten Akteuren mit

Migrationshintergrund zugeschrieben wird. „Die im zugewanderten kulturkonservativen Sufi verkörperte vermeintliche Ursprünglichkeit und Authentizität fungiert dabei als Gegenstand“, der angeeignet werden kann, um die Neuschaffung der eigenen Subjektivität zu erreichen. „Die bloße Anwesenheit und die Selbstverständlichkeit, mit welcher der kulturkonservative Sufi die Rituale der islamischen Mystik durchführt, erscheint aus der Perspektive“ der Sinnsucher „als vermeintlich, sicherer traditioneller Boden für die ersehnte Identitätsaffirmation.“ (Hüttermann 2002: 118)

Nun ist dies sicherlich nur *ein* Weg, auf dem Konversion geschehen kann. Recht betrachtet, können wir darin einen Weg sehen, auf dem Probleme der globalisierten Moderne individuell gelöst werden können und zugleich für die migrierten Akteure eine Aufwertung durch die konvertierten Mitglieder der Mehrheitsgesellschaft geschieht – eine ganz moderne Erscheinung also.

Heiligenverehrung und Volksreligion

Häufig wird vorislamisches Kulturerbe in der Verehrung von Heiligen an den ihnen gewidmeten Orten aufgenommen, in denen nicht immer tatsächlich der Leichnam des dort Verehrten begraben sein muss. Die religiöse Authentizität des Heiligen und des ihm gewidmeten Grabes und Ortes zu rechtfertigen, erscheint oft schwer. Die Begründung der Authentizität und die mit dem jeweiligen Ort des Heiligen verbundenen Praktiken wandeln sich im Laufe der Zeit. Ganz weltliche Kräfte bis hin zu staatlichen Institutionen können bei der konkreten Ausgestaltung eine wichtige Rolle spielen. Zumindest jedem größerem Heiligen bzw. jeder größeren Heiligen sind oft mehrtägige Feste meist mit Jahrmarktcharakter gewidmet, in denen der Ort des Heiligen öffentlichen Charakter annimmt, während die Wallfahrt zum Heiligtum eher der persönlichen Frömmigkeit dient.

Ein besonderer Aspekt der Heiligenverehrung im Mittelmeerraum ist die besondere Form der Partizipation an den Festen, die Heiligen gewidmet sind. Es erscheint legitim, in diesem Zusammenhang von einer besonderen „Religion von Frauen", einer „Frömmigkeit von Frauen" zu sprechen. Gerade diese spezifische Beteiligung von Frauen hat solche Feste häufig zu Zielscheiben der Kritik von – männlichen – Religionsgelehrten gemacht (Cuffel 2005). Einige Untersuchungen verweisen an ägyptischen Beispielen darauf, dass die Anordnung von Heiligtümern der femininen Geographie Kairos entspricht (Madoeuf 2006).

Neben die im engeren religiösen Bedingungen der Konstitution des Heiligen können eher säkulare Elemente treten wie die der religionsrechtlichen Familienstiftungen, durch die eine bestimmte lokale Familie ihren Wohlstand, ihre Reputation und ihren sozialen Status an die Pflege des Ortes des Heiligen bindet: eine häufig umstrittene Bindung (Naamouni 1995). Dazu kann die Bindung einer oder mehrerer Sufi-*tarika*s an den Ort des Heiligen kommen, die wesentlich die Verehrung tragen, und die Bindung an islamische Ursprungsmythen, Siegesschlachten in religiösen Kriegen u. Ä., durch die das historische Gedächtnis gepflegt wird (Mayeur-Jaouen 2004).

Heilige können nicht nur menschliche Personen sein. Auch jemand wie der marokkanische Sidi Chamharouch, der völlig imaginär ist, hat sein Heiligtum (bzw. mehrere heilige Orte), an denen er als „Sultan der Dschinne" verehrt wird (Rachik 1992).

Volksreligion

„Volksreligion" ist in erster Linie ein Konstrukt, mit dem sich gelehrte religiöse *virtuosi* von der „breiten Masse" abgrenzen. Wir sollten diese Abgrenzung eher als eine Abwehr gegen Vermischungen der Gelehrten- und der Volkskultur verstehen denn als eine wirklichkeitsgetreue Beschreibung. Festzustellen ist immer wieder eine breite Übergangszone zwischen beiden Formen der Kulturen, vielleicht sollten wir sagen: beiden Aspekten der muslimischen Kulturen. Über schiitische volksreligiöse Praktiken haben wir bereits gesprochen.

Generell spielen Pilgerfahrten zu Heiligengräbern eine wichtige Rolle, seien es Heilige, die lediglich lokale Bedeutung haben, oder solche, die auch überregional AnhängerInnen anziehen. Das Erlangen der Segenskraft (*baraka*) der Heiligen durch diese Pilgerreisen ist ein wichtiges Motiv, das aber Wandlungen durchlaufen kann. In Europa geborene Muslime lehnen zum Teil die Idee einer durch Heilige u. Ä. vermittelten Segenskraft ab und reinterpretieren sie. Vorgestellt wird *baraka* in diesem Falle als eine Kraft, die von Gott durch den Koran und das prophetische Beispiel herabgesandt wird. „Baraka ist die Kraft des Islams, die Kraft, die du spürst, wenn du den Koran rezitierst, ja, die du fühlst, wenn du im Ramadan fastest." (Marranci 2006: 104)

Eine bedeutende Rolle im volksreligiösen Leben spielten und spielen außerdem die Festivitäten zum Geburtstag des Propheten (*maulid an-nabi*) am 12. Tag des Monats *rabi' al-auwal* (*rabī' al-auwal*). Die ältesten Quellen, die über dieses Fest berichten, gehen in die erste Hälfte des 12. Jahrhunderts in Ägypten zurück. Von dort aus breiteten sich die Feiern in andere islamische Länder aus, wenn sie auch immer wieder als inakzeptable Neuerungen von Gelehrten verdammt wurden. Besonders negativ fiel diesen auf, dass sich Frauen zu solchen Anlässen recht frei in der Öffentlichkeit bewegten.

Magische Praktiken wie das Anfertigen von Talismanen und Glücksbringern sind zum Teil bis heute Elemente der Volksfrömmigkeit. Sufis treten dabei häufig als Spezialisten auf diesem Gebiet in Erscheinung. Die Magie wird auch in detaillierten Handbüchern abgehandelt: eine Überschneidung mit der gelehrten Kultur.

Die Wahrsagerei bzw. die Vorhersage der Zukunft in Form der Astrologie oder des Deutens von Mustern im Sand im Rahmen des *'ilm ar-raml* (*ilm ar-raml*), der „Wissenschaft vom Sand" oder Geomantie, spielen eine wichtige Rolle.

Zentral für volksreligiöse Vorstellungen sind noch die Dschinne, die als Geschöpfe Gottes verstanden werden, die parallel zur menschlichen Welt leben und mit dieser in vielfältiger Form interagieren.

Reformbewegungen vom 17. bis zum 19. Jahrhundert

Vom 17. bis in das 19. Jahrhundert sehen wir die Entfaltung verschiedener Möglichkeiten islamischen Denkens, die insbesondere auf eine Reform, *islah* (*iṣlāḥ*), überkommener Glaubensvorstellungen, häufig als „Volksglauben“ apostrophiert, zielen, um ihnen die Legitimität zu entziehen. Herausragend ist die Beschäftigung mit den Hadithen. Die Auffassung, es habe sich um unfruchtbare Jahrhunderte gehandelt, erscheint nicht haltbar.

> „Für die soziokulturelle Entwicklung muslimischer Gesellschaften seit dem 17. Jahrhundert kann ein Prozess der wachsenden wechselseitigen Beziehungen nachgezeichnet werden, der zur Generalisierung von Formen und Inhalten islamischer Bildung und Ethik in weiten, auch entlegenen Regionen und Gemeinschaften führt, die bis dahin als randständig galten. Die Gelehrten- und Studentenschaft wird zu einer dynamischen, heterogenen und weiträumig vernetzten Gruppe, die sich aus den verschiedensten sozialen Schichten rekrutiert und staatlichen Kontrollen zunehmend entgleitet. Dieser Prozess ist von heftigen Kontroversen um die Grundlagen religiöser Autorität und Praxis begleitet. An ihrer regionalen Ausbreitung, aber auch am Anwachsen von arabischem lokalsprachigem Schrifttum und religiöser Dichtung zeigt sich in vielen Regionen ein gesteigerter Einfluss gerade der Gelehrtenschaft „provinzieller“ Herkunft, der sich im frühen 18. und 19. Jahrhundert auch in religiös-politischen Bewegungen von großer Dynamik niederschlägt und verschiedentlich zur Gründung neuer Staaten führt.“ (Reichmuth 1999: 79)

Über Elemente sufischer Reformbestrebungen haben wir bereits etwas im Kapitel über den Sufismus gehört. Diese und andere Reformbewegungen haben in regional unterschiedlicher Weise das Feld der islamischen Diskussion restrukturiert, bis das Vordringen der europäischen Kolonialmächte die Bedingungen der Möglichkeit islamischer Diskussionen radikal veränderte.

Ein wichtiges Element der Reformbewegungen waren Gelehrten- und textuelle Netzwerke, die sich aus der alten Tradition des Reisens zu Studienzwecken, auf der Suche nach Patronage und Ämtern oder mit dem Ziel der Pilgerfahrt nach Mekka ergaben. Die Gemeinsamkeit der islamischen Räume, in denen sich solche Netzwerke etablierten, wollen wir zuerst auf der Ebene der Curricula der höheren islamischen Lehranstalten betrachten, der *madrasa*s. Vergleichen wollen wir Lehrpläne im Osmanischen, Safawidischen und Moghulreich (für das Folgende Robinson 2005b).

Hochschulcurricula

Unser besonderes Augenmerk soll bei diesem Vergleich auf das Verhältnis zwischen den „überlieferten" (*ʿulūm an-naqlīya, manqūlāt*) und den „rationalen" (*ʿulūm al-ʿaqlīya, maʿqūlāt*) Wissensformen gerichtet sein. Wichtig ist auch, ob die einzelnen *madrasa*s die selben Texte und Kommentare oder Superkommentare benutzten.

Grundlage des Studiums an der *madrasa* waren zentrale Werke, die meistens im 8. Jahrhundert der Hidschra verfasst worden waren. Diese Werke wurden nicht im Original studiert. Kommentare, Superkommentare und Glossen waren das Medium, durch das die Texte rezipiert wurden. Manchmal kam ein Kommentar zu höherem Ansehen als der ursprüngliche Text. Eine grundlegende Unterscheidung war die bereits genannte in „überlieferte" und „rationale" Wissensformen. Erstere umfassten Koranauslegung, Hadithkunde, arabische Grammatik und Syntax, islamisches Recht, die zweite Kategorie Logik, Philosophie, Mathematik, Medizin. Je nach Anteil der Philosophie konnte die Theologie beiden Kategorien zugeordnet werden.

Wenn wir die rekonstruierten Curricula in den drei Reichen (Robinson 2005b: 213f.) zugrunde legen, können wir sagen, dass sie sich auf Autoren und Texte aus Zentralasien und dem Iran des 13. und 14. Jahrhunderts stützen. Ausnahmen sind die Texte von Ibn Hadschib (gest. 1248) aus Kairo, von Siradschaddin al-Urmawi (gest. 1283) aus Konya und Ibn Hischam (gest. 1381) aus Kairo. Nur wenige neue Texte, die zwischen

1400 und 1700 entstanden sind, finden wir: einen Text zur arabischen Grammatik des osmanischen Gelehrten Schamsaddin Hamsa ibn Fanari (gest. 1431), der auch in Bosnien rezipiert und kommentiert wurde (Ljubović o. J.), das theologische Werk *al-Asfar al-arba'in* des Molla Sadra und drei Haupttexte des einflussreichen Curriculums der Nisamija-Madrasa im Moghul-Indien. Daneben gab es noch einige Werke zur Grammatik und Syntax.

Hauptsächlich wurden aber Kommentare verfasst. Bedeutsam sind zwei zentralasiatische Gelehrte des timuridischen Hofes. Es handelt sich um den Hanafiten Sa'dadin at-Taftasani (gest. 1389) und den Theologen und Traditionarier as-Saijid asch-Scharif al-Dschurdschani (gest. 1413), die die meisten Werke des *madrasa*-Curriculums kommentierten. Ihr Einfluss dauerte am meisten im Osmanischen und im Moghulreich fort. Bis heute werden Werke der beiden Autoren rezipiert.

Eine ganze Anzahl von Werken wurde in zumindest zwei, aber auch in allen drei Curricula benutzt. Alle drei benutzten *asch-Schafija fi '-tasrif* (*aš-Šāfīya fi 't-taṣrīf*) und die *Kafija* (*Kāfīya*) des Ibn Hadschib für die arabische Sprache. Beide Werke finden wir auch in Indonesien (van Bruinessen o. J.). Ebenfalls benutzten alle drei den *Miftah al-'ulum* (*Miftāḥ al-ʿulūm*) des Abu Ja'kub Jusuf as-Sakkaki (gest. 1229) auf dem Gebiet der Rhetorik und die *ar-Risala asch-Schamsija fi 'l-kawa'id al-mantikija* (*ar-Risāla aš-šamsīya fī qawāʿid al-manṭiqīya*) des Nadschmaddin 'Ali ibn 'Umar al-Kaswini (gest. 1276 oder 1294).

Diese Werke – oder Zusammenfassungen – finden wir beispielsweise immer wieder in Sammelhandschriften. Eine völlige Trennung gibt es aufgrund des schiitisch-sunnitischen Gegensatzes auf dem Gebiet des Rechts.

Wenn wir auf die Ähnlichkeiten zwischen den in den drei Reichen verwendeten Curricula verweisen, sollen auch Unterschiede nicht verschwiegen werden. Während wir im Osmanischen Reich eine Verschiebung hin zu den überlieferten Wissensformen feststellen können, ist im Safawiden- und Moghulreich weiterhin ein Übergewicht der rationalen Wissenschaften festzustellen. Im Safawidenreich wurde besonderes Gewicht auf die Logik und Philosophie gelegt, die u. a. von Molla Sadra verkörpert wurde. Die Errungenschaften auf diesen Gebieten wurden von safawidischen Gelehrten nach Indien gebracht. Damit können wir uns den Reisen von Gelehrten zuwenden (Robinson 2005b: 128ff.). Bei der Betrachtung der nah- und mittelöstlichen Reisen wollen wir aber nicht vergessen, dass z. B. aus Indien bereits seit dem 17. Jahrhundert eine rege Reisetätigkeit aus Indien nach England einsetzte (Fisher o. J.).

Reisetätigkeit

Das Entstehen des safawidischen Reiches als schiitisches Herrschaftsgebiet hemmte in einem gewissen Maß den Kontakt zwischen dem Osmanischen und dem Moghulreich. Dieser Kontakt wurde teilweise auf See verlagert und konnten so weiterhin aufrechterhalten werden. Allerdings sollten wir das Safawidenreich nicht nur als Hemmschuh ansehen. Dadurch, dass schiitische Gelehrte aus arabischen Regionen wie dem Libanon, Syrien oder Bahrain mit iranischen Gelehrten in Kontakt gebracht wurden, Patronage zur Verfügung gestellt wurde, entwickelte sich das schiitische Gelehrtenleben trotz aller internen Konflikte erneut.

Zahlreiche Iraner reisten im 16. und 17. Jahrhundert nach Indien. Gelehrte, Soldaten, Dichter, Maler und Architekten fanden an den Höfen von Nord- und Zentralindien Beschäftigung. Das Spektrum reichte im 17. Jahrhundert vom unglücklichen Nurallah Schuschtari, der sich bitter über den Schrecken beklagte, in Indien bleiben zu müssen, und 1610 zu Tode gepeitscht wurde, bis hin zu Mir Findiriski (gest. 1640), der die meiste Zeit seines Lebens in Indien verbrachte, sich intensiv mit hinduistischem Denken beschäftigte, zugleich auch Mathematiker und Mediziner war, der u. a. Avicennas *Canon* unterrichtete. Als Sufi ähnelte sein Auftreten dem indischer Yogis.

Der iranische Einfluss ist auch für die Wiederbelebung der rationalen Wissensformen in Indien verantwortlich. Insbesondere Fadlallah Schirasi (gest. 1589) reüssierte seit 1583 an Akbars Hof, wo er das Interesse an der Schule von Isfahan weckte. Er wird als der herausragende Gelehrte seiner Zeit beschrieben, bewandert in Philosophie, Astronomie, Geometrie, Mechanik, Astrologie, Geomantie, Arithmetik, Herstellung von Amuletten, aber auch der Interpretation des Korans, der Hadithkunde und der Rhetorik. Er soll allerdings auch ein schlechter Lehrer gewesen sein.

Die Entfaltung dieses Denkens in Indien im 17. Jahrhundert führte zu einer Blüte der Gelehrsamkeit auf unterschiedlichen Gebieten. Zu den herausragenden Gelehrten zählt Danischmand Chan (gest. 1670), Hofmann und Gelehrter, der mit dem Indienreisenden François Bernier (gest. 1688) auch über Descartes oder Gassendi diskutierte.

Mit dem Zerfall des Safawidenreiches Anfang des 18. Jahrhunderts wurden wieder viele schiitische Gelehrte nach Indien verschlagen, die allerdings nicht mehr zur kraftvollen Synthese des vorherigen Moghuldenkens beitrugen. Vielmehr stärkten sie die schiitische Sonderposition in den aus dem gleichzeitigen Zerfall des Moghulreich entstandenen schiitisch dominierten Nachfolgestaaten. Diese Nachfolgestaaten – u. a. das nordindische Awadh – wurden so in schiitische Gelehrtennetzwerke bis hin nach Isfahan und Nadschaf eingebunden.

Die Bewegung schiitischer Gelehrter ging aber nicht nur nach Indien, auch indische Gelehrte siedelten sich im 18. und 19. Jahrhundert erfolgreich in den großen schiitischen Zentren des Irak an. Diese wurden von den Herrschern von Awadh unterstützt.

Das sunnitische Gelehrtenleben des 18. Jahrhunderts führte ebenfalls das safawidische Erbe fort. Besonders die Gelehrtengruppe der Farangi Mahall (Robinson 2005a) nahm im späten 18. und frühen 19. Jahrhundert einen zentralen Platz im nordindischen Lucknow ein. Dort blühte auch die Beschäftigung mit europäischen Wissenschaften. Hervorheben wollen wir den Universalgelehrten Tafassul Husain Chan (gest. 1800). Dieser engagierte sich sehr in der Rezeption europäischer Wissenschaften. So übersetzte er z. B. Newtons *Principia* und Emersons *Mechanics*, lernte aber auch Latein und Griechisch. Er war mit britischen Orientalisten bekannt, die seine Kenntnisse der indo-islamischen Wissenschaften für ihre Zwecke ausbeuteten (Tavakoli-Targhi 2001: 273f.). Viele andere mehr wären zu nennen.

Die sunnitischen Gelehrten pflegten Kontakte in den Hidschas, nach Kairo und Damaskus sowie – in geringerem Maße – nach Istanbul. Die Netzwerke des Hidschas werden wir gleich behandeln. Wir wollen nur noch auf die Rolle von Familiennetzwerken hinweisen, wie das der Misdschadschi-Familie aus Sabid (Zabīd) im Jemen, die als Hadithgelehrte im 18. Jahrhundert Berühmtheit genossen (Voll 1987). Einer ihrer berühmtesten Schüler war Murtada as-Sabidi (gest. 1791), der in Indien bei Schah Walijullah Hadith studierte, dann in den Jemen und in den Hidschas ging, um schließlich in Kairo als Hadith- und Religionsgelehrter, Lexikograph und Genealoge zu Ruhm zu gelangen. Er baute eigene Netzwerke auf, die vom Maghreb und Westafrika bis nach Indien und Zentralasien reichten (Reichmuth 1999).

Die Netzwerke des Hidschas

Die Netzwerke, die wir jetzt betrachten wollen, haben eine lange Tradition. Es geht um die Netzwerke, die im 17. Jahrhundert in Mekka und Medina bestanden. Organisatorische Zentren waren die großen Moscheen von Mekka und Medina. Dies gilt trotz der steigenden Anzahl von Medresen und anderen Lehrorten seit dem 12. Jahrhundert. Die Lehrposten an diesen Institutionen wurden durch eine veritable Bürokratie verteilt, an deren Spitze der Oberkadi, der *kadi al-kudat* (*qāḍī al-quḍāt*) stand. Die Weite dieser Netzwerke sehen wir schon in ihrer Entstehung. Sie waren kosmopolitisch aufgebaut. So finden wir wenigstens zwei Gelehrte mit einer Herkunft von außerhalb des Hidschas, die wesentlich zu ihnen beitrugen.

Saijid Sibghatallah (gest. 1606), Abkömmling einer persischen Immigrantenfamilie aus Indien, ist der erste (Azra 2004: 13ff.). Er war zunächst Schüler eines Meisters der *tarika der* Schattarija (Šaṭṭārīya) in Indien. Nach seiner zweiten Pilgerreise 1596 ließ er sich in Mekka nieder, wo er, durch Stiftungen indischer und osmanischer Herrscher und Beamter begünstigt, seine Lehrtätigkeit aufnahm. Er initiierte Schüler in nicht weniger als sieben *tarikas*, ein durchaus nicht ungewöhnlicher Vorgang in dieser Zeit. Er verfasste mehrere Werke über Sufismus und Theologie sowie einen Kommentar zu einem bekannten Korankommentar und hatte Schüler aus dem Hidschas, Ägypten, dem Nahen Osten allgemein, Zentralasien, Indien, sogar aus dem Sultanat Aceh.

Einer seiner prominentesten Schüler war Ahmad asch-Schinnawi (gest. 1610). Er entstammte einer bekannten ägyptischen Gelehrtenfamilie (Azra 2004: 15f.). Sein Großvater war Meister von 'Abdalwahhab asch-Scha'rani, des berühmten ägyptischen Sufis und Popularisators der Ideen Ibn al-'Arabis. Asch-Scha'rani wiederum initiierte den Vater asch-Schinnawis der *tarika der* Ahmadija (Aḥmadīya). In Medina erlangte asch-Schinnawi als eminenter Kenner des Sufismus Ruhm. Auf dem Gebiet der Hadithstudien gingen seine *isnade* u. a. zurück auf Ibn al-'Arabi, as-Sujuti und Ibn Hadschar al-'Askalani (gest. 1449).

Im 17. Jahrhundert entfalteten sich diese Netzwerke weiter. Ibrahim al-Kurani (gest. 1690) war einer der führenden Gelehrten des 17. Jahrhunderts (Azra 2004: 18ff.). Aus Kurdistan stammend, hatte er sich dort zuerst mit arabischer Sprache, Theologie, Logik und – bemerkenswerterweise – Ingenieurkunst (*handasa*) beschäftigt. Später konzentrierte er sich auf Sprache, islamisches Recht, Hadith und *tasauwuf*. In Damaskus kam er dann mit den sufischen Lehren des Ibn al-'Arabi in Kontakt, in Ägypten vertiefte er seine Hadithstudien. 1651 kam er wieder nach Mekka und ging dann nach Medina, wo er eine intensive Lehrtätigkeit aufnahm, die ihm internationale Kontakte in den Nahen Osten, in den Jemen, nach Indien und in den malayo-indonesischen Archipel ermöglichte.

Er war auch als Scheich der Nakschbandija bekannt. Al-Kuranis Neigung zu Ibn al-'Arabis Konzept der *wahdat al-wudschud* sehen wir auch in einer Fatwa, die er gegen ar-Raniri in dem Streit verfasste, den dieser gegen die Anhänger dieser Lehre führte (van Bruinessen o. J.).

Nicht nur in Medina, auch in Mekka gab es solche Netzwerke. Charakteristisch für die Gelehrten dieser Netzwerke ist die Verbindung von Hadithkunde und Sufismus.

Verbindungen aus dem Hidschas in den malayo-indonesischen Archipel bestanden nach Aceh – wir haben es erwähnt. Ein anderes Netzwerk überspannt so den weiten Raum von Südsulawesi und Westjava nach Arabien, Sri Lanka und Südafrika (Azra 2004: 87ff.). Die zentrale Figur dieses Netzwerkes war Muhammad Jusuf al-Makassari (gest. 1699). Seine erste islamische Ausbildung erhielt er von wandernden Lehrern (u. a. einem arabischen Prediger). Die erste Phase seines Lebens fällt in eine Periode, in der sich der Islam in Sulawesi auch organisatorisch festigen konnte, da die Herrscher Ämter wie die des Kadis etablierten. 1644 machte er sich auf den Weg nach Arabien. Er reiste u. a. über Aceh, dann vermutlich über das indische Gudscharat, wo er bei dem in seine Heimat zurückgekehrten ar-Raniri studiert haben soll. Von Gudscharat machte er sich dann nach Arabien auf, wo er zunächst im Jemen *tasauwuf* der Nakschbandi-Richtung studierte, u. a. wohl bei Mitgliedern der Misdschadschi-Familie. In Mekka und dann in Medina nahm er Kontakt zu Gelehrten der uns bereits bekannten Netzwerke auf. Ibrahim al-Kurani war einer seiner wichtigsten Lehrer, bei dem er sich u. a. mit Theologie und Hadith beschäftigte.

Später begab sich al-Makassari nach Damaskus, ein Aufenthalt in Istanbul soll sich angeschlossen haben. Nach seiner Rückkehr in das malayo-indonesische Archipel nach über 20 Jahren Reise- und Studientätigkeit war al-Makassari hauptsächlich im Sultanat Banten tätig, wo er in die Auseinandersetzungen mit der niederländischen Kolonialmacht geriet. Dies brachte ihm 1684 die Verbannung nach Sri Lanka ein, wo er weiterhin seine Kontakte mit dem Archipel, aber auch nach Arabien aufrechterhalten konnte. Dies veranlasste die niederländischen Behörden, ihn in die damals niederländische Kapkolonie zu verbannen, wo er dann auch starb. Umstritten ist, ob al-Makassari einen Einfluss auf den entstehenden südafrikanischen Islam hatte.

Al-Makassari gilt als ein Verfechter der *wahdat al-wudschud* in einer Variante, die sich von pantheistischen Ideen fernhielt. Allerdings behält er die volle Kenntnis dieser Konzepte einer gebildeten Elite vor. Bevor allerdings der sufische Pfad beschritten werden könne, müssten die Regeln der Scharia befolgt werden. Al-Makassari verficht auch weiterhin einen strikten Gehorsam des Sufis seinem Scheich gegenüber, eine Auffassung, die ihn von anderen Gelehrten der Netzwerke unterscheidet.

Betrachten wir nun einige Beispiele reformerischer bzw. revolutionärer Bewegungen. Beginnen wollen wir in Indien (mit Ausflügen auf die Arabische Halbinsel), nach Westafrika, in die USA und nach Brasilien, zurück über Marokko wiederum auf die Arabische Halbinsel, dann in den Kaukasus und nach Südrussland; abschließend erreichen wir Südostasien. Wir werden auch in dieser Bewegung wieder auf Netzwerkstrukturen stoßen.

Indien

Eine zentrale Person der islamischen Erneuerungsbewegungen – über Ahmad Sirhindi haben wir bereits gesprochen – ist der bereits erwähnte Schah Walijullah ad-Dihlawi (gest. 1762). Er studierte ebenfalls in Mekka und Medina u. a. bei einem Sohn Ibrahim al-Kuranis und schloss sich den dort verbreiteten Lehren an. So lehnte er die unkritische Befolgung der Meinungen der Rechtsschulen ab, forderte die Gründung von Rechtsentscheiden allein auf Koran und Sunna und lehnte die sufische Praxis des Besuchs von Heiligengräbern ab. Zugleich trat er aber für die Ausbreitung eines „gesetzestreuen" Sufismus ein und verfolgte u. a. eine mystische Interpretation von Hadithen. Sein Denken können wir als Ausdruck des Bestrebens sehen, in der Krise des zerfallenden Moghulreiches eine eindeutige sunnitische Position zu konstruieren. Unterschiede zum Wahhabitentum lagen auf dem Gebiet der Lehre vom *tauhid* und der Praxis des *takfir*.

Beeinflusst von den Ideen Walijullahs wurde die *Tarika-ji Muhammadija* (*ṭarīqa-yi Muhammadīya*), die wir nicht mit der gleichnamigen sufischen Strömung verwechseln dürfen. Sie nahm das Gedankengut von Walijullah auf und stellte es in den Rahmen einer politisch-religiösen Bewegung. Kennzeichnend für ihre Gedankenwelt ist die intensive Beschäftigung mit dem Hadith, die Ablehnung der blinden Gefolgschaft den Meinungen der Rechtsschulen gegenüber, die Befürwortung der eigenständigen Rechtsfindung, des *idschtihad*, die Ablehnung der Heiligenverehrung und ähnlicher Praktiken (verbunden mit einer grundsätzlichen Akzeptanz des Sufismus) sowie eine strikt antischiitische Haltung. Letzteres können wir als eine Reaktion auf die größere öffentliche Rolle des Schiitentums deuten.

Eine der zentralen Figuren der Bewegung war Saijid Ahmad Barelwi (gest. 1832). Dieser begann Anfang des 19. Jahrhunderts um Delhi, Anhänger um sich zu sammeln. Mit einer Gruppe dieser Anhänger unternahm er 1821 die Pilgerfahrt nach Mekka. Auf der Rückreise nach Indien blieben zwei seiner Anhänger im Jemen bei asch-Schaukani, wodurch dessen Ideen einen großen Einfluss in der *Tarika-ji Muhammadija* gewannen.

Muhammad ibn 'Ali asch-Schaukani (gest. 1832) war einer der bemerkenswerten Reformdenker im Jemen (Haykel 2003). Er verfasste Gedichte zur Trauer um Muhammad ibn 'Abdalwahhab, dem Begründer des Wahhabitentums, zur Ermutigung der Söhne und feierte die Al Sa'ud als wahre Verteidiger des Islams. Somit könnte er als Sympathisant der Wahhabiten erscheinen. Er verfasste aber auch ein Gedicht, in dem er deren Praxis des *takfir* verdammte.

Schaukani stimmt somit den puritanischen Tendenzen der Wahhabiten zu, lehnte aber deren Extremismus ab. Zwar wandte er sich – wie die Wahhabiten – gegen die Errichtung von Gebäuden über Heiligengräbern, sah aber diejenigen, die dorthin pilgerten, lediglich als sündige Muslime und nicht als Ungläubige. Hier besteht eine Parallele zu seinem Zeitgenossen, dem marokkanischen Sufi Ahmad ibn Idris. Schaukani akzeptierte die moderate sufische Tradition im Anschluss an Abu Hamid al-Ghazali. Jedoch war es nicht nur die sufische Frömmigkeit und Seelenreinigung, die er akzeptierte, auch an die Wundertaten (*karamat*) von sufischen Heiligen und an Visionen hielt er es für zulässig zu glauben. Allerdings lehnte Schaukani alle Einheitsgedanken sufischer Art ab. Am nächsten kommt asch-Schaukani den Wahhabiten, wenn er kategorisch die Unterteilung in Rechtsschulen und die Nachahmung der von diesen gefundenen Lösungen ablehnt. Für ihn sind nur Koran und Sunna Grundlagen der Rechtsfindung, aus denen per analogiam Lösungen für neue Rechtsprobleme abgeleitet werden können. Die Meinungen der Rechtsschulen basierten allein auf persönlichen Rechtsempfinden. Ahmad b. Idris geht über Schaukani hinaus und vertritt die Auffassung, ein frommer Mann könne durch von Gott verliehene intuitive Erkenntnis den Unterschied zwischen wahr und falsch erkennen (Radtke 1999: 19ff.).

Eine andere dynamische Persönlichkeit auf der Arabischen Halbinsel im 19. Jahrhundert war der bereits genannte, aus Marokko stammende Gelehrte Ahmad ibn Idris (gest. 1837). Er ist kritisch gegenüber den überlieferten sunnitischen Lehren und ihren Autoritätsansprüchen. Eigentliche Autorität kann für ihn nur auf der Offenbarung beruhen. Zugleich ist er als Sufi um die Verbesserung der persönlichen Frömmigkeit bemüht. Durch seine Schüler hatte er Einfluss auf die Gründung sufischer Bewegungen wie der Sanusija (Sanūsīya) oder der Chatmija (Ḫatmīja) im Sudan. Er stand den Wahhabiten kritisch gegenüber.

Kommen wir aber zurück zur *Tarika-ji Muhammadija*. Nach der Rückkehr von der Pilgerfahrt begann 1826 der Auszug, die *hidschra*, Barelwis und seiner Anhänger nach Afghanistan. Die *Tarika-ji Muhammadija* führte insbesondere kriegerische Auseinandersetzungen mit den Sikhs, was von britischer Seite durchaus wohlwollend gesehen wurde. Nach anfänglichen Siegen erlitten die Anhänger Barelwis aber 1832 eine vernichtende Niederlage, bei der auch ihr Anführer getötet wurde. Allerdings wurde sein Leichnam nie gefunden, was zu Erzählungen führte, er sei entrückt worden und werde als Mahdi wiederkehren. Wenig später wurde die Bewegung von den Briten völlig unterdrückt.

Das Gedankengut der *Tarika-ji Muhammadija* lebt in Bewegungen wie den *Ahl-i hadith* (*ahl-i ḥadīṯ*) weiter (Riexinger 2004). Auch diese lehnen die Aufteilung in Rechtsschulen, Heiligenkult und die musikalischen Zeremonien der Sufis ab. Neben Schah Walijullah und asch-Schaukani beziehen sie sich u. a. auf Ibn Taimija. Sie sind bis heute in Indien, Pakistan und auch in Großbritannien aktiv. Obwohl die *Ahl-i hadith* schon früh von britischer Seite als „Wahhabiten" denunziert wurden, kam es doch erst ab 1924 zu einer systematischen Zusammenarbeit zwischen beiden Strömungen.

Westafrika

Betrachten wir die westfrikanischen Staatsgründungen und *dschihad*-Bewegungen des 18. und 19. Jahrhunderts, müssen wir unterschiedliche Faktoren berücksichtigen (Loimeier 2000): den Zusammenbruch der sudanischen Großreiche (z. B. Songhays durch die marokkanische Expedition 1591), der die Existenz einer Vielzahl lokaler, sich bekriegender Fürstentümer ermöglichte, die Entstehung europäischer Handelsstützpunkte an der Küste, die eine teilweise Umorientierung und Ausweitung des Sklavenhandels mit sich brachte, eine generelle Instabilität der Lebensverhältnisse, die Bauern, Händler und Handwerker gleichermaßen betraf, Versuche im 16. und 17. Jahrhundert, die Dörfer stärker unter zentrale Kontrolle zu bringen, die Aufhebung von Privilegien für die islamischen Gelehrten wie Schutzversprechen und Befreiung von Abgaben. Daneben spielten auch ethnisch Spannungen eine Rolle, die aber nicht überbewertet werden sollten.

All diese Entwicklungen brachten Religionsgelehrte dazu, als Fürsprecher der Entrechteten gegen die Tyrannei der Herrschenden aufzutreten und einen Widerstand gegen diese religiös zu rechtfertigen.

Kristallisationskerne dieses Widerstandes waren kleine Gemeinschaften von Gelehrten und Schülern, die *dschama'at* (*ǧamāʿāt*). Zentral für diese Aufstandsbewegungen war die Delegitimierung der existierenden – nach Überzeugung der Aufständischen: nur nominell – islamischen Herrscher. Ihr Ziel war die Errichtung eines neuen politischen

Systems, dem der von diesen Gelehrten interpretierte Islam als Grundlage dienen sollte. Die Entwicklung der Bewegungen wird häufig nach dem Muster der Prophetenbiographie konstruiert: der neu erscheinende Befreier bemüht sich zunächst, durch Mahnpredigten die ungerechten Verhältnisse zu ändern, sammelt eine Gemeinschaft um sich, wird verfolgt, führt einen Krieg gegen die ungerechte Herrschaft und kann schließlich eine rechtgeleitete Herrschaft etablieren.

Das bekannteste Beispiel einer solchen Bewegung dürfte die im Hausaland sein, die zur Errichtung des Sokotokalifates führte. Die Hausastaaten des heutigen Nordnigeria konnten bereits auf eine lange islamische Geschichte zurückblicken, in der die afrikanischen örtlichen Religionen islamische Gelehrte als Personen mit besonderer Segenskraft (*baraka*) integrierten. Im 17. und 18. Jahrhundert führten die Hausastaaten untereinander und gegen ihre Nachbarn eine Vielzahl von Kriegen, die die Voraussetzungen für die Entstehung einer *dschihad*-Bewegung schufen. Religionsgelehrte traten als Wanderprediger mahnend gegen die zunehmende Willkür auf und predigten schließlich den *dschihad* gegen die herrschende Elite. Zentrale Figur dieser Bewegung war Usman dan Fodio (gest. 1817), der ebenfalls eine *dschama'a* gründete und Mitglied der sufischen Strömung der Kadirija war.

Da die bekämpften Herrscher zumindest nominell Muslime waren, gewann die Frage, welche Handlungen als Verstoß gegen grundlegende Regeln des Islams zu werten sind, große Bedeutung. Wenn solche Verstöße festzustellen waren, konnten sie als Grundlage dafür dienen, den Herrscher für ungläubig zu erklären, den *takfir* (*takfīr*). Usman dan Fodio unterschied dafür in einem 1806 verfassten Werk die wahrhaft gläubigen Muslime, zu denen er die Religionsgelehrten, die den rechten Glauben vertreten, die Schüler, die bei diesen Gelehrten studieren, und alle, die den rechtgläubigen Gelehrten zuhören und ihrem Rat folgen, zählt, von den wahrhaft Ungläubigen, die niemals den Islam angenommen haben, Steine und Bäume verehren oder Islam und Unglauben vermischen.

Es gebe noch eine dritte Gruppe derjenigen, die zwar Abweichungen von der üblichen Glaubenspraxis begehen (z. B. die Gebetswaschungen nicht korrekt vollziehen), aber nicht behaupten, ihr Verhalten sei das einzig mögliche islamische Verhalten. Zu dieser Gruppe zählt Usman dan Fodio jene, die zwar den Islam angenommen haben, ihn aber nicht verstehen und sich auch nicht um ein Verständnis bemühen. Auch diese seien grundsätzlich als Glaubensbrüder anzusehen, denn das letzte Urteil über sie stehe Gott zu. Damit kann Usman dan Fodio die große Mehrzahl der Gläubigen vom Vorwurf des Unglaubens ausnehmen. Es handelt sich bei der dritten Gruppe nämlich um sündige Gläubige; zum

Ungläubigen werde man erst bei bewusstem Verstoß gegen die Glaubensregeln. Dies ist aber den Herrschern vorzuwerfen, gegen die der *dschihad* damit Pflicht sei. Wir sehen vor uns ein höchst flexibles Instrument der politisch/religiösen Feinderklärung, das die Errichtung des Sokotokalifates im Gebiet des heutigen Nordnigeria ermöglichte.

Eine der Triebkräfte der Bewegung können wir erkennen, wenn wir die Dichtung betrachten, die in diesen Bewegungen produziert wurde. Wir sehen Erwartungen, die auch von den charismatischen Usman Dan Fodios bestätigt wurden. Ein Zitat: „Gebracht werden feine Gewänder, für die Gläubigen ausgebreitet, / dass wir besteigen werden / Pferde und Kamele, Seidengewänder [...] / Die Jungen sollen bekommen sieben Städte, voll mit dunkeläugigen Jungfrauen, / siebzig schöne Roben bekleiden jede von ihnen, / sie wird zehntausend Sklaven haben, die tun, was sie wünscht, / so oft sie ihren Ehemann umarmen will, / werden sie sich für siebzig Jahre umarmen, / sie werden es wieder und wieder tun, bis sie müde sind, / sie haben nichts anderes zu tun als dies lustvolle Spiel.“ (Hiskett 1994: 100f.)

Bedenkt man, dass die Krieger der gegnerischen Herrscher höchstens einen schmerzhaften Tod zu gewärtigen hatten – nebst einer Rückkehr in die Welt der Ahnengeister –, erscheint die Alternative verlockend. Außerdem kann eine überlegene Kenntnis der *dschihad*-Kommandeure vermutet werden, von denen wir hören, dass sie mit der klassischen arabischen militärischen Literatur vertraut waren (Hiskett 1994: 101f.).

Andere *dschihad*-Bewegungen Westafrikas beriefen sich auf die sufische Strömung der Tidschaniya (Tīǧānīya) oder wiesen andere Besonderheiten auf. Roman Loimeier (2000: 72) skizziert die weitere Entwicklung so: „Im Kontext dieser tief greifenden politischen Veränderungen begann in den Territorien der islamischen Gelehrtenstaaten eine umfassende Konversionsbewegung zum Islam, die sich in der Kolonialzeit fortsetzte und zur Entstehung muslimischer Bevölkerungsmehrheiten in allen Staaten des sudanischen Afrika im 20. Jahrhundert führte. Für diese muslimischen Bevölkerungsgruppierungen stellte der Islam im Kontext der islamischen Revolutionen des 18. und 19. Jahrhunderts eine Ideologie der Befreiung von ungerechter Herrschaft dar. Im Kontext der europäischen Kolonialherrschaft [...] wurde der Islam dann zur Ideologie des Widerstandes gegen die Herrschaft der europäischen Kolonialmächte.“

Zuerst aber wenden wir uns einer ganz anderen Form muslimischen Widerstands zu, für die ein Zusammenhang mit den gerade skizzierten Bewegungen vermutet wird.

Amerika

Unter den Sklaven und Sklavinnen, die nach Amerika verschleppt wurden, waren auch viele islamischen Glaubens. Das Fortdauern islamischer Glaubensüberzeugungen bei den Sklaven in den USA ist immer wieder bezeugt. Christliche Missionare klagten über die Schwierigkeit, die muslimischen AfrikanerInnen zum Christentum zu bekehren. Obwohl Konversionen zum Christentum erreicht werden konnten, finden wir Hinweise auf ein Fortbestehen islamischer Konzeptionen auch lange nach der (Schein-)Konversion zum Christentum (Diouf 1998).

Neben der nordamerikanischen gibt es auch andere amerikanische Dimensionen. Da nicht auf alle Verzweigungen der Entwicklung der islamischen Gemeinschaften in Amerika eingegangen werden kann, mag uns ein Beispiel genügen. Um 1800 erlebte Salvador da Bahia in Brasilien, damals Hauptstadt, einen starken Zustrom dunkelhäutiger Bevölkerung, unter der AfrikanerInnen aus Westafrika (vor allem Hausa, Yoruba, Fon u.a.) ein Übergewicht hatten. Angesichts der steigenden Armut entwickelten sich soziale Spannungen, die sich in zahlreichen Rebellionen entluden, in denen wir neben dem Vorbild der haitianischen Revolution auch einen Einfluss muslimischer Führungspersönlichkeiten finden. In dieser Zeit erfasste eine Islamisierungswelle die dunkelhäutige Bevölkerung der Stadt. Eine Infrastruktur von Gelehrten und Versammlungs- bzw. Gebetsorten entwickelte sich, in der insbesondere der Koran und auch andere religiöse Wissensformen übermittelt wurden. Inspiriert war die islamische Gelehrsamkeit Bahias, die auch in weiteren Regionen Einfluss hatte, durch die Dschihadbewegungen Westafrikas. Kontakte zwischen Brasilien und Westafrika wurden, so eine Vermutung, vermittelt durch freie afrikanische Kaufleute in Brasilien – aber auch durch neu gefangene und verschleppte Sklaven.

Neben den gemeinschaftlichen Gebeten, dem Koranunterricht, der Pflege anderer religiöser Wissensformen etc. sind etliche Talismane mit Koranversen und anderen Formeln als Praxis der muslimischen Gemeinschaften in Brasilien im 19. Jahrhundert zu erkennen.

Nach dem größten Aufstand von 1835, der *revolta dos malês*, wurde der muslimische Einfluss in Nordostbrasilien praktisch ausgelöscht (Hofbauer 1995: 152ff.; Muhammad Shareef 1998).

Als Hinweis auf die Verbreitung des islamischen Glaubens unter den Bedingungen der Sklaverei können auch die zahlreichen Informationen über den Import von Koranexemplaren in Nord-, Mittel-, Südamerika und der Karibik u.a. aus Westafrika gelten (Diouf 1998).

Kehren wir also wieder auf den afrikanischen Kontinent zurück, diesmal nach Nordwestafrika.

Marokko

Das alawidische Marokko bietet uns im 18. Jahrhundert ein interessantes Beispiel für eine Reformbewegung, die von Seiten des Herrschers initiiert wurde. Es wird von einer allgemeinen Krise Marokkos gesprochen, die auch eine kulturelle Dimension hatte und sich bis in die Regierungszeit des ʻAlawidensultans Muhammad ibn ʻAbdallah (reg. 1757–1790) zog.

Diese geistige bzw. intellektuelle, kulturelle Krise wurde in Marokko im Wesentlichen mit Hilfe von zwei Kategorien auf den Begriff gebracht: Unwissen und illegitime Neuerungen (al-'Amrani 1996 auch für das Folgende). Beide Kategorien werden häufig in der islamischen Geistesgeschichte verwendet. Gerade in gesellschaftlichen Krisenzeiten mehren sich die Schriften über verwerfliche Neuerungen, die in diesen Zeiten aufgetreten sind. Ein äußerst beliebtes Thema sind solch schockierende Vorgänge wie die, dass sich Frauen und Männer miteinander in der Öffentlichkeit versammelten anlässlich von Festen für „Heilige" oder zum Geburtstag des Propheten (s. oben).

Kommen wir als erstes zur Unwissenheit! Als grundlegendes Übel wird seit der zweiten Hälfte des 17. Jahrhunderts die mangelnde Alphabetisierung vermerkt – besonders gravierend erscheint sie auf dem Lande. Aber nicht nur das einfache Volk war betroffen, auch die gebildete Elite zeigte Erscheinungen der Dekadenz. So finden wir einen der Vorgänger Muhammad ibn ʻAbdallahs, seinen Großvater Mulay Isma'il (reg. 1672–1727) (Lourido Diaz 1978), in Fes, wo er eine Gruppe von Richtern der Stadt über ihre rechtlichen Kenntnisse prüfte – mit niederschmetterndem Ergebnis. Die Folge war die Festsetzung dieser Richter, die einige Zeit in Haft gehalten wurden, um intensiv ihren Studien nachzugehen. Von einem Rechtsgelehrten der ersten Hälfte des 18. Jahrhunderts wird berichtet, dass er ein Freitagsgebet für gültig erklärt habe, bei dem ein Mann als Imam fungierte, der in seinen Predigten u. a. ungeheuerliche Aussprachefehler beim Zitieren von Hadithen gemacht habe, eigentlich durchaus ein Grund, die Gültigkeit des Gebetes zu bestreiten. Derartige Klagen über das weit verbreitete Unwissen setzen sich bis in die Zeit Muhammad b. ʻAbdallahs fort, der selber darüber klagte.

Wir dürfen zum einen hinter diesem Phänomen und den Klagen darüber einen Verfall der Institutionen vermuten, die ein gelehrtes Leben,

Studium und die nötige Muße erlaubten: unabdingbare Voraussetzung jeglicher Wissenschaft. Es handelt sich – ganz konkret – um von religiösen Stiftungen unterhaltene Moscheen, Lehrinstitute (Medresen), Sufikonvente u. Ä. Die weiterbestehenden Stiftungen werden als Pfründe ihrer Verwalter beschrieben, die kaum noch ihrem eigentlichen Zweck dienen.

Zum anderen sehen wir vor uns die Klage um den Verfall des Wertes symbolischen Kapitals, deren wichtigstes für islamische Gelehrte zweifelsohne zuerst einmal die Beherrschung der arabischen Schriftsprache ist. Ein Mangel an diesem Kapital wird nur zähneknirschend akzeptiert, da in Ermangelung besserer Kandidaten ein Prediger wie der oben erwähnte hingenommen werden konnte.

Das zweite Element des Verfalls sind die Neuerungen. Welche Neuerungen werden nun auf- oder angegriffen? Auf dem Gebiet zentraler Glaubensfragen werden Bewegungen erwähnt, wie die Dschamalija (Ǧamālīya) mit ihren exzessiven sufischen Sitzungen und ihren Gedichten über das Wesen Gottes u. a., oder in Fes die Anhänger eines Mannes, der den Status eines Gottesfreundes beanspruchte. Von diesen heißt es: „Niemand hat jemals einen von ihnen die schariarechtlich vorgeschriebenen Gebete beten gesehen [...] Sie haben den Islam verlassen". (al-'Amrani 1996: 121) Weiters werden bspw. das exzessive Wallfahren zu den Gräbern der sieben Heiligen von Marrakesch genannt oder das Zufluchtnehmen zu Grabmälern von Heiligen im Falle der Trockenheit und Prozessionen, z. B. wird geschildert, dass in einigen Regionen folgender Brauch gepflegt wird: „Wenn ein Wadi trockenfällt und der Regen ausbleibt [...] begeben sie sich zu einem großen Schöpfrad [...] sie schmücken es mit Baumwolle und Seide, und sie verzieren es und schmücken es wie Mädchen mit Brokat [...] Dann ziehen sie damit mit Lärm und Tumult zum Wadi und beten inständig zu Gott [...] Sie glauben dadurch einen anderen Einfluss als den von Gott hervorzurufen." (al-'Amrani 1996: 124) Dies vollführten zumeist Frauen und junge Leute.

Wir sehen hier wiederum vor uns eine Kritik am Deutungsmonopol der religiösen Virtuosen, also in diesem Falle der islamischen Religionsgelehrten, die sich durch charismatische Bewegungen gefährdet sehen bzw. auch durch volksreligiöse Praktiken. Es geht um die Frage, ob legitime Formen der Bitte um göttliches Heil eingesetzt werden oder illegitime, zumal von Personen, bei denen es sich um, *horribile dictu*, Frauen und Jugendliche handelt, gewiss ein Personenkreis, der nicht über anerkanntes, legitimes symbolisches Kapital verfügt.

Nennen wir noch einige Neuerungen (al-'Amrani 1996: 126ff.): die mangelnde Zahlung der Almosensteuer bzw. Reinigungsabgabe durch religiöse Stiftungen; die Eheschließung mit einer geschiedenen Frau, bevor ihre Warteperiode nach der Scheidung verstrichen ist; die Ausbreitung illegitimer sexueller Beziehungen und deren mangelnde Bestrafung; der Missbrauch von zum Stiftungsgut gehörenden Sklavinnen durch dessen Verwalter; Übertreibungen bei den Hochzeitsfeierlichkeiten, aber auch der Verkauf von Kindern; die mangelnde Bestrafung des Diebstahls, bei dem lediglich das gestohlene Gut zurückerstattet und der Dieb ermahnt werde.

In der gelehrten Diskussion Marokkos sehen wir eine andere Ebene. Wir können eine Engführung der religiös-rechtlichen Diskussion feststellen, bei der ein Rechtswerk der malikitischen Rechtsschule mit seinen Kommentaren die dominante Rolle einnimmt. Auch dagegen reagieren die Initiativen Muhammad ibn ʻAbdallahs.

Den theoretischen Ausgangspunkt seiner Reformbestrebungen charakterisiert Muhammad ibn ʻAbdallah selber mit den Worten, er sei malikitisch im Ritus und hanbalitisch in der Glaubenslehre. Bekannt ist das Interesse des Herrschers an der wahhabitischen Bewegung, aber auch seine Differenzen mit ihr (al-'Amrani 1996: 428ff.).

Von besonderer Bedeutung ist aber sein Reformdekret aus dem Jahr 1788. Darin finden wir detaillierte Anweisungen, welche Bücher wie zu studieren sind: „Wer den *Muchtasar* von Chalil zu studieren wünscht [...] Auf [...] fünf Kommentare beschränkt soll Chalil studiert werden. Dies soll dafür hinreichend sein. Was über diese fünf hinausgeht, soll verworfen und nicht studiert werden.“ Oder: „Wer den *Schifa'* (*Šifāʾ*) liest, [für den gilt], wenn er zum letzten Viertel des Buches kommt, soll er es beenden und es nicht [weiter] lesen.“ Oder: „So auch die Gelehrten, die über den Astrolab und Arithmetik lesen, sie sollen ihren Anteil aus den Stiftungsgütern nehmen, wegen des großen Nutzens, der darin liegt“. Oder: „Gelobt sei Gott! Wer sich in die Theologie, Logik, die philosophischen Wissenschaften oder die Bücher der extremen Sufis oder in Geschichten vertiefen will, soll sich damit in seinem Hause beschäftigen [...] Wer das, was wir erwähnt haben, in den Moscheen verbreitet, den erreicht eine Strafe und er soll sich nur bei sich selber beschweren.“

So zwiespältige Gefühle ein solches Dekret in uns auslösen mag, deutlich scheint eines: Es handelt sich um die Schaffung einer Art, formulieren wir es modern, Staatsideologie, die der Vereinheitlichung der religiösen Vorstellungen im Lande dienen sollte.

Ein wichtiges Feld, auf dem dieses Vorhaben umgesetzt wurde, waren die uns hier besonders interessierenden Hadithwissenschaften. Die Strategie, die auf diesem Gebiet verfolgt wurde, orientierte sich mit Bezug auf die Hadithwerke in drei Stoßrichtungen: 1.) Import grundlegender Schriften, 2.) Reform des Lehrwesens mit der Einrichtung von Hadithkolloquien, 3.) Verfassen, Kopieren und Verbreiten von Hadithwerken.

Ein marokkanischer Gesandter schreibt über seine Reise nach Istanbul im Jahre 1785, er habe neben anderen Werken (u. a. des islamischen Rechts) Bücher erworben, „mit deren Kauf mich der Herrscher beauftragt hat. Es handelt sich um den *Musnad* des Abu Hanifa an-Nu'man, den *Musnad* des Imam asch-Schafi'i, den *Musnad* des Imam Ahmad". Besondere Beachtung fand der *Musnad* des Abu Hanifa, dem zahlreiche bis dahin nicht geläufige Hadithe entnommen werden konnten (Harakat 1985: 43). Generell war die Beschäftigung mit dem Hadith in Marokko vor den Initiativen Muḥammad b. ʿAbdallahs höchst selektiv, beschränkte sich im Wesentlichen auf al-Buchari und Muslim und in geringerem Maße auf den *Muwatta'* (*Muwaṭṭaʾ*) von Malik ibn Anas. Dies geschah zudem eher aus Gründen der Heilserlangung, des Gewinnes von *baraka* (Berque 1958: 108), und nicht zu Studienzwecken.

Ins Werk gesetzt wurde die Aneignung dieser Werke und die Reform des Lehrwesens wieder durch das oben genannte Reformdekret von 1788. Damit wird ein Literaturkanon für die Hadithkunde etabliert, der, neben den auch im arabischen Osten bekannten Werken, die „abgeleiteten Bücher" beinhaltet, d. h. auch Werke des Herrschers selber, der ein sehr produktiver Autor war. Die Art und Weise des Studiums der genannten Werke wird in diesem Dekret ebenfalls genau definiert. So heißt es über das Studium von al-Buchari, er solle nur teilweise gelesen werden – und dann solle damit aufgehört werden.

Werden auf diese Weise wichtige Grundlagenwerke bereitgestellt, so ist das zweite wichtige Element des Reformprozesses die Einrichtung von Hadithkolloquien (*maǧālis ḥadīṯīya*). Bei der Etablierung dieser Kolloquien wird Bezug auf die Praxis der Almohaden bzw. die der Vorgängerdynastie der Sa'diden genommen. Für diese Kolloquien wurde ein bestimmter Zeitpunkt bestimmt, an dem sie abzuhalten waren. Der Herrscher selber hielt täglich ein privates Kolloquium ab, an dem ausgewählte Gelehrte teilnahmen, und nach dem Freitagsgebet in Marrakesch ein allgemeines, an dem sich die Gelehrten der Stadt und andere Gelehrte, die in die Hauptstadt entsandt worden waren, beteiligten. Auch allen anderen Moscheen der Stadt wurden Gelehrte zugewiesen, um den Hadith zu lehren und Kolloquien nach dem Freitagsgebet abzuhalten. Diese Kolloquien fanden nach folgendem Muster statt: Es wurden Hadithe vorgetragen und dann vom Leiter des Kolloquiums, der vom Herrscher bestimmt wurde, kommentiert bzw. ergänzt. Dies wurde dann diskutiert. Manchmal ergab sich auch eher ein Frage-und-Antwort-Spiel. Solche Kolloquien wurden nicht nur in der Hauptstadt abgehalten, auch an anderen wichtigen Orten fanden sie statt.

Der Herrscher ermutigte außerdem die Gelehrten, selbständige Hadithwerke, Zusammenfassungen, Kommentare oder Glossen zu bereits vorhandenen Werken zu verfassen. Es wurden auch Gelehrte oder Gelehrtengruppen ausgewählt, die mit der Abfassung genau definierter Werke beauftragt wurden. So wurde z.B. ein Kommentar zu der weit verbreiteten kleinen Hadithsammlung des an-Nawawi an einen Rabater Gelehrten in Auftrag gegeben.

Ein Charakteristikum der so entstandenen Hadithwerke ist der weitgehende Verzicht auf den *isnad*, von dem lediglich der erste Überlieferer genannt wurde.

Wir haben gesehen, in welch vielfältiger Weise die genannten Reformbestrebungen auf Erscheinungen in Marokko selber reagierten, Auseinandersetzungen über die islamische Legitimität von Handlungen und Auffassungen widerspiegelten, gefiltert durch die vom Herrscher eingeleiteten Initiativen, die wir durchaus als Teil der seit Längerem andauernden Bestrebungen sehen können, einen Staat im eigentlichen Sinne in Marokko zu etablieren, der auch international bestehen konnte – auch gegen die Angriffe der europäischen Kolonialmächte. Die Bestrebungen des Herrschers sind auch als Reaktion auf das militärisch-ökonomische Eindringen der Europäer zu verstehen (Cornell 1990). Dieses Eindringen machte eine Mobilisierung und Zentralisierung der Ressourcen des Landes erforderlich, die sich auch auf intellektueller Ebene niederschlug.

Mehrfach wurden schon die Wahhabiten erwähnt, eine Bewegung, die auf der Arabischen Halbinsel entstanden ist.

Arabische Halbinsel

Muhammad ibn ʻAbdalwahhab (gest. 1792), Namensgeber und Begründer der Bewegung, wurde im Nadschd (Naǧd) geboren und studierte in Medina und Basra. In Basra begann er mit seiner Predigt gegen Praktiken, die er als unzulässig ansah. Er wurde allerdings aus Basra verbannt und musste in seine Heimat zurückkehren. 1731 fuhr er mit seiner Predigt in Zentralarabien fort. Er konnte den Führer einer zentralarabischen Herrscherfamilie, der Al Sa'ud, für seine Mission gewinnen und 1744 mit ihm einen Vertrag schließen, in dem die Al Sa'ud den militärischen Teil und Muhammad ibn ʻAbdalwahhab den religiösen Teil ihres gemeinsamen Dschihad festlegten. Zuerst konnte der Nedschd unterworfen werden, dann wurden Mekka und Medina erobert. Damit rückte die wahhabitische Bewegung, in der Eigenbezeichnung die der Bekenner des *tauhid*, der Einheit Gottes, in das Zentrum des Interesses der islamischen Welt.

Die antischiitische Haltung der Wahhabiten zeigte sich 1802, als Kerbela' erobert, die Schreine der Stadt zerstört und Teile der Bevölkerung massakriert wurden. Auch Gräber von Sufischeichs wurden zerstört.

Muhammad ibn 'Abdalwahhab berief sich insbesondere auf den hanbalitischen Gelehrten Ibn Taimija. Die grundlegende Pflicht der Gläubigen in der Lehre Muhammad ibn 'Abdalwahhabs (Peskes 1993: 15ff.) ist das Bekenntnis zur Einheit Gottes, der *tauhid*. Um diese Pflicht zu erfüllen, reicht es nicht aus, das Glaubensbekenntnis auszusprechen, die Gläubigen müssen auch durch aktives Handeln diese Pflicht erfüllen, die dadurch im täglichen Handeln der Gläubigen erkennbar wird. Diejenigen, die diese Pflicht nicht ausreichend erfüllen, sind *muschrik*s, diejenigen, die Gott etwas anderes beigesellen (z. B. in Form der Verehrung von Heiligengräbern, im Erbitten von Segen von Bäumen u. a. m.), damit ungläubig. Gläubige haben sich von Gebieten fernzuhalten, in denen in der Mehrzahl *muschrik*s leben.

Da die aktive Realisierung des *tauhid* Pflicht jedes Gläubigen ist, kommt Muhammad ibn 'Abdalwahhab zu einer Kritik an den sunnitischen Rechtsschulen. Er wirft den Gelehrten der Rechtsschulen vor, dass sie zu einem Konsens gekommen seien, durch den sie Praktiken legitimierten, die in Koran und Sunna verurteilt werden. Diese Abwendung vom Konsens der Rechtsschulen bedeutete den Bruch mit dem bestehenden sozialpolitischen System und damit direkte politische Konsequenzen. Durch den Bruch konnte erst die wahre Gemeinschaft der Muslime neu gegründet werden.

Der erste wahhabitische Staat endete mit der Niederlage gegen eine ägyptische Invasionsarmee 1818. Im Nadschd konnte ab 1824 eine erneute wahhabitische Präsenz entstehen, die 1891 endete, als die konkurrierende Herrscherfamilie Al Raschid die Al Sa'ud vertrieb, die schließlich nach Kuwait ins Exil gingen.

1924 konnte schließlich Ibn Sa'ud (gest. 1953) den Nedschd wieder unter saudische Kontrolle bringen. 1932 wurden die Königreiche Nadschd und Hidschas zum Königreich Saudi-Arabien vereinigt.

Die wahhabitische Gelehrtenschicht etablierte sich als staatstragendes Element in Saudi-Arabien, ohne allerdings in kritische Distanz zum Herrscherhaus zu gehen. Dies impliziert eine politische Abstinenz, über die wir bereits gesprochen haben.

Seit den 1970er Jahren entwickelte sich in Saudi-Arabien eine innerwahhabitische Opposition, die sich gegen die Kompromittierung des wahhabitischen Establishments durch die Unterstützung der Herrscherfamilie der Al Sa'ud wandte. Auch die durch die Migration islamistischer Migranten aus anderen arabischen Ländern gestärkte politisch-islamische Strömung salafistischer Art trug zur Herausbildung dieser Opposition bei. In den 1990er Jahren wurde diese wesentlich von den Gelehrten der *sahwa* (*ṣaḥwa*) getragen, die teilweise Ende der 1990er Jahre wieder integriert werden konnten. Das von dieser Reintegration hinterlassene Vakuum wurde von extremistischen wahhabitischen Gelehrten gefüllt, die zum Teil deutliche Sympathien für die Taliban in Afghanistan und für dschihadistische Aktivitäten äußerten (Steinberg 2004: 156ff.).

Die Beteiligung saudischer Staatsbürger an dschihadistischen Aktionen und die umfangreiche internationale Propaganda durch diverse Organisationen und Institutionen wie die Muslimische Weltliga (Grundmann 2005: 75ff.), oder die Islamische Universität von Medina, 1961 als Gegenentwurf zur damals verstaatlichten ägyptischen al-Ashar-Universität gedacht, hat die wahhabitische Strömung in den Verdacht geraten lassen, die Haupttriebkraft für die Radikalisierung des zeitgenössischen Islams zu sein.

Die zunehmende Internationalisierung der wahhabitischen Propaganda durch eine Vielzahl von Institutionen und Organisationen, die Etablierung eines veritablen islamischen Internationalismus, können wir als Ausdruck der Konkurrenz insbesondere gegen den arabischen Nationalismus Nasser'scher Prägung verstehen, der in den 1960er Jahren auch in Unterstützung einer der Bürgerkriegsparteien im Jemen militärisch präsent war – und damit in unmittelbarer Nachbarschaft Saudi-Arabiens.

Es gab (und gibt) einen aktiven dschihadistischen Untergrund in Saudi-Arabien, der durch diverse Aktionen Aufmerksamkeit erregte, aber blutig unterdrückt wurde. Saudi-Arabien hat für dschihadistische Gefangene ein erfolgreiches Ausstiegsprogramm aufgelegt.

Die wahhabitischen Gelehrten versuchen sich von dschihadistischen und islamistischen Positionen inzwischen auch durch theoretische Diskussionen abzusetzen. Die innersaudische Diskussion hat sich – auch mittels neuer Medien – enorm ausdifferenziert, wobei Identitäten nicht statisch sind; vom entschiedenen Salafisten, zum Liberalen, zum unabhängigen Islamisten bis zum entschiedenen Dschihadisten kann der Weg gehen (Al-Rasheed 2007: 183).

Baschkirien und Tatarien

Der Islam in Südrussland bzw. im Kaukasus wird häufig lediglich unter dem Aspekt des militärischen Widerstandes gegen die zaristische Expansion betrachtet. Auf diesen Widerstand werden wir im Folgenden keinen Blick werfen können. Eine Variante zum antirussischen Widerstand im Kaukasus stellt die Entwicklung des islamischen Diskurses unter russischer Herrschaft im 18. und 19. Jahrhundert in Baschkirien und Tatarien dar. Zwischen passivem Widerstand, einer neutralen Haltung und Zusammenarbeit mit der russischen Obrigkeit (auch gegen muslimische Konkurrenz) changieren die Haltungen der Gelehrten der Wolga-Ural-Region. Einen Aufruf zum Aufstand oder zum *dschihad* hören wir nicht.

Auch diese Gelehrtenkultur zeichnet sich durch eine Verbindung von Religionsgelehrten und Sufitum aus. Die Mehrzahl der Gelehrten gehörte wohl einem Zweig der Nakschbandiya (Naqšbandīya) an, der *mudschaddidiya* (*muǧaddidīya*). Die Einbindung in diese Strömung wird auf Gelehrte aus Buchara und Kabul und deren örtliche Schüler zurückgeführt. Neben dieser in den zentralasiatischen und indischen Raum reichenden Verbindungen gibt es solche auch in das Osmanische Reich. Angeknüpft wird an Positionen wie die des Mehmed Birgevi (gest. 1573) mit seiner Kritik z. B. an exzessiven Übungen sufischer Strömungen wie der Chalwatiya (Ḫalwatīya) und seiner Mahnung zur skrupulösen Befolgung des Lebensweges des Propheten Muhammad und der Ablehnung unerlaubter Neuerungen, die sich in nachprophetischer Zeit in die muslimischen Gemeinschaften eingeschlichen hätten. Der antisufische Zug der Lehren Birgevis wird in der Wolga-Ural-Region allerdings als durchaus vereinbar mit einer Zugehörigkeit zur Nakschbandiya gesehen, denn aus beiden Lehrtraditionen konnte geschöpft werden, um eine innerweltliche Ethik zu schaffen, die der Konstruktion einer eigenen islamischen Identität dienlich war.

Trotz der relativ einheitlichen Zuordnung der Gelehrtenschaft zur Nakschbandija *mudschaddidija* können wir innerhalb dieser gelehrten Welt differenzierte Strömungen beobachten. Es gibt ältere Traditionslinien der Nakschbandija, die noch an Vorstellungen der Einsheit des Seins Ibn al-'Arabis anknüpfen, die nun mit einer Einhaltung der grundlegenden Regeln des sunnitischen Islam verknüpft werden, analog der Ausrichtung der oben genannten Gelehrtennetzwerke.

In der theologischen Debatte kommt es zu Kombinationen bereits vorhandener Positionen. Wenn wir ein Problem wie das der Attribute Gottes betrachten, können wir – etwas vereinfacht – die klassische asch'aritische Position einnehmen und von sieben Wesensattributen Gottes (Macht, Wille, Hören u. Ä.) sprechen (Allard 1965), während die Maturiditen das Erschaffen, den *takwin* (*takwīn*), als achtes Wesensattribut hinzufügen. Solche Unterschiede wurden in der Geschichte der islamischen Theologie einmal hervorgehoben, das andere Mal heruntergespielt. Ein tatarischer Gelehrter namens al-Kursawi (gest. 1812) lehnt eine derartige abgeschlossene Aufzählung von Attributen ab, eine solche Diskussion sei erst das Ergebnis späterer gelehrter Diskussionen.

Über einen anderen Aspekt der Transzendenz Gottes, den, dass man seine Attribute nicht mit menschlichen Attributen vergleiche, schreibt al-Kursawi in Anlehnung an Abu Hamid al-Ghazali, dass Gott erhaben über jede Beschreibung sei, die aufgrund menschlichen Verständnisses entstehe. Auch damit wendet er sich gegen die asch'aritische Lehre, die in Buchara und in der Wolga-Ural-Region vorherrschte, und versuchte eine eigene Position zu definieren. Seine Kritik zeigt sich ebenfalls in der Ablehnung theologischer Spekulation, an deren Stelle al-Kursawi sufische Wege der Gotteserkenntnis privilegierte.

In Baschkirien dominierte ein an der Nakschbandija orientierter Sufismus, der seinen Niederschlag in arabischsprachigen Traktaten über die sufische Praxis sowie in sufischer Poesie und Prosa fand. Eine andere Linie des islamischen Diskurses wurde von Predigern getragen, die ihre Kritik an den etablierten Gelehrten in der Gestalt einer asketischen Frömmigkeit in Anlehnung an al-Ghazali oder Birgevi formulierten – bis hin zu Warnungen vor dem kurz bevorstehenden Weltuntergang (Kemper 1998: 470). Gegen einen anderen Kolonialismus wandte sich eine in Südostasien beheimatete Bewegung.

Südostasien

Die Padri-Bewegung wandte sich gegen den holländischen Kolonialismus, setzte sich aber auch mit den matrilinearen Traditionen des Gewohnheitsrechtes bei den Minangkabau auseinander. Einige ihrer Anführer scheinen während ihrer Pilgerfahrt nach Mekka am Anfang des 19. Jahrhunderts, die durch neu entstandenen Handelsreichtum befördert wurde, durch die wahhabitische Bewegung beeinflusst worden zu sein. Der Islam bei den Minangkabau speist sich aus verschiedenen Quellen: der Konversion von Herrscherfamilien, der langsamen Islamisierung dörflicher Amtsträger, verschiedener sufischer *tarika*s; daneben bestand das ältere System von Rechten und Bräuchen, der matrilineare *adat* weiter.

Gegen dieses Geflecht wandte sich die neu entstandene puritanische Padri-Bewegung. Der Puritanismus der Bewegung fand in Aktionen gegen Tabakgenuss u. Ä. seinen Ausdruck. Als Mittel zur Durchsetzung wurde der *dschihad* mit dem Schwert gewählt, da die anderen Formen des *dschihad* gescheitert seien. Die gewaltsamen Angriffe gegen Dorfgemeinschaften, die sich dem Islam der Padris verschrieben, wurden zu einem Charakteristikum der Bewegung. Zugleich war sie auch eine Reaktion auf die zunehmende koloniale Durchdringung durch die Holländer. Der antikoloniale Widerstand endete 1838 mit dem Sieg der Holländer, der innermuslimische Effekt war weitaus größer. Die Padri-Bewegung erreichte eine neue Definition des Verhältnisses vom Islam im Sinne ihres Islamverständnisses und des *adat*-Rechts. Die neue Formel lautet: „*adat* basiert auf dem Islam, Islam basiert auf dem *adat*". (Dobbin 1987)

Der Übergang von den in diesem Abschnitt beschriebenen Entwicklungen in die Moderne ist eher verwischt, sodass wir beide Perioden nicht als chronologisch ineinanderübergehend begreifen müssen. Die primär islamische Kontextualisierung wird von einer westlich-modernen Kontextualisierung abgelöst, in deren Zusammenhang sich auch die muslimischen Gesellschaften modernisieren: eine eigene Form der Moderne entwickeln, eine der möglichen *multiple modernities*.

Islam und Moderne

Wir wollen an dieser Stelle nicht versuchen, eine inhaltliche Definition der Moderne zu finden, die auch die muslimische Welt einbezieht. „Moderne“ heißt in unserem Zusammenhang die Periode vom 19. bis in das beginnende 21. Jahrhundert. Wir können an dieser Stelle nicht die hoch differenzierten Entwicklungen in den einzelnen Regionen der muslimischen Welt nachvollziehen und müssen uns auf einige Fallstudien beschränken.

Indien

Aus den Reformbewegungen des 17. bis 19. Jahrhunderts entwickelte sich in Indien ein breites Spektrum an weiteren Reformbewegungen. Durch den Niedergang des Moghulreiches, seiner Eliten und den steigenden Einfluss der britischen Kolonialmacht konnten die Modelle der Vergangenheit zur Regelung der Bedürfnisse der muslimischen Gemeinwesen nicht mehr in Anspruch genommen werden. In Anlehnung an die älteren Reformbewegungen versuchten die indischen Reformbewegungen, sich an diese Situation anzupassen. Sie verfolgten einen Grundgedanken: „die Verantwortung des Einzelnen, durch seine Frömmigkeit den islamischen Charakter des Gemeinwesens zu garantieren und damit das göttliche Wohlwollen auf die [...] Gemeinschaft herabzuziehen“. (Pernau 2007: 139)

In der Kritik am Lebensstil des Adels, seine Verstricktheit in weltliche Ziele und Genüsse, entwickelten die Hauptträger dieser neuen Reformbewegung, die im Aufstieg befindlichen Händler und Kaufleute, neue Formen der Frömmigkeit. Diese neue Frömmigkeit führte zu einer

Rationalisierung des Alltagshandelns und zu einer Abkehr von magischen Praktiken und der Hinwendung zu Sufiheiligen als Vermittlern zum Göttlichen.

Wir sollten in der Entstehung solcher Bewegungen nicht nur den Einfluss des britischen Kolonialismus am Werke sehen, eher ist die Weiterentwicklung der älteren Reformbewegungen ihre Grundlage. Große Bedeutung hat die Selbstdisziplinierung des Einzelnen durch Arbeit, Pflichterfüllung, Zuverlässigkeit u. Ä., die zur Überwindung der schädlichen Neigungen der menschlichen Triebseele (*nafs*) dient, die es zu kontrollieren gilt, um ein Leben in Tugend führen zu können. Diese Art von Vervollkommnung ist allen Menschen zugänglich. Damit erfolgt auch eine Abgrenzung gegenüber dem zuvor in Indien vorherrschenden Abstammungsdenken. Verschiedene Bewegungen verschrieben sich einer solchen Reform des muslimischen Selbst.

Die Bewegung der Deobandis zentrierte sich um die 1866 gegründete Bildungsanstalt Dar al-'ulum (Dār al-ʿulūm) im nordindischen Deoband. Diese Lehranstalt mit inzwischen vielen Ablegern weltweit ist eine der wichtigsten sunnitischen Bildungsinstitutionen – besonders in Südasien und der von dort stammenden Migration. Gerade diese strikte Institutionalisierung des Ausbildungswesens, die von der sonst immer noch eher informellen Bildungspraxis abweicht, ist ein besonderes Merkmal dieser Strömung.

Wichtige Figuren der Frühzeit waren Muhammad Kasim Nanautawi (gest. 1877) und Raschid Ahmad Gangohi (gest. 1905). Sie gründeten die Dar al 'ulum nach der gescheiterten großen Revolte gegen die britische Herrschaft 1857. Initiiert in mehrere sufische *tarikas*, fokussierten sie sich im Anschluss an Schah Walijullah auf die Purifizierung der sufischen rituellen Praxis und auf Hadithstudien. Sie integrierten den Sufismus in ihre tägliche Praxis. Der Prophet war ihr ultimatives Vorbild und erschien den Deobandi-Gelehrten auch im Traum (Sanyal 1999: 38). Sie modellierten ihr Verhalten nach seinem Vorbild und die einfachen Anhänger modellierten ihr Verhalten wiederum nach ihrem Vorbild.

Kennzeichnend für die Lehren der Deobandis sind eine strikte Ablehnung der Schia und Ahmadija. Abgelehnt werden ebenfalls sufische Praktiken wie Besuche von Heiligengräbern, das Feiern des Geburtstages des Propheten wird verworfen. Eine strikte Geschlechtertrennung wird vertreten. Bestimmte Praktiken, die von anderen Strömungen nur als optional angesehen wurden, wurden verbindlich gemacht, z. B. das Verteilen von Süßigkeiten nach der Vollendung der Lektüre des Korans. Die Deobandis befürworten den *idschtihad* und setzen sich mittels des *idschtihad* mit neueren sozialen Entwicklungen auseinander. Ein prominenter Vertreter der Deobandi-Strömung war Ashraf Ali Thanwi (gest. 1943).

Aus der Deobandi-Strömung sind in Pakistan die Taliban hervorgegangen, die ein äußerst rigides Islamverständnis zeigen. In der Migration in Großbritannien haben die Deobandis lange Zeit die indo-pakistanischen Moscheen dominiert. Allerdings ist in den letzten Jahren ein Aufholen der Barelwi-Strömung festzustellen.

Begründet wurde die Bewegung der Barelwi, die die Eigenbezeichnung Ahl-e Sunnat wa-Dschama'at (*ahl-i sunnat wa-ǧamāʿat*) vorzogen, von Ahmad Reza Khan Barelwi (gest. 1921), benannt nach dem nordindischen Bareilly. Die Ahl-e Sunnat repräsentieren einen sufinahen Volksislam. Ahmad Reza Khan wandte sich in einer Reihe von Fatwas gegen verschiedene indische Strömungen: die modernistische Strömung des Sayyid Ahmad Khan (gest. 1898) um Aligarh, die Deobandis, die Ahl-i hadith und die Nadwat al-'ulama', die er alle als irregehend qualifizierte. Die Schiiten unterteilte er in gemäßigte und extreme, wobei letztere schon als Ungläubige angesehen werden müssten.

Zentral für die Ideenwelt der Barelwis ist ihre Sicht des Propheten, der als wundertätig, übermenschlich und einzigartig imaginiert wird. Es ist für sie unvorstellbar – nicht einmal hypothetisch –, dass Gott ein ähnliches Wesen schaffen wird. Diese Position wird von Bewegungen wie der der Deobandis abgelehnt. Die Ahl-e sunnat intepretieren das Hadithmaterial und den Koran ganz in Richtung der Verehrung des Propheten, wobei sie durchaus als zweifelhaft eingestufte Hadithe heranziehen.

Besonders wurde von anderen islamischen Strömungen in Indien kritisiert, dass die Ahl-e Sunnat an sufischen Praktiken wie der Verehrung von Heiligen und dem Feiern des Geburtstages des Propheten festhielten. Dies geschieht allerdings nicht im Sinne eines unreflektierten Festhaltens an der Tradition. Vielmehr wird auf die individuelle Verantwortlichkeit der einzelnen Gläubigen verwiesen (Sanyal 1999). Damit wird auch dieses scheinbar rückschrittliche Phänomen zum Ausdruck der Modernität. Technische Modernität demonstrieren auch die in den letzten Jahren aufblühenden zahlreichen Webpräsenzen mit Barelwi-Orientierung.

Im Anschluss an Sayyid Ahmad Khan (gest. 1898) und die von ihm begründete Bildungsinstitution von Aligarh, der sich ebenfalls auf Schah Walijullah berief, für eine Kooperation mit der britischen Kolonialmacht eintrat und auch einen Dschihad nur im Falle einer Einschränkung der Religionsübung für möglich hielt, wird in Indien von einigen muslimischen Intellektuellen versucht, eine Aussöhnung zwischen MuslimInnen und Hindus zu erreichen. Eine zweite Strömung bemüht sich um ein Islamverständnis, das Säkularismus und Religion vereinbart. So trennte Maulana Wahidud-din Khan (geb. 1925) „Religion und Politik, da seiner Ansicht nach die Verquickung schädlich für die beiden Sphären wäre. Er schreibt, dass die Religionen in einem säkularen Staat frei seien, zu predigen und zu missionieren. Deshalb habe der Islam in Indien die Möglichkeit, ein *da'wa*-Reich zu errichten und die Menschen zu ihrer Religion zu bekehren." (Ali 2001: 101f.)

Ägypten

Wenden wir uns jetzt Ägypten zu, das ebenfalls im 19. Jahrhundert unter westlichen Einfluss geriet und besonders dem britischen Kolonialismus ausgesetzt war. Ägypten geriet im 19. Jahrhundert immer mehr unter europäische Kontrolle, war seit 1883 ein britisches Protektorat und blieb bis zur tatsächlichen Unabhängigkeit 1952 unter britischem Einfluss.

Der Kolonialismus schlug sich aber nicht nur in repressiver Form nieder. Die Entstehung eines kolonialen Sektors in Ägypten schuf auch noch neue Möglichkeiten der Öffentlichkeit in Ägypten. Die breite Einführung der Druckerpresse bedeutete die Entstehung von Zeitungen und Zeitschriften als Medien der Meinungsbildung. Salons etablierten sich ebenfalls als eine Form der Diskussion. In diesem neu entstandenen Umfeld bildete sich eine Schicht relativ unabhängiger Intellektueller als Meinungsträger, die in Konkurrenz zu den Religionsgelehrten traten. Aus ihnen ging auch die salafistische Strömung hervor. Diese berief sich auf das Vorbild der *as-salaf as-salih (as-salaf aṣ-ṣāliḥ)*, der „frommen Altvorderen" aus der Prophetengeneration. An ihnen orientiert, sollte eine Erneuerung des Islams erfolgen, die der Herausforderung durch den Westen standhalten konnte. Die Abgrenzung gegenüber der traditionellen Gelehrsamkeit erfolgte durch die Formel: Das „Tor des *idschtihad*", das seit dem 11. Jahrhundert geschlossen sei, müsse wieder geöffnet werden. Damit sollte eine neue religiöse Meinungsbildung möglich werden. Es wurde auch an die theologische Richtung der Mu'tasiliten angeknüpft.

Ein weiteres Element des frühen salafistischen Diskurses ist der Versuch, Erscheinungen der Moderne islamisch zu begründen. Charakteristisch ist der Versuch, naturwissenschaftliche Entdeckungen im Koran vorhergesagt zu finden. So wurden Bakterien mit den im Koran als unsichtbare Wesen erwähnten Dschinnen gleichgesetzt. Diese „naturwissenschaftliche Koranauslegung“ (*tafsīr ʿilmī*) blüht bis in die Gegenwart; die damit begründete Vorhersagekraft des Korans gilt als zusätzlicher Beweis für dessen Unübertrefflichkeit.

Prominente Vertreter dieses frühen Salafismus waren Dschamaladdin al-Afghani (gest. 1897), ein Propagandist der panislamischen Idee, die eine Vereinigung der islamischen Welt anstrebte, Muhammad ʻAbduh (gest. 1905), Reformgelehrter und eine Zeit Rektor der al-Ashar-Universität, Raschid Rida (gest. 1930), Journalist, der Syrer ʻAbdarrahman al-Kawakibi (gest. 1902), liberaler Theologe, der die Errichtung eines demokratischen arabischen Staates befürwortete. ʻAbduh und Rida sind die Verfasser eines salafistischen Korankommentars, der von anderen Gelehrten scharf kritisiert wurde, und die Gründer der Zeitschrift al-Manar (al-Manār), die in der ganzen islamischen Welt Resonanz fand. Raschid Rida entwickelte sich später in eine eher konservative Richtung und zeigte Sympathien für die Wahhabiten. Eine der Schüler ʻAbduhs, ʻAli ʻAbdarrasik (gest. 1968), provozierte 1925 kurz nach der Abschaffung des Kalifates durch die türkische Regierung einen Skandal, als er die These aufstellte, die islamische Gemeinschaft sei nicht politischer, sie sei nur religiöser Natur (Krämer 1992: 222). Er verlor seine Lehrberechtigung an der al-Ashar. ʻAbdarrasik kann als Paradigma für das Schicksal vieler kritischer Denker im 20. Jahrhundert in Ägypten gelten.

Als Reaktion ebenfalls auf die Abschaffung des Kalifats, aber noch mehr als Reaktion auf den britischen Kolonialismus wurde 1928 die Muslimbruderschaft *ichwan al-muslimin* (*iḫwān al-muslimīn*) im ägyptischen Ismailia in der Sueskanalzone gegründet. Gründungsvater war der Volksschullehrer Hasan al-Banna (gest. 1949).

Zielsetzung der Organisation, für die wir eine Anknüpfung an volkstümliche Gemeinschaftsformen annehmen können, war eine moralische Reform, die sich gegen die sich verbreitende „westliche Dekadenz“ richtete, der Aufbau sozialer und wohltätiger Einrichtungen und der Kampf gegen den britischen Einfluss. Damit ist die Muslimbruderschaft auch eine Reaktion auf die zunehmende Modernisierung Ägyptens und die Verunsicherung in diesen Prozess hineingezogener ländlicher Schichten. Dieser Modernisierungsprozess, der im Laufe des 20. Jahrhunderts und der zunehmenden Binnenmigration sich verstärkte, hat auch eine sexualpolitische Komponente, da die traditionellen kollektiven Moralvorstellungen erschüttert werden (Ayubi 2002). In den 30er Jahren politisierte sich die Organisation und entwickelte Konzepte, die den Islam als gesellschaftliche Alternative darstellen sollten. Damit wird sie zur ersten großen islamistischen oder politisch-islamischen Organisation. Unter politischem Islam wollen wir das Bestreben verstehen, durch Erringen der Staatsmacht ein als islamisch definiertes Gesellschaftssystem zu schaffen.

Die Muslimbruderschaft hatte ihren organisatorischen Höhepunkt in den 40er Jahren. 1948 soll sie 500.000 Mitglieder gehabt haben und mehrere Hunderttausend Sympathisanten. In diesen Jahren baute sie auch einen geheimen militärischen Apparat auf, der u. a. in der Sueskanalzone Anschläge gegen die Briten unternahm. Nachdem die „Freien Offiziere" 1952 durch einen Putsch in Ägypten die Macht übernahmen, erhoffte sich die Muslimbruderschaft stärkeren Einfluss auf die ägyptische Politik – Hoffnungen, die sich nicht erfüllten. 1954 wurde deshalb ein Anschlag auf den Anführer der „Freien Offiziere", Gamal ʻAbdel Nasser (gest. 1970), verübt, der fehlschlug. Als Folge dieses Anschlages wurde die Muslimbruderschaft Ziel brutaler Repression, die zu umfangreichen Inhaftierungen und Folterungen führte.

Inhaftiert wurde auch einer der Vordenker der Muslimbrüder, Saijid Kutb (gest. 1966). Die Erfahrungen der Haft verarbeitete er in einer Theorie, die der Ausgangspunkt späterer dschihadistischer Theoriebildung sein sollte. Er erklärt die ägyptische Gesellschaft seiner Zeit zu einer neuen Form der *dschahilija (ǧāhilīya)*, der Unwissenheit, die vorislamischen Zuständen gleiche. Damit ist die Legitimität dafür geschaffen, dass eine Avantgarde auch mit Gewalt gegen die nominell islamischen Herrscher kämpft. Weitere zentrale Konzepte sind das der *ʻubudija (ʿubūdīya)*, das die Pflicht der Menschen beinhaltet, Gott zu dienen, und das der *hakimija (ḥākimīya)*, das die Pflicht beinhaltet, die Herrschaft Gottes auf Erden wieder zu errichten, die in der neuen Unwissenheit verloren gegangen sei. Das Konzept der *hakimija* bezog Kutb von dem pakistanisch-indischen Intellektuellen al-Maududi.

Auch die Korandeutung Saijid Kutbs hat als letzte und höchste Zielsetzung die Realisierung eines islamischen Staates, dessen Struktur allerdings unklar bleibt (Carré 1984). Kutb wurde 1966 wegen der Anschuldigung der Verschwörung hingerichtet. Seine Ideen wurden zum Teil später von den dschihadistischen Untergrundgruppen aufgegriffen.

Mitglieder der ägyptischen Muslimbruderschaft emigrierten nach Saudi-Arabien und die Golfstaaten, wo sie eine wichtige Rolle im Bildungswesen spielen sollten und die entstehende Opposition gegen das wahhabitische Establishment beeinflussten.

In den 70ern war es ihnen teilweise möglich, nach Ägypten zurückzukehren. Die Organisation der Muslimbruderschaft nahm dann eine weitgehend unpolitische Haltung ein. Sie versuchte aber, gesellschaftlichen Einfluss über wohltätige Organisationen und Berufsverbände zu erlangen. Eine offizielle Anerkennung als politische Partei konnte sie nicht erreichen, was zu Wahlbündnissen oder zur Kandidatur von Mitgliedern als unabhängige Kandidaten führte.

Innerhalb der Muslimbruderschaft zeigen sich zunehmend Differenzierungen, die sich insbesondere entlang der Generationslinien äußern.

Die islamistische Bewegung insgesamt etablierte sich in verschiedenen Formen, zu denen auch islamische Banken und Investmentgesellschaften gehörten, die dazu dienen sollten, das mittels der Arbeitsmigration in die Staaten des Arabisch-Persischen Golfes aufgespeicherte Geld zu mobilisieren. Die Investmentgesellschaften erwiesen sich in den 80er Jahren als eine Art „Pyramidengeschäft", das auf der Entnahme neu hereinströmender Einlagen zugunsten neuer Anleger beruhte (Wippel 1994). Die Skandale, die sich daraus ergaben, dass die Ansprüche der Investoren nicht mehr befriedigt werden konnten, schädigten das Ansehen islamischer Finanzinstitutionen.

Ein Ausweis des islamischen Charakters solcher Banken und Gesellschaften ist die *sakat* (*zakāt*), die Reinigungsabgabe, die als Pflichtabgabe von jedem Muslim, jeder Muslimin auf den erzielten Ertrag geleistet werden soll. Im Rahmen des islamischen Finanzwesens soll sie insbesondere zum Ausgleich gesellschaftlicher Ungleichheiten dienen.

Die Existenz der Internationalen Organisation der Muslimbruderschaft ist seit einigen Jahren auch offiziell zugestanden worden. Der genaue Charakter dieser Organisation ist schwer zu beschreiben. Als Grundzug können wir die dominierende Rolle der ägyptischen Muslimbruderschaft sehen. Je nach Aktivität des ägyptischen Obersten Führers spielt die Internationale Organisation eine mehr oder weniger große Rolle; diese ist auch intern umstritten (Grundmann 2005).

Die Aktivitäten der nicht ägyptischen Organisationen der Muslimbruderschaft unterscheiden sich je nach gesellschaftlichen Rahmenbedingungen. In Jordanien und im Jemen sind sie im parlamentarischen Rahmen aktiv, auch im Irak haben sich zwei der Bruderschaft nahestehende Parteien an der Regierung beteiligt, in Syrien ist sie immer noch im Untergrund usw. Auch europaweit ist sie aktiv (Grundmann 2005).

Sehen wir so die Muslimbruderschaft als paradigmatische politisch-islamische Bewegung, können wir einen Blick auf weitere theoretische Entwicklungen werfen.

Nachdem die politisch-islamischen Bewegungen daran gescheitert waren, ihre politischen Ansprüche durchzusetzen, beginnt eine Phase erneuter Reflexion. In diesem Prozess des Neudenkens der Prämissen der islamistischen Bewegungen wird u. a. der Stellenwert der Teilnahme an parlamentarischen Wahlen neu beleuchtet, die als politischer Weg der Durchsetzung eigener Vorstellungen auch religiös legitimierbar erscheinen, da es keine festgelegten islamischen Konzepte von Herrschaft gebe. Auch eine Abwendung vom politischen Aktivismus und eine Hinwendung zu einem gesamtgesellschaftlichen Aktivismus wird denkbar.

Unter der Herrschaft Nassers wurde auch versucht, den Islam im Sinne des Regimes zu verändern. Ziel war es, einen Islam zu schaffen, der das Modernisierungsstreben unterstützte. Kommissionen wurden geschaffen, die Konzepte eines arabisch-islamischen Sozialismus entwickelten, eine Art Staatskapitalismus.

Zentraler Punkt dieser Integrationsbemühungen war die Reform der al-Ashar-Universität, die als wichtigste religiöse Bildungsinstitution modernisiert werden sollten. Nicht religiöse Fakultäten wurden hinzugefügt; auch die gesellschaftliche Rolle der al-Ashar wurde gestärkt. Unter der Präsidentschaft von Mubarak (seit 1981) erhielten die Ashar-Gelehrten vermehrt Programmplätze für religiöse Fernsehsendungen. Ihnen wurde auch eine weitreichende Zensurkompetenz für Printmedien und auch TV-Skripten zugestanden (Strohmayer 2007).

Allerdings entwickelte sich die al-Ashar nicht immer in der von der Regierung gewünschten Richtung. Sie agierte zeitweise als eine unabhängige dritte Macht zwischen der islamistischen Strömung und der Regierung. Allerdings versucht die Regierung, durch Ernennung des Scheichs bzw. Großimams, eine gewisse Kontrolle auszuüben. Sie nimmt auch immer wieder die islamische Legitimität der al-Ashar für die Legitimation der Regierungspolitik in Anspruch.

Einen Wandel können wir ebenfalls auf dem Gebiet der religiösen Ausbildung in Ägypten beobachten. Es gibt eine Bewegung weg von der Konzentration auf das Auswendiglernen und Rezitieren älterer religiöser Texte hin zu einer moralischen Indoktrination, die insbesondere im Dienst der wirtschaftlichen, politischen und sozialen Entwicklungsvorstellungen der ägyptischen Eliten steht. Gegen Ende des 20. Jahrhunderts wird diese Indoktrination mehr und mehr Teil der ägyptischen Regierungsstrategie, die islamische extreme Opposition zu bekämpfen. Allerdings hat der Gebrauch westlich geprägter Erziehungstechniken zu einer rapiden Islamisierung des öffentlichen Raumes geführt, zu einer Zersetzung traditionaler religiöser Autorität und einer Krise der politischen Legitimität.

Die neue Art, den Islam zu denken, ist tief in der neuen schulischer Form verankert. Sie wird auch durch neue, zum Teil staatlich genutzte

Medien – wie das Fernsehen – gefördert, aber auch privat durch die Rezeption von Audiokassetten u. Ä. ins Werk gesetzt.

Einen letzten Aspekt der ägyptischen Entwicklung zeigt uns vielleicht die „Heirat von Religion und Markt“, die Mona Abaza detailliert beschreibt. Es lassen sich verschiedene Entwicklungsstufen der Entwicklung der islamischen Präsenz in Ägypten zum Ende des 20. und Anfang des 21. Jahrhunderts beschreiben:

> „Beobachter argumentieren, dass die wachsende Islamisierung der ganzen Gesellschaft zuerst von der Regierung Sadat initiiert wurde, um gegen säkularistische und kommunistische Tendenzen zu arbeiten. Später – als die islamische Bewegung expandierte – setzte die Regierung eine Strategie der Islamisierung von oben fort, um gegen die islamischen Protestbewegungen im Untergrund zu agieren. Die Reaktionen der frühen islamischen Opposition – hauptsächlich junge Männer und Frauen in den späten siebziger und frühen achtziger Jahren – wurden als eine Form des Protestes gegen die sich ausweitende Konsumkultur und die Amerikanisierung der Gesellschaft als Folge der Politik der offenen Tür unter Sadat gewertet. In den neunziger Jahren verbreitete sich die Islamisierung in den verschiedensten Schichten; die systematische Verbindung zwischen Protest und Islam verwischte sich mehr und mehr mit der zunehmenden Präsenz des Petro-Islam saudischer Prägung. [...] Der Import von Lebensstilen aus Ländern mit harter Währung, Kleidung und dem Verbringen der Freizeit in Malls haben die Lebenswelten der islamisierten Mittelschichten geformt. Die Ehe zwischen Religion und Markt hat sich bisher als erfolgreich erwiesen. Islamischer Konsumismus [...] scheint in der Textilindustrie und in Restaurantketten wie Mo'men (Gerüchte besagen, dass diese einen islamisch orientierten Kapitalisten als Eigentümer hat) gut zu funktionieren.“ (Abaza 2006: 287)

Damit einher geht ein Boom an Shopping Malls, die trotz Krise in Kairo gebaut werden. In diesen Shopping Malls konstituiert sich ein neuer öffentlicher Raum, in dem nicht nur architektonisch ein hybrider Mix zwischen orientalischen, islamischen, arabischen oder aisatischen und westlichen modernen Stilen stattfindet. Eine Beobachtung wiederum von Mona Abaza (2006: 292f.):

> „Ich erinnere mich an eine Szene, die ich oft in Einkaufszentren beobachtet habe. Frauen legen ihr Kopftuch oder ihr ‚islamisches Gewand‘ ab, wenn sie ihre Arbeit als Kassiererinnen, Serviererinnen oder Verkäuferinnen beginnen, und legen es wieder an, wenn sie nach Hause gehen. Dieses Verkleiden sagt eine Menge aus über jun-

ge Frauen, die verschiedene Lebensstile miteinander vereinbaren müssen. Dasselbe kann bei jungen Mädchen festgestellt werden, die ihre Kleidung oder Schuluniform je nach Ort wechseln."

Diese Dualität und das Wechseln zwischen den Lebensstilen ist kaum untersucht. Es gibt uns aber einen Hinweis darauf, dass die konstatierte Islamisierung des öffentlichen Raumes nur ein Aspekt der jüngeren Entwicklungen ist. Zugleich gibt es andere Entwicklungen, die sich vielleicht als Umgehungsstrategien beschreiben lassen, mit denen eine Lebbarkeit der Normen innerhalb eines islamischen Bezugsrahmens möglich wird. Daran mag uns auch ein Phänomen wie die unregistrierte, gewohnheitsrechtliche Ehe (*sawadsch 'urfi)* erinnern, die eine trotz aller Kritik legitimierte Form der Lösung sexueller Spannungen unter jungen Leuten darstellt. Zugleich kann eine islamische Kleidung den freien Umgang der Geschlechter ermöglichen *und* es jungen Frauen ermöglichen, den öffentlichen Raum für sich zu erobern, ohne belästigt zu werden.

Diese Beispiele zeigen uns, welch dynamische Entwicklungen sich im Kontext der Islamisierung moderner muslimischer, in diesem Falle arabischer Gesellschaften entfalten.

Indonesien

Nun ist es allerdings problematisch, auch von *dem* indonesischen Islam zu sprechen: „Zwar ist der muslimische Bevölkerungsanteil prozentual sehr hoch, doch gibt es regional nur einige, zudem getrennte Kerngebiete mit hohem Islamisierungsgrad wie z. B. Aceh (malaiisch: Serambi Mekkah, ‚Der Vorhof von Mekka'), Westsumatra, Westjava, Madura, Makassar und Sumbawa. Außerdem ist der Islam auf Sumatra ein anderer als auf Java, nicht dogmatisch jedoch – da sind Unterschiede kaum zu erkennen –, sondern in der Praxis seiner Anhänger." (Pampus 1994: 145f.)

Eine Rolle spielt dabei die Islamisierungsgeschichte, die je nach Region höchst ungleichmäßig verlief. Eine Ursache waren Handelskontakte besonders mit Indien, die gewissen Zufälligkeiten unterworfen waren.

Malayische Annalen zeigen eine recht frühe muslimische Präsenz in Indonesien. So wird berichtet, dass die chinesische Ming-Dynastie eine Anzahl hanafitischer muslimischer chinesischer Beamter in ihrem Dienst hatte. 1407 wurde von der Flotte des Ming-Kaisers Pelambang eingenommen, um ein Nest nicht muslimischer Piraten auszuheben. In diesem Jahr wurde auch die erste hanafitisch-muslimische chinesische Ansiedlung im indoesisch-malayischen Archipel gegründet. Weitere Ansiedlungen auf der malayischen Halbinsel, den Philippinen und Java folgten (de Graaf/Pigeaud 1984: 13f.). Dieses kurze Schlaglicht zeigt uns die Bedeutung der chinesischen Verbindungen für die Einführung des Islams nach Südostasien.

Allgemein wird dem Sufismus eine wichtige Rolle bei der Konversion Indonesiens zum Islam zugeschrieben. Die bekannten frühen Schriften zeigen allerdings ein eher ausgewogenes Verhältnis von Glaubenslehre, Recht und Sufismus. Sufische *tarikas* mit Massenanhang finden wir eher erst ab dem 18. und 19. Jahrhundert (van Bruinessen 1994).

Über die Reformbewegungen des 17. bis 19. Jahrhunderts haben wir bereits gehört. Ihr Erbe wurde im 19. Jahrhundert weitergetragen, wobei die Kontakte zum arabischen Modernismus, z. B. der Strömung um die Zeitschrift al-Manar, recht gut waren. Deren Ideen gingen in Reformen des Bildungswesens durch neue Unterrichtspläne und auch die Zulassung von Mädchen zum Studium an der Madrasa ein.

Im 20. Jahrhundert entwickelte sich ein vielfältiger autochthoner Islam in Indonesien (und in ganz Südostasien). Ein wichtiger Faktor dieser Entwicklung war der antikoloniale Kampf, an dem sich auch muslimische Organisationen beteiligten. Vorreiter war die Serikat Islam, eine 1912 gegründete Massenorganisation, die ihren größten Einfluss Anfang der 20er Jahre erreichte und später sogar mit den Kommunisten zusammenarbeitete.

Andere große Organisationen sind die 1912 gegründete Muhammadiyah mit der Frauenorganisation Aisyah und die Nahdatul Ulama (mit mehreren Frauenorganisationen), gegründet 1926 als Reaktion auf den Erfolg der Muhammadiyah, deren Modernismus den Gründern der Nahdlatul Ulama verdächtig war, die sich hauptsächlich auf die ländlichen Seminare (*pesantren*) stützen konnten. Beide Organisationen haben Wandlungen durchlaufen und engagieren sich in der Gestaltung eines genuin indonesischen Islams. Die vormaligen Unterschiede zwischen Traditionalismus und Modernismus wurden dabei zunehmend obsolet. Hervorheben wollen wir die eigenständige Koraninterpretation, die von den Frauenorganisationen entwickelt wird.

Während der zweiten Hälfte des 20. Jahrhunderts blieb das Verhältnis muslimischer Organisationen zu den jeweiligen Regimen gespannt, konnte aber auch zu einer relativen Anpassung führen. Die Studentenbewegung der 70er und 80er führte auch zu einer Wiederbelebung islamischer Vorstellungen analog der Entwicklungen in anderen muslimischen Ländern.

Nach dem Rücktritt des Diktators Suharto 1998 entwickelte sich in Indonesien ein Demokratisierungsprozess, dessen Ausgang abzuwarten bleibt. Führend an diesem Reformprozess sind Personen aus dem organisierten muslimischen Spektrum beteiligt.

Türkei

Einen anderen Sonderfall stellt die Türkei dar. Mit der Absetzung des Osmanischen Sultans und der Abschaffung des Kalifats 1924 sowie der Etablierung einer autoritären laizistischen Republik nach westlichem Muster ist in der Türkei ein Modell geschaffen worden, das es so in anderen Ländern mit muslimischer Bevölkerungsmehrheit nicht gab und gibt. Wir können hier nicht die Genese des kemalistisch geprägten türkischen Nationalismus rekonstruieren. Im Brennpunkt der dadurch bewirkten gesellschaftlichen Umwälzung stehen die Frauen, deren gesellschaftliche Stellung verändert und der eine öffentliche, sichtbare Rolle zugedacht wurde (Göle 1995).

Auf einen anderen Aspekt des kemalistischen Projektes müssen wir unseren Blick lenken. Dadurch, dass der Kemalismus die Türkei im westlichen modernen Sinne modernisieren wollte, musste er ein Objekt der Modernisierung schaffen: die orientalische Türkei. Das wesentliche Merkmal, durch das sich diese orientalisch-rückständige Türkei auszeichnete, war der Islam. Damit wurde der Islam zur Differenz zwischen Westen, Okzident und Orient erklärt (Sayyid 2003: 68f.). Produziert wird damit zugleich die Vorstellung, dass der Islam die einzig gültige Alternative zur Verwestlichung darstellt. Das kemalistische Paradox gebiert also durch die Art der Verwestlichung seine Negation in Form einer künftigen islamischen Alternative. Diese Alternative zeigt sich dann spätestens seit den 1970er Jahren.

Im Zuge der kemalistischen Reformen wurde der Islam unter staatliche Kontrolle gestellt, um einen Islam zu schaffen, „der mit der republikanische Laizität vereinbar ist. Der türkische Staat regelt die religiösen Angelegenheiten, sodass man weder von einer Autonomie des Religiösen noch von einer Neutralität des Staates sprechen kann. Der sunnitische Mehrheitsislam stellt die unausgesprochene ‚offizielle' Religion dar, die heute auch gegen den radikalen Islamismus verteidigt werden soll." (Göle 2007: 31) Damit geraten auch Minderheiten wie die Aleviten in eine prekäre Situation.

Die türkische Situation führte zur Entwicklung einer eigenständigen Ausformung der Koranhermeneutik, die sich teilweise an türkischen Universitäten an den theologischen Fakultäten etablieren konnte. Diese „Ankaraer Schule" der Koranhermeneutik hat trotz ihres teilweise zurückhaltenden öffentlichen Auftretens einen gewissen akademischen Einfluss gewonnen, der über die Türkei hinaus wirkt. Auch im islamischen Recht finden sich eigenständige Entwicklungen, besonders in der Debatte über die Ablehnung der Aufspaltung in einzelne Rechtsschulen und der Neuentwicklung des *idschtihad*.

Die Kontrolle des Staates über den Islam führte „allerdings auch zu einer autoritären und repressiven Politik gegenüber zivilgesellschaftlichen Ausdrucksformen des Islams". (Göle 2007: 31) Dies bedeutete u. a., dass das türkische Militär als Sachwalter des Laizismus in den politischen Prozess eingriff und diktatorische Regime errichtete, gegen die sich Demokratisierungsbemühungen auch islamischer Art entwickelten. Ausdruck eines solchen Demokratisierungsprozesses dürfte – bei aller Problematik – die Regierungsübernahme der AKP sein (Seufert/Kubaseck 2006). Diese „Partei für Gerechtigkeit und Entwicklung" hat ihren Ursprung in den Bewegungen des politischen Islams. Sie konnte 2002 als konservatives Sammelbecken und als „saubere" Alternative zu den etablierten Parteien die Wahlen gewinnen.

Bei den Wahlen 2007 konnte die AKP ihren Erfolg wiederholen und sogar den Stimmenanteil erhöhen. Die erneute Regierungsübernahme wird weiterhin als „Islamisierung" der Türkei konstruiert, gegen die sich das kemalistische Lager als Verteidiger der Laizität zu positionieren versucht. Die Wählerschaft der AKP ist äußerst heterogen und umfasst, neben Teilen der Kernwählerschaft aus der politisch-islamischen Tradition, Anhänger aus dem neuen islamisch geprägten Unternehmertum, liberale Kreise aus Zentralanatolien, aber jetzt auch religiös geprägte KurdInnen. Angesichts der Dominanz wirtschaftspolitischer Themen im Wahlkampf kann auch eine Wählerschaft aus sozial benachteiligten Schichten angenommen werden. Die heterogene Wählerschaft der Partei selber deutet auf den Kompromisscharakter ihrer Politik, die eine rein islamistische Ausrichtung eher unwahrscheinlich macht (Goltz 2007).

Andere islamisch geprägte Bewegungen sind ebenfalls Ergebnis der spezifischen türkischen Situation. Als Beispiel wollen wir hier die Nurcu-Bewegung nehmen. Die Nurcu-Bewegung stützt sich auf die Schriften von Said Nursi (gest. 1960). Das wesentliche Ziel Nursis war die Reaktualisierung einer islamischen Identität in der Türkei (für das Folgende Yavuz 2004). Dies soll durch islamische Bewusstseinsbildung, die Zurückweisung von Materialismus und Positivismus als herrschender Weltanschauung und eine Wiederherstellung des kollektiven Gedächtnisses geschehen.

Nursi geht von drei Erkenntniswegen aus: Gott, dem Propheten Muhammad und dem Universum. Das Universum wird von ihm als „Großes Buch des Universums“ bezeichnet. Dieses Buch ist allerdings nach den Maßstäben seines Schöpfers zu lesen, jedes Wesen wird als Ergebnis der Schöpfung aufgefasst. Statt die Ergebnisse der modernen Naturwissenschaft zurückweisen, wird versucht, sie als Hinweis auf das Wirken des Schöpfers mit religiösen Überzeugungen zu vereinbaren. Der positive Bezug auf Naturwissenschaft und Technik schlägt sich auch in einem von diesen geprägten Vokabular nieder.

Nursi diagnostiziert Unwissenheit, Zersplitterung und Armut als gesellschaftliche Probleme, die durch Bildung, Arbeit und moralische Bewusstseinsbildung gelöst werden sollen. Ein Mittel, um dies zu erreichen, ist die Abhaltung von Studienzirkeln (*dershane*).

> „Dershanes führen zum Entstehen einer neuen Nurcu-Elite; sie ließen das neue anatolische Bürgertum deutlicher hervortreten. Die Stärkung der Marktkräfte in der türkischen Gesellschaft hat Dershanes zu Zentren wirtschaftlicher wie gesellschaftlicher Aktivität gemacht. Die Menschen treffen sich zur Diskussion von Wirtschaftsthemen, sie verbreiten neue Informationen an die anderen Mitglieder. Mit anderen Worten, Dershanes bieten Wege zur Realisierung individueller Interessen wie zur Bewahrung einer kollektiven Identität. Dershanes sind mit einer spezifischen Gruppe von Menschen verbunden; sie stehen für religiös geprägte öffentliche Räume, die sich schnell in die sie umgebende Gemeinschaft integrieren.“ (Yavuz 2004: 137f.)

Die Nurcu-Bewegung ist zunehmend heterogen geworden und hat sich in eine Vielzahl von Organisationsformen aufgespalten. Eine daraus entstandene Bewegungen ist die des Fethullah Gülen (geb. 1938). Sie konzentriert sich auf die Heranbildung neuer islamischer Eliten durch die Etablierung von Netzwerken aus Bildungsinstitutionen und Medien. Die Fethullah Gülen Bewegung orientierte sich lange an der Idee eines türkischen Islams, der sich vom persischen und arabischen unterscheide. Die sich transnationalisierende Bewegung hat inzwischen die Diskurse über Menschenrechte und Demokratie adaptiert. Sie wird allerdings weiterhin als nach innen autoritär organisiert beschrieben. Kernpunkt ihrer Arbeit ist die Errichtung von Bildungsinstitutionen und Medien mit dem Ziel einer Adaptierung der Moderne.

Ein weiteres Phänomen aus dem Beziehungsfeld zwischen Islam und Naturwissenschaften ist mit Harun Yahya verknüpft. Unter diesem Namen werden eine Vielzahl von Medienprodukten veröffentlicht, die sich schwerpunktmäßig mit der Evolutionstheorie beschäftigen. Darin wird u. a. negiert, dass der Zufall eine Rolle in der Evolution spielt. Die Gültigkeit evolutionistischer Vorstellungen wird generell bestritten. Es besteht eine Nähe zu kreationistischen bzw. dem *intelligent design* verbundenen Strömungen und Personen. Auch außerhalb der Türkei werden kreationistische islamische Positionen verfochten.

Afghanistan

Eine genuin moderne Erscheinung ist die Errichtung von internationalen islamischen Organisationen. Seit Ende des 19. Jahrhunderts gibt es Bestrebungen, eine internationale islamische Organisierung zu erreichen. Diese Bestrebungen werden mit dem Namen al-Afghanis verbunden, der mit solchen Ideen auch antikoloniale Affekte verband.

Wenn auch al-Afghani nicht aus Afghanistan stammte, müssen wir doch einen kurzen Blick auf die afghanische Entwicklung seit 1979 werfen. Der Einmarsch der Roten Armee nach Afghanistan zur Stützung eines kommunistischen Regimes wurde in der islamischen Welt als Angriff gegen „den Islam“ aufgefasst. Aus diesem Grunde wurden die afghanischen Mudschahidin in ihrem Kampf gegen die Rote Armee massiv von den USA, Pakistan und aus den arabischen Golfstaaten unterstützt. 1992 wurde Kabul erobert und damit der sowjetische Einfluss beendet. Die islamischen Organisationen konnten allerdings keine stabile Herrschaft errichten, sodass sie 1996 von den Taliban abgelöst wurden.

Die Taliban können als eine Bewegung definiert werden, die aus dem Zusammenspiel afghanischer Flüchtlinge nach Pakistan und radikalisierter Teile der Deobandi-Strömung des indo-pakistanischen Islams entstanden (Abou Zahab/Roy 2004). Die Taliban errichteten ein Regime, das durch sein striktes, eingeschränktes Islamverständnis gekennzeichnet ist.

Nach der Invasion Afghanistans 2001 durch die USA und ihre Verbündeten im Gefolge der Ereignisse der Anschläge vom 9. September 2001 wurden die Taliban gestürzt und eine neue Regierung eingesetzt. Die Taliban versuchen allerdings weiterhin, ihre Herrschaft neu zu errichten.

Wichtige Verbündete der Taliban – und bereits vor der Herrschaft der Taliban in Afghanistan aktiv – waren hauptsächlich arabischstämmige Kämpfer; aber auch Kämpfer aus anderen Ländern der islamischen Welt. Afghanistan wurde dadurch zur Wiege des modernen Dschihadismus.

Pakistan

Besondere Bedeutung gewann im 20. Jahrhundert die Entwicklung in Pakistan. In der Ende des 19. Jahrhunderts entstehenden indischen Nationalbewegung gab es schon bald einen muslimischen Flügel, der sich 1906 in Form der All India Muslim League konstituierte. Zentrale Personen dieser Strömung sollten Muhammad Ikbal und Muhammad ʻAli Jinnah (gest. 1948) werden. Erster Ehrenpräsident war das isma'ilitische Oberhaupt, der Agha Khan III. (gest. 1957). Die wachsende Bedeutung des muslimischen Faktors in der indischen Nationalbewegung spiegelt auch einen Paradigmenwechsel in der britischen Indienpolitik, die zum Teil in den muslimischen Bewegungen ein Gegengewicht zur allindischen Nationalbewegung sah. In den ersten Jahrzehnten des 20. Jahrhunderts entwickelte sich zunehmend eine Trennung des muslimischen Teiles der indischen Nationalbewegung von deren anderen Komponenten.

1940 wurde die „Zwei-Nationen-Theorie" offiziell proklamiert, die besagte, dass Hindus und Muslime zwei unterschiedliche Nationen seien, die nicht in einem Staat zusammenleben könnten. Nach der blutigen Trennung von Indien konstituierte sich 1948 Pakistan als unabhängiger Staat, der sich als staatliche Verkörperung der vormals indischen Muslime definierte, wobei dieser religiöse Nationalismus alle Muslime des indischen Subkontinents einigen sollte. Die weitere Geschichte Pakistans ist von der Spannung zwischen nationalstaatlichem und islamisch-politischem Anspruch gekennzeichnet.

Eine weitere Krise endete 1971 mit der Trennung Ostpakistans als Bangla Desh, die die Idee der muslimischen Nation Pakistan eindeutig dementierte.

Ansätze zur Entstehung einer neueren islamistischen Strömung können wir bereits in den 1960er Jahren feststellen. Die Radikalisierung der sunnitischen politisch-islamischen Strömungen in Pakistan können wir auf die Zeit nach dem Putsch von Zia-ul Haq (gest. 1988) 1977 zurückführen. Eine Islamisierung des Rechts wurde durchgesetzt. Es wurden islamistische Strömungen gegen die pakistanische schiitische Minderheit unterstützt, die zum einen als mögliche Partisanen der Islamischen Republik Iran gesehen wurden und zum anderen wesentliche Nutznießer der von Zia-ul Haq gestützten Regierung Bhutto waren. Diese von der Regierung und dem Geheimdienst ISI gestützten dschihadistischen Strömungen und Organisationen waren auch der Ursprung der pakistanischen Organisationen, die in Afghanistan und in Pakistan selber aktiv wurden.

Eine aktive islamistische Organisation ist die Kaderpartei Dschama'at-e islami (*ǧamāʿat-i islāmī*), die auf der Wahlebene aber kaum große Erfolge erzielen konnte. Sie hatte allerdings unter Zia-ul Haq starken Einfluss. Begründet wurde sie von Saijid Abu 'l-A'la al-Maududi (gest. 1979). Ihm sind wir schon im Zusammenhang mit Saijid Kutb begegnet.

Al-Maududi entstammte einer Familie der muslimischen Oberschicht in Indien, die ursprünglich der Tschischtija verbunden war. Bereits sein Vater setzte sich intensiv mit dem westlichen Einfluss in Indien und den Bestrebungen, den Islam zu purifizieren, auseinander. Zugleich wandte er sich gegen die traditionelle Gelehrsamkeit und unterrichtete seinen Sohn zu Hause in islamischen Wissenschaften, Sprachen und Naturwissenschaften. Recht früh war al-Maududi als Journalist tätig. Er engagierte sich auch in der Khilafat-Bewegung, deren Zusammenbruch ihn sehr getroffen haben soll. 1927 veröffentlichte er eine Schrift zum Dschihad, in der er das ältere islamische Kriegsrecht in modernen Begriffen interpretierte. In den zunehmenden innerindischen Auseinandersetzungen wandte er sich sowohl gegen die Pakistan-Strömung Jinnahs als auch gegen den Monopolanspruch der traditionellen Gelehrten.

Er verstand den Islam als allumfassendes Gesellschaftsmodell, das durch die Etablierung eines islamischen Staates durchgesetzt werden muss, den es militant zu erkämpfen gilt. Dieses Staatskonzept ist totalitär. Die zentrale, unumschränkte Macht liegt beim Herrscher, dem Kalifen, der von einer beratenden Versammlung, einer *schura*, unterstützt wird. Die letztliche Herrschaft gebührt allerdings Gott: die bereits genannte Idee der *hakimija*. Al-Maududis Koraninterpetation ist sehr buchstabengetreu. Auffällig ist die Benutzung eines modernen Vokabulars und die strikt antiwestliche Orientierung. Die Modernität im Ausdruck macht al-Maududis Korankommentar bis in die Gegenwart zu einer beliebten Lektüre.

Afghanistan und Kaschmir

Im strategischen Interesse Pakistans wurden dschihadistische Bewegungen in Afghanistan und im Kaschmir unterstützt. In Pakistan selber wurden politisch-islamische Bewegungen insbesondere gegen Minderheiten wie die Schiiten oder die Ahmadija gefördert.

Die Auseinandersetzung mit Indien um die Provinzen von Jammu und Kaschmir hat auch eine islamische Komponente (Rothermund

2002). Das Spielen der politisch-islamischen Karte sunnitischer Prägung unter der Diktatur von Zia-ul Haq führte auch im Kaschmir zum Aufbau von dschihadistischen Gruppen, die seit den 1980er Jahren terroristische Aktionen unternahmen (Abou Zahab/Roy 2004).

Der Fall des Talibanregimes in Afghanistan hatte Rückwirkungen auf Kaschmir, wo auf Vermittlung des pakistanischen Geheimdienstes ISI Afghanistankämpfer afghanischer und anderer Herkunft ein Auskommen fanden. Diese Kämpfer zeigten sich oft deutlich unnachgiebiger als die kaschmirischen Kämpfer (Rothermund 2002: 63). Damit entwickelte sich Kaschmir zu einem weiteren Fokus internationaler dschihadistischer Aktivitäten.

In der Auseinandersetzung mit den an der pakistanisch-afghanischen Grenze ansässigen Stämmen, die lange Zeit eine Quasi-Autonomie genossen, die es ihnen ermöglichte, auch pakistanischen und anderen Dschihadisten und auch den Taliban ein Rückzugsgebiet zu gewähren, ist die Rolle des pakistanischen Militärs – auch ökonomisch (Siddiqa 2007) – gewachsen. Es war aber nicht in der Lage, sich gegen diese Stämme durchzusetzen (Hammer 2007; Rashid 2007). Parallel dazu entwickelte sich in Pakistan die politisch-islamische Organisationslandschaft weiter, deren Strömungen durch ein Wahlbündnis Erfolge erringen konnten.

Die allgemeine Krise der pakistanischen Gesellschaft und der Aufstieg des sunnitisch-islamistischen Lagers kulminierten Ende 2007 in der Ermordung Benazir Bhuttos, die als Frau säkularistischer Gesinnung, perzipiert als Verbündete „des Westens“, und zudem aus einer schiitischen Familie stammte und damit in vielfacher Hinsicht ein Feindbild abgab.

Auswirkungen dieses Mordes und der Radikalisierung der pakistanischen Islamisten werden auch für Indonesien befürchtet, da dschihadistische und politisch-islamische Bewegungen Indonesiens Kontakte nach Pakistan haben.

Wir wollen noch eine andere transnationale Dimension betrachten: die transnationalen Missionsbewegungen aus dem indo-pakistanischen Raum. Mit ihrem Bestreben, die alltägliche Moral der MuslimInnen zu reformieren, kommt sie vielleicht dem westlichen Begriff des Fundamentalismus am nächsten. Im Anschluss an Roy (2006) wollen wir sie als Neo-Salafismus bezeichnen, da sie ähnlich wie zur Zeit des Beginns der salafistischen Strömung einen Fokus auf die kulturellen Aspekte des Lebens formuliert. Der Begriff Salafismus wird allerdings weiterhin von politisch-islamischen, dschihadistischen und wahhabitischen Strömungen in Anspruch genommen und ist ein äußerst umkämpftes Symbol.

Tabligh-i Dschama'at und Da'wat-i Islami

Die Tabligh-Bewegung dürfte die größte transnationale islamische Organisation sein. Die Jahresversammlung in Pakistan mit über einer Million Teilnehmern ist nach der Pilgerfahrt nach Mekka eine der größten globalen muslimischen Versammlungen. Die Versammlungen in Europa und den USA dürften die größten muslimischen Versammlungen im Westen sein.

Die *Tabligh-i Dschama'at* (*tablīġ-i ǧamāʿat*), „Gemeinschaft für Predigt", hat ihren Ursprung in der Besorgnis, dass die unter britischer Herrschaft in Indien aktiven christliche Missionare größere Konversionsbewegungen unter Muslimen auslösen könnten. So entstand die *Tabligh-i Dschama'at* als eine Art innerer Mission. Ihre Ursprünge können bis in das 19. Jahrhundert zurückverfolgt werden, begründet wurde sie aber erst in den 1920er Jahren durch Muhammad Iljas Kandhalawi (gest. 1944) zwischen 1925 und 1927.

Als unpolitische Bewegung in sufischer Tradition konnte sich die *Tabligh-i Dschama'at* durch ihre Missionare in mehreren Wellen bis in die arabischen Länder, die Türkei, aber auch in die Industrieländer und den Rest der Welt verbreiten. Wichtigstes Mittel des Wachstums sind die bereits erwähnten MissionarInnen. Es handelt sich um Freiwillige, die mehr oder weniger lange Reisen zu Missionszwecken unternehmen.

> „Bei ihren Predigtreisen und während ihrer Treffen befolgen sie einen streng schematisierten Ablaufplan. Um neue Anhänger zu gewinnen, versuchen sie, den Blick der Muslime auf das Jenseits zu richten: Die Reformierung der eigenen Person und der anderen Muslime werde im Jenseits vergolten und verkürze die Wartezeit auf das Paradies bzw. reduziere die Sündenlast." (Reetz 2007: 124)

Untersuchungen in Frankreich zeigen, dass *Tabligh*-Aktivisten häufig junge Männer (aber auch die Zahl der Frauen nimmt zu) sind, sozial disqualifiziert und häufig beruflich gescheitert.

> „Solche Jugendlichen schließen sich also der Tabligh-Bewegung an. Denn für manche von ihnen wird im Gegensatz zum Verbrechen als scheinbar einzigem Ausweg ein streng religiöses Engagement zur letzten Rettung. Sobald aus ihnen eifrige Aktivisten der Bewegung geworden sind, sind diese Jugendlichen um größtmögliche Sichtbarkeit im öffentlichen Raum bemüht. Wir haben über mehrere Jahre die Stadien auf dem Weg dieser Aktivisten verfolgt, und es hat sich gezeigt, dass man von einer regelrechten ‚religiösen Karriere' [...] sprechen kann. Man erkennt die Aktivisten der Tabligh-Gemeinschaft an ihrer auffälligen Erscheinung. Sie tragen als Männer Bart,

> Rosenkranz, Zahnstocher und Gandoura, als Frauen Schleier. So entsteht in einer Gesellschaft, die sie ihrer Ansicht nach nie akzeptiert und anerkannt hat, eine neue Form der spirituellen, körperlichen und sprachlichen Selbstinszenierung." (Khedimellah 2004: 271)

In der letzten Phase ihrer Entwicklung wenden sich die Aktivisten häufig wieder der Gesellschaft zu, wenn sie die Spannungen und das Gefühl der Stigmatisierung, das sie empfunden hatten, ablegen. In ihren religiösen Überzeugungen haben sie einen Weg gefunden, sich gefestigt der Gesellschaft zuwenden zu können. Sie legen auch das traditionelle Gewand wieder ab und kürzen z. B. ihren Bart, können sich sogar von der Tabligh-Gemeinschaft abwenden.

Die Sichtbarkeit im öffentlichen Raum hat die Tablighis dem Verdacht des Extremismus ausgesetzt, was empirisch aber bis jetzt nicht nachgewiesen ist. Dass Individuen, die in Kontakt mit der Tabligh-Gemeinschaft waren, auch im dschihadistischen Lager wiederzufinden sind, mag angesichts der großen Anzahl der Anhänger nicht verwundern.

Eine zweite Missionsbewegung ist aus der Barelwi-Strömung entstanden. Die *Da'wat-i Islami* wurde 1981 in Pakistan als Reaktion der Tablih-i Jama'at gegründet. Im Wesentlichen kopiert sie deren Vorgehen, nur sind die Missionare durch Treueschwur, *bai'a* (*baiʿa*), an den Gründer und Führer der Bewegung, an Muhammad Ilyas Attar Qadri (geb. 1950) gebunden. Ihr „Markenzeichen" ist der grüne Turban.

Beide Bewegungen streben eine Sunnitisierung des Lebens ihrer Mitglieder an, die sich bis zur Art Treppensteigens nach dem Vorbild des Propheten richtet. Damit wird ein Deutungscode etabliert, durch den sich innerhalb der eigenen und anderer muslimischer Gemeinschaften symbolisches Kapital mobilisieren lässt (Gugler 2007).

Eine andere moderne Erscheinung ist die Etablierung persönlicher Netzwerke. Als Beispiel wollen wir Jusuf al-Karadawi nehmen. Der aus der ägyptischen Muslimbruderschaft stammende, in Qatar lehrende Gelehrte nutzt sämtliche alten und neuen Medien zur Verbreitung seiner Auffassungen. Im Internet, in Satellitenfernsehsendern und mit vielen preiswerten Druckprodukten steht er in ständigem Dialog mit seinem Publikum. Er gilt weltweit als eine der wichtigsten sunnitischen Autoritäten. Von ihm wird ein *fikh al-waki' (fiqh al-wāqiʿ)* verfochten, eine Auffassung des islamischen Rechts, die sich an den heutigen Problemen der MuslimInnen orientiert, ohne die traditionelle Gelehrsamkeit zu vergessen. Er ist auch ein prominenter Vertreter des „Rechtes der Minderheit", des *fikh al-akallijat*. Seine Gesellschaftssicht ist grundsätzlich eher konservativ.

Vor allem auf dem Gebiet der Geschlechterrollen zeigt sich diese Sichtweise deutlich. Von nicht muslimischer Seite wurde er insbesondere für seine Rechtfertigung der Selbstmordattentate von PalästinenserInnen in Israel kritisiert.

Islamischer Lifestyle

Einer der bedeutsamsten Trends des modernen Islams liegt in der Herausbildung eines islamisierten *Lifestyle*. Dies bedeutet hauptsächlich: eines islamisch kodierten Konsumsektors, z. B. islamische Mode bis hin zu einem akzeptablen Badeanzug, in Australien entwickelt, der Konsum von Lebensmitteln, die *halal* sind, u. Ä. Ein geeignetes Symbol dürfte „Mecca Cola" sein, die als Protest gegen die US-Politik im Palästina-Israel-Konflikt von einem französisch-tunesischen Journalisten erfunden wurde. Neben dem allgemeinen kommerziellen Erfolg war Mecca Cola unter anderem „offizieller Sponsor" eines Gipfeltreffens der Organisation Islamischer Konferenzen und konnte etliche positive Fatwas führender Gelehrter sammeln. 10 % der Erträge gehen an palästinensische Wohlfahrtsorganisationen, 10 % an andere Hilfsorganisationen. Den Erfolg des Produkts demonstriert am besten, dass Mecca Cola inzwischen vor Produktfälschungen warnen muss.

Neben dem Konsum durfte die Präsenz des Sexuellen im öffentlichen Raum ein Charakteristikum moderner Gesellschaften sein. Die Diskussion um die Geschlechterrollen wie auch die Stellung zur Homosexualität oder auch von Fragen wie AIDS wird inzwischen weltweit unter MuslimInnen geführt.

Bilderverbot

Betrachten wir also ein wieder virulentes Problem: das „Bilderverbot" im Islam. Wir wollen nur einige Beispiele aus der modernen Debatte betrachten, nicht alle historischen vertretenen Positionen untersuchen.

Raschid Rida (Naef 2007: 113ff.) unterschied zwischen nützlichen Bildern (z. B. Illustrationen in Werken zur Naturgeschichte) und ablehnenswerten und abstoßenden Abbildungen. Besonders scharf wendet er sich gegen Denkmäler, wie sie in der kemalistischen Türkei errichtet wurden, um den Modernisierungswillen des Regimes zu demonstrieren. Dies sei eine blinde Nachahmung Europas und auch ein nutzloser Luxus für finanzschwache Länder wie die islamischen.

Ein schiitischer Autor, Husain Al Kaschif al-Ghita', veröffentlichte 1932 ein Werk, dem ein Foto von ihm vorangestellt war. Ein deutscher Orientalist fragte irritiert nach, ob dies denn erlaubt sei. In der Antwort erfuhr er, dass der Autor zwar dreidimensionale Abbilder (Statuen u. Ä.) als ablehnenswert ansah, fotografische Bilder aber nicht (Naef 2007: 117).

Wahhabitische Gelehrte vertreten häufig ein sehr striktes Verbot jeglicher Abbildungen, das nur gewisse Ausnahmen im Falle von Notwendigkeiten wie Passbildern u. Ä. kennt. Puppen sind ein weiterer schwieriger Fall: Es werden Verbote ausgesprochen, aber sie auch für erlaubt erklärt. Ein interessanter Fall ist die 2003 vorgestellte sogenannte „islamische Barbie", *Fulla* genannt, die eine Kleidung trägt, die auch in den arabischen Golfstaaten akzeptabel ist.

Der sudanesische Islamistenführer Hasan at-Turabi (geb. 1932) vertritt sogar die Meinung, dass Kunst jeglichen Genres und ästhetisches Vergnügen allgemein im Islam nicht nur erlaubt sei, sie sei sogar „wesentlicher Bestandteil der Religion". (Naef 2007: 126) Allerdings ist Kunst, die sich zu einer Art Gottheit aufschwingt, für ihn nicht akzeptabel. Dies sei ein Übel, das westlichem Einfluss geschuldet sei.

Wir sehen also ein breites Spektrum von Meinungen, aus dem hervorsticht, dass Nützlichkeitserwägungen und politische Einflüsse bestimmen, ob ein solches Verbot streng formuliert wird. Der 2006 hervorgebrochene „Karikaturenstreit" demonstriert uns ebenfalls, dass das Bilderverbot nur dann virulent wird, wenn es sich mit bestimmten politischen Interessen und Problemen vermischt.

Geben wir noch einmal Silvia Naef das Wort: „Statt von einem ‚Bilderverbot' sollte man besser von dem Umstand sprechen, dass dem Bild im Islam bestimmte Funktionen zukommen, die sich von denen unterscheiden, die das Christentum kannte und immer noch kennt." (Naef 2007: 137)

Neue Medien

Wenn wir von Medien und Islam sprechen, können wir natürlich nicht nur an Printmedien oder elektronische Medien denken. Veränderungen finden wir auch in anderen Bereichen der Öffentlichkeit.

So entwickeln sich in Istanbul z. B. in Kaffeehäusern neue Formen von islamischer Öffentlichkeit. In islamischen Kaffeehäusern wird ein Zusammensein von Männern und Frauen in geschlossenen Räumen praktiziert, das die traditionellen Kulturen nicht kennen. Es wird keine räumliche Trennung für notwendig erachtet, eine verinnerlichte Moral und Selbstdisziplin ermöglichen es, dass sich Männer und Frauen z. B. in Form von Gesprächskreisen – und somit zielgerichtet – treffen. Damit wird die Präsenz von Frauen in einem sonst männlich definierten öffentlichen Raum möglich (Kömeçoğlu 2004). Kommunikation jenseits geschlechtersegregierter Räume findet statt. Wir können von der Produzentseite auch auf das iranische Beispiel und die steigende Bedeutung von Journalistinnen in den Medien der Islamischen Republik verweisen, die auch eine Wandlung in der Berichterstattung über Frauen bewirkt haben (Abid 2001).

Ähnliche Entwicklungen wurden für die Türkei festgestellt, wo der Konflikt zur laizistischen Medienlandschaft noch hinzukommt (Pusch 2005).

Das politische Potenzial traditioneller Kommunikationswege, des Gerüchtes, familiärer u. a. Kontakte, die mit „kleinen Medien" wie Audiokassetten und Flugblättern kombiniert wurden, hat sich besonders während der iranischen Revolution 1979 gezeigt, in der insbesondere die Audiokassetten eine wichtige Rolle als „elektronische Kanzel" (*minbar*) gespielt haben, von der z. B. die Botschaften Ajatollah Chomeinis verbreitet wurden. Khomeini hatte dieses Medium bereits 1964 genutzt, als er während seines Hausarrestes im Iran seine Predigten aufnehmen und im Lande zirkulieren ließ.

Audiokassetten spielen auch in anderen Öffentlichkeiten eine wichtige Rolle. Untersuchungen in Ägypten (Hirschkind 2006) zeigen, dass die durch Audiokassetten hergestellte alternative islamische Öffentlichkeit nicht nur als Mobilisierung für den politischen Islam begriffen werden kann. Ein ganz normales Publikum erwirbt durch Predigten, die über solche Kassetten verbreitet werden, religiöse Kenntnisse und Fähigkeiten, sich in einer rapide wandelnden sozialen Umwelt ethisch zu orientieren. Hinzu kann dann noch ein politischer, oppositioneller Diskurs kommen, mit dem es möglich ist, sich mit der Regierungspolitik auseinanderzusetzen. Es entsteht aber keine homogene öffentliche Gegenkultur. Vielmehr gibt das Hören von Kassetten auch die Möglichkeit, sich mit den Predigern kritisch zu beschäftigen. Audiokassetten sind so – auch außerhalb Ägyptens – zu einem wichtigen Medium der Demokratisierung des öffentlichen Diskurses geworden – jenseits staatlicher Kontrolle.

Das ägyptische und damit auch das arabische Fernsehen kennt schon seit den 70er Jahren Fernsehprediger, die ein großes Publikum fanden und durch das Fernsehen staatlich gefördert und kontrolliert wurden. Es sei hier nur an asch-Scha'rawi (gest. 1998) erinnert, der in den 70er und 80er Jahren eine unvergleichliche Autorität genoss. Er war „in jedem Wohnzimmer und jedem Café mit seiner konservativen Moral und seiner leicht zugänglichen, umgangsprachlichen Interpretation des Korans präsent". (Schielke 2006: 13) Damit wird und wurde eine weitere Islamisierung des öffentlichen Raumes befördert.

Ramadan

Das Fasten, *saum/sijam* (*ṣaum/ṣiyām*), im neunten Monat des Hidschra-Jahres, im Ramadan, ist eine der zentralen Glaubenspflichten, die bereits im Koran festgelegt sind. Der Fastenmonat beginnt mit der Sichtung der Mondsichel am letzten Tage des Vormonats. Es kann je nach geographischer Region zu unterschiedlichen Sichtungszeiten kommen.

Von der Morgendämmerung bis zum Abend wird sich des Verzehrs jeglicher fastenbrechender irdischer Substanzen von Speisen und Getränken enthalten. Selbst Rauchen oder Geschlechtsverkehr machen das Fasten ungültig. Es gibt verschiedene Ausnahmen, die ein Fastenbrechen möglich machen. Nach Einbrechen der Nacht wird mit einem *iftar* (*ifṭār*)-Mahl das Fastenbrechen begangen. Der Hauptzug des Ramadan ist die kollektive religiöse Erfahrung, sei es im Familienkreis oder darüber hinaus.

Bei Sichtung des Neumondes wird das Fest des Fastenbrechens, *'id al-fitr ('īd al-fiṭr)*, gefeiert, auch als „kleines Fest" bekannt – im Gegensatz zum Opferfest am zehnten Tag des Pilgermonats.

Zunehmend wird die Kommerzialisierung des Fastenmonats beklagt. Der Ramadan verkomme mehr zum Shopping-Monat, so eine immer wiederkehrende Klage: „In Beirut oder Dubai sind die Straßen mit Leuchtgirlanden geschmückt. Die Schaufenster der Geschäfte und Einkaufszentren sind voll mit Ramadan-Sonderangeboten. Hotels und Restaurants werben mit günstigen mehrgängigen Iftar-Menüs [...] oder versuchen Kunden mit Gewinnspielen zu locken. Einige Tageszeitungen verkaufen einen Teil ihrer Titelseite als Werbefläche für Schuhe, Uhren, Reisebüros, Sprachschulen oder auch nur für Datteln, die im Ramadan für das allabendliche Festessen unabdingbar sind. Im Fernsehen läuft nicht nur das beste Programm des Jahres, viele Firmen geben die Hälfte ihres Budgets für kostspielige Ramadan-Werbespots aus." Die „Menschen sitzen täglich vor den Fernsehschirmen, die ganze Familie und das oft bis in die späte Nacht. Neu produzierte Soap Operas werden in der Fastenzeit gestartet." (Hackensberger 2005)

Die Kommerzialisierung des Ramadan bleibt allerdings nicht unwidersprochen und wird mit Diskursen zur Remoralisierung des Verhaltens gekontert, die bereits früh im 20. Jahrhundert nachweisbar sind (Armbrust 2006).

Die Etablierung des Satellitenfernsehens hat die Rolle des Fernsehen als Medium der Kommunikation – und der Unterhaltung – noch weiter verstärkt. Islamische Fernsehprediger sind auch in der Türkei präsent, wie das Phänomen Yaşar Nuri Öztürk (geb. 1951), der zum Teil als Verfechter der neuen Ankaraer Schule der Koranauslegung gilt, oder wiederum in Ägypten – bzw. jetzt in Europa – 'Amr Chalid (geb. 1967), eine modernisierte Form eines sozial-konservativen Predigers, der inzwischen auch massiv im Internet präsent ist. Er sticht durch seine Versuche hervor, die arabisch-muslimische Jugend zu gesellschaftlichen Aktivitäten aufzurufen. Die ägyptische Regierung zwang ihn, wegen seiner Popularität unter der urbanen ägyptischen Jugend, ins Exil nach Europa zu gehen.

Als interessantester neuer Kommunikationskanal können allerdings die Medien des Internet gelten. In vielfältiger Weise präsentieren sich inzwischen alle Teile der muslimischen Welt online (Bunt 2003; Lohlker 2001). Das Spektrum geht von koranbezogenen Fragen über die Selbstdarstellungen religiöser Gruppen und offizieller religiöser Institutionen, individuelle Berichte in Blogs und anderen Medien, Predigten in Form von Video- oder Audiodateien und Fatwas bis hin zu Heiratsvermittlungsagenturen oder E-Commerce der unterschiedlichsten Art.

Gerade von dschihadistischer Seite werden die Medien des Internet intensiv genutzt und auf verschiedenen Ebenen eingesetzt. Sie dienen zur Propaganda, zum Erzeugen von Furcht, als Medium der Diskussion, der Debatte, Rekrutierung, Koordination, Organisation und der Mobilisierung von Spendengeldern (Rogan 2007). Zum Teil kann ihnen auch die Rolle der militärischen und technischen Ausbildung zukommen (Lohlker/Prucha 2007). Nicht zuletzt dienen verschiedene Webpräsenzen als eine Art „Bibliothek des Dschihad“, in der eine Vielzahl von dschihadistischen Texten bereitgestellt werden, die wiederum in Online-Diskussionen einfließen.

Andere Medien wie Graffiti und Plakate sind im islamischen Kontext als Mittel religiöser oder religiös-politischer Botschaften noch nicht genauer untersucht worden. Auch moderne (Pop-)Musik ist ein kaum untersuchtes Medium.

„... die Verteidiger des Islams via den Rap“

Rap- oder Hip-Hop-Künstler in den USA haben sich schon länger mit dem Islam auseinandergesetzt oder bekennen sich selber zum Islam. Eine wichtige Rolle spielt die Gruppe der „Five Percenter“, eine afroamerikanische, zu Beginn auch islamische Strömung aus Harlem mit einer sehr wechselhaften Geschichte am Rande der US-Gesellschaft (Knight 2007). Aber auch die „Nation of Islam“ kann Erfolge im Hip-Hop-Milieu aufweisen. Dank an Allah gehört inzwischen zum guten Ton auf Rap Alben, eine Entwicklung, die schon vor 25 Jahren begonnen hat.

Das ursprünglich rein US-amerikanische Phänomen hat inzwischen eine globale Ausdehnung erreicht, sodass manchmal von „transglobal hip hop umma“ (Samy Alim) gesprochen wird. Auch in Europa gibt es verschiedene Formen des islamischen Rap und Hip-Hop. Deutschsprachige Rapper wie „ammar114“ zeigen sich islamisch inspiriert, die gemischte dänische Gruppe „Outlandish“ ist zu nennen, zwischen deutsch-türkischer und türkei-türkischer Hip-Hop-Kultur entstehen transnationale Beziehungen.

Islamischer Rap dient auch ganz bewusst als Mittel, Jugendliche und Kinder anzusprechen, die längeren Ansprachen nicht mehr unbedingt Aufmerksamkeit schenken. „Wir sollten mit ihnen auf dieser Ebene kommunizieren, indem wir dieses Interesse [an Musik] benutzen", so ein südafrikanischer Rapper, der als einziges Instrument neben dem Gesang eine Handtrommel („wie sie zur Zeit des Propheten benutzt wurde") verwendet – ähnlich den US-Rappern von „Native Deen", die sich damit einen besseren Zugang zu muslimischen Jugendlichen erhoffen.

Im Senegal wird die heimische Hip-Hop-Szene der *bul faale* als zwar sozialkritisch beschrieben, zugleich ist sie aber von einem Moralkonservativismus geprägt, der islamische und traditionelle westafrikanische Werte verbindet, und von einer Neigung, in ihren Texten den westafrikanischen an den arabischen Islam zu assimilieren. Häufig kommt in den senegalesischen Texten eine Kritik am Einfluss der globalisierten westlichen Kultur – z. B. in der Form des Tourismus – zum Ausdruck.

Im islamischen Rap lassen sich auch eindeutig dschihadistische Aussagen finden, so in einem Rapsong von „Sheik Terra and his Salah Crew", der 2004 als Videoclip in Londons Moscheen kursierte. Die Images des Videos sind mehr als eindeutig: Ein US-Marine erschießt einen am Boden liegenden, verwundeten Iraki, Ariel Scharon hat einen Schweinekopf, Powell und Condoleeza Rice sind „Sklaven", ein tschetschenischer Moslem-Kämpfer durchlöchert einen russischen Soldaten. „Kill the Zionazis" oder „Death to the Crusaders" laufen als Slogan über den Bildschirm (Hackensberger 2004).

Lupe Fiasco – nur ein Beispiel – äußert sich konträr: „Go up along with Muhammad and Jesus / In Quran they call him Isa / Don't think Osama is our leader" – also auch beim Hip-Hop ist eine eindimensionale Sicht nicht angemessen.

Während muslimischer Hip-Hop oder Rap häufig in englischer Sprache gesungen wird, werden für andere islamische Liedformen wie die *nasheeds* – Lieder, die heute häufig mit Pop-Elementen gemischt sind – Arabisch oder Urdu benutzt. Das Feld islamisch inspirierter Musik ist äußerst dynamisch, Gruppen wechseln von einem Genre zum anderen und verändern diese.

Islam in Europa

Die Geschichte von Muslimen und Musliminnen in Europa ist länger, als es im allgemeinen europäischen Bewusstsein präsent ist.

Eine von den europäischen Mehrheitsgesellschaften bis heute weitgehend ignorierte Epoche der europäischen Geschichte ist die jahrhundertelange muslimische Präsenz auf der Iberischen Halbinsel. Im Jahre 711 begann diese Epoche mit Anfang der Eroberung durch arabisch-berberische Heere.

Es entwickelten sich bemerkenswerte Kulturen, die sich aus vielfältigen Mischungen speisten (Arié 1988, Jayyusi 1992). Das letzte islamische Reich auf iberischem Boden, das Sultanat von Granada, war integrierter Teil des frühneuzeitlichen Europa (Lohlker 2006a). Die Kulturen des islamischen Spaniens, von al-Andalus, waren auch in der islamischen Welt von durchaus eigenem Charakter. Die ständige Zurückdrängung durch die sogenannte Reconquista beendete die staatliche muslimische Präsenz Ende des 15. Jahrhunderts.

Die Eroberung Granadas im Jahre 1492 und die Unterwerfung der Muslime unter christliche Oberherrschaft, der zumindest teilweise Bruch der Verträge mit der muslimischen Bevölkerung, die daraus resultierenden Aufstände und schließlich die Vertreibung der zumindest zum Christentum konvertierten Morisken 1609, die sich bemerkenswert selbstbewusst auf ihre Identität besannen (Liedl 2007), bewirkten den Ausschluss eines wichtigen Teiles des europäischen Geschichte aus der erneuten Suche nach europäischer Identität.

Für MuslimInnen in Europa erzeugt die Auslöschung, wenn nicht Leugnung der über 700-jährigen muslimischen Geschichte auf der Iberischen Halbinsel zum Teil ein Gefühl, dies könne wieder geschehen, die Entstehung eines 'al-Andalus-Syndroms' (Malik 2004: 38ff.).

Wir könnten auch an die muslimische Präsenz in Sizilien, Süditalien und anderen Orten erinnern, wollen aber auch die lange Präsenz des Osmanischen Reiches auf dem Balkan seit den Eroberungen im 14. Jahrhundert erwähnen.

Neben diesen historischen Elementen des europäischen Islams sind auch die bis in die Gegenwart präsenten muslimischen Minderheiten zu nennen (für Westeuropa Nielsen 2004). Kleinere Minderheiten gibt es seit Jahrhunderten auf dem Balkan, aber auch in Finnland gibt es seit dem 19. Jahrhundert eine tatarische Minderheit, die bereits 1925 eine offizielle Vertretung gründete.

Letztlich ein Resultat der osmanischen (und der habsburgischen) Epoche in der Geschichte des Balkans dürfte die Entstehung der muslimischen Gemeinschaften in Bosnien und der Herzegowina sein.

Bosnien

Diese Gemeinschaften sind die europäische muslimische Minderheit mit der am längsten andauernden Geschichte. Wir können hier nicht auf die verwickelte Geschichte dieser Region seit dem Mittelalter über das Osmanische Reich, die Besetzung durch Österreich-Ungarn, Jugoslawien und den Bürgerkrieg bis in die Gegenwart eingehen. Die bosnische Besonderheit geht in hohem Maße auf die Zeit der österreichischen Kontrolle des Landes zurück. Symbolisiert wird dieser Einfluss im Amt des Reis-ul-ulema als Oberhaupt der bosnischen muslimischen Gemeinschaft, das in dieser Zeit etabliert wurde.

Der bosnische Islam umfasst einen volkstümlichen Islam, Sufismus mit einer bis in vorosmanische Zeit zurückreichenden Tradition, vertreten u. a. mit der Kadirija und Mevlewija, dem traditionellen rechtlich-theologischen Islam und einer vielfältigen reformistischen Strömung, die bis hin zu islamistischen Positionen reicht.

Idealtypisch können wir in der reformistischen Strömung unterscheiden (Bougarel 2007) zwischen einem individualisierten Islamverständnis, das versucht, sich aus kollektiven Begriffen zu lösen (Fikret Karčić), einer Definition des Islams als Glauben und Kultur mit einer Akzeptanz des säkularen Staates und der Trennung von Religion und Staat (Enes Karić) und einem politischen Islam, der auf die Errichtung eines islamischen Staates zielt (Adnan Jahić).

Der Versuch, die bosnisch-muslimische Bevölkerung im Bürgerkrieg von 1992 bis 1997 auszulöschen, hat zu einer gewissen Wiederbelebung islamischer Religiosität geführt. Versuche von bosnisch-islamischen Parteien wie der Partei der Demokratischen Aktion (SDA), islamisch begründete Regeln in der Öffentlickeit durchzusetzen, waren allerdings nicht erfolgreich. Diese Partei hatte während des Bürgerkriegs das politische Leben Bosniens monopolisiert. Paradoxerweise haben die Versuche dieser Partei, die bosnische muslimische Identität zu islamisieren, zu einer stärkeren „Nationalisierung" des bosnischen Islam geführt (Bougarel 2007). Sie geht zurück auf die 1930er Jahre und kann zur damals entstandenen Strömung des politischen Islams gerechnet werden (Bougarel 1997).

Der Bosnienkrieg hat außerdem einen neuen Faktor in den bosnischen Islam eingeführt. Dschihadistische Freiwillige besonders aus arabischen Ländern hatten das isolierte Bosnien durch eigene Truppeneinheiten unterstützt. Das dschihadistische Islamverständnis und Gesellschaftsmodell konfligierte allerdings schnell mit dem bosnischen, sodass nach Beendigung des Bürgerkrieges die im Lande verbliebenen Dschihadisten trotz teilweiser Unterstützung durch offizielle bosnische Kreise isoliert blieben. Die Dschihadisten, weiterhin in Bosnien präsent, werden genauso wie die von Saudi-Arabien aus gestützte wahhabitische Propaganda als mögliche Gefährdung des bosnischen Modells gesehen.

Es wird auch in anderen europäischen Ländern beklagt, dass über die Islamische Weltliga versucht wird, durch die Etablierung von wahhabitisch geprägten Imamen Einfluss auf die Muslime in Europa zu gewinnen (Novikov 2005).

Das bosnische Beispiel zeigt uns ein weiteres Mal, wie diversifiziert inzwischen „der" Islam in Europa ist. Ein weiteres Ergebnis des österreichischen Engagements in Bosnien ist die rechtliche Situation des Islams in Österreich.

Österreich

Seit dem 16. Jahrhundert war die Herrscherfamilie der Habsburger vielleicht am direktesten mit „dem Islam" in Gestalt des Osmanischen Reiches konfrontiert. Ein Ergebnis dieser Geschichte war die Besetzung Bosnien-Herzegowinas 1874, mit der eine große Zahl von MuslimInnen österreichisch-ungarische UntertanInnen wurden. Mit dem Islamgesetz von 1912 wurde der hanefitische Islam offziell als Religionsgemeinschaft anerkannt. Dieses Gesetz ist auch die Grundlage für den relativ konfliktfreien Umgang der Zweiten Republik Österreich mit den Muslimen und Musliminnen und wird europaweit als beispielhaft angesehen. Allerdings entstand in der Monarchie noch keine fassbare Gemeinschaft. Dies geschah erst in den 1970er Jahren, als muslimische Organisationen auf eine Anerkennung als Körperschaft öffentlichen Rechts hinarbeiteten. Mit Bescheid im Jahre 1979 wurde die Errichtung der ersten Wiener Religionsgemeinde gestattet. Aus dieser Gründung entstandenen in mehreren österreichischen Städten islamische Religionsgemeinden, die in der Islamischen Glaubensgemeinschaft in Österreich (IGGÖ) zusammengefasst sind.

In dieser Glaubensgemeinschaft sind nicht mehr nur hanafitische Mitglieder vertreten. Seit 1987 der österreichische Verfassungsgerichtshof zu der Erkenntnis kam, dass nicht mehr nur die hanafitische Richtung vertreten werden sollte, gilt die Glaubensgemeinschaft als Repräsentantin aller österreichischen MuslimInnen. Von schiitischer und alevitischer Seite wurde allerdings in jüngster Zeit die Repräsentativität der IGGÖ angezweifelt; andere muslimische Gruppen kritisieren diese ebenfalls.

Die Islamische Glaubensgemeinschaft vertritt die Interessen der MuslimInnen dem österreichischen Staats gegenüber und ist damit in vielfacher Weise in das österreichische politische System eingebunden. Die Etablierung eines islamischen Religionsunterrichtes an den öffentlichen Schulen mit entsprechenden Ausbildungsgängen bis hin zur universitären Ebene ist vielleicht das deutlichste Beispiel für diese Einbindung.

Mit der Entwicklung in Österreich zeigt sich das Potenzial, das in der öffentlichen Anerkennung islamischer Glaubensgemeinschaften für die europäischen Gesellschaften liegen kann. Eine Anerkennung wird allerdings in anderen Staaten Europas erst schleppend nachvollzogen, denken wir an den französischen Conseil Français du Culte Musulman (CFCM) oder die deutsche Islamkonferenz.

Religion in Europa

Bis zum Ende der 1960er Jahre wurde in Europa viel vom Verschwinden der Religion geredet. Allerdings musste dann das Entstehen neuer Religionen, aber auch neuer Formen der Religiosität in den alten Religionen zur Kenntnis genommen werden (Hervieu-Léger 2004). Es handelt sich jedoch nicht um eine Wiederbelebung alter Formen der Religion. Vielmehr verschwinden alte Formen der religiösen Tradition, und es wächst der Bestand an frei zugänglichen, ohne bestimmte Zugangscodes versehenen Symbolbeständen, aus denen sich Gläubige bedienen können.

Auf islamischer Seite reicht das Spektrum von islamischen VegetarierInnen bis zu Dschihadisten, von homosexuellen Muslimen und Musliminnen bis hin zu begeisterten Anhängerinnen des nikab (*niqāb*), der vollständigen Gesichtsverhüllung. Es bildet sich eine Kultur des „Herumbastelns“ heraus, in der neue Identitäten geschaffen werden. Wir können eine zunehmende Standardisierung von zuvor klar kontextualisierten Glaubensinhalten feststellen, die es möglich macht, dass Glauben auch ohne diese älteren, traditionellen Kontexte möglich wird und sich bis in globale Netzwerke hinein verknüpft. Wir haben bereits im Kapitel über die Moderne darüber gesprochen.

Diese Aneignung standardisierter und homogenisierter Glaubensgüter, die wir als Modus des Religiösen in allen europäischen Religionen vorfinden, führt letztlich zur Vorstellung von Glauben als individueller Selbstverwirklichung und als Produkt, durch dessen Aneignung persönliche Distinktion gewonnen wird.

Diese Homogenisierung der Glaubensvorstellungen findet ihren adäquaten Ausdruck in modernen Medien wie dem Internet, in dem die personale Verbindlichkeit früherer Formen der Glaubensvermittlung und -suche in abstrahierten, virtualisierten Zusammenhängen stattfindet.

Die Personalisierung und Individualisierung des Glaubens gebiert paradoxerweise eine neue Sehnsucht nach Gemeinschaft, denn der personalisierte Konsum standardisierter symbolischer Güter reicht nicht aus, das Bedürfnis, Subjekt zu sein, zu befriedigen. Notwendig, um der individuellen Erfahrung Sinn zu verleihen, ist die Konstruktion von Erzählungen, die mit anderen geteilt werden können. Dieses Bedürfnis von durch Erzählungen gestifteter Gemeinsamkeit führt zur Bildung neuer Formen von Gemeinschaften, die von lockeren, offenen Zirkeln bis zu geschlossenen Kulten reichen können. Wenn eine solche Erzählung eine religiöse Form hat, werden die in sie gefassten religiösen Überzeugungen durch eine subjektive oder objektive Verbindung zwischen dem Individuum und einer spezifischen religiösen Traditionslinie beglaubigt.

Die Individuen verorten sich durch die Verbindung mit einer solchen Traditionslinie in einer spirituellen Genealogie, knüpfen an bestimmte Knotenpunkte in Netzwerken geteilter Bedeutungen an. Diese Entwicklungen werden von allen europäischen Religionen geteilt, so auch vom Islam.

Jugendliche der „banlieues" als ein Beispiel

Ein Fallbeispiel mag uns einige Möglichkeiten islamischer Religiosität und damit einhergehender Suchprozesse und Lösungsmöglichkeiten zeigen. Stützen möchte ich mich in erster Linie auf empirische Untersuchungen zu französischen männlichen Jugendlichen aus den Vorstädten, den *banlieues* (Khosrokhavar 1998 und 2003). Um Einwänden zuvorzukommen: Ich gehe nicht davon aus, dass die Auseinandersetzungen in den *banlieues*, deren Zeugen wir in den letzten Jahren waren, islamisch inspiriert waren (Césari 2005).

Das wichtigste Problem vieler Jugendlicher der Vorstädte dürften die vielfältigen Stigmatisierungen sein, denen sie ausgesetzt sind (Tausch 2006; EUMC 2006; Césari 2006). Wir können vier Ebenen unterscheiden: einmal das niedrige Bildungsniveau, zum zweiten die Abstammung aus der immigrierten Bevölkerung, drittens die durch Rassismen blockierte Möglichkeit, als Franzosen akzeptiert zu werden, und viertens die Herkunft aus „schlechten Wohngegenden", die sie für potenzielle Arbeitsstellen von vornherein ausschließt. Diese schwer zu ertragende mehrfache Entwertung schlägt sich tendenziell in einer mentalen Trennung wieder, die die räumliche von der Gesellschaft widerspiegelt.

Diese Stigmatisierungsprozesse können unterschiedliche Reaktionen auslösen. Die zunehmende Stigmatisierung von MuslimInnen bedeutet auch, dass eine Interaktion mit anderen Mitgliedern der Gesellschaft nicht mehr auf gleicher Basis stattfindet oder stattfinden kann. Solche Veränderungen in den von anderen Teilen der Gesellschaft erwartbaren Verhaltensweisen produzieren Irritationsprozesse, die einen Zirkel der Panik auslösen können, wie es Bhabha (1994: 200) genannt hat, der beinhaltet, dass sich in einer Gemeinschaft ein nicht genau definiertes und nicht überprüfbares Gerücht, ein Gefühl verbreitet, z.B. dass es einen monolithisch gedachten Westen gibt, der den Islam auslöschen will. Auf diese Bedrohung kann mit einem „Akt der Identität" (Marranci 2006) reagiert werden, der sich auch in einer Dschihad-Rhetorik – nicht unbedingt Aktivität – äußern kann. Über den dschihadistischen „Ausweg" werden wir noch reden.

Berücksichtigen wir, dass die europäischen Gesellschaften die individuelle Unabhängigkeit sehr positiv bewertet, bedeutet gerade der Ausschluss aus der Arbeitswelt einen hohen Grad an Fremdbestimmtheit. Andere Strategien des Ausstiegs als die gerade erwähnte sind denkbar. Es kann sich auch um den Einstieg in eine Kultur des Risikos handeln, die in spezifisch männlicher Form diese Krise u.a. durch

(Klein-)Kriminalität u. Ä. zu überwinden sucht (Jamoulle 2005; Béaud/Pialoux 2003).

Dies verweist uns darauf, dass „der Islam" nicht der Generalschlüssel zu diesen Problemen ist. Eingedenk dessen, sind die Debatten über den Islam in Europa eher zu deislamisieren (Bouzar 2004) und zuerst soziale Gründe für mögliche Probleme zu suchen.

Islam als Strategie

Die uns hier interessierende Strategie, mit der man sich aus der gesellschaftlichen Nichtexistenz herausbegeben kann, ist der Islam nicht dschihadistischer Art. Der Islam kann einen Sinnhorizont eröffnen, der jenseits des irdischen Lebens liegt, der die vielfache Marginalisierung erträglicher macht, sie relativiert. Das Heilige wird so zu einem wirksamen Mittel gegen die Entwertung des eigenen Seins. Diese Aufhebung der Entwertung des Selbst können wir an drei Fällen betrachten, wobei wir bedenken müssen, dass keine der Kategorien statisch ist; die skizzierten Identitäten sind eher flexibel (Tietze 2001).

Im ersten Fall können sich die Gläubigen – und das ist bei Weitem die Mehrheit der hier gemeinten jugendlichen Gläubigen – durch ihren Glauben von den anderen Menschen und ihrem Rassismus und der von ihnen ausgehenden Entwertung distanzieren. Der Glaube ermöglicht es ihnen, ihren Standpunkt zu relativieren, indem sie den Standpunkt Gottes höher bewerten und mit ihren Nächsten, die ja zunächst einmal *per definitionem* Ungläubige, Nichtmuslime/Nichtmusliminnen sind, einen Weg finden zu leben. Durch das Religiöse vermittelt, entsteht eine Fähigkeit, sich der Gesellschaft gegenüber zu öffnen.

Distinktionsunterschiede, die auf diese Weise religiös gewonnen werden, können produktiv eingesetzt werden, um antagonistische Spannungen in schwierigen Lebenssituationen zu meistern und eine Einbindung in die Gesellschaft zu erreichen, die auf dem Weg einer individuellen Konstruktion von Gläubigkeit erreicht wird.

Bei dem zweiten Beispiel von neuer islamischer Religiosität, das eine Minderheit betrifft, „geht der Gläubige von der Feststellung aus, dass er keinerlei Zukunft in der Gesellschaft hat und dass seine Ausgrenzung nach seiner Überzeugung eine dauerhafte Rahmenbedingung bleiben wird. Daher überwiegt die neo-kommunitaristische Lösung, die darin besteht, sein Schicksal fest mit dem seiner anderen Glaubensbrüder zu verbinden, die sich in derselben Lebenssituation befinden und mit ihnen in einer engen Gemeinschaft zusammenzuleben. Es handelt sich dabei nicht um einen plötzlichen Bruch mit der Gesellschaft, sondern man zieht sich gewissermaßen auf eine Art Insel zurück und bricht die Brücke zur Außenwelt ab. Auf eine ablehnende Welt reagiert man so, dass man sie ignoriert und jegliche Teilhabe verweigert. Die bestimmende Einstellung ist dann also Quietismus und nicht Aktivismus.“ (Khosrokhavar 2003: 96f.)

Im dritten Falle – und hier gehen wir bereits über den Bereich der Vorstädte hinaus – lehnt eine Minderheit von Jugendlichen die von ihr als ungläubig betrachtete Gesellschaft entschieden ab, schließt sich mit ihren Glaubensbrüdern zusammen, die *gegen* den westlichen Unglauben und die westliche Verkommenheit und *für* die von ihnen von vornherein manichäisch aufgefassten islamischen Werte kämpfen: der Pol des absolut Guten (der Islam) und der Pol des absolut Bösen (der Westen). Verschmilzt eine bestimmte Art antiimperialistischen Denkens mit dieser Art neuer Religiosität, wird diese in eine kämpferische politische Religion transformiert, die in terroristischem Aktivismus münden kann.

Betrachten wir die Differenzierungen des Islams in Europa noch mit einem Beispiel aus einem anderen europäischen Land, aus Deutschland und der türkischen Migration (Schiffauer 2007: 107ff.). Ein zentraler Begriff, um das Lebensgefühl der ersten Generation dieser muslimischen Migranten zu verstehen, ist *gurbet*, Fremde. Das erste Element ist ein Gefühl der Desorientierung. Aus einem sozialen Umfeld mit relativ dichter sozialer Kontrolle bewegt sich der Migrant, häufig ein männlicher Single, in ein anderes Umfeld, das wenig an gewohnten Kontrollmechanismen bietet. Um eine Orientierung wieder zu gewinnen, kann Religion und religiöse Vergemeinschaftung hilfreich sein.

Das zweite Element des Fremdheitsgefühls ist eine Krise des Selbstverständnisses. Fast jeder Migrant, jede Migrantin fragte sich, warum sie die Mühen und Beschwernisse auf sich nahmen, die die Migration mit sich brachten. Auch hier kann Religion *einen* Ausweg bedeuten, wenn gesagt wird, dass es für einen Muslim wichtig ist, dass er seine religiösen Pflichten erfüllt – und nicht wo. Die Gemeinschaft der Gläubigen bietet zudem eine gewisse „Wärme“ gegen die „Kälte“ der europäischen Aufnahmegesellschaften. Das dritte Element der Fremde hängt mit dem Familiennachzug der 1970er Jahre zusammen. Das bedeutete, dass die Migranten sich auf einen längeren Aufenthalt in Europa einstellten. Dies zog aber auch das Problem nach sich, wie Kinder in einer Umwelt erzogen werden konnten, die nicht mehr quasi naturwüchsig die traditionellen Werte vermittelt. Für diese Schwierigkeit bot die Refokussierung auf „den Islam“ einen Ausweg, auf dem stabile Rahmenbedingungen für die Erziehung gesucht werden konnten.

Allgemein gesagt, können wir von einem defensiven Islam, einer defensiven Islamisierung sprechen, die teilweise die Aufnahme von Entwicklungen verhindert hat, die in den Herkunftsländern der Migranten abliefen. Eine gewisse Starrheit ist die Folge.

Hinzu kommt, dass Organisationen, die sich den religiösen Bedürfnissen der Migranten widmeten, häufig eher an der Situation in den Herkunftsländern interessiert waren als an der Situation in den europäischen Staaten, in die die Migranten eingewandert waren. Dies bedeutet auch eine ethnische – nicht nur eine eventuell religiöse zwischen z. B. Schiiten und Sunniten – Aufspaltung der religiösen Migrantengemeinden (Césari 2007).

Nicht vergessen sollten wir auch den Einfluss transnationaler islamischer Strömungen auf die Formulierung von Positionen europäischer MuslimInnen wie die der wahhabitisch geprägten (Novikov 2005) oder der diversen politisch-islamischen, salafistischen Strömungen (Césari 2007).

Betrachten wir noch einen Pew Poll des Jahres 2006 (Pew Global Attitudes Project 2006), in dem MuslimInnen in Spanien, Großbritannien, Frankreich und Deutschland befragt wurden:

> „Auf vielfältige Art und Weise unterschieden sich die Ansichten der Muslime Europas von denen der westlichen Öffentlichkeit und denen der Muslime im Nahen Osten und in Asien. Viele europäische Muslime bringen vorteilhafte Meinungen über Christen zum Ausdruck. Während ihre Haltung zu Juden weniger positiv als die der westlichen Öffentlichkeiten ist, ist sie aber um vieles positiver als die anderer muslimischer Öffentlichkeiten. [...] Zudem ist, während die Öffentlichkeit in mehrheitlich muslimischen Ländern den Westen als gewalttätig und unmoralisch sieht, diese Auffassung nicht so vorherrschend unter Muslimen in Frankreich, Spanien und Deutschland. Britische Muslime sind jedoch die kritischsten unter den untersuchten Minderheitenöffentlichkeiten – und sind den Ansichten von Muslimen weltweit in Hinblick auf ihre Position dem Westen gegenüber am nächsten."

Lassen wir einmal beiseite, ob die Konstruktion nationaler, homogener Öffentlichkeiten von Minderheiten sinnvoll ist, so zeigen uns diese Daten, dass es bereits spezifisch europäische, islamische Positionen gibt. Dies haben wir bereits im Falle des Karikaturenstreits sehen können, bei dem es in Europa zu Demonstrationen kam, aber nicht zu gewaltsamen Ausschreitungen.

Bei dieser Gestaltung dieser europäisch-islamischen Positionen spielt auch die Interaktion mit der staatlichen Sphäre eine besondere Rolle.

Die staatliche Sphäre und mit ihr die rechtsstaatliche Säkularität, die etwas anderes ist als der Säkularismus als Weltanschauung, ist in diesem Prozess einem Spannungsverhältnis ausgesetzt: Einerseits hat sie dem Prinzip *respektvoller Nichtidentifikation* zu folgen, das dem Staat verbietet, mit einer bestimmten Religion (oder einer Gruppe von Religionen) ein privilegiertes Sonderverhältnis auf Kosten der Angehörigen anderer Religionen, einschließlich der Nichtreligiösen, einzugehen. Und sie erhebt gleichzeitig den Anspruch, dass der säkularen staatlichen Rechtsordnung – gerade aufgrund ihrer Orientierung an der Freiheit – ein *praktischer Geltungsvorsprung* zusteht, der im Konkurrenzfall auch gegenüber religionsrechtlichen Normen durchgesetzt werden muss (Bielefeldt 2003b: 124).

Für Gläubige kann in diesem Prozess das Recht auf Religionsfreiheit im Zielkonflikt mit dem Recht stehen, z. B. „die eigene sexuelle Orientierung ohne Diskriminierung zum Ausdruck bringen zu können. Fordern Muslime gleiche Rechte auf der Basis, dass alle Bürger ungeachtet ihrer Religion oder anderer Eigenschaften gleich sind, müssen sie auch Homosexualität tolerieren und Frauen als ebenbürtig behandeln. Der britische muslimische Intellektuelle Kenan Malik behauptet, dass Muslime nichts so sehr anstreben wie Gleichberechtigung, aber nicht, weil es ein Konzept ist, an das wir Liberale im Westen glauben, ‚sondern weil es das Herzstück jeder emanzipatorischen Politik ist.' Malik weiß um die Tiefe seines Grundsatzes: ‚Gleichberechtigung kann niemals relativ sein und in unterschiedlichem Maße für bestimmte Geschlechter oder soziale oder kulturelle Gruppen gelten.' Viele muslimische Intellektuelle und führende Politiker sind der Ansicht, dass die Forderung nach Gleichberechtigung im Gegenzug bedeutet, dass sich der europäische Islam und muslimische Lebensstile und Familienbräuche verändern müssen. Dabei betonen sie allerdings, dass der Wandel nicht gesetzlich vorgeschrieben werden muss und nicht über Nacht geschehen kann." (Klausen 2006: 258)

Haben wir bis jetzt die Prozesse der Individualisierung religiöser Identitäten hervorgehoben, müssen wir noch einen anderen Aspekt berücksichtigen. Einige neuere Entwicklungen erschweren die Individualisierungsprozesse von MuslimInnen in Europa. Gerade die Stigmatisierung des Islams in öffentlichen Debatten erzwingt die Definition islamischer Identitäten, die nur begrenzt individualisierbar sind. Untersuchungen zu einer Organisation in Frankreich (Peter 2006; Venner 2005) zeigen, dass in ihr ein Trend zu einem Selbstverständnis als Verteidigerin einer allumfassenden Vision des Islams vorhanden ist, der alle Bereiche des Lebens einschließt. Dieses defensive Selbstverständnis ist von einem Unbehagen über die Präsenz von MuslimInnen in einem nicht islamischen Feld geprägt, das von der öffentlichen Stigmatisierung stimuliert wird.

Zugleich wird allerdings zur Beteiligung an Wahlen aufgerufen, die Entwicklung eines eigenständigen islamischen „Rechts der Minderheiten" proklamiert u. a. m. Wir können die UOIF als Vertreterin eines engagierten Kollektivismus (Schiffauer 2007) sehen, der versucht, durch eine kollektive Vertretung muslimische Interessen zu vertreten; eine Art Gleichheit in der Differenz von der Mehrheitsgesellschaft wird angestrebt.

Die Gelehrten und Aktivisten, die diese Positionen vertreten, können wir der ersten Generation der Migration zurechnen, von der wir bereits gesprochen haben. Sie versuchen, ein kohärentes System von islamischen Überzeugungen auch im europäischen Kontext zu entwickeln. Die zweite Generation von Aktivisten, insbesondere in den Jugendorganisationen der UOIF, sieht sich weniger Systemzwängen des islamischen Rechts u. Ä. ausgesetzt. Sie operiert eher auf der Basis eines Ad-hoc-Verständnisses und einer Interpretation der Tradition, die sich auf eine mit ihrem Publikum geteilte Lebenswelt stützt. Charakteristisch für das Denken der Mitglieder dieser Generation ist eine Ablehnung, sich rechtfertigen zu müssen, in Frankreich als Muslime zu leben. Sie verstehen sich als Teil Frankreichs.

All diese Facetten europäischer muslimischer Reaktionen machen deutlich, dass wir also auch den „Islam in Europa", den „europäischen Islam" als einen Prozess verstehen müssen, über den keine Instanz abschließend befinden kann.

Eine unangenehme Stimme ist der Antisemitismus unter MuslimInnen in Europa – aber nicht nur dort. Wir können dieses Phänomen als Ausdruck der Adaptierbarkeit des antisemitischen Codes an diverse Kontexte sehen. Ursächlich ist weiterhin in erster Linie der Israel-Palästina-Konflikt, kein genuin islamischer Antisemitismus.

Nehmen wir jetzt den Gender-Aspekt in den Blick, der bisher wenig beachtet wurde. Leider ist die ernsthafte Beschäftigung mit muslimischen Männerbildern noch nicht sehr weit gediehen, sodass wir uns vorläufig nur auf Musliminnen beziehen können.

Ein Aspekt der Stigmatisierung von MuslimInnen in Europa (und nicht nur dort) ist die ansteigende islamfeindliche bzw. islamophobe Propaganda, die auf massive Probleme europäischer und anderer Gesellschaften verweist, hier aber nicht weiter untersucht werden kann. Einige Aspekte dieses Phänomens scheinen aber am Beispiel der Musliminnen auf.

Musliminnen

Die Debatte um die Rolle muslimischer Frauen nimmt in der gegenwärtigen Diskussion über den Islam großen Raum ein. Die Sichtweisen variieren: die völlige Unterdrückung der Frau wird konstatiert *und* der Islam als eigentliche Erfüllung der Natur gesehen. „Die" islamische Frau erscheint als Kampffeld, auf dem um die Verteilung symbolischer Macht gerungen wird – weltweit und in den sogenannten westlichen Gesellschaften.

„Der Schleier" bzw. die Verschleierung kann gesellschaftlich durchaus unterschiedliche Funktionen übernehmen. Er kann z. B. als Distinktionsmerkmal der freien Frau gegenüber unfreien Frauen wirken, so eine ältere Tradition des Mittelmeerraumes – wie generell ältere Traditionen des Mittelmeerraumes für die tatsächliche Stellung der Frau bedeutsamer sind als „der Islam" (Tillion 2007). Die *Ent*schleierung kann politischen Symbolcharakter haben, sei es als Symbol für den türkischen (oder französischen) Laizismus oder der Schleier wiederum für Volkstümlichkeit in der iranischen Revolution. Wird „der Schleier" oder „das Kopftuch" zum Symbol politisch-kultureller Kämpfe, geht es nicht nur um materielle Interessen, auch Identitätspolitik ist auf dem nicht ausgesprochenen Programm:

> „In der Gegenüberstellung der islamisch unterdrückten und der westlich emanzipierten Frauen werden die Kulturen nicht nur polarisiert und hierarchisiert, sondern beide, und damit auch die westliche Kultur, homogenisiert, indem die ‚westliche' Frau umstandslos als emanzipiert dargestellt wird. Dies kann bei allen Erfolgen der Frauenbewegung nun keineswegs so behauptet werden. Das heißt, in der Gegenüberstellung wird die eigene Kultur idealisiert, und das umso mehr, je mehr die andere Kultur zur negativen Kontrastfolie

degradiert wird. Das bedeutet jedoch, dass zugleich die inneren Widersprüche auf den anderen projiziert werden. // So liegt z. B. eine der Provokationen des islamischen Kopftuchs darin, dass es ohne Umschweife die Verschiedenheit der Geschlechter propagiert [...] Allerdings ist die Frage der Gleichheit bzw. Verschiedenheit der Geschlechter im westlichen Diskurs weit davon entfernt ‚gelöst' zu sein, vielmehr herrscht hier eine beträchtliche Diskrepanz zwischen der Propagierung der Geschlechtergleichheit in vielen Bereichen der Gesellschaft [...] // Ähnliches gilt für Fragen der ‚Ehrbarkeit' von Frauen, denn das Kopftuch ist auch ein Symbol für die Würde der Frau. Das westlicher Modell sexueller Befreiung hat aber in Fragen der Moral nicht nur zu einer größeren Selbstbestimmung der Frau geführt, sondern auch zu neuen Formen sexueller Ausbeutung. Die Tatsache, dass das Geschäft mit sexuellen Dienstleistungen in dieser [der westlichen] Gesellschaft die bei weitem größte Branche der Unterhaltungsindustrie darstellt und mit Frauenhandel und Sextourismus sehr viel Geld verdient wird, weist darauf hin, dass es sich hier um ein tabuisiertes und zugleich öffentliches, moralisch höchst widersprüchlich besetztes Thema handelt. [...] // Das islamische Kopftuch provoziert aber nicht nur, weil es an ungeklärte Konflikte rührt, sondern weil es Machtinteressen direkt entgegensteht. So werden anhand der Forderung nach Entschleierung, die zu Zeiten des Kolonialismus von den Kolonialherren vielfach direkt umgesetzt wurde, auch westliche Allmachtsphantasien ausagiert, die glauben, die Frauen der ganzen Welt für sich in Anspruch nehmen zu dürfen. Insofern blockiert der Schleier männliche Penetrationsphantasien". (Rommelspacher 2007: 258f.)

Es geht aber nicht nur um einen Machtdiskurs, auch Entlastung ist im Spiel. Durch den Kampf um die Befreiung der „islamischen Frau" wird zugleich die dominante, „westliche" Kultur von dem Druck entlastet, u. a. ihre eigenen Versprechen auf Egalität tatsächlich einlösen zu müssen. Vielmehr wird die Vorbildhaftigkeit westlicher, europäischer, christlicher, aufgeklärter Kultur bestätigt und in allen anderen Kulturen hierarchisch nachgeordnet.

Eine umfassende Analyse „der Frau im Islam" wäre, kurz gesagt, ohne systematische Einbeziehung des Bildes von der Frau im Islam nicht denkbar, die den Orientalismus dieser Bilder nicht ausblendet.

Es erscheint deshalb wenig sinnvoll, mit einer Vielzahl von Zitaten aus dem Koran, aus der Sunna und aus Werken des islamischen Rechts zu versuchen, ein Bild der Lage „der islamischen Frau" zu zeichnen, da eine genaue historische Entwicklung dieses Problems unseren Rahmen sprengen würde. Wir werden uns auf einige Elemente beschränken müssen. Um nur ein Beispiel zu nennen: Leila Ahmed (1988) verweist darauf, dass die Übernahme nahöstlicher Traditionen – insbesondere der zoroastrischen – eine Beschränkung und Segregierung der Frauen zur Folge gehabt habe.

Allgemein können wir aber von einer Kultivierung und religiösen Regulierung der leiblichen Existenz ausgehen, die auf eine Normierung des Verhaltens der Frauen zielt. Diese wird als potenziell bedrohlich und explosiv bewertet. Frauen werden als sexuell verführerisch gesehen, zugleich wird ihnen aber eine passive Rolle zugeschrieben:

> „Dass die Aufmerksamkeit bei den Regelungen leiblicher Existenz so viel mehr auf die Frauen gerichtet ist, hat sicher seinen Grund darin, dass es eben Männer waren und sind, die diese Regeln ausformuliert haben. Die Verhältnisse liegen hier zwar nicht wie beim Christentum, dass Gott selbst männlichen Geschlechts und eine Art Patriarch der heiligen Familie ist. Allah steht oberhalb geschlechtlicher Differenzen. Doch unterhalb von Allah sind alle Personen, die den göttlichen Willen den Menschen vermitteln, ausdifferenzieren und ergänzen, Männer." (Akashe-Böhme 2006: 115)

Unstrittig dürfte somit sein, dass die Stellung von Musliminnen sich durch Auseinandersetzungen sozialer Art innerhalb hauptsächlich patriarchaler Gesellschaften konstituiert.

Die Zuordnung der privaten Sphäre zu den Frauen, des öffentlichen Raumes zu den Männern, die Aufteilung bestimmter Arbeiten auf die Geschlechter, ja der gesamten sozialen Welt sind Elemente der gesellschaftlichen Arbeitsteilung, die wir in verschiedenen traditionellen Gesellschaften finden – so auch in mehr oder weniger muslimisch geprägten. Die individualisierten modernen Gesellschaften sind bekanntermaßen auch nicht frei davon.

Die Bewegungsfreiheit von Frauen außerhalb des Hauses wird in vormodernen Zeiten immer wieder von Gelehrten beklagt. Besonders das Eindringen von Turkvölkern wird von ihnen als Grund gesehen, da gerade Turkmeninnen sich frei unter Männern bewegten. Auch Feiern wie die zum Geburtstag des Propheten werden unter dem Aspekt als problematisch angesehen, dass sich bei diesen Anlässen Frauen unter Männer mischen.

Diese Klagen zeigen uns, dass das Bild der unterdrückten muslimischen Frau wohl kaum der historischen Realität entspricht – vielleicht dem Ideal mancher muslimischer Männer.

Nehmen wir ein Beispiel aus Europa. Über die Musliminnen von al-Andalus schreibt Gottfried Liedl (2007: 124f.):

„Vom Auftreten der andalusischen Frauen in der Öffentlichkeit hören wir Folgendes: ‚Wie uns zahlreiche Quellen übereinstimmend versichern, war es in den Wohnvierteln des einfachen Volkes von Al-Andalus durchaus üblich, dass Männer und Frauen einander in der Öffentlichkeit trafen und zwar nicht nur zum Gebet in der Moschee oder anlässlich von Hochzeitsfeierlichkeiten, eine Tendenz, die bereits auf die Almoravidenzeit zurückgeht.‘ Die urbane Frau geht sogar noch weiter: für sich und ihre Freundinnen organisiert sie eigene Festivitäten und ‚Lustpartien‘, wo sie sich öffentlich zeigt. // Als im Jahre 1354 der Sultan Yusuf I. dem Munizipium Guadix im Osten seines Reiches einen offiziellen Besuch abstattet, da ‚mischen sich die Weiber unverschleiert unter die Männer und gemeinsam drängen sie sich durch die Pforte zum königlichen Palast [...] Man konnte sich kaum entscheiden, was man mehr bewundern sollte: das Blitzen der königlichen Waffen oder das Funkeln der Mädchenaugen, das Rot der Standarten oder das Rouge auf den Wangen der Damen!‘ // Ibn al-Khatib, von dem die Schilderung stammt, schwärmt an anderer Stelle von ihren offen zur Schau gestellten ‚reizvoll-üppigen Formen, dem prächtigen langen Haar‘“.

Verschweigen wollen wir nicht, dass solch offenherziges Verhalten der Frauen von al-Andalus in anderen Teilen der islamischen Welt durchaus kritikabel war. Dies Beispiel soll uns aber daran erinnern, dass die Stellung der muslimischen Frauen in der Öffentlichkeit von großen Unterschieden geprägt war, die eine homogenisierende Rede von „der islamischen Frau“ unmöglich macht.

Wie wird nun die Stellung der Frauen im islamischen Recht reguliert? Entgegen mancher Weisheit, zeigen Analysen von einschlägigen Rechtsentscheiden und -gutachten, dass islamische Rechtsgelehrte durchaus versuchten, den Status von Frauen zu schützen, Missbrauch ihrer Stellung durch die Ehemänner zu regulieren, zugunsten von Frauen entschieden – natürlich, ohne den patriarchalen Rahmen grundsätzlich zu durchbrechen (Tucker 1988). Wir können generell feststellen, dass Frauen in der Lage waren, die Regeln des islamischen Rechts kreativ zu ihren Gunsten zu verwenden, sodass wir sagen können, dass uns das islamische Recht zeigt, dass die Stellung von Musliminnen im Rahmen patriarchaler Gesellschaften immer wieder neu ausgehandelt wurde. Ein Wandel dieser Situation tritt in der Neuzeit ein.

Nehmen wir zwei Beispiele für den Wandel der Situation von Frauen (El Azhary Sonbol 1996: 1):

„Eine Frau kam zum Gericht und verlangte, von ihrem Ehemann geschieden zu werden, der sein Wort gebrochen hatte und seine erste

> Frau erneut geheiratet hatte. Es scheint so, dass er sich zu einem bestimmten Zeitpunkt während ihrer Ehe von der ersten Frau geschieden hatte und der zweiten versprochen hatte, die erste nie wieder zurückzunehmen. Seine zweite Frau vereinbarte zu diesem Zeitpunkt die Bedingung, dass sie sich von ihm scheiden würde, sollte er jemals die erste Frau wieder heiraten. Nachdem die Frau die erforderlichen Zeugen für das Versprechen und die Beweise für die behauptete Wiederheirat beigebracht hatte, gewährte das Gericht eine Scheidung und sie erhielt die volle finanzielle Entschädigung von ihm [...] In einem anderen Gerichtsfall wurde einer Frau, die geschlagen, missbraucht und der ‚die Garantien der Scharia (des islamischen Rechts) für Schutz und gute Behandlung' verweigert wurden, eine Scheidung von den Gerichten verweigert".

Beide Urteile berufen sich auf das islamische Recht, legen es aber völlig unterschiedlich aus. Bemerkenswert ist, dass der erste Fall aus dem Jahr 1857 stammt, der zweite aus dem Jahr 1959. Die Möglichkeit, eine Scheidung zu erlangen, hat sich offenkundig für Frauen durch die vorangegangenen Rechtsreformen nicht verbessert.

Die Rolle der Frau, die Frage nach der Geschlechtergleichheit oder -gerechtigkeit hat die Diskussionen in muslimischen Ländern durch das 20. Jahrhundert begleitet. Das Personalstatusrecht wurde zu einem der letzten Gebiete, auf denen das islamische Recht dominierte. Aus diesem Grunde sind Transformationsprozesse auf diesem Gebiet immer Gegenstand intensiver Debatten. Ein bemerkenswertes Beispiel dürften die Veränderungen in Tunesien sein, die zur alleinigen Anerkennung der Monogamie im Eherecht geführt haben.

Die erneute Betonung islamischer Positionen im 20. Jahrhundert hat zu Versuchen der Definition eines spezifisch islamischen Frauenbildes geführt, die sich in ständiger Weiterentwicklung befinden.

Nehmen wir ein Beispiel: Die Diskussionen in der Islamischen Republik Iran zeigen die Vielfalt der Möglichkeit, die Stellung von Frauen in der Gesellschaft zu verstehen. Wir können Ansätze finden, die sich im traditionell-patriarchalen Sinne auf eine Komplementarität von Männern und Frauen berufen, wobei zugleich eine Ungleichheit zwischen ihnen besteht. Eine vermittelnde Position versucht eine stärkere Ausgewogenheit zwischen den Geschlechtern zu erreichen. Und die dritte Position fordert zu einem radikalen Neudenken auf, das auf eine Geschlechteregalität zielt. Die iranischen Diskussionen zeigen, dass sie Wege öffnen, in denen es für Musliminnen möglich wird, über ihre Lage in islamischen Begriffen nachzudenken, ein Denken, das im älteren islamischen Denken so nicht vorgesehen war. Für die männliche Seite bedeutet dies, dass die Stellung der Frauen zu einem Problem wird, das „gelöst“ werden muss. Damit wird die moderne iranische Debatte auch für Muslime zu einem Weg der Reflexion (Mir-Hosseini 1999).

Der Status von Musliminnen wird in Ländern mit muslimischer Bevölkerungsmehrheit in hohem Maße durch das staatlich gesetzte Recht beeinflusst – die Frage, in welchem Maße dieses Recht durchgesetzt wird, können wir an dieser Stelle nicht beantworten. Die zeitgenössischen Initiativen, z.B. das Familienrecht arabischer Staaten zu reformieren, können nicht auf einen gemeinsamen Nenner gebracht werden. Sie unterliegen intensiven gesellschaftlichen und politischen Debatten, die je nach Land zu unterschiedlichen Ergebnissen führen. Hier verbietet sich jegliche Verallgemeinerung.

Der Status von Musliminnen wird außerdem in den verschiedenen Regionen der islamischen Welt massiv durch lokale Bräuche bestimmt. Die Spannweite geht von Frauen in Indonesien, die wie bei den Minangkabau in matrilinearen Gesellschaften leben (Metje 1995), bis hin zu Gesellschaften, in denen Frauen strikt reglementiert werden. Berücksichtigen müssen wir zudem, dass die Reglementierung sich nach sozialen Schichten unterscheiden. Frauen aus niederen sozialen Schichten wie Bäuerinnen konnten – je nach Region – vielleicht sich freier bewegen als Frauen aus höheren Schichten, die durch Seklusion ihre Ehrbarkeit demonstrieren mussten. Wiederum konnten Frauen höherer sozialer Schichten unter Umständen trotz Beschränkungen einen bemerkenswerten sozialen Einfluss erlangen.

Kopftuch

Eine Frage haben wir zu Beginn angesprochen. Das Kopftuch bestimmt die Wahrnehmung von Musliminnen in nicht muslimischen Öffentlichkeiten. Wir wollen hier nicht die Frage diskutieren, ob ein Kopftuch (oder eine andere Form der Bedeckung) koranisch oder islamrechtlich vorgeschrieben ist. Auch in diesem Bereich gibt es viele mögliche Interpretationen. Bemerkt sei nur, dass „das Kopftuch“ wie auch eine sich als islamisch deklarierende Bekleidung höchst unterschiedliche Formen annehmen kann.

Entscheidend ist die Lebenspraxis von Musliminnen. Im jetzigen Iran oder in anderen Ländern mögen sie eine solche Bedeckung ablehnen, in Europa oder anderen Ländern sie als Ausdruck ihres Glaubens anlegen. Diese Alternativen verweisen uns darauf, dass ein Kopftuch durchaus unterschiedliche Bedeutungen für die Trägerin haben kann.

Die für NichtmuslimInnen irritierendste Erscheinung dürften junge Musliminnen sein, die z. B. in Europa leben, aber dennoch bewusst ein Kopftuch tragen. Empirische Untersuchungen zeigen deutlich, dass es höchst unterschiedliche Gründe gibt, warum Musliminnen ein Kopftuch anlegen (für Österreich Höglinger 2003). Befragungen zeigen eine Tendenz, dass junge Frauen das Kopftuch weniger aus traditionellen Gründen anlegen, es vielmehr mit neuem Sinn füllen. Damit einher geht oft auch ein Konflikt mit Religiosität oder Nichtreligiosität der Eltern. Empirische Untersuchungen dieser Art haben allerdings häufig damit ein Problem, dass in ihnen eher reflektierte junge Musliminnen befragt werden, nicht solche mit eher traditionalistisch geprägtem Lebensbild oder solche, die sich im Konflikt mit religiösen und/oder traditionellen Vorstellungen befinden (Oestreich 2004: 138).

Es wirken bei diesen jungen Frauen dieselben Modernisierungsprozesse von Religiosität, die wir auch in anderen Fällen beobachten können: Neuformulierung der überlieferten Religiosität, verbunden mit einem mehr oder minder starken Bruch mit den traditionellen Auffasungen, Standardisierungsprozesse, verbunden mit der Formulierung einer Religiosität, die sich von den historischen Differenzierungsprozessen unterscheidet, und Individualisierung, die eine erneute Ausdifferenzierung bedeutet.

Individualisierung bedeutet auch eine individuelle Verantwortung für den persönlichen Konsum, für die Organisation des eigenen Lebens. Dadurch wird die Frage bedeutsam, was denn eigentlich religionsrechtlich erlaubt ist: *halal.*

Halal

Halal (*ḥalāl*) bezeichnet grundsätzlich islamrechtlich erlaubte Dinge und Handlungen. Aktuell von großem Interesse ist die Frage, welche Lebensmittel, Medikamente u. Ä. *halal* sind. In diesem Bereich gibt es inzwischen Zertifizierungsstellen, die entscheiden, ob ein Produkt als *halal* verkauft werden kann. Malaysia hat ein ausgefeiltes System von Zertifizierungen bis hin zu Großküchen entwickelt.

Probleme treten auf, wenn Produkte Schweinefleisch oder Alkohol enthalten. Häufig genannt werden Rinderwürste, die einen Schweinefleischanteil enthalten, Gelatine, Alkohol in Lebensmitteln, Getränken und Medikamenten. Auch Fragen wie gentechnisch veränderte Lebensmittel und Tierschutz werden in diesem Zusammenhang diskutiert.

Finanzprodukte, wie sie von islamischen Banken oder Versicherungen angeboten werden, sehen sich der Frage ausgesetzt, ob sie *halal* sind. Zentral für solche islamischen Finanzinstitutionen ist die Frage, ob sie zwei schon im älteren islamischen Recht verbotene Sachverhalte vermeiden können: den *riba (ribā)*, je nach Interpretation als Zins oder Wucher zu übersetzen (Lohlker 1999), und das Risikogeschäft. Letzteres wirft Probleme für das Versicherungswesen auf, da jede Versicherung auf ein zukünftiges, unsicheres Ereignis zielt. Das *riba*-Verbot wirft Probleme für Bankgeschäfte auf, da eventuell die Erhebung von Zinsen zu einem Problem werden kann.

Es hat sich seit den 1970er Jahren ein aktiver islamischer Finanzsektor gebildet, der Banken, Versicherungen, Investmentgesellschaften, Ausbildungs- und Forschungsinstitutionen umfasst. Dieser Sektor versucht die islamrechtlichen Beschränkungen zu beachten und hat eine Vielzahl von einschlägigen Finanzinstrumenten entwickelt (Gassner/Wackerbeck 2007).

Kritiker bemängeln, dass die ursprünglichen entwicklungspolitischen Ziele in der gegenwärtigen islamischen Finanzwirtschaft marginalisiert worden seien. Die Dominanz finanzwirtschaftlicher Imperative dokumentiert vielleicht am besten die Einrichtung eines islamischen Dow-Jones-Index.

Auch die Art des *halal*-Schlachtens ist ein viel diskutiertes Thema. Beschrieben werden kann die islamische Art des Schlachtens als betäubungsloses Schächten, bei dem den Tieren unnötige Qualen erspart werden sollen und ihre Würde als Geschöpf Gottes bewahrt werden soll.

Um die gesetzliche Erlaubnis des *halal*-Schlachtens gibt es in europäischen Ländern immer wieder Debatten, die auf die Frage zielen, ob diese Art des Schlachtens mit dem Tierschutz vereinbar ist.

Der Markt der *halal*-Produkte (inkl. Finanzprodukte) ist inzwischen ein Wachstumsmarkt. Fragen der internationalen Logistik werden bedeutsam, der erste *HalMart*, ein Supermarkt für *halal*-Produkte, ist in Malaysia eröffnet worden, die Analyseverfahren, um Schweine-DNS nachzuweisen, werden verbessert (und verbilligt). Inzwischen wird auch die Diskussion um fälschlich als *halal* deklarierte Produkte intensiver: So bieten Fluglinien teilweise ein „Moslem meal" an, das nur den Eindruck erwecken soll, es sei auch *halal*, aber nicht im Geringsten den *halal*-Standards entspricht. Würste werden als *halal* deklariert, enthalten aber Schweinefleisch u. Ä.

Nicht verschweigen wollen wir, dass es inzwischen auch Bestrebungen gibt, einen islamisch begründeten Vegetarismus zu formulieren, der von manchen konservativen Personen als unislamisch abgelehnt wird (Islamic Concern).

Dschihadismus

Um die Ausführungen in diesem Kapitel in den richtigen Rahmen zu stellen, müssen wir uns zwei Zahlen vergegenwärtigen. Rik Coolsaet (2005) konstatiert, dass von 1990 bis 2005 rd. 175.000 Menschen durch terroristische Angriffe getötet wurden. Davon waren lediglich 4000 BürgerInnen „westlicher" Staaten. Jeder dieser Toten ist gewiss einer zuviel, aber das Ausmaß der Bedrohung „des Westens" relativiert sich doch etwas. Wir können es anders formulieren: Der Dschihadismus ist eine Bedrohung von Muslimen und Musliminnen.

Versuchen wir jetzt einige Begriffe zu verdeutlichen. In der allgemeinen Diskussion spielt der Begriff des – so die gängige Übersetzung – „Märtyrers" eine wichtige Rolle. So wird der arabische Begriff *schahid* (*šahīd*) bzw. *schahida* (*šahīda*) übersetzt. Damit wird einerseits derjenige oder diejenige bezeichnet, die in einer militärischen Operation den Tod findet bis hin zu denjenigen, die Selbstmordattentate verüben (Pedahzur 2005, Schneiders 2006). Anderseits können aber auch eine Vielzahl von anderen Todesfällen zu einer Einstufung als „MärtyrerIn" führen. Ein prägnantes Beispiel ist die Bezeichnung von Opfern von Flugzeugabstürzen, die in Ägypten ebenfalls als *schahid* bezeichnet werden. Gleiches gilt für illegale Migranten nach Europa, die vor den europäischen Küsten ertrinken, oder für Mütter, die im Kindbett sterben. Wir sollten wohl eher unter Beachtung des arabischen Wortfeldes von „Glaubenszeugen" oder „Glaubenszeugin" sprechen und keine Verengung vornehmen.

Dschihad (*ǧihād*) stellt uns vor größere Definitionsprobleme. Wenn wir auch nicht erwarten dürfen und sollten, dass der Koran uns eine Matrix für das Verständnis aller Dinge liefert, die als Islam bezeichnet werden, wollen wir doch einen kurzen Blick in den Koran werfen, um diesen in der Gegenwart so zentralen Begriff zu verstehen (Lohlker 2007; Bonner 2006). Dschihad finden wir im Koran des Öfteren vertreten, aber nicht in dem Sinne, der ihm heute meist zugeschrieben wird. Wenn wir die Koranstellen an den Anfang stellen, an denen wir tatsächlich den Begriff Dschihad finden, sehen wir, dass diese Stellen sich nicht direkt auf die Kriegsführung beziehen. Sie beziehen sich vielmehr auf Disputationen, Einsatz für die Sache Gottes (25,52; 22,78).

Auf allgemeinerer Ebene finden wir im Zusammenhang mit Dschihad ein Wortfeld, das Begriffe wie „Anstrengung" umfasst, 41-mal, darunter die zwei bereits genannten Stellen. Nur zehn dieser Stellen beziehen sich eindeutig auf Kriegsführung. An allen einschlägigen Stellen ruft der Koran zur Verehrung Gottes, zu rechtem Verhalten und auch zur Selbstaufopferung auf. Dies kann zweifelsohne den physischen Kampf einschließen, in den meisten Fällen ist allerdings nicht klar, was gemeint ist.

Kampf und Krieg bilden aber auf jeden Fall einen wichtigen Themenkreis im Koran. Derartige Aktivitäten werden mit einem Vokabular beschrieben, das aus anderen Wortfeldern stammt. Die betreffenden Wortfelder bezeichnen Konzepte wie „Kämpfen, Töten" oder „Kämpfen, Krieg führen". Es geht dabei um Aufrufe, die Waffen zu ergreifen, Anweisungen zu kämpfen oder davon abzusehen, die Aufteilung militärischer Pflichten, die Verteilung der Kriegsbeute, Behandlung von Nichtkombattanten und Kriegsgefangenen etc. Wir können aber nicht sagen, dass es sich dabei um eine zusammenhängende Doktrin handelt.

Aus Gründen, die wir heute nicht genau erkennen können, wurde der Begriff Dschihad verknüpft mit einem komplexen, höchst dynamischen System von Lehren und Praktiken der Kriegsführung. Die Entwicklung dürfte irgendwann in der Zeit zwischen der Offenbarung und der Sammlung des Korans stattgefunden haben. Wichtig ist aber, dass die Vorstellung des Dschihad im Koran nicht hauptsächlich mit Krieg und Kampf verknüpft war. Der „innere",„spirituelle" Dschihad kann sich also mit gleichem Recht auf den Koran berufen wie sein „äußeres", „kriegerisches" Gegenstück.

Ziehen wir noch die ältere Hadithliteratur hinzu, werden wir finden, dass dort Dschihad im militärischen Sinne im ersten Jahrhundert der Hidschra im Wesentlichen in Regionen wie Syrien, dem Frontgebiet gegen das byzantinische Reich, hochgehalten wurde, während in anderen Regionen andere Glaubenspflichten im Vordergrund standen. Wir wollen dies als Hinweis werten, welch komplexe Geschichte der Begriff Dschihad seit der islamischen Frühzeit hat.

Zur Geschichte

Wir können verschiedene Zentren und Etappen der Entwicklung des modernen Dschihadismus unterscheiden (Steinberg 2005), die wir an dieser Stelle nicht im Detail verfolgen wollen. Es gibt für die dschihadistische Strömung des zeitgenössischen Islams Vorläufer im antikolonialen Widerstand (Peters 1979), von denen wir zum Teil bereits gesprochen haben. Neuere Konzeptionen des Dschihad werden dann im 20. Jahrhundert von prominenten Autoren wie Saijid Kutb oder al-Maududi formuliert. Diese Konzeptionen werden u. a. von ägyptischen Untergrundgruppen weiterentwickelt, von denen eine u. a. 1981 den ägyptischen Präsidenten Sadat ermordete.

Während sich solche Aktionen noch eher im nationalen Rahmen einer extremistischen Opposition bewegten, wurde die dschihadistische Strömung durch den sowjetischen Einmarsch nach Afghanistan und danach durch den u. a. von Pakistan, den USA und Saudi-Arabien gestützten Widerstand internationalisiert. In diesem Kontext entwickelte sich die dschihadistische Theorie weiter (Lohlker 2006b) und fokussiert sich auf internationale Feinde, nach dem Rückzug der Roten Armee aus Afghanistan hauptsächlich auf „den Westen" und seine muslimischen Verbündeten. Beide werden zunehmend als ungläubige Welt konzipiert, die es mit allen Mitteln zu bekämpfen gilt. In Afghanistan ist auch der Ort zu finden, an dem sich das Phänomen al-Qa'ida (al-Qāʿida) vollständig herausbildete. Vergessen werden sollte in dieser Phase auch nicht der algerische Bürgerkrieg mit seinen unzähligen Opfern, der ebenfalls ein gewalttätiges Verständnis des Dschihad gefördert hat.

Der Sturz des Taliban-Regimes in Afghanistan nach den Ereignissen des 11. September 2001 zerstörte die wichtigste territoriale Basis der dschihadistischen Strömung, die zur Ausbildung einer Vielzahl von Aktivisten aus aller Welt gedient hatte. Damit wird al-Qa'ida zunehmend zu einem internationalen Netzwerk, einer nicht mehr fest umrissenen Strömung, an der eine viele von Gruppen teilnehmen, die Anschläge von Bali bis Casablanca verübten.

Die jüngste Phase der Entwicklung des Dschihadismus ist mit der Invasion der USA und ihrer Verbündeten in den Irak und dem Sturz des Regimes von Saddam Hussein verbunden. Ausgehend von nationalistisch orientierten Untergrundgruppen etablierte sich seit 2003 ein breites Spektrum von dschihadistischen Gruppen, die sich zunehmend als sunnitisch definieren. Waren zuerst die Besatzungstruppen und ihre Verbündeten das Hauptziel, wurden zunehmend die irakischen Schiiten zu wichtigen Zielen (International Crisis Group 2006: 19f.). Der ausbrechende extrem blutige sektiererische Konflikt hat zahlreiche Menschen das Leben gekostet. Ein Charakteristikum des dschihadistischen Untergrundes im Irak ist die bewusste Verbreitung von Informationen über seine Aktionen via Internet, die Beteiligung ausländischer Kämpfer (und inzwischen auch: Kämpferinnen) und die Einführung von „Innovationen" wie der Verbreitung von Enthauptungsvideos.

Neuere Entwicklungen zeigen, dass sich innerhalb der Staaten Europas ein „home grown terrorism" etabliert hat, der keines äußeren Anstoßes bedarf, aber Kontakte zu transnationalen Netzwerken sucht. Es handelt sich im Wesentlichen um junge Männer, die sich zum Teil über die dschihadistischen Internetpräsenzen mit theoretischen Konzepten der Dschihadisten, der als permanente Unterdrückung wahrgenommenen Situation der Muslime weltweit und der praktischen Vorbereitung auf Anschläge u. Ä. beschäftigen (Nesser 2004). Letzteres kann auch außerhalb Europas stattfinden. So wissen wir von Dschihadisten, die aus Europa nach Tschtschenien, in den Irak oder andere Konfliktherde gereist sind.

Als Dschihadismus können wir also die transnationale Strömung politisch-islamischer Bewegungen bezeichnen, die den Dschihad im Sinne eines militärischen Kampfes in das Zentrum ihres Denkens und Handelns stellen. Bewegungen wie die palästinensische Hamas, die libanesische Hisballah u. Ä. fallen nicht in diese Kategorie, auch wenn sie sich auf den Dschihad beziehen und militärisch aktiv sind. Sie sind eher als nationale Bewegungen zu begreifen, die tief in den jeweiligen Gesellschaften verankert sind.

Dschihadismus als moderne Bewegung

Der Dschihadismus ist zwar der von ihm rein westlich verstandenen Moderne nicht freundlich gesinnt, ist aber kein Gegenspieler der Moderne, eher eine der vielen Nachtseiten des ambivalenten Prozesses der Moderne (Bauman 1996). Diese Bewegungen sind Teil des unter dem Begriff „Fundamentalismus" konstruierten „Anderen" der westlichen kulturellen Praxen, die als Maßstab dienen, an dem abweichende Praxen gemessen und verdammt werden (Sayyid 2003: 16). Wenn wir diese Konstruktion vermeiden, können wir die dschihadistischen Bewegungen tatsächlich als Teil der Moderne, als moderne islamische Bewegungen verstehen. Begriffe wie das im islamfeindlichen und Antiterrordiskurs benutzte „islamfaschistisch" sind ebenfalls für eine Analyse völlig untauglich.

Bei dieser Strömung haben wir es mit einem spezifischen Typus der schon erwähnten politisch-islamischen Bewegungen zu tun, die wir als soziale Bewegungen verstehen müssen, deren Mitglieder einen Prozess einer spezifischen religiösen Enkulturierung durchlaufen (Wiktorowicz 2005 und 2004a). Diese Form religiöser Enkulturierung behauptet, eine Rückbesinnung auf die Traditionen der muslimischen Urgemeinschaft zu erreichen. Damit bezieht sie sich auf eine der vielen Interpretationen der islamischen Geschichte(n) und versucht sich das Recht anzueignen, für „den Islam" zu sprechen, sich das symbolische Kapital der islamischen Tradition anzueignen.

Die dschihadistische Strömung ist ein genuiner Ausdruck der sich globalisierenden Gesellschaften (Sassen 2006). Das Gefühl der „Malaise" (Löwenthal 1990), des Unbehagens an dieser Entwicklung, ist in der sich globalisierenden Gegenwart zur vollen Entfaltung gelangt und bildet mit den Hintergrund der dschihadistischen Bewegungen. Dieses Gefühl der Malaise hat, wenn wir Samir Kassir folgen, in der arabischen Welt eine spezifische Ausprägung angenommen, die Form eines Gefühles, dass die arabische Welt keine Zukunft habe und es keinen Weg gebe, diese Situation zu verbessern (Kassir 2006: 1f.). Da die dschihadistische Strömung ihren Ursprung in der arabischen Welt hat, ist diese Bemerkung bedeutsam, da sich die Dschihadisten als einzige gerieren, die einen Ausweg aus der Blockierung wissen – und sei es in den Tod.

Organisatorische Fragen, Strukturen des globalen Gewaltunternehmens al-Qa'ida sollen uns aber hier nicht interessieren. Wir wollen dafür lediglich festhalten:

> „Viel spricht dafür, dass die Attentäter vor dem Hintergrund ihrer Informationen und ihrer Normen sehr rational handelten. Das Netzwerk al-Qaeda (al-Qa'ida) hat sich in der Vergangenheit als ausgesprochen lernfähig erwiesen. Die von Bin Laden beschworene Tradition lockt uns auf die falsche Fährte des religiösen Traditionalismus. Die Veränderungsfähigkeit ist das Markante. Rationalität der Planung und rasante Lernfähigkeit stechen ins Auge [...] Die vergleichende sozialwissenschaftliche Perspektive zeigt uns Vertrautes in unheimlicher Kombination: charismatische Mobilisierung, Ideologieaufbau mit dem Verkehrte-Welt-Syndrom in sozialen Isolaten, Gewalt als Ausfalloption jener, die die Blockade politischer Handlungsmöglichkeiten als Ohnmacht erfuhren, und Gewaltmärkte als Brutstätten evolutiver Prozesse, die den Gewalteinsatz optimieren." (Elwert 2002)

Die Strömung 'al-Qa'ida' ist also *auch* ein hocheffizientes, rational strukturiertes, modernes Unternehmen, das, auch dies Ausweis der Adäquatheit zu einer globalisierten Wirtschaft, mit flachen Strukturen arbeitet, hochflexibel ist und offenkundig recht expansiv eine Art Franchising betreibt, wenn wir einmal Begriffe aus der weltweit vorherrschenden Theologie benutzen wollen.

Migration und muslimische Minderheiten

Die muslimischen Minderheiten z. B. in Europa sind keine bloße Reproduktion der Gesellschaften ihrer „Ursprungsländer". Sie sind einem doppelten Einfluss unterworfen: sehr stark durch ihre Herkunftsländer in der ersten Generation (zuweilen auch wieder in späteren Generationen), in der zweiten Generation weniger intensiv. Der zweite Einfluss sind die „Aufnahmegesellschaften", die vor allem auf die zweite und folgende Generation wirken: durch die Schule, die Medien – insbesondere durch das Fernsehen. Letzteres wirkt auch in kaum genügend erfassten Maße auf die nicht migrierten Jugendlichen und jungen Erwachsenen der Ursprungsländer – eine Art virtueller Migration.

Eine Minderheit der MuslimInnen wendet sich – wie oben gesagt – neuen Formen des Extremismus zu, unter ihnen auch ein Teil derjenigen, die sich ökonomisch marginalisiert und kulturell durch Rassismus stigmatisiert sehen. Der Aktivist in nicht muslimischen Mehrheitsgesellschaften antwortet auf andere Fragen als der desperate, junge Mann in den muslimischen Mehrheitsgesellschaften. In den Minderheitsgemeinschaften träumt eine minoritäre Randgruppe von einer *umma*, die sich nur in der Absonderung von der restlichen Welt realisieren lässt und deren Überzeugung auch gar keiner Erklärung anderen gegenüber mehr bedarf. Als Antrieb dienen, neben den Gefühlen der Malaise, auch eine Vielzahl halbrealer Beschwernisse, die die Einzelnen bis in den Tod treiben können, und eine Organisation, innerhalb derer ein solch extremer, eigentlich deterritorialisierter Aktivismus sich verwirklichen kann. Diese Organisation wird zum Teil in der Organisation al-Qa'ida und in der an sie anknüpfenden Strömung gefunden.

Saudi-Arabien

Im Falle von al-Qa'ida ist der Entstehungsgrund auch in den Problemen z. B. der saudischen Gesellschaft zu suchen, die eine breite islamistische Opposition hervorgebracht und ein hochdifferenziertes Feld der innersaudischen intellektuellen Produktion geschafft hat. Neben dem äußeren Grund der US-amerikanischen Militärpräsenz in Saudi-Arabien seit 1991, der Akademikerschwemme mit nicht den Bedürfnissen des saudischen Arbeitsmarktes entsprechend ausgebildeten Absolventen, die häufig lediglich eine islamisch-religiöse Ausbildung erhalten haben, dürften die verzögerten inneren Reformen Saudi-Arabiens, aber auch die Wirtschaftskrise bedeutsam sein. Daneben spielen die schon bekannten Konflikte zwischen jüngeren Geistlichen und dem wahhabitischen Establishment, regionale und tribale Spaltungen eine Rolle. Am besten können wir die innersaudische Polarisierung als Ausdruck der größer werdenden Distanz zwischen offiziell proklamierten Symbolen und der Realität verstehen (Al-Rasheed 2007: 13).

Daneben war auch, hier sind wir wieder auf der Ebene des globalen Imaginären, der Konflikt in Afghanistan seit der sowjetischen Invasion von großer Bedeutung, ein Konflikt, in dem zahlreiche Aktivisten aus der muslimischen Welt, aber auch aus Saudi-Arabien, einen Ausweg aus ihrer Malaise gefunden haben.

Grundlegend scheint für Dschihadisten unterschiedlicher Couleur aus der arabischen Welt die Vermischung des Verlustes von Land, des Respektes vor dem Islam und vor ihrer eigenen Männlichkeit sich zu vermischen. Die Anwendung politischer Gewalt soll die Männlichkeit, die Ehre des Volkes oder der Religion wieder herstellen (Sensenig-Dabbous 2005: 173).

Wir können dieses Gefühl im Gegensatz zur gleich zu behandelnden, eher individuellen Erfahrung in Europa als eine Art kollektiver Erniedrigung fassen, die durch jeweils individuelle Krisenerfahrungen mit der Hilfe vorhandener Netzwerke in Aktionen verwandelt werden kann.

Der territoriale Bezug auf saudische Probleme und die dort erfahrene Erniedrigung löste sich nun im Falle al-Qa'idas zunehmend auf und ging in die erwähnte allgemeine Feindschaft gegen den Westen – mit taktischen Differenzierungen – über, die es diesem Netzwerk ermöglichte, zum Bezugspunkt unterschiedlichster muslimischer Gruppierungen zu werden, die sich ebenfalls zum Teil von einer territorialen Einbindung lösten. In dieser globalisierten, deterritorialisierten Form wurde al-Qa'ida vollends anschlussfähig auch für Personen und Gruppen aus den muslimischen Diasporagemeinschaften und anderen Regionen der muslimischen Welt.

Die Religion, die von al-Qa'ida und ähnlichen Organisationen gepredigt wird, ist oft direkt inspiriert vom Hass auf „den Westen", damit aber auch in hohem Maße abhängig von diesem gehassten Okzident. Wir sollten dabei im Gedächtnis behalten, dass „der Westen" zwar im Inneren ein höchst vielfältiges, differenziertes Universum von Gesichtern zeigen mag, nach außen hin allerdings nur eines – und zwar nicht immer ein angenehmes Gesicht (Asad 2003: 13).

Gefühl der Erniedrigung

Um die Welt der molekularen Repräsentationen der Aktivisten von al-Qa'ida zu verstehen, muss man einen Aspekt berücksichtigen: Das Gefühl der Erniedrigung, das zugleich die Arroganz des Westens belegt. Es gibt verschiedene Arten der Erniedrigung, von denen drei eine besondere Bedeutung für die Aktivisten vom Schlage al-Qa'idas haben. An erster Stelle ist natürlich die Erniedrigung und Stigmatisierung zu nennen, die im täglichen Leben erfahren wird, und die fehlenden Perspektiven muslimischer junger Männer (und Frauen) in blockierten Gesellschaften. An zweiter Stelle steht die Erniedrigung, die durch die Medien erfahren wird, die Erniedrigung der muslimischen Welt in Afghanistan, Bosnien, im Irak, Kaschmir, in Palästina oder in Tschetschenien, ein Gefühl, das durch Identifikation verinnerlicht wird. Schließlich gibt es das zuweilen sehr lebhaft empfundene Gefühl, dass das Leben in westlichen Gesellschaften den einzelnen Gläubigen besudelt.

Die Mitglieder der Mittelklassen in Europa sind häufig gegen sozialen Ausschluss relativ geschützt, wenn auch ihnen die mehr oder weniger verborgene Diskriminierung nicht fremd ist. Bei ihnen handelt es sich hauptsächlich um eine Erniedrigung, die man sich aneignet, eine Erniedrigung, die durch die Medien verstärkt und vorangetrieben wird, in denen die Probleme der Muslime gezeigt werden, die auf Handlungen des Westens und seiner Komplizen in den despotischen Regimen der muslimischen Welt zurückgeführt werden können (Bensedrine 2004).

Biographische Erzählungen von Mudschahidin

Die Aktivisten aus arabischen Ländern, die in den Dschihad in Afghanistan, in Tschetschenien, in Bosnien ziehen, zeichnen sich teilweise, so einige biographische Erzählungen, durch ihre Wohletabliertheit aus. So wird einer der Aktivisten als vorzüglicher Student einer Schariafakultät im Nordosten Saudi-Arabiens beschrieben, der dann mit seinem älteren Bruder in den Dschihad nach Afghanistan zog, wo der Bruder getötet wird und damit den Rang eines Glaubenszeugen erreicht. Daraufhin kehrt dieser Mudschahid nach Hause zurück, setzt seine Studien fort, bis seine Mutter stirbt. Er hatte versucht, seine Mutter zu überzeugen, dass sie ihn nach Bosnien ziehen lassen würde. Sie hatte aber abgelehnt, und es wurde eine Verlobung eingeleitet, der Termin für die Hochzeit festgelegt. In der betreffenden Erzählung heißt es, Gott habe es abgelehnt und wollte ihn mit Paradiesjungfrauen verheiraten. Im letzten Studienjahr wird der Drang, in den Dschihad zu ziehen, bei diesem Aktivisten übermächtig. Er macht sich über Kroatien auf den Weg nach Bosnien. In Kroatien begegnet er in einem Hotel einer Frau, die dort arbeitet und ihn, seiner Auffassung nach, zu verführen versucht, sodass er das Hotel verlassen muss. Er gelangt schließlich nach Bosnien, wo er dann auch in einem Gefecht stirbt. Den Abschluss der Erzählung über diesen Aktivisten bildet das Auffinden der Leiche, die ein Lächeln auf dem Gesicht trägt. Als er von der Front in ein Dorf gebracht wird, sei von ihm Moschusgeruch ausgegangen, einer der Gerüche des Paradieses (al-Qatari/al-Madani 2002: 27ff.).

Eine weitere biographische Erzählung (al-Qatari/al-Madani 2002: 31ff.) berichtet uns, dass ein Aktivist aus dem Osten Saudi-Arabiens im ärgsten Unglauben gelebt habe, für den er berüchtigt war. Er arbeitete als Lastwagenfahrer. Als er eines Tages nach Bahrain fuhr, geriet er vollkommen berauscht auf einer Brücke von der Fahrbahn ab und hing mit seinem Fahrzeug zwischen Leben und Tod. Zu seinem Glück kamen zwei Aktivisten, die sich über Bahrain nach Bosnien begeben wollten, über die Brücke, sahen ihn und retteten ihn. Die beiden brachten ihn zurück in die saudische Ostprovinz, wo sie ihn anwiesen, die Waschungen zu vollziehen und zu beten; dann begannen sie, ihn zu belehren, u. a. dass er gerade dem Tode im Zustand einer schweren Sünde entronnen sei. Durch diese Erfahrung verwandelt, trennte er sich von seinen Kollegen, sonderte sich ab, las und rezitierte den Koran – was so interpretiert wurde, dass er gegenüber Regierungsstellen unverdächtig erscheinen wollte.

Als seine Retter zurückkehrten, begab sich dieser Aktivist zu einem von ihnen. Er erschien diesem völlig verändert und befragte ihn über den Dschihad in Bosnien, über die Glaubenszeugen etc. und drängte seinen Retter, ihn in den Dschihad zu führen. Der erläuterte ihm, der Weg nach Bosnien sei blockiert, und die Mudschahidin müssten in Kroatien und Slowenien abwarten, bis sich eine Möglichkeit ergebe, nach Bosnien zu gelangen. Diese beiden Länder aber seien „erfüllt von Sünden, Wein, Frauen und anderen Verlockungen, mehr als sie die Standhaftigkeit eines Menschen ertragen kann“. (al-Qatari/al-Madani 2002: 32) Das schreckte diesen Aktivisten nicht, er begab sich an die bosnische Grenze, wo er die Wartezeit im Gebet und in Gottesverehrung verbrachte und sich von seinen Mitkämpfern in religiösen Dingen unterweisen ließ. Auch dieser gelangte dann nach Bosnien, wo er in einem Gefecht den Tod fand. Seine Leiche wurde von Serben vom Schlachtfeld mitgenommen, es gelang aber den Mudschahidin, sie nach zwei Monaten zurückzuerhalten. Zu aller Verwunderung sei sie nicht im Geringsten verändert gewesen. Es sei ihr vielmehr ein Geruch nach Henna entströmt.

Ein dritter Aktivist, dessen Ruf unter den Mudschahidin besonders hervorgehoben wird, kehrte aus Afghanistan – als nach der Eroberung Kabuls die afghanischen Mudschahidin begannen, sich untereinander zu bekämpfen – nach Saudi-Arabien zurück, wo er bei seiner Familie blieb. Bald packte ihn aber der Drang, nach Bosnien zu gehen, um dort als Glaubenszeuge zu sterben. Nach einigen Schwierigkeiten auf der Reise – dieses Mal keine verführerischen Kroatinnen, sondern die italienische Polizei – gelangte dieser Aktivist doch nach Bosnien, wo er sich mehrfach in Gefechten auszeichnete. Schließlich wurde auch er getötet. Zuvor hatte er erzählt, dass er zu seinen Eltern reisen wollte, die er eineinhalb Jahre nicht gesehen hatte. Diese hätten die Hochzeit mit einer Frau vorbereitet, die er nach seiner Rückkehr heiraten wollte. Der Erzähler vermerkt, Gott habe eine Art der Heirat beabsichtigt. Abschließend wird davon berichtet, dieser Aktivist sei einem anderen im Traum erschienen. Der Träumende habe ihn gefragt, was ihm nach seinem Tode widerfahren sei. Der Gestorbene habe erwidert, er habe zwei der schönsten Frauen gesehen, die ihm den Staub vom Gesicht wischten und sagten, er solle sich nicht fürchten (al-Qatari/al-Madani 2002: 36ff.).

Wir sehen vor uns drei saudische Aktivisten aus unterschiedlichen sozialen Schichten, aus gut situierten, religiösen Familien, aber auch einen unreligiösen LKW-Lenker. Eine reduktionistische soziale Sicht des Phänomens ist also auch hier nicht zu rechtfertigen. Informelle Netzwerke dienen der Rekrutierung und Mobilisierung neu zu gewinnender Personen (Wiktorowicz 2004a: 12f.; Wiktorowicz 2001); dies zeigt uns der Fall des LKW-Lenkers. In den beiden anderen Fällen sind solche Netzwerke anzunehmen, die auf der Kampferfahrung in Afghanistan basieren. Wichtig sind, dies zeigt wiederum das Beispiel des LKW-Lenkers, Prozesse der Enkulturierung in ein Dschihad-orientiertes Denken (Wiktorowicz 2005: 167ff.), die bewusst vollzogen werden, wenn eine adäquate Bereitschaft zu einem solchem Denken erkennbar ist. Die Rolle solcher Netzwerke ist also nicht zu unterschätzen.

Für den Moment festzuhalten ist auch, dass eine deutliche Abwehr dem „normalen Leben" gegenüber festzustellen ist, dessen Mühen der

Tod im Dschihad offenkundig vorzuziehen ist (Lohlker 2006b). An anderer Stelle heißt es so auch: „Bei Gott! Das Leben ist nach dem Dschihad nicht mehr zu ertragen." (al-Qatari/al-Madani 2002: 78) Frauen werden so auch in einer Abhandlung eines saudischen Dschihad-Ideologen grundsätzlich als Hindernisse für den Dschihad gesehen.

Interviews mit französischen Aktivisten

In einer Reihe von Interviews mit Gefangenen, die terroristischer Aktivitäten beschuldigt wurden, hat Farhad Khosrokhavar (2003: 239ff.; Khosrokhavar 2006) ein Porträt der Anhänger von al-Qa'ida in Europa gezeichnet. Es handelt sich nicht um Personen mit einer archaischen Mentalität, auch nicht um Modernisierungs- oder Globalisierungsopfer. Ob nun von Geburt oder durch Einbürgerung französische Staatsbürger, sie sind völlig vertraut, ja geprägt von dem, was man die westliche Kultur nennen könnte. Einer von ihnen beherrscht sechs Sprachen, zwei andere sprechen deren fünf, ein weiterer drei und die anderen haben neben der französischen Kenntnisse in der englischen und arabischen Sprache. Die meisten haben an Universitäten in Frankreich, im Nahen Osten oder anderswo studiert. Einer hat Theologie in der Türkei und dann Betriebswirtschaft in Malaysia studiert, zwei andere Informatik. Einer arbeitete in Kanada als Angestellter in einer Handelsgesellschaft. Einer der am wenigsten qualifizierten Interviewten hatte in Frankreich gearbeitet, nachdem er Algerien nach dem Militärputsch von 1992 verlassen hatte. Sie hatten Frauen aus Frankreich, Japan, Italien oder Bosnien. Einige hatten seit ihrer Kindheit in Europa gelebt, einer zehn Jahre in Italien und vier Jahre in Kanada. Alle sprechen – mit einer Ausnahme – gut Französisch.

Es handelt sich also um Individuen, die genauso gut integriert erscheinen wie die europäischen „Normalbürger", teilweise zeigen sie ein differenzierteres Bild als der durchschnittliche Europäer (sie beherrschen mehrere Sprachen), haben in mehreren westlichen Ländern gelebt und können verschiedene kulturelle Codes bewältigen, ohne größere Probleme zu haben.

Wir müssen also nach anderen Gründen für die Radikalisierung dieser Personen suchen. Einerseits sind sie zweifelsohne „multikulturell". Andererseits zeigen alle eine entschiedene und direkte Zurückweisung dessen, was sie die westliche Zivilisation oder „den Westen" nennen. Einer hebt die „westliche Hybris" hervor, ein anderer betont die Heuchelei, die darin bestehe, dass der Westen den Rest der Welt im Namen der

Demokratie beherrschen wolle. Sie sind alle der Überzeugung, dass „der Islam“ unterdrückt und übel behandelt wird. Sei es im Irak, in Bosnien, im Kosovo, in Afghanistan, in den arabischen Ländern allgemein oder im Westen – überall versetzt eine Allianz aus Christen und Juden „den Islam“ in eine Lage, aus der er sich nur durch einen Dschihad befreien könne. Einige kamen aus Familien, die ihren Glauben praktizierten, hatten aber mehrere Brüder oder Schwestern, die dies nicht taten. Einige kamen aus weniger gläubigen Familien. Dies waren die, die sich am entschiedensten „dem Islam“ zuwandten. Es war auch die Suche nach „dem Islam“, die sie dazu gebracht hatte, ihre religiösen Überzeugungen zu vertiefen, schließlich sogar das klassische Arabisch zu lernen – und nicht umgekehrt. Um voreiligen Schlüssen vorzubeugen: Es gibt allerdings auch Aktivisten, die aus Familien kommen, die ihren islamischen Glauben aktiv ausüben.

Um „den Islam“ kristallisiert sich die Zurückweisung des Westens. Der Islam eignet sich für die Interviewten besonders als Religion der Unterdrückten, für die, die von der „westlichen Arroganz“, so einer der Befragten, niedergedrückt werden. Einige der Interviewten hatten seit ihrer Kindheit in Frankreich gelebt, dann aber ein bitteres Erwachen erlebt. Bis zur Pubertät betrachteten sie sich als Franzosen. Die vielfältigen Formen des Rassismus ließen sie dann aber deutlich spüren, welch tiefer Abgrund sie vom hässlichen Okzident trennt. Die tägliche Diskriminierung, dieser Verrat, der als existenziell erfahren wird, sei es im täglichen Leben oder in der medial vermittelten muslimischen Welt, wird zum bestimmenden Element für den Bruch mit dem Westen.

Dies alles vermischt sich mit einem Unbehagen an der Moderne, ihrer Anonymität, der geforderten Flexibilität u. a. m. Bei den Befragten bewirkt dies einen fundamentalen Bruch, eine völlige Fremdheit, eine Diabolisierung des Westens, der als einheitlich konstruiert und mit den Zügen des absoluten Bösen ausgestattet wird. Bei ihnen hat ein Prozess eingesetzt, der zur Unterdrückung der Malaise, des Unbehagens an der Moderne (nicht zu ihrer Auflösung!) führt, bis eine absolute Transparenz erreicht wird, die zu unerschütterlichen Überzeugungen, einer Logik des Handelns und einer Einheit des Selbst, der Herausbildung einer Art – immer wieder von Fragmentierung bedrohtem – Körperpanzer führt (Theweleit 2000, Bd. 2: 206ff.), geleitet von der deutlichen Unterscheidung des Heiligen und des Profanen, des Erlaubten und des Verbotenen. Diese identitäre Konstruktion stellt dem Gläubigen einen satanischen Gegner entgegen, den zu bekämpfen alle Energie des Gläubigen erfordert, sein existenzielles Eintreten, das nicht einmal mehr adäquat erklärt werden muss.

Wie auch andere moderne religiöse Strömungen eine Betonung der Suche nach der „eigenen“ Wahrheit der individuellen Gläubigen zeigen (Hervieu-Léger 2006: 4), entwirft der Anhänger des Dschihadismus eine monolithische *umma*, eine Gemeinschaft, die es in dieser Weise historisch nie gegeben hat, ihm aber einen je individuellen Horizont an Möglichkeiten eröffnet, die von keinem Zweifel getrübt werden. Die Religiosität dieser neuen Gläubigen eignet sich zwar das Heil exklusiv an, konstruiert sich aber auch eine standardisierte, ahistorische, virtuelle Glaubensgemeinschaft, der es sich durch individuelle Entscheidung anzuschließen gilt. Und, vielleicht noch wichtiger, während im Westen der Tod, die Beschäftigung mit dem Tode ins Abseits gedrängt wird, ist der Tod zentral für die Vorstellungswelt des Dschihadismus.

Die Faszination des Todes

In dieser Art eines extremistischen Islams ist die Apokalypse, über die auch in der muslimischen Welt allgemein in den letzten Jahren immer mehr geschrieben wird, und die Zurückweisung des Anderen als „ungläubig“ gleichbedeutend mit der Zuschreibung, dass der Tod, das Sterben die privilegierte Art sei, mit dem Heiligen in Beziehung zu treten (Khosrokhavar 1998: 234ff.). Es wird entscheidend, über den Tod zu reden, über den endgültigen Bruch mit der Welt. Für diese Art Islamisten wird der Tod zum Distinktionsmerkmal gegenüber einer westlichen Welt, die den Tod verbirgt. Es entsteht eine Todesobsession, deren eschatologische Vision in den Dienst eines Konzeptes gestellt wird, das systematisch die Abwendung vom Leben als Form einer authentischen Realisierung des Selbst privilegiert. Die Privilegierung des Todes dient zur endgültigen Kontrolle der Begierden, zur Beendigung der Verführung durch die Attraktivität der Moderne, die unerreichbar scheint oder es tatsächlich ist. Durch den Tod wird die mühsam erreichte – immer wieder durch Fragmentierung gefährdete – Homogenisierung ihres Körperpanzers endgültig sichergestellt. Vor dieser endgültigen Sicherheit tritt eine relative Sicherheit im Kontext der Gemeinschaft der Mudschahidin ein, die ihm dazu verhilft, eine einigermaßen gefestigte Ganzheit zu erreichen (Theweleit 2000, Bd. 2: 206).

Dass dieses „Sein zum Tode“ und der Sieg Gottes, verstanden als Sieg „des“ Dschihad, unmittelbar bevorsteht, erleichtert die Entscheidung für den Tod. Wir hören davon in verschiedenen Erklärungen. Es ist allerdings „keine Logik der Hoffnungslosigkeit, die das Verhalten der Muslime gegenüber der okzidentalen Arroganz bestimmt. Es ist vielmehr ihr

Wille zum Siegen und ihre Gewissheit eines unwiderruflichen Sieges" (Khosrokhavar 2006: 60) – zumindest für einen Teil der Aktivisten.

Auch das Paradies spielt eine Rolle. Schauen wir in Biographien von Glaubenszeugen aus dem Umfeld von al-Qa'ida (al-Qatari/al-Madani 2002), werden wir aber feststellen, dass die Idee des Paradieses sich auf wenige Zeichen beschränkt (Hassan 2001). Damit unterscheidet sie sich deutlich von den detaillierten früheren Paradiesbeschreibungen.

Es wird zumeist nur kurz auf das Paradies und seine verschiedenen Bereiche verwiesen, die beschreibenden Passagen sind minimal. Die einzigen deutlichen Elemente sind der Thron Gottes und die Paradiesjungfrauen, die Huris, die als wichtigstes Charakteristikum des Jenseits erscheinen. Das Paradies verliert also in der konkreten Beschreibung viel an Gehalt.

Die Faszination des Todes zeigt sich in diesen biographischen Berichten über Glaubenszeugen auch an den Stellen, in denen der Duft des Blutes beschworen wird, der an die Wohlgerüche des Paradieses erinnert habe (al-Qatari/al-Madani 2002: 69). Die zahlreichen Fotos getöteter Aktivisten, die wir auf einschlägigen Websites finden, spiegeln diese Faszination wider.

Kommen wir noch einmal auf die *hur al-'ain* zurück: „In Träumen und Phantasien treten die gestorbenen *mudschahidun* immer wieder mit einem Lächeln in Erscheinung, wie sie aus der Hand einer Paradiesjungfrau essen u. a. m.". (Lohlker 2002b: 525f.) So heißt es in einem Dschihad-Gedicht auch: „die *hur al-'ain*", also die Paradiesjungfrauen, „rufen mich" (al-Hur 2006). Neben die Sehnsucht nach den Paradiesjungfrauen tritt die Flucht vor der Familie, der Ehe, der Ehefrau (Lohlker 2006b; Theweleit 2000, Bd. 1: 59f.). So wird, wir haben es gehört, von einem *mudschahid* berichtet, er habe bereits den Termin für die Hochzeitsfeier festgelegt. Gott habe dies aber verworfen und werde ihn dann vielleicht im Paradies mit einer der Paradiesjungfrauen verheiraten (al-Qatari/al-Madani 2002: 27 und 64).

Wir können die Grundstruktur so formulieren: „In dem Maße, wie die Frau verschwindet, gewinnt der Mann Kontur." (Theweleit 2000, Bd. 1: 44) Die Freuden der Ehe sind vergänglich, allein die Vorbereitung auf das Jenseits zählt. Dieser autonome, flexible, ungebundene, weltweit einsetzbare Mann ist ein durchaus modernes Produkt der Globalisierungsprozesse.

Die Vorstellung, dass der Islam in Gefahr ist und um den Preis des eigenen Blutes gerettet werden müsse, damit die *umma* erhalten bleibt, zählt zum Kernbestand der Ideen der dschihadistischen Strömung. Die kulturelle Vielfältigkeit, die sie im Westen selber erfahren haben, hat diesen Aktivisten gezeigt, dass man die – eine – Wahrheit an einem anderen Orte finden muss, der alle realen Orte transzendiert. Denn der Westen pervertiert die Muslime, schwächt sie durch die Demonstration seiner Macht, aber auch durch seine Konsumangebote, durch seine Permissivität. Dieser verkommene Westen bekämpft die Muslime nicht nur, er verführt sie auch, führt sie in geistige Sklaverei. Ein Beispiel aus der bereits zitierten Biographiensammlung, in der über einen *mudschahid* berichtet wird: „[Er] zog das Jenseits dem Diesseits und dessen Zierrat vor [...] und seiner Ehefrau und ihrer europäischen Koketterie [...] erstrebte [...] das Paradies und die Paradiesjungfrauen". (al-Qatari/al-Madani 2002: 88) Der deterritorialisierte, nur als Gegenentwurf zum „Westen" verständliche (und damit von diesem konstruierten Westen abhängige) Islam ist der einzige, der dem Leben der Dschihadis eine als authentisch empfundene Bedeutung geben kann – bis zur endgültigen Opferung des eigenen Lebens.

In den Worten von Aiman as-Sawahiri, zweiter Mann der al-Qa'ida: „Wir müssen feststellen, dass der Westen und an seiner Spitze das unter dem Einfluss der Juden stehende Amerika nicht die Sprache der Moral, der Prinzipien und der gesetzmäßigen Rechte kennt. Sie verstehen nur die Sprache der Interessen, die mit ungerechter militärischer Gewalt gestützt werden. Deshalb müssen wir [...] mit ihnen in der Sprache reden, die sie verstehen." (az-Zawahiri 2001)

Längere Abhandlungen über die „Juden in Amerika" sind desgleichen zu finden. Die antisemitische Komponente der dschihadistischen Ideologie finden wir immer wieder. So sagt ein in Frankreich interviewter Gefangener: „Es gibt außerdem das jüdische Faktum. Die Juden regieren die Welt, die jüdische Lobby lenkt Mitterrand [...] Die Juden wollen nicht dem rechten Weg folgen [...] Sie haben das Wunder Gottes gesehen und wollten sich ihm nicht unterwerfen." (Khosrokhavar 2006: 77) Die Standardannahme eines Bündnisses zwischen „Kreuzfahrern" und „Juden", die wir z.B. auch in Abhandlungen über die saudische Situation aus den Reihen der al-Qa'ida auf der Arabischen Halbinsel finden, die im Grunde keinen Bezug auf den Palästina-Israel-Konflikt aufweisen, bezeugt die Virulenz dieses Ideologems.

Die dschihadistische Strömung ist nicht isoliert zu sehen. Sie steht in ständiger Auseinandersetzung mit anderen zeitgenössischen islamischen Strömungen. Neuere Versuche, dschihadistischen Bewegungen auch argumentativ entgegenzutreten, die es vom Jemen über Saudi-Arabien bis nach Südostasien gibt, zeigen uns, dass auch sunnitische religiöse Gelehrte (und Regierungen wie die saudische) die Notwendigkeit einer solchen Auseinandersetzung sehen.

Literatur

M. Abaza (2006): *Changing Consumer Cultures of Modern Egypt. Cairo's Urban Reshaping.* Leiden/Boston (Social, Economic and Political Studies of the Middle East and Asia 101)

Sh. Burney Abbas (2002): *The Female Voice in Sufi Ritual: Devotional Practices of Pakistan and India.* Austin, Tex.

F. Abdul-Jabar (2002): The Genesis and Development of *Marja'ism* versus the state. In: ders. (ed.): *Ayatollahs, Sufis and Ideologues. State, Religion and Social Movements in Iraq.* London, S. 61–89

L. J. Abid (2001): *Journalistinnen im Tschador: Frauen und gesellschaftlicher Aufbruch im Iran.* Frankfurt a. M.

M. Abou Zahab/O. Roy (2004): *Islamist Networks. The Afghan-Pakistan Connection.* London

B. Abrahamov (2004): *Islamic Theology. Traditionalism and Rationalism.* Edinburgh

Adham Center for Television Journalism (2005): *Culture Wars: the Arabic Music Video Controversy and other Studies in Satellite Broadcasting in the Arab and Islamic Worlds.* Kairo u. a. (Transnational broadcasting studies 1)

L. Ahmed (1988): *Women and Gender in Islam. Historical Roots of a Modern Debate.* New Haven, Conn./London

F. Akashe-Böhme (2006): *Sexualität und Körperpraxis im Islam.* Frankfurt a. M.

J. E. Alagha (2006): *The Shifts in Hizbullah's Ideology: Religious Ideology, Political Ideology, and Political Program.* Amsterdam (ISIM dissertations)

A. Al-Azmeh (2001): *Muslim Kingship: Power and the Sacred inMuslim, Christian, Pagan Polities.* London/New York

M. Ali (2001): Neue religiöse Trends nach der Teilung Indiens und Pakistans. In: K. H. Schreiner (ed.): *Islam in Asien*, Bad Honnef, S. 100–113

W. Ali (2001): From the Literal to the Spiritual: The Development of the Prophet Muhammad's Portrayal from 13th Century Ilkhanid Miniatures to 17th Century Ottoman Art. In: *EJOS* 4, S. 1–24

H. S. Alim (2005): A new research agenda. Exploring the Transglobal Hip Hop Umma. In: M. Cooke/B. B. Lawrence (eds.): *Muslim networks from Hajj to hip hop.* Chapel Hill/London, S. 264–274

M. Allard (1965): *Le problème des attributs divins dans la doctrine d'al-Ašʿarī et de ses premiers grands disciples*. Beirut

M. Al-Rasheed (2007): *Contesting the Saudi State. Islamic Voices from a New Generation*. Cambridge u. a. (Cambridge Middle East Studies 25)

L. Ammann (2001): *Die Geburt des Islam. Historische Innovation durch Offenbarung*. Göttingen (Essener Kulturwissenschaftliche Vorträge 12)

A. al-A. al-ʿAmrānī (1996): *al-Ḥaraka al-fiqhīya fī ʿahd as-sulṭān Muḥammad b. ʿAbdallāh al-ʿAlawī*. al-Muḥammadīya, Bd. 1

R. Arié (1988): *Historia de Espana. III. Espana musulmana (siglos VIII–XV)*. Barcelona (8. Aufl.)

M. Arkoun (1969): *Traité d'Ethique*. Trad., introd., notes du *Tahdhîb al-akhlâq* de Miskawayh. Damaskus

W. Armbrust (2006): Synchronizing Watches: The State, the Consumer, and Sacred Time in Ramadan Television. In: B. Meyer/A. Moors (eds.): *Religion, Media and the Public Sphere*. Bloomington/Indianapolis, S. 207–225

T. Asad (2003): *Formations of the Secular. Christianity, Islam, Modernity*. Stanford, Cal. (Cultural Memory in the Present)

Kh. ʿAthamina (1992): „Al-Nabiyy al-Umiyy": An Inquiry into the Meaning of a Qur'anic Verse. In: *Der Islam* 69, S. 61–80

B. al-'Azami (2002): The Muslim Brotherhood: Genesis and Development. In: F. Abdul-Jabar (ed.): *Ayatollahs, Sufis and Ideologues. State, Religion and Social Movements in Iraq*. London, S. 162–176

T. Aziz (2002): The Political Theory of Muhammad Baqir Sadr. In: F. Abdul-Jabar (ed.): *Ayatollahs, Sufis and Ideologues. State, Religion and Social Movements in Iraq*. London, S. 231–244

N. Ayubi (2002): *Politischer Islam. Religion und Politik in der arabischen Welt*. Freiburg i. Br.

A. Azra (2004): *The Origins of Islamic Reformism in Sotu-East Asia. Networks of Malay-Indonesian and Middle Eastern ʿUlamāʾ in the Seventeenth and Eighteenth Centuries*. Crows Nest/Honolulu (Southeast Asia Publications Series)

R. Badry (1998): *Die zeitgenössische Diskussion um den islamischen Beratungsgedanken (šūrā)*. Stuttgart (Freiburger Islamstudien 19)

J. M. S. Baljon (1961): *Modern Muslim Koran interpretation: (1880–1960)*. Leiden

M. A. Bamyeh (1999): *The Social Origin of Islam. Mind, Economy, Discourse*. Minneapolis

M. Barrucand (1988): Gärten und gestaltete Landschaft als irdisches Paradies: Gärten im westlichen Islam. In: *Der Islam* 65, S. 244–267

Sh. Bashir (2005): *Fazlallah Astarabadi and the Hurufis*. Oxford (Makers of the Muslim World)

M. Baumann/S. M. Behloul (eds.) (2005): Einleitung: Zur Aktualität von Religion und religiösem Pluralismus. In: dies. (eds.): *Religiöser Pluralismus. Empirische Studien und analytische Perspektiven*. Bielefeld, S. 7–17

Z. Bauman (1996): *Moderne und Ambivalenz. Das Ende der Eindeutigkeit*. Frankfurt a. M. (2. Aufl.)

P. Bearman u. a. (eds.) (2005): *The Islamic School of Law. Evolution, Devolution, and Progress*. Cambridge, Mass. (Harvard Series in Islamic Law 2)

S. Béaud/M. Pialoux (2003): *Violences urbaines, violence sociale. Genèse des nouvelles classes dangereuses.* Paris

J. Ben Abdeljelil/V. Frysak (eds.) (2007): *Ibn Tufail. Hayy Ibn Yaqdhan - ein muslimischer Inselroman.* Wien

S. Bensedrine/O. Mestiri (2004): *L'Europe et ses despotes: quand le soutien au „modèle tunisien" dans le monde arabe fait le jeu du terrorisme islamiste.* Paris

J. P. Berkey (2003): *The Formation of Islam. Religion and Society in the Near East, 600–1800.* Cambridge u. a.

J. Berque (1958): *Al-Yousi. Problèmes de la culture marocaines au XVIIème siècle,* Paris/Den Haag (Le Monde d'Outre-Mer Passé et Présent. Première Série: Études II)

E. Berthels (1925): Die paradiesischen Jungfrauen (Ḥūrīs) im Islam. In: *Islamica* 1, S. 263–287

H. K. Bhabha (2000): *Die Verortung der Kultur.* Tübingen (Stauffenburg Diskussion)

H. Bhabha (1994): *The Localization of* Cultures. London/New York

R. R. Bianchi (2004): *Guests of God: Pilgrimage and Politics in the Islamic World.* Oxford u. a.

H. Bielefeldt (2003a): *Muslime im säkularen Rechtsstaat. Integrationschancen durch Religionsfreiheit.* Bielefeld

H. Bielefeldt (2003b): „Westliche" versus „islamische" Menschenrechte? Zur Kritik an kulturalistischen Vereinnahmungen der Menschenrechtsidee. In: M. Rumpf u. a. (eds.): *Facetten islamischer Welten. Geschlechterordnungen, Frauen- und Menschenrechte in der Diskussion.* Bielefeld, S. 123–142

J. Blank (2001): *Mullahs on the Mainframe. Islam and Modernity among the Daudi Bohras.* Chicago/London

H. Bleuchot (1994): *Les cultures contre l'homme ?: essai d'anthropologie historique du droit pénal soudanais.* Aix-en-Provence

W. S. Blunt (1907): *Atrocities of Justice under British Rule in Egypt.* London

H. Bobzin (1995): *Der Koran im Zeitalter der Reformation. Studien zur Frühgeschichte der Arabistik und Islamkunde in Europa.* Beirut/Stuttgart (Beiruter Texte und Studien 42)

M. Bonner (2006): *Jihad in Islamic History. Doctrines and Practice.* Princeton/Oxford

C. E. Bosworth (1976): *The Medieval Islamic Underworld. The Banū Sāsān in Arabic Society and Literature.* Part One. Leiden

X. Bougarel (2007): Bosnian Islam as 'European Islam': Limits and Shifts of a Concept. In: A. Al-Azmeh/E. Fokas (eds.): *Islam in Europe. Diversity, Identity and Influence.* Cambridge u. a., S. 96–124

X. Bougarel (1997): From "Youg Muslims" to the Party of Democratic Action. The Emergence of a Pan-Islamist Trend in Bosnia-Herzegovina. In: *Islamic Studies* 36, S. 533–549

D. Bouzar (2004): *Monsieur Islam n'existe pas: Pour une déislamisation des débats.* Paris

D. W. Brown (2004): *A New Introduction to Islam.* Malden, MA

W. Buchta (2004): *Schiiten.* Kreuzlingen/München

W. Buchta (1997): *Die iranische Schia und die islamische Einheit 1979–1996.* Hamburg (Schriften des Deutschen Orient-Instituts)

M. E. Cammack (2005): Islam and Nationalism in Indonesia: Forging an Indonesian Madhhab. In: P. Bearman u. a. (eds.): *The Islamic School of Law. Evolution, Devolution, and Progress*. Cambridge, Mass. (Harvard Series in Islamic Law 2), S. 175–190

O. Carré (1984): *Mystique et politique. Lecture révolutionnaire du Coran par Sayyid Quṭb, Frère musulman radical*. Paris

P. Centlivres/M. Centlivres-Demont (2006): The Story of a Picture. Shiite Depictions of Muhammad. In: *ISIM Review* 17, S. 18–19

J. Césari (ed.) (2006): Securitization and religious divides in Europe. Muslims in Western Europe After 9/11: Why the term Islamophobia is more a predicament than an explanation. In: *euro-islam.info* (http://www.euroislam.info/PDFs/ChallengeProjectReport.pdf%20-4.pdf) (Zugriff 20. 5. 2007)

J. Césari (2005): Ethnicity, Islam, and les banlieues: Confusing the Issues. In: *Riots in France*, 30. Nov. 2005 (http://riotsfrance.ssrc.org/Cesari/) (Zugriff 10. 3. 2007)

D. Chakrabarty (2002): *Habitations of Modernity. Essays in the Wake of Subaltern Studies*. Chicago, Ill.

J. R. Cole (2003): Popular Shīʿism. In: R. M. Eaton (ed.): *India's Islamic Traditions 711–1750*. New Delhi (Themes in Indian History), S. 311–339

J. R. Cole (1997): Individualism and the Spiritual Path in Shaykh Ahmad al-Ahsa'i. In: *Occasional Papers in Shaykhi, Babi and Baha'i Studies* No. 4 (Sept. 1997) (http://www.hnet.org/~bahai/bhpapers/ahsaind.htm) (Zugriff 21. 9. 2007)

J. R. Cole (1994): The World as Text: Cosmologies of Shaykh Ahmad al-Ahsa'i. In: *Studia Islamica* 80, S. 1–23

J. R. Cole (1988): *Roots of North Indian Shi'ism in Iran and Iraq: Religion and State in Awadh, 1722–1859*. Berkeley (http://ark.cdlib.org/ark:/13030/ft0f59n6r9/) (Zugriff 18. 11. 2007)

M. le Comte de Gobineau (1957), *Religions et philosophies dans l'Asie Centrale*. Paris

R. Coolsaet (2005): *Muslims Real Victims of Terror. Interview* (http://www.rikcoolsaet.be/files/ART_IP_COM/54%20Muslims%20Real%20Victims%20of%20Terror%20_RikCoolsaet.pdf) (Zugriff 3. 9. 2006)

V. J. Cornell (1998): *Realm of the Saint. Power and Authority in Moroccan Sufism*. Austin, Tex.

V. J. Cornell (1990): Socioeconomic Dimensions of Reconquista and Jihad in Morocco: Portuguese Dukkala and the Saʿdide Sus, 1450–1557. In: *International Journal of Middle East Studies* 22, S. 379–418

A. Cuffel (2005): From Practice to Polemic: Shared Saints and Festivals as 'Women's Religion' in the Medieval Mediterranean. In: *Bulletin of the School of Oriental and Asian Studies* 68, S. 401–419

J. T. P. De Brujin (1997): *Persian Sufi Poetry. An Introduction to the Mystical Use of Classical Poems*. Richmond

L. Deeb (2006): *An Enchanted Modern: Gender and Public Piety in Shiite Lebanon*. Princeton, NJ, u. a. (Princeton Studies in Muslim Politics)

H. J. De Graaf/Th. G. Th. Piegeaud (1984): *Chinese Muslims in Java in the 15th and 16th Centuries*. Victoria (Monash Papers on Southeast Asia 12)

F. Déroche u. a. (1999): *Der Prachtkoran im Museum für Islamische Kunst. Buchkunst zu Ehre Allahs.* Berlin (Veröffentlichungen des Museums für Islamische Kunst 3)

W. Diem (2007): *Ein arabisches Rechtsgutachten zum Eherecht aus dem 11.–12. Jahrhundert.* Wiesbaden (Schriften der Max Freiherr von Oppenheim Stiftung 17)

S. A. Diouf (1998): *Servants of Allah. African Muslims enslaved in the Americas.* New York/London

C. Dobbin (1987): *Islamic Revivalism in a Changing Peasant Economic. Central Sumatra, 1784–1847.* London/Malmö (Scandinavian Instiute of Asian Studies. Monograph Series No. 47)

M. Dols (1992): *Majnūn. The Madman in Medieval Islamic Society.* Oxford u. a.

M. Dreßler (2002): *Die alevitische Religion: Traditionslinien und Neubestimmungen.* Würzburg (Abhandlungen für die Kunde des Morgenlandes; 53,4)

E. Düdükçü (2007): *Mağnūn. Die Gestalt des Heiligen Verrückten im islamischen Mittelalter.* Bremen

T. Eich (2005): *Islam und Bioethik. Eine kritische Analyse der modernen Diskussion im islamischen Recht.* Wiesbaden (HECEAS Aktuelle Debatte 1)

A. El Azhary Sonbol (ed.) (1996): Introduction. In: ders. (ed.) (1996b): *Women, the Family, and Divorce Laws in Islamic History.* Syracuse, NY, S. 1–20

G. Elwert (2002): *Weder irrational noch traditionalistisch* (http://dgs2002.de/Abstracts/AH/elwert1.htm) (Zugriff 18. 8. 2006)

G. Endress (2007): Al-Kindī: Arabismus, Hellenismus und die Legitimation der Philosophie im Islam. In: B. Reinert/J. Thomann (eds.): *Islamische Grenzen und Grenzübergänge.* Bern u. a. (Schweizerische Asiengesellschaft. Monographie Vol. 44), S. 35–59

C. W. Ernst/B. B. Lawrence (2002): *Sufi Martyrs of Love. The Chishti Order in South Asia and Beyond.* New York u. a.

C. W. Ernst (2004): *Eternal Garden. Mysticism, History, and Politics at a South Asian Sufi Center.* New Delhi u. a. (2. Aufl.)

European Monitoring Centre on Racism and Xenophobia (EUMC) (2006): Muslims in the European Union. Discrimination and Islamophobia. In: *euro-islam.info* (http://www.euro-islam.info/spip/IMG/Manifestations_EN.pdf) (Zugriff 20. 5.2007)

M. Fakhry (1957): The Classical Arguments for the Existence of God. In: *The Muslim World* 47, S. 133–145 (http://www.muslimphilosophy.com/ip/pg1.htm) (Zugriff 22. 8. 2007)

S. Faroqhi (2000): *Herrscher über Mekka. Die Geschichte der Pilgerfahrt.* Zürich/Düsseldorf

M. H. Fisher (o. J.): *From India to England and Back: Early Indian Travel Narratives for Indian Readers* (http://www.usc.edu/dept/LAS/history/emsi/papers/Fisher.pdf) (Zugriff 20. 9. 2007)

Sh. Fishman (2006): *Fiqh al-Aqalliyyat: A legal Theory for Muslim Minorities.* Washington D. C. (Research Monographs on the Muslim World Series No 1, Paper No 2, October 2006)

M. Forcada (2006): Ibn Bajja and the Classification of the Sciences in Al-Andalus. In: *Arabic Sciences and Philosophy* 16, S. 287–307

Y. Friedmann (2003): *Prophecy Continuous: Aspects of Ahmadi Religious Thought and Its Medieval Background*, Delhi (2. Aufl.)

G. E. Fuller/R. R. Francke (2001): *The Arab Shi'a. The Forgotten Muslims.* New York/Basingstoke

H. Fürtig (2007): Iranischer Antisemitismus unter Ahmadinedschad. Alter Wein in neuen Schläuchen? In: W. Benz/J. Wetzel (eds.): *Antisemitismus und radikaler Islamismus.* Essen (Antisemitismus: Geschichte und Strukturen 4), S. 103–127

M. Gaborieau (2004): A Nineteenth Century Indian 'Wahhabi' Tract Against the Cult of Muslim Saints: *Al-Balagh al-Mubin.* In: C. Troll (ed.): *Muslim Shrines in India.* New Delhi, S. 198–239

T. Gade (2007): *Fatah al-Islam in Lebanon: Between Global and Local Jihad* (http://www.mil.no/multimedia/archive/00102/02727_102478a.pdf) (Zugriff 22. 12. 2007)

M. Gaillard (1991): Le jardin dans la littérature populaire de l'Iran médiéval. In: R. Gyselen (ed.): *Jardins d'Orient.* Paris (Res Orientales III), S. 19–35

M. Gassner/P. Wackerbeck (2007): *Islamic Finance. Islamgerechte Finanzanlagen und Finanzierungen.* Köln

H. Gätje (1971): *Koran und Koranexegese.* Zürich/Stuttgart

H. Gaube (1973): *Arabosassanidische Numismatik.* Braunschweig (Handbücher der mittelasiatischen Numismatik, Bd. II)

H. Gerber (1999): *Islamic Law and Culture 1600-1840.* Leiden u. a. (Studies in Islamic Law and Society 9)

E. Gheytanchi (2004): Frauen in der islamischen Öffentlichkeit im Iran. In: N. Göle/L. Ammann (eds.): *Islam in Sicht. Der Auftritt von Muslimen im öffentlichen Raum.* Bielefeld, S. 206–226

C. Gilliot (2006): Zur Herkunft der Gewährsmänner des Propheten. In: K.-H. Ohlig/G.-R. Puin (eds.): *Die dunklen Anfänge. Neue Forschungen zur Entstehung und frühen Geschichte des Islam*, Berlin (2. Aufl.), S. 148–178

C. Ginzburg (1983): *Der Käse und die Würmer. Die Welt eines Müllers um 1600.* Frankfurt a. M.

R. Gleave (2000): *Inevitable Doubt. Two Theories of Shīʿī Jurisprudence.* Leiden u. a. (Studies in Islamic Law and Society 12)

I. Goldfeld (1980): The Illiterate Prophet. In: *Der Islam* 57, S. 58–67

N. Göle (2007): Alla turca? Laizität in Frankreich und der Türkei. In: *polar* 3, S. 29–32

N. Göle (1995): *Republik und Schleier. Die muslimische Frau in der modernen Türkei.* Berlin

G. Goltz (2007): „AKP reloaded". Nach den Wahlen 2007. In: *inamo* 51, Herbst 2007, S. 7–8

O. Grabar/M. Natif (2004): The Story of Portraits of the Prophet Muhammad. In: *Studia Islamica* 96, S. 19–37

B. Gräf (2003): *Islamische Gelehrte als politische Akteure im globalen Kontext. Eine Fatwa von Yusuf 'Abdallah al-Qaradawi.* Berlin (Diskussionspapiere 93)

R. Gramlich (1987): *Die Wunder der Freunde Gottes. Theologien und Erscheinungsformen des islamischen Heiligenwunders.* Wiesbaden (Freiburger Islamstudien XI)

J. Grundmann (2005): *Islamische Internationalisten. Strukturen und Aktivitäten der Muslimbruderschaft und der Islamischen Weltliga.* Wiesbaden

A. Gualtieri (2004): *The Ahmadis. Community, Gender, and Politics in a Muslim Society.* Montreal

T. K. Gugler (2007): Die pakistanische Missionsbewegung Dawat-e Islami. In: *südasien.info* (http://www.suedasien.info/analysen/2169) (Zugriff 3. 12. 2007)

A. Hackensberger (2005): Ramadan, der Monat des Konsums. In: *Telepolis* (http://www.heise.de/tp/r4/artikel/21/21231/1.html) (Zugriff 20. 7. 2007)

A. Hackensberger (2004): Der eigentliche, wahre Islam. In: *Telepolis* (http://www.heise.de/tp/r4/artikel/17/17317/1.html) (Zugriff 23. 6. 2007)

I. al-Haidari (1975): *Zur Soziologie des schiitischen Chiliasmus. Ein Beitrag zur Erforschung des irakischen Passionsspiels.* Freiburg i. Br.

S. ʿA. al-Ḫālidī (2003): *Tahḏīb kitāb mašāriʿ al-ašwāq ilā maṣāriʿ al-ʿuššāq fī faḍāʾil al-ǧihād li'l-imām Aḥmad b. Ibrāhīm b. an-Nuḥḥās ad-Dimašqī ad-Dimyātī.* Amman

W. B. Hallaq (1993): *Ibn Taimiyya against the Greek Logicians.* Oxford u. a.

H. Halm (2007): Die Assasinen – Vorläufer des islamischen Terrors? In: T. Kolnberger/C. Six (eds.): *Fundamentalismus und Terrorismus. Zur Geschichte und Gegenwart radikaliserter Religion.* Essen (Expansion – Interaktion – Akkulturation 14), S. 58–69

H. Halm (2003): *Die Kalifen von Kairo. Die Fatimiden in Ägypten (973–1074).* München

H. Halm (1988): *Die Schia.* Darmstadt

H. Halm (1982): *Die islamische Gnosis.* Zürich/München

J. Hammer (2007): Der pakistanische Freund. Kann der Militärstaat eine islamistische Revolution verhindern? In: *Lettre International* 79, S. 34–38

J. H. Hanson (2007): Jihad and the Ahmadiyya Muslim Community: Nonviolent Efforts to Promote Islam in the Contemporary World. In: *Nova Religio* 11ii, S. 77–93

I. Haque (1992): *Glimpses of Mughal Society and Culture.* New Delhi

I. Ḥarakāt (1985): *at-Tayyārāt as-siyāsīya wa'l-fikrīya bi'l-Maġrib ḫilāl qarnain wa-niṣf qabl al-ḥimāya.* Casablanca

A. Hartmann (2007): Kalifat und Herrschaft im Islam. Erinnerung an Vergangenes und Zukünftiges. In: A. Hartmann (ed.): *Geschichte und Erinnerung im Islam.* Göttingen (Formen der Erinnerung 15), S. 223–242

R. Hartmann (1941): Zum Gedanken des „Kongresses" in den Reformbestrebungen des islamischen Orients. In: *Die Welt des Islams* 23, S. 122–132

N. Hassan (2001): Letter from Gaza: An Arsenal of Believers. Talking to the "human bombs". In: *The New Yorker* 19. 11. 2004 (http://www. newyorker.com/fact/content/articles/011119fa_FACT1) (Zugriff 18. 8. 2006)

F. Haug/K. Reimer (eds.) (2005): *Politik ums Kopftuch.* Hamburg

B. Haykel (2003): *Revival and Reform in Islam: The Legacy of Muhammad al-Shawkani.* Cambridge u. a. (Cambridge Studies in Islamic Civilization)

B. Haykel (1995): A Zaydi Revival? In: *Yemen Update* 36, S. 20–21 (http://www.aiys.org/webdate/hayk.html) (Zugriff 8. 7. 2007)

P. C. Hennigan (2004): *The Birth of a Legal Institution. The Formation of the Waqf in Third-Century A.H. Ḥanafī Legal Discourse.* Leiden (Studies in Islamic Law and Society 18)

D. Hervieu-Léger (2006): Auf der Suche nach Gewissheit: Paradoxien moderner Religiosität. In: *Westend. Neue Zeitschrift für Sozialforschung* 1, S. 3–13

D. Hervieu-Léger (2004): *Pilger und Konvertiten. Religion in Bewegung*. Würzburg (Religion in der Gesellschaft 17)

E. Hill (1987): *Al-Sanhuri and Islamic Law*. Kairo (Cairo Papers in Social Science)

C. Hirschkind (2006): *The Ethical Soundscape. Cassette Sermons and Islamic Counterpublics*. New York

M. Hiskett (1994): *The Sword of the Truth. The Life and Times of the Shehu dan Fodio*. Evanston, Ill.

A. Hofbauer (1995): *Afro-Brasilien. Vom weißen Konzept zur schwarzen Realität* Wien

V. J. Hoffman (o. J.): *Ibadi Islam: An Introduction* (http://www.uga.edu/islam/ibadis.html) (Zugriff 4. 8. 2007)

M. Höglinger (2003): *Verschleierte Lebenswelten. Zur Bedeutung des Kopftuchs für muslimische Frauen*. Maria Enzersdorf (2. Aufl.)

J. Horovitz (1923): *Das koranische Paradies*. Jerusalem

M. Horten (1967): *Die spekulative und positive Theologie des Islam*. Hildesheim (Reprint der Ausgabe Leipzig 1912)

M. Hozien (2005): The Introduction of Greek Philosophy in the Muslim World. In: *Journal of Islamic Philosophy* 1, S. 119–127

„al-Ḥūr al-ʿain yunadīnī" (http://tawhed.ws/r?i=1900) (Zugriff 11. 11. 2006)

A. A. Husain (2000): *Scent in the Islamic Garden. A Study of Deccani Urdu Literary Sources*. Karachi/New York

J. Hüttermann (2006): *Das Minarett. Zur politischen Kultur des Konflikts um islamische Symbole*. Weinheim

J. Hüttermann (2002): *Islamische Mystik. Ein „gemachtes Milieu" im Kontext von Modernität und Globalität*. Würzburg (Religion in der Gesellschaft 12)

International Crisis Group (2007): *Shiite Politics in Iraq: The Role of the Supreme Council* (Middle East Report 70) (http://www.crisisgroup. org/home/index.cfm?id=5158) (Zugriff 30. 11. 2007)

International Crisis Group (2006): *In their Own Words: Reading the Iraqi Insurgency* (Middle East Report Nr. 50) (http://www.globalpolicy.org/security/issues/iraq/resist/2006/0215ownwords.pdf) (Zugriff 15. 5. 2006)

IOL Shari'ah Researchers (2004): *The Reward of Women in Paradise* (http://www.islamonline.net) (Zugriff 19. 11. 2007)

M. Iqbal (2006): *Die Wiederbelebung des religiösen Denkens im Islam*. Berlin (2. Aufl.)

„Islamic Concern" (http://www.islamicconcerns.com/) (Zugriff 28. 6. 2007)

G. Jacob (1967): *Altarabisches Beduinenleben*. Hildesheim (Reprint der Ausgabe Berlin 1897)

P. Jamoulle (2005): *Des hommes sur le fil. La construction de l'identité masculine en milieux précaires*. Paris

S. Kh. Jayyusi (ed.) (1992): *The Legacy of Muslim Spain*. Leiden u. a. (Handbuch der Orientalistik. 1. Abt., 12. Bd.)

B. Johansen (1988): Die sündige, gesunde Amme. Moral und gesetzliche Bestimmung (*ḥukm*) im islamischen Recht. In: *Die Welt des Islams* 28, S. 264–282

J. Johansen (1996): *Sufism and Islamic Reform in Egypt. The Battle for Islamic Tradition.* Oxford u. a. (Oxford Oriental Monographs)

B. Jokisch (2007): *Islamic Imperial Law.* Berlin/New York: De Gruyter (Studien zur Geschichte und Kultur des islamischen Orients. Neue Folge, Bd. 19)

A. Jorisch (2004): *Beacon of Hatred - Inside Hizballah's Al-Manar Television*, Washington D. C.

S. C. Judd (2005): Al-Awzāʿī and Sufyān al-Thawrī: The Umayyad Madhhab? In: P. Bearman u. a. (eds.): *The Islamic School of Law. Evolution, Devolution, and Progress.* Cambridge, Mass. (Harvard Series in Islamic Law 2), S. 10–25

M. Kably (1989): *Variations islamistes et identité du Maroc médiéval.* Paris/Rabat (Islam d'hier et aujourd'hui)

S. Kassir (2006): *Being Arab.* London/New York

M. Katz (2004): The Ḥajj and the Study of Islamic Ritual. In: *Studia Islamica* 98/99, S. 95–125

N. Kazimi (2006): Zarqawi's Anti-Shi'a Legacy: Original or Borrowed? In: H. Fradkin u. a. (eds.): *Current Trends in Islamist Ideology.* Washington D. C., Bd. 4, S. 53–72

N. Keddie (1981): *Roots of Revolution. An Interpretive History of Modern Iran.* New Haven/London

M. Kemper (1998): *Sufis und Gelehrte in Tatarien und Baschkirien, 1789–1889. Der islamische Diskurs unter russischer Herrschaft.* Berlin (Islamkundliche Untersuchungen 218)

M. Kenbib (1996): *Les protégés. Contribution à l'histoire contemporaine du Maroc.* Rabat (Série: Thèses et Mémoires 29)

J. T. Kenney (2006): *Muslim Rebels. Kharijites and the Politics of Muslim Extremism in Egypt.* Oxford u. a.

G. Kepel (2002): *Das Schwarzbuch des Dschihad. Aufstieg und Niedergang des Islamismus.* München/Zürich

N. Kermani (1999a): *Gott ist schön. Das ästhetische Erleben des Korans.* München

N. Kermani (1999b): Katharsis und Verfremdung im schiitischen Passionsspiel. In: *Die Welt des Islams, N. S.* 39, S. 31–63

„Khatm-e-Nubuwwat" (http://www.khatm-e-nubuwwat.org/) (Zugriff 9. 12. 2007)

M. Khedimellah (2004): Die jungen Prediger der Tabligh-Bewegung in Frankreich. In: N. Göle/L. Ammann (eds.): *Islam in Sicht. Der Auftritt von Muslimen im öffentlichen Raum.* Bielefeld, S. 265–282

Y. al-Kho'i (2002): Grand Ayatollah Abu al-Qassim al-Kho'i: Political Thought and Positions. In: F. Abdul-Jabar (ed.): *Ayatollahs, Sufis and Ideologues. State, Religion and Social Movements in Iraq.* London, S. 225–230

F. Khosrokhavar (2006): *Quand al-Qaïda parle. Témoignages derrière les barreaux.* Paris

F. Khosrokhavar (2004): *L'islam dans les prisons.* Paris

F. Khosrokhavar (2003): Die verschiedenen Formen muslimischer Religiosität in Frankreich. In: A. Escudier (ed.): *Der Islam in Europa. Der Umgang mit dem Islam in Frankreich und Deutschland.* Göttingen (Genshagener Gespräche V), S. 88–106

F. Khosrokhavar (1998): *L'islam des jeunes.* Paris

F. I. Khouri (2006): *Imams and Emirs. State, Religion and Sects in Islam.* London (2. Aufl.)

H. Kippenberger/T. Seidensticker (eds.) (2004): *Terror im Dienste Gottes. Die „Geistliche Anleitung" der Attentäter des 11. September 2001.* Frankfurt a. M.

J. Klausen (2006): *Europas muslimische Eliten. Wer sie sind und was sie wollen.* Frankfurt a. M./New York

M. M. Knight (2007): *The Five Percenters. Islam, HipHop and the Gods of New York.* Oxford

A. Knysh (2000): *Islamic Mysticism. A Short History.* Leiden u. a. (Themes in Islamic Studies 1)

A. Knysh (1998): *Ibn ʿArabi in the Later Islamic Tradition: The Making of an Polemical Image in Medieval Islam.* Albany, NY

E. Koch (1997): Mughal Palace Gardens from Babur to Shah Jahan (1526–1648). In: *al-Muqarnas* 14, S. 143–165

U. Kömeçoğlu (2004): Neue Formen der Geselligkeit: Islamische Cafés in Istanbul. In: N. Göle/L. Ammann (eds.): *Islam in Sicht. Der Auftritt von Muslimen im öffentlichen Raum.* Bielefeld, S. 147–177

F. Körner (2005): *Revisionist Koran Hermeneutics in Contemporary Turkish University Theology: Rethinking Islam.* Würzburg (Mitteilungen zur Sozial- und Kulturgeschichte der islamischen Welt 15)

G. Krämer (2003): „Der Islam ist Religion und Staat". Zum Verhältnis von Religion, Recht und Politik im Islam. In: W. Schluchter (ed.): *Fundamentalismus, Terrorismus, Krieg.* Weilerswist, S. 45–59

G. Krämer (1992): Kritik und Selbstkritik: Reformistisches Denken im Islam. In: M. Lüders (ed.): *Der Islam im Aufbruch? Perspektiven der arabischen Welt.* München, S. 209–227

B. Krawietz (2002): *Hierarchie der Rechtsquellen im tradierten sunnitischen Islam.* Berlin (Schriften zur Rechtstheorie 208)

M. Lakhdar (1971): *La vie littéraire au Maroc sous la dynastie ʿalawide (1075–1311 = 1664–1894).* Rabat

M. Lecker (2004): *The 'Constitution of Median'.* Princeton, NJ

G. Liedl (2007): *Mediterraner Islam 2: Moderne Charaktere.* Wien

A. Ljubović (o. J.): *Works by Bosniaks in the Field of Logic in the Arabic Language* (www.ceeol.com/aspx/getdocument.aspx?logid=5&id=77C9948A-7419-4DBC-B93C-1383DCD087BC) (Zugriff 4. 8. 2007)

R. Lohlker/N. Prucha (2007): Die praktische Seite – Dschihadismus im Internet. In: *SIAK Journal* 4, S. 4–11

R. Lohlker (2007): *Islam und Gewalt.* Innsbruck (Innsbrucker Diskussionspapiere zu Weltordnung, Religion und Gewalt 15) (http://www.uibk.ac.at/plattform-wrg/idwrg/idwrg_15.pdf) (Zugriff 10. 10. 2007)

R. Lohlker (2006a): *Islamisches Völkerrecht.* Bremen

R. Lohlker (2006b): Die neue *ǧihād*-Theologie. In: *Wiener Zeitschrift für die Kunde des Morgenlandes*, S. 211–240

R. Lohlker (2002a): *Islamisches Familienrecht.* Göttingen (Göttinger Forum für Arabistik 1), Bd. 1

R. Lohlker (2002b): Cyberjihad – das Internet als Feld der Agitation. In: *Orient* 43, S. 507–536
R. Lohlker (2001): *Islam im Internet. Neue Religionen im Cyberspace*. Hamburg (Medien und Politische Kommunikation – Naher Osten und islamische Welt 3)
R. Lohlker (1999): *Das islamische Recht im Wandel*. Münster u. a.
R. Loimeier (2000): Die islamischen Revolutionen in Westafrika. In: I. Grau u. a. (eds.): *Afrika. Geschichte und Gesellschaft im 19. und 20. Jahrhundert*. Wien, S. 53–73
C. B. Lombardi (2006): *State Law as Islamic Law in Modern Egypt*. Leiden u. a. (Studies in Islamic Law and Society 19)
R. Lourido Diaz (1978): *Marruecos en la secunda mitad del siglo XVIII. Vida interna: Politica, social y religiosa durante el sultanato de Sīdī Muḥammad b. ʿAbd Allāh, 1757–1790*. Madrid
L. Löwenthal (1990): *Falsche Propheten. Studien zum Autoritarismus. Schriften 3*. Frankfurt a. M.
C. Luxenberg (2000): *Die syro-aramäische Lesart des Korans*. Berlin

L. Mabrouk (2008): *Die Fatwa in Europa*. Diss. Wien
A. Madoeuf (2006): Mulids of Cairo. Sufi Guilds, Popular Celebrations, and the 'Roller-Coaster Landscape' of the Resignified City. In: D. Singerman/P. Amar (eds.): *Cosmopolitan Cairo. Politcs, Culture, and Urban Space in the New Globalized Middle East*. Cairo/New York, S. 465–483
I. H. Malik (2004): *Islam and Modernity. Muslims in Europe and the United States*. London (Critical Studies on Islam)
G. Marranci (2006): *Jihad beyond Islam*. Oxford/New York
M. Kh. Masud (2002): *Islamic law and Muslim Minorities*. (http://www.sistersinislam.org.my/BM/baraza/khalid%20masud.pdf) (Zugriff 1. 8. 2007)
C. Mayeur-Jaouen (2004): Holy Ancestors, Sufi Shaykhs and Founding Myths: Networks of Religious Geography in the Central Nile Delta. In: G. Stauth (ed.): *On Archeology of Sainthood and Local Spirituality in Islam. Past and Present Crossroads of Ideas*. Bielefeld (Yearbook of the Sociology of Islam 5), S. 24–35
F. Meier (1992): Eine auferstehung Mohammeds bei Suyūṭī. In: E. Glassen/G. Schubert (eds.): *Bausteine II. Ausgewählte Aufsätze zur Islamwissenschaft*. Istanbul/Stuttgart (Beiruter Texte und Studien 53b), S. 797–836
R. Meijer (2006): Re-Reading al-Qaeda. Writings of Yusuf al-Ayiri. In: *ISIM Review* 18 (Autumn 2006), S. 16–17
U. Meinel (2003): *Die Intifada im Ölscheichtum Bahrain. Hintergründe des Aufbegehrens von 1994–1998*. Münster u. a. (Konflikt und Kooperation im Vorderen Orient 9)
W. Merkel (2003): Religion, Fundamentalismus und Demokratie. In: W. Schluchter (ed.): *Fundamentalismus, Terrorismus, Krieg*. Weilerswist, S. 61–85
F. Mernissi (2004): *Herrscherinnen unter dem Halbmond. Die verdrängte Macht der Frauen im Islam*. Freiburg i. Br.
B. D. Metcalf (1984): *Islamic Revival in British India*. Princeton, NJ
U. M. Metje (1995): *Die starken Frauen. Gespräche über Geschlechterbeziehungen bei den Minnagkabau in Indonesien*. Frankfurt a. M./New York
G. Minault (1982): *The Khilafat Movement. Religious Symbolism and Political Mobilization in India*. New York/Guildford

Z. Mir-Hosseini (1999): *Islam and Gender. The Relgious Debate in Contemporary Iran.* Princeton, NJ (Princeton Studies in Muslim Politics)

A. Morabia (1975): *La notion de Gihad dans l'islâm médiévale.* Lille

S. K. Moustapha (2005): *Multiple Wives in Paradies: What is for Women?* (http://www.islamonline.net) (Zugriff 19. 11. 2007)

E. B. Moynihan (1985): *Paradise as a Graden in Persia and Moghul India.* London

„muhammad" (http://muhammad.islam.de) (Zugriff 2. 9. 2007)

D. Münster (2007): *Postkoloniale Traditionen. Eine Ethnografie über Dorf, Kaste und Ritual in Südindien.* Bielefeld

„Muslim Hip Hop" (http://www.muslimhiphop.com/) (Zugriff 23. 6. 2007)

Muslime in Europa – Die Standortbestimmung der Grazer Imamekonferenz (2003) (www.derislam.at/haber.php?sid=44&mode=flat&order=1) (Zugriff 1. 8. 2007)

K. Naamouni (1995): *Le culte de Bouya Omar.* Casablanca

S. Naef (2007): *Bilder und Bilderverbot im Islam.* München

T. Nagel (2005): Das ḥadīṯ und die Formierung der islamischen Gesellschaft. In: ders./C. Gilliot (eds.): *Das Prophetenḥadīṯ. Dimensionen einer islamischen Literaturgattung.* Göttingen

T. Nagel (2002): *Im Offenkundigen das Verborgene. Die Heilszusage des sunnitischen Islams.* Göttingen

T. Nagel (1994): Ḥadīṯ – oder: Die Vernichtung der Geschichte. In: C. Wunsch (ed.): *XXV. Deutscher Orientalistentag vom 8. bis 13. 4. 1991 in München: Vorträge.* Stuttgart (ZDMG Supplementa 10), S. 118–128

T. Nagel (1988): *Die Festung des Glaubens. Triumph und Scheitern des islamischen Rationalismus im 11. Jahrhundert.* München

T. Nagel (1984): Die religionsgeschichtlichen Wurzeln des sogenannten Bilderverbots im Islam. In: H.-J. Klimkeit (ed.): *Götterbild in Kunst und Schrift.* Bonn, S. 93–114

T. Nagel (1983): *Der Koran. Einführung, Texte, Erläuterungen.* München

T. Nagel (1981): *Staat und Glaubensgemeinschaft im Islam. Geschichte der politischen Ordnungsvorstellungen der Muslime.* Zürich/München, Bd. 1

S. H. Nasr (1963): Ṣadr al-dīn Shīrāzī (Mulla Ṣadr). In: M. M. Sharif (ed.): *A History of Muslim Philosophy.* Wiesbaden, Bd. 2, S. 932–961 (http://www. muslimphilosophy.com/hmp/index.html) (Zugriff 2. 9. 2007)

V. Nasr (2007): *The Shi'a Revival. How Conflicts within Islam Will Shape the Future.* New York/London

P. Nesser (2004): *Jihad in Europe – A survey of the motivations for Sunni Islamist terrorism in post-millennium Europe.* Kjeller

J. Nielsen (2004): *Muslims in Western Europe. Third Edition.* Edinburgh

A. R. Norton (2007): *Hezbollah: a short history.* Princeton, NJ, u. a.

E. Novikov (2005): The World Muslim League: Agent of Wahhabi Propagation in Europe. In: *Terrorism Monitor* 3ix (http://www.jamestown.org/terrorism/news/article.php?articleid=2369686) (Zugriff 14. 6. 2007)

N. Oberauer (2004): *Religiöse Verpflichtung im Islam. Ein ethischer Grundbegriff und seine theologische, rechtliche und sozialgeschichtliche Dimension.* Würzburg (Mitteilungen zur Sozial- und Kulturgeschichte der islamischen Welt 18)

H. Oestreich (2004): *Der Kopftuchstreit. Das Abendland und ein Quadratmeter Islam.* Frankfurt a. M.

K.-H. Ohlig (2006): Das syrische und arabische Christentum und der Koran. In: ders./G.-R. Puin (eds.): *Die dunklen Anfänge. Neue Forschungen zur Entstehung und frühen Geschichte des Islam.* Berlin (2. Aufl.), S. 366–404

Sh. B. Ortner (1996): Resistance and the Problem of Ethnographic Refusal. In: T. J. McDonald (ed.): *The Historic Turn in the Human Sciences.* Ann Arbor, MA, S. 281–304

K.-H. Pampus (1994): Der Islam in der Diaspora. Anmerkungen zu Südostasien. In: G. Rotter (ed.): *Die Welten des Islam. 29 Vorschläge, das Unvertraute zu verstehen.* Frankfurt a. M., S. 145–158

A. Pedahzur (ed.) (2006): *Root Causes of Suicide Terrorism.* London/New York

M. Pernau (2007): Transkulturelle Geschichte und das Problem der universalen Begriffe. Muslimische Bürger im Delhi des 19. Jahrhunderts. In: B. Schäbler (ed.): *Area Studies und die Welt. Weltregionen und neue Globalgeschichte.* Wien (Globalgeschichte und Entwicklungspolitik 5), S. 116–149

E. Peskes (1993): *Muḥammad b. ʿAbdalwahhāb (1703–1792) im Widerstreit. Untersuchungen zur Rekonstruktion der Frühgeschichte der Wahhābīya.* Stuttgart (Beiruter Texte und Studien 56)

F. Peter (2006): Islamism, Islamic Reformism and the Public Stigmatization of Muslims A Study of Muslim Discourses in France. In: *Oriente Moderno n. s.* 25, S. 443–460

R. Peters (1979): *Islam and Colonialism. The Doctrine of Jihad in Modern History.* 's-Gravenhage

R. Peters (1996): *Jihad in Classical and Modern Islam.* Princeton, NJ

A. Petruccioli (ed.) (1995): *Der islamische Garten.* Stuttgart

Pew Global Attitudes Project (2006): The Great Divide: How Westerners and Muslims View Each Other. Europe's Muslims More Moderate. In: *Pew Global Attitudes Project*, 22. Juni 2006 (http://pewglobal.org/reports/display.php?ReportID=253) (Zugriff 10. 3. 2007)

V. Popp (2006): Die frühe Islamgeschichte nach inschriftlichen und numismatischen Zeugnissen. In: K.-H. Ohlig/G.-R. Puin (eds.): *Die dunklen Anfänge. Neue Forschungen zur Entstehung und frühen Geschichte des Islam.* Berlin (2. Aufl.), S. 16–123

G.-R. Puin (1999): *Saarbrücker Islamwissenschaftler: „Etwa ein Fünftel des Koran muss neu gelesen werden!"* (www.uni-protokolle.de/nachrichten/id/54781/) (Zugriff 3. 10. 2006)

B. Pusch (2005): Verschleierte Medienmacherinnen – Zur Rolle muslimischer Journalistinnen in der türkischen Presse. In: A. Vauti/M. Sulzbacher (eds.): *Frauen in islamischen Welten. Eine Debatte zur Rolle der Frau in Gesellschaft, Politik und Religion.* Frankfurt a. M. (2. Aufl.), S. 97–114

M. A. Qadeer (2006): *Pakistan: Social and Cultural Transformations in a Muslim Nation.* London

Ḥ. al-Qaṭarī/M. Al-Madanī (2002): *Min qiṣaṣ aš-šuhadāʾ al-ʿarab* (http://saaid.net/Doat/hamad/index.htm) (Zugriff 18. 8. 2006)

H. Rachik (1992): *Le sultan et les autres. Rituel et politique dans le haut atlas.* Casablanca

B. Radtke (2005): *Neue kritische Gänge. Zu Stand und Aufgaben der Sufikforschung.* Utrecht

B. Radtke u. a. (eds.) (1999): *The Exoteric Aḥmad Ibn Idrīs. A Sufi's Critique of the Madhāhib & the Wahhābīs.* Leiden u. a. (Islamic History and Civilization. Studies and Texts 31)

B. Radtke (1994): Ibn Taimīya – der erste sunnitische „Fundamentalist". In: G. Rotter (ed.): *Die Welten des Islam. Neunundzwanzig Vorschläge das Unvertraute zu verstehen.* Frankfurt a. M., S. 33–38

A. Rashid (2007): Musharrafs Putsch. Wachsende Instabilität und fehlende Demokratie nähren den Islamismus. In: *Lettre International* 79, S. 32–33

D. Reetz (2007): Islamische Missionsbewegungen in Europa. In: R. Heidrich-Blaha u. a. (eds.): *Islam in Europa.* Wien, S. 117–136

S. Reichmuth (1999): Murtaḍā az-Zabīdī (d. 1791) in Biographical and Autobiographical Accounts – Glimpses of Islamic Scholarship in the 18th Century. In: *Die Welt des Islams* 39, S. 64–102

B. Reinert (2007): Ḫumainī im Spiegel seiner Gedichte. In: B. Reinert/J. Thomann (eds.): *Islamische Grenzen und Grenzübergänge.* Bern u. a. (Schweizerische Asiengesellschaft. Monographie Vol. 44), S. 191–288

B. Reuter (1993): *ʿašūrāʾ-Feiern im Südlibanon. Zum politischen Potential eines religiösen Festes.* Münster/Hamburg (Interethnische Beziehungen & Kulturwandel 10)

Y. Richard (1983): *Die Geschichte der Schia im Iran. Grundlagen einer Religion.* Berlin

M. Riesebrodt (2000): *Die Rückkehr der Religionen. Fundamentalismus und der „Kampf der Kulturen".* München

M. Riexinger (2004): *Sanâ'ullâh Amritsarî (1868–1948) und die Ahl-i im Punjab unter britischer Herrschaft.* Würzburg (Mitteilungen zur Sozial- und Kulturgeschichte des islamische Orients 13)

A. Rippin (2005): *Muslims. Their Religious Beliefs and Practices.* Abingdon/New York (3. Aufl.)

H. Ritter (1978): *Das Meer der Seele. Mensch, Welt und Gott in den Geschichten des Farīduddīn ʿAṭṭār.* Leiden

S. A. A. Rizvi (1975): *Religious and Intellectual History of the Muslims in Akbar's Reign: With Special Reference to Abu'l Fazl.* New Delhi

F. Robinson (2005a): *The 'Ulama of Farangi Mahall and Islamic Culture in South Asia.* Delhi

F. Robinson (2005b): Ottomans-Safawids-Mughals: Shared Knowledge and Connective Systems. In: F. Robinson: *The 'Ulama of Farangi Mahall and Islamic Culture in South Asia.* Delhi, S. 211–239

H. Rogan (2007): *Al-Qaeda's Online Media Strategies* (http://www.mil.no/multimedia/archive/00102/02729_102477a.pdf) (Zugriff 22. 12. 2007)

M. Rohe (2004): The Formation of a European Shariʿa. In: J. Malik (ed.): *Muslims in Europe. From the Margin to the Centre.* Münster u. a., S. 161–184

B. Rommelspacher (2007): Dominante Diskurse. Zur Popularität von „Kultur" in der aktuellen Islam-Debatte. In: I. Attia (ed.): *Orient- und IslamBilder. Interdisziplinäre Beiträge zu Orientalismus und antimuslimischem Rassismus.* Münster, S. 245–266

P. Rosiny (2006): As-Sayyid Muhammad Husain Fadlallah: Im Zweifel für Mensch und Vernunft. In: K. Amirpur/L. Ammann (eds.): *Der Islam am Wendepunkt. Liberale und konservative Reformer einer Weltreligion.* Freiburg i. Br., S. 100–108

D. Rothermund (2002): *Krisenherd Kaschmir. Der Konflikt der Atommächte Indien und Pakistan.* München

O. Roy (2006a): *Der islamische Weg nach Westen. Globalisierung, Entwurzelung und Radikalisierung.* München

O. Roy (2006b): „Der Islam in Europa – eine Ausnahme?" In: *Aus Politik und Zeitgeschichte,* S. 28–29 (http://www.bpb.de/publikatinen/ML26 26,0,Der_Islam_in_Europa_eine_Ausnahme.html) (Zugriff 10. 3. 2007)

O. Roy (2000): L'individualisation dans l'islam européen contemporain. In: F. Dassetto (ed.): *Paroles d'islam. Individus, sociétés et discours dans l'islam européen contemporain.* Paris, S. 69–84

O. Roy (1999): *L'échec de l'islam politique.* Paris

U. Rubin (1997): *The Eye of the Beholder. The Life of Muhammad as Viewed by the Early Muslims (A Textual Analysis).* Princeton, NJ (2. Aufl.)

D. F. Ruggles (2000): *Gardens, Landscapes, and Vision in the Palaces of Islamic Spain.* University Park, PA

A. al-Ruhaimi (2002): The Da'wa Islamic Party: Origins, Actors and Ideology. In: F. Abdul-Jabar (ed.): *Ayatollahs, Sufis and Ideologues. State, Religion and Social Movements in Iraq.* London, S. 149–161

A. Saad-Ghorayeb (2002): *Hizbu'llah: Politics and Religion.* London u. a. (Critical Studies on Islam)

Maḥmūd Šabistarī (1989/90): *Gulšan-i rāz.* Ed. Ǧ. Nūrbaḫš. Teheran (Zabān wa-Farhang-i Irān 116)

A. Saeed (2005): *Approaches to the Qur'an in Contemporary Indonesia.* London/Oxford (Qur'anic Studies Series 2)

W. A. Saleh (2004): *The formation of the classical „tafsīr" tradition: the Qur'ān commentary of al-Thaʿlabī (d. 427/1035),* Leiden u. a. (Texts and Studies on the Qur'ān 1)

K. Z. Sands (2006): *Sūfī commentaries on the Qur'ān in classical Islam.* London u. a. (Routledge Studies in the Quran)

J. Sankari (2005): *Fadlallah. The Making of a Radical Shi'ite Leader.* London

U. Sanyal (1999): *Devotional Islam & Politics in British India.* Delhi u. a.

S. Sassen (2006): *Territory, Authority, and rights. From Medieval to Global Assemblages.* Princeton, NJ

B. S. Sayyid (2003): *A Fundamental Fear. Eurocentrism and the Emergence of Islamism.* London

S. Schielke (2006): *Sakralisierung des Alltags und Banalisierung des Heiligen: Religion und Konsum in Ägypten.* Mainz

W. Schiffauer (2007): From Exile to Diaspora. The Development of Transnational Islam in Europe. In: A. Al- Azmeh/E. Fokas (eds.): *Islam in Europe. Diversity, Identity and Influence.* Cambridge u. a., S. 68–95

A. Schimmel (1992): *Der Islam im indischen Subkontinent.* Wiesbaden

M. Schöller (ed.) (2007): *Yaḥyā ibn Sharaf an-Nawawī. Das Buch der Vierzig Hadithe. Kitāb al-Arbaʿīn.* Frankfurt a. M./Leipzig

E. Sensenig-Dabbous (2005): Gender Mainstreaming Terror – Geschlecht, Identität und Terrorismus im Nahen und Mittleren Osten. In: Österreichisches Studienzentrum für Frieden und Konfliktlösung (ed.): *Der Krieg der Armen? Der internationale Terrorismus in der Neuen Weltordnung*. Münster, S. 158–175

R. B. Serjeant (1995): Sunnah, Qurʿān, ʿurf. In: C. Toll/J. Skovgaard-Petersen (eds.): *Law in the Islamic World. Past and Present*. Kopenhagen (Det Kongelige Danske Videnskabernes Selskap. Historisk-filosofiske Meddelelser 68), S. 33–49

R. B. Serjeant (1978): The *Sunnah Jâmi'ah*, pacts with the Yathrib Jews and the *Tahrîm* of Yathrib: analysis and translation of the documents comprised in the so-called "Constitution of Medina". In: *Bulletin of the School of Oriental and African Studies* 41, S. 1–42

R. B. Serjeant (1964): Constitution of Medina. In: *Islamic Quarterly* 8i, S. 3–16

G. Seufert/C. Kubaseck (2006): *Die Türkei. Politik, Geschichte, Kultur*. München (2. Aufl.)

Kh. Shahriari (2006): *Breaking down Borders and Bridging Barriers: Iranian Taziyeh Theatre*. Diss.: University of New South Wales (http://www.library.unsw.edu.au/~thesis/adt-NUN/uploads/approved/adt-NUN 20070314.083133/public/02whole.pdf) (Zugriff 18. 11. 2007)

M. Shareef bin Farid, Abu Alfa (1998): *The Islamic Slave Revolts of Bahia, Brazil. A Continuity of the 19th Century Jihaad Movements of Western Sudan* (http://www.africandiasporastudies.com/downloads/bahia_slave_revolt. pdf) (Zugriff 8. 8. 2007)

M. Sharon (1983): *Black Banners from the East. The Establishment of the Abbasid State*. Jerusalem/Leiden

A. Siddiqa (2007): *Military Inc.: Inside Pakistan's Military Economy*. London

J. I. Smith/Y. Y. Haddad (2002): *The Islamic Understanding of Death and Resurrection*. Oxford u. a.

G. Spivak (1996): Explanation and Culture: Marginalia. In: G. Landry/G. MacLean (eds.): *The Spivak Reader. Selected Work of Gayatri Chakravorti Spivak*. New York/London, S. 29–49

A. Sreberny-Mohammadi/A. Mohammadi (1994): *Small Media, Big Revolution. Communication, Culture, and the Iranian Revolution*. Minneapolis, MN

G. Steinberg (2005): *Der nahe und der ferne Feind. Das Netzwerk des islamistischen Terrorismus*. München

G. Steinberg (2004): *Saudi-Arabien. Politik, Geschichte, Religion*. München

E. A. Strohmayer (2007): *Stabilität, Friede und Demokratie im Nahen Osten? 25 Jahre Ägypten unter Hosni Mubarak*. Baden-Baden

M. E. Subtelny (2002): *Le Monde est un jardin. Aspects de l'histoire culturelle de l'Iran médiévale*. Paris (Studia Iranica. Cahier 28)

S. Taji-Farouki (ed.) (2005): *Modern Muslim Intellectuals and the Qur'an*. Oxford u. a. (Qur'anic Studies Series)

A. Tausch u. a. (2006): Why Europe has to offer a better Deal towards its Muslim Communities. A Quantitative Analysis of open international Data. In: *Centro Argentino de Estudios Internacionales* (http://www.caei.com.ar/ebooks/ebook 16.pdf) (Zugriff 10. 3. 2007)

M. Tavakoli-Targhi (2001): The Homeless Texts of Persianate Modernity. In: *Cultural Dynamics* 13, S. 263–291
K. Theweleit (2000): *Männerphantasien 1 + 2*. München/Zürich
N. Tietze (2001): *Islamische Identitäten. Formen muslimischer Religiosität in Deutschland und Frankreich*. Hamburg
G. Tillion (2007): *My cousin, my Husband. Clans and Kinship in Mediterranean Societies*. London u. a.
H.-T. Tillschneider (2006): *Die Entstehung der juristischen Hermeneutik (uṣūl al-fiqh) im frühen Islam*. Würzburg (Arbeitsmaterialien zum Orient 20)
J.-L. Triaud/D. Robinson (eds.) (2000): *La Tijâniyya: Une confrérie musulmane à la conquête de l'Afrique*. Paris
J. E. Tucker (1988): *In the house of Law. Gender and Islamic Law in Ottoman Syria and Palestine*. Berkeley/Los Angeles

M. van Bruinessen (1994): Origins and Development of the Sufi Orders (*tarékat*) in South East Asia. In: *Studia Islamika* 1, S. 1–23
M. van Bruinessen (o. J.): *Kurdish 'ulama and their Indonesian Disciples* (http://www.let.uu.nl/~martin.vanbruinessen/personal/publications/Kurdish_ulama_Indonesia.htm) (Zugriff 3. 11. 2007)
J. van Ess (1991–1997): *Theologie und Gesellschaft im 2. und 3. Jahrhundert Hidschra: eine Geschichte des religiösen Denkens im frühen Islam*. Berlin/New York, 6 Bde.
F. Venner (2005): *OPA sur l'islam de France*. Paris
Sh. N. Virani (2003): The Eagle Returns: Evidence of Continued Isma'ili Activity at Alamut and in the South Caspian Region following the Mongol Conquests. In: *Journal of the American Oriental Society* 123.2, S. 351–370
J. O. Voll (1987): Linking Groups in the Networks of Eighteenth-century Revivalist Scholars: the Case of the Mizjaji-Family. In: N. Levtzion/J. O. Voll (eds.): *Eighteenth-century Renewal and Reform in Islam*. Syracuse, NY, S. 69–92
C. von Braun/B. Mathes (2007): *Verschleierte Wirklichkeite. Die Frau, der Islam und der Westen*. Berlin (2. Aufl.)
A. von Gladiß (2005): *Die Freunde Gottes. Die Bilderwelt einer persischen Luxushandschrift des 16. Jahrhunderts*. Berlin (Veröffentlichungen des Museums für Islamische Kunst 4)
B. O. Vuckovic (2005): *Heavenly Journey, Earthly Concerns. The Legacy if the Mi'raj in the Formation of Islam*. New York/London

W. M. Watt (1988): *Der Einfluß des Islam auf das europäische Mittelalter*. Berlin
W. M. Watt (1956): *Muhammad at Medina*. Oxford u. a.
B. M. Weischer (1979): Auḥaduddīn Kirmānī und seine Vierzeiler. In: *Der Islam* 56, S. 130–134
J. Wellhausen (1985): *Skizzen und Vorarbeiten. Viertes Heft*. Berlin/New York (Nachdruck der Ausgabe Berlin 1889)
P. Werbner (2003): *Pilgrims of Love. The Anthropology of a Global Sufi Cult*. London
Q. Wiktorowicz (2005): *Radical Islam Rising. Muslim Extremism in the West*. Oxford
Q. Wiktorowicz (2004a): Introduction: Islamic Activism and Social Movement Theory. In: ders. (ed.): *Islamic Activism. A Social Movement Approach*. Bloomington/Indianapolis (Indiana Series in Middle East Studies), S. 1–33

Q. Wiktorowicz (2004b): Conceptualizing Islamic Activism. In: *ISIM Newsletter* 14, S. 34–35

Q. Wiktorowicz (2001): *The Management of Islamic Activism. Salafis, the Muslim Brotherhood, and State Power in Jordan.* Albany, NY (SUNY Series in Middle East Studies)

B. Wilke (2006): *Die religiösen Kräfte in Pakistan.* Berlin (http://www.swp-berlin.org/de/common/get_document.php?asset_id=2969) (Zugriff 4. 4. 2007)

P. L. Wilson (1997): *Skandal. Essays zur islamischen Häresie.* Wien/Klagenfurt

S. Wippel (1994): *Gott, Geld und Staat.* Münster/Hamburg (Studien zur Volkswirtschaft des Vorderen Orients 5)

M. H. Yavuz (2004): Die Renaissance des religiösen Bewusstseins in der Türkei: Nur-Studienzirkel. In: N. Göle/L. Ammann (eds.): *Islam in Sicht. Der Auftritt von Muslimen im öffentlichen Raum.* Bielefeld, S. 121–146

I. Yilmaz (2005): Inter-Madhhab Surfing, Neo-Ijtihad, and Faith-Based Movement Leaders. In: P. Bearman u. a. (eds.): *The Islamic School of Law. Evolution, Devolution, and Progress.* Cambridge (Harvard Series in Islamic Law 2), S. 191–206

A. aẓ-Ẓawāhirī (2001): *al-Fursān taḥta rāyat an-nabiy.* (http://www.alshaab.com/GIF/28-12-2001/Zawahri.htm) (Zugriff 6. 8. 2004; derzeit nicht mehr zugänglich)

S. Zubaida (1997): *Anṯrūbūlūǧiyāt al-islām. Munāqaša wa-naqd al-afkār Ernest Gellner.* London (buḥūṯ iǧtimāʿīya 22)

Personenregister

(Europäische Namen sind nicht aufgenommen)